Laß endlich los und lebe

Richard J. Leider
David A. Shapiro

Laß endlich los und lebe

Weltbild

Titel der amerikanischen Originalausgabe *Repacking your bags*.
Erschienen bei Berrett-Koehler Publishers,
Inc., San Francisco

Genehmigte Lizenzausgabe für Verlagsgruppe
Weltbild GmbH, Steinerne Furt, 86167 Augsburg
Copyright © 1995, 1996 by
Richard J. Leider und David A. Shapiro
Copyright © der deutschen Übersetzung und Ausgabe 1998
by mvg-Verlag im verlag moderne industrie AG, München
Umschlaggestaltung: Mario Lehmann, Augsburg
Umschlagmotiv: ve:mev und photodisc
Übersetzung: Birgit Hahn-Hafez
Gesamtherstellung: Clausen & Bosse GmbH,
Birkstraße 10, 25917 Leck

Printed in Germany

ISBN 3-8289-1967-7

2005   2004
Die letzte Jahreszahl gibt die aktuelle Lizenzausgabe an.

Alle Rechte vorbehalten.

Einkaufen im Internet: *www.weltbild.de*

Inhalt

Vorwort 7

Prolog: **Die Frage, mit der alles begann** 13

Teil I: Macht all dies Sie glücklich? 23
   1. Finden Sie Ihr Lächeln wieder 24
   2. Was ist das gute Leben? 41

Teil II: Packen Sie Ihr Gepäck aus 59
   3. Was trage ich mit mir? 60
   4. Warum trage ich das mit mir herum? 75

Teil III: Arbeitsgepäck 101
   5. Was möchte ich sein, wenn ich groß bin? 102
   6. Wie kann ich meine Arbeitslast erleichtern? 123

Teil IV: Beziehungsgepäck 143
   7. Mit wem möchte ich reisen? 144
   8. Wie können wir ganz auspacken? 161

Teil V: Finden Sie Ihren Platz 173
   9. Wo in der Welt ist Ihr Zuhause? 174
  10. Wo packen Sie aus? 187

Teil VI: Packen Sie Ihr Gepäck um 199

   11. Was möchte ich mit mir tragen? 200
   12. Wie halte ich die Last im Gleichgewicht? ... 219

Teil VII: Die Freiheit des Weges 235

   13. Was, wenn ich mich verliere? 236
   14. Was, wenn ich mich nicht verliere? 255

Epilog: **Muß Erfolg so schwer wiegen?** 271

Vorwort

Warum dieses Buch?

Wir schrieben dieses Buch, weil wir es mußten. Wir waren beide an einem Punkt im Leben angelangt, an dem wir Inventur machten – wir dachten darüber nach, wer wir waren und warum. Wir betrachteten alles, was wir besaßen und erreicht hatten und fragten uns: „Wohin gehen wir von hier aus?"

Jeder von uns stand an einem Kreuzweg in seinem Leben, und wir wußten nicht, wohin es weitergehen sollte oder mit was wir weitermachen sollten. Mehr und mehr fragten wir uns, was wir mitnehmen wollten, was zurücklassen, was erwerben und was weggeben, was tun und mit wem.

Jeder von uns wußte, daß er eine neue Energie in sein Leben bringen mußte. Zusammen machten wir uns daran, dieses Projekt zu realisieren.

Wir hatten beide instinktiv das Gefühl, daß wir zuviel Gepäck aus unserer Vergangenheit mit uns herumtrugen – aber keiner von uns wußte, wie wir uns von dieser Last erleichtern konnten. Die Bürden, die uns niederdrückten, waren dieselben, die unser Leben bisher gestützt hatten. Unsere Arbeit, unser Zuhause, unsere persönlichen Beziehungen, all dies gab unserem Leben eine Fülle, aber erschien uns auch gleichzeitig oft mehr, als wir tragen konnten. Wir fragten uns ständig, ob all das, was wir in unsere Leben hineingepackt hatten, uns noch Raum ließ, um wirklich zu leben.

Es schien so, als würden wir fast alles in Frage stellen, wofür wir gearbeitet hatten. Angenommen, der beste Teil unseres Lebens war bereits vorbei und alles, was wir vorzeigen konnten, war ein verschwommenes Bild unserer selbst? Das entsprach nicht gerade dem, was wir sein wollten, vor allem nicht auf dem langen Weg, der noch vor uns lag.

Als wir mit der Arbeit an diesem Buch begannen, war Dick 48 und Dave 35 Jahre. Wir waren typische Vertreter der „Baby-Boom-Generation". Wir spiegeln wider, was viele unserer Zeitgenossen durchmachen, durchgemacht haben und in der Zukunft weiter durchmachen werden.

Wir traten, wie der große Schweizer Psychoanalytiker Carl Jung es ausdrückte, in den *Nachmittag des Lebens* ein. Wir unternahmen diesen Schritt in der falschen Annahme, daß die Wahrheiten und Ideen vom Morgen des Lebens uns immer noch dienen würden wie zuvor; aber wie Jung zu bedenken gibt: „Wir können nicht den *Nachmittag des Lebens* entsprechend dem Plan des *Lebensmorgens* leben – das, was am *Morgen* noch großartig war, wird am *Abend* nur noch wenig Bedeutung haben, und was am *Morgen* noch Wahrheit war, wird am *Abend* eine Lüge sein."

Mit Sicherheit war keiner von uns auf das vorbereitet, was auf uns zukam, als wir vorwärtsgingen – und geradewegs hinein. Wir hatten erfolgreiche Pläne für unsere *Morgen* entwickelt, aber wir fühlten uns ziemlich verloren, als wir uns auf die Reise durch unsere *Nachmittage* machten.

Ohne es zu realisieren, hatten wir die abgedroschene Sichtweise vom Erwachsensein übernommen, die in unserer Kultur vorherrscht: Die Person, die du in deiner Lebensmitte bist, ist die, die du für den Rest deines Lebens sein wirst.

Aber indem wir zusammen dieses Buch schrieben, wurde uns bewußt, daß wir uns geirrt hatten. Genau an dem Punkt, an dem wir das Gefühl hatten, daß uns unser Leben erdrückte, konnten wir feststellen, daß wir unerwartete Schritte von Wachstum und Lebendigkeit vollzogen.

Wir erkannten, daß der Plan für den *Nachmittag* und den *Abend* in uns selbst liegt. Um diesen Plan zu entdecken, müssen wir unseren Blick nach innen richten. Um zu wissen, wo wir uns auf unserer Reise befinden, wohin wir gehen möchten und wie wir dahin gelangen können, müssen wir lernen, uns auf unser inneres Gespür für die richtige Richtung zu verlassen.

Wir müssen unser Gepäck auspacken und umpacken. Auspacken bedeutet einfach, einen langen und nüchternen

Blick auf das zu werfen, was wir mit uns herumtragen und warum, um zu sehen, ob unsere Besitztümer, Verpflichtungen und Beziehungen uns immer noch helfen vorwärtszukommen oder ob diese uns nach unten ziehen.

Umpacken ist die andauernde Aktivität von Neubewertung und Neuentwicklung – die Neuordnung unserer Prioritäten, der neue Rahmen für unsere Vision eines guten Lebens und die Wiedererlangung unserer Lebendigkeit.

Als wir damit begannen, nach innen zu blicken, erkannten wir, daß Umpacken eine entscheidende Lebensfertigkeit ist. Es ist ein Prozeß, den wir immer und immer wieder durchlaufen müssen, um zu wachsen und uns zu verändern, um ein Gespür für den Sinn und die Richtung unseres Lebens aufrechtzuerhalten und um nicht in Verhaltensmuster zu fallen, die uns von dort zurückhalten, wo wir gerne wären.

Zweitens wurde uns bewußt, daß die Strecke, die noch vor uns liegt, tatsächlich der beste Teil der Reise sein könnte. Es kann eine Chance sein, neu zu erfassen, was für uns am wichtigsten ist – eine Möglichkeit, ein tieferes und authentischeres Gefühl von Erfüllung zu erfahren als jemals zuvor.

Aufgrund von Seminaren und Gesprächen, die wir geführt haben, sind wir zu der Überzeugung gelangt, daß diese Zeit, die oft etwas abwertend als „Midlife" bezeichnet wird, das Potential hat, die beste Zeit unseres Lebens zu werden – sofern wir tatsächlich willens sind, uns auf das Umpacken einzulassen. Dieses Buch ist eine Chronik unseres eigenen Umpackens.

Wir glauben, daß in den mehr als zwei Jahren, die wir daran gearbeitet haben, jeder von uns mehr zu der Person geworden ist, die er wirklich ist. Wir haben beide ein neues Verständnis dafür entwickelt, was wir im Leben tatsächlich suchen und wie wir es erreichen können. Wir erlaubten uns und anderen, etwas mehr von dem Menschen preiszugeben, der wir sind, und indem wir dies taten, wurden wir auch für uns selbst sichtbarer. Wir bieten diese Chronik unseren Mitreisenden als einen Leitfaden an.

Möge sie auch Ihnen helfen, Ihre Last für den Rest Ihres Lebens zu erleichtern.

Wer braucht dieses Buch?

Hört sich irgendeine der folgenden Aussagen für Sie vertraut an?

- „Ich muß mein Leben unter Kontrolle bekommen."
- „Ich weiß nicht, wer ich für den Rest meines Lebens sein möchte."
- „Ich lebe mein Leben nicht vollständig."

Wenn ja, dann ist dieses Buch für Sie geschrieben. Es paßt besonders gut, wenn Sie sich in Ihrem Leben an einem Punkt befinden, an dem Sie sich von alten Mustern erdrückt fühlen; wenn die Person, die Sie immer waren, nicht die Person ist, die Sie für den Rest Ihres Lebens sein möchten.

Wenn Sie das Gefühl haben, fast alles zu besitzen, was man sich wünschen kann, aber Ihnen immer noch das eine fehlt, das jeder braucht – Erfüllung –, dann finden Sie mit diesem Buch vielleicht, was Sie suchen.

Dies ist kein Buch für Leute, die denken, daß ihr Gepäck zu erleichtern bedeutet, all ihren Besitz zu verkaufen und in die Wälder oder in einen Ashram nach Indien zu ziehen. Es ist für Menschen geschrieben, die im täglichen Kampf stehen, der sich darum dreht, mit Arbeit, Zuhause und Beziehungen zu jonglieren, um über die Runden zu kommen.

Dieses Buch ist für Geschäftsleute, Künstler, Arbeiter, Angestellte, Hausfrauen, Studenten und Rentner geschrieben – kurz gesagt, für jeden, der sich auf einen Übergang in die nächste Lebensphase vorbereiten und diese auch annehmen möchte.

Wenn Sie einer der Menschen sind, die zwischen 1946 und 1964 geboren wurden und damit der sogenannten Baby-Boom-Generation angehören, spricht dieses Buch Sie vielleicht besonders an.

Sehen Sie sich um. Die meisten Ihrer Alterskollegen konsumieren nicht länger den Konsum. Kaum einer glaubt noch, daß derjenige mit den „meisten Spielsachen" gewinnt.

Anhäufung ist nicht länger der Name des Spiels – Ihre Freunde und Kollegen fragen nun: „Worauf kommt es wirklich an?", „Wieviel ist genug?" und: „Was ist das gute Leben, und wie kann ich es leben?"

Dieses Buch bietet ein neues Lebens- und Arbeits-Modell, einen erfrischenden Denkansatz, um herauszufinden, was in Ihrem Leben am meisten zählt und wie dies erreicht werden kann.

Es gibt Hunderte von Büchern über Stellensuche, über das Schreiben eines Lebenslaufs, über den Umgang mit Geld, über Karriereplanung. Die Themen sind nahezu unendlich, aber die meisten gehen von einer gemeinsamen Annahme aus, nämlich daß das Leben aufgeteilt werden kann. Sie vertreten die Anschauung, daß die Menschen an einem einzigen Aspekt ihres Lebens arbeiten und die anderen Faktoren unberücksichtigt lassen können.

Unser Leitfaden geht von einem grundsätzlich anderen Ansatz aus – radikal in seiner Einfachheit. Anstatt die Dinge in Teile zu zerlegen, konzentriert sich das Buch auf die Wiedereingliederung in das Ganze. Es geht darum, alles wieder zusammenzufügen. Anstatt das Leben als eine Ansammlung von Einzelteilen zu betrachten, setzt es beim „ganzen Menschen" an. Dieser Ansatz berücksichtigt vier Faktoren, die wesentlich sind für ein erfolgreich integriertes Leben – *Arbeit, Liebe, Ort und Sinnsuche*.

Dieses Buch beruht auf einer Annahme, die offensichtlich erscheint, jedoch zu oft übersehen wird: Jeder hat eine unterschiedliche Definition von „Erfolg". Um eine authentische Erfahrung von unserem eigenen Erfolg zu erlangen, muß sich jeder innerlich prüfen. Wir bieten hierzu einen Ansatz, der auf dreierlei Weise einmalig ist.

1. Indem eine allgemeine Formel für das gute Leben vorgestellt wird, in die Sie Ihre eigenen Angaben einfügen können, ermöglicht es Ihnen dieser Leitfaden, Ihrer eigenen Vision von dem, was *für Sie persönlich* das gute Leben bedeutet, Gestalt zu geben.

2. Dieses Buch ermutigt Sie dazu, über Ihre Vision des guten Lebens nachzudenken und sich dieser zu verpflichten, indem starkes Gewicht auf den Dialog gelegt wird – mit Ihnen selbst und anderen.
3. Wir verwendet die Metapher der Reise – und des Gepäcks –, um Sie daran zu erinnern, daß das Leben eine Reise ist und daß Ihre Erfahrungen auf diesem Weg unentwirrbar und zwangsläufig in diesem Gepäck, das Sie tragen, stecken – emotional, intellektuell und physisch.

Insgesamt geht es geht um die Wahlmöglichkeiten, die wir alle haben, um die grundsätzliche Wahl, die den eigenen inneren Bedürfnissen und der persönlichen Lebensperspektive entspringt.

Man könnte es auch so ausdrücken: Dieses Buch kann Ihnen zu einer beabsichtigen midlife-crisis verhelfen.

Ihr Leben kann sich radikal ändern, ohne daß Sie alles in Ihrem Leben ändern müssen, ohne daß Sie in die Wälder ziehen oder eine Pilgerreise zu einem Ashram nach Indien machen müssen.

Beim Schreiben dieses Buches haben wir beide vieles umgepackt; aus diesem Grund wissen wir, daß es funktioniert. Das heißt nicht, daß es einfach ist, – aber es heißt: wenn wir es geschaft haben, können Sie es auch.

Die Fähigkeit, unser Gepäck umzupacken und Entscheidungen zu treffen, die uns in neue, größere Erfüllung bietende Richtungen führen, ist eine Kraft, die in uns allen liegt. Das Schreiben dieses Buches hat uns geholfen, diese Fähigkeit zu nutzen, und wir hoffen, daß die Erfahrung, die Sie durch dieses Buch machen, dasselbe für Sie tun kann.

Richard J. Leider
Minneapolis, Minnesota

David A. Shapiro
Seattle, Washington

Prolog

Die Frage, mit der alles begann ...

Das Leben läßt sich nicht drängen.
Massai Sprichwort

Die Frage, mit der alles begann ...

Dick erklärt, wie alles begann:

———◆———

An einem späten Nachmittag auf einer Trekking-Tour durch das Hochland am Rande der Serengeti in Ostafrika erlebe ich einen Durchbruch.

Es ist ein Jahr, in dem Ostafrika an einer der größten Dürreperioden in der Geschichte leidet. Die weiten Prärien sind ausgedörrt, es gibt nur noch Staub. Die Flußbetten sind knochentrocken. Felder von saftigem Gras sind nur noch Flecken von steifem Stroh, und die unzähligen Blumen, die normalerweise in sattem Grün, blau und malvenfarbig leuchten, sind ausgebleicht. Nur die Staubteufel, die hoch über die Köpfe wirbeln und dann wieder den harten, aufgebrochenen Grund berühren, scheinen zu gedeihen.

In der Ferne bewegen sich über die versengte Serengeti unglaublich große Tierherden – mehr als drei Millionen –, die zusammenkommen auf der Suche nach Wasser und Nahrung. Sie folgen den von Hufen ausgetretenen Pfaden, dem

Highway ihrer Wanderungsroute. Sie ergießen sich kontinuierlich über das Flachland in einem breiten Strom, der mehrere Meilen lang ist. Es ist ein außergewöhnliches Schauspiel, absolut unvergleichlich.

Die Sonne geht unter und erzeugt Trugbilder, die vor unseren Augen entstehen und verschwinden. Aber die enorme Hitze bleibt zurück wie ein schlechter Traum. Sie hat uns jegliche Energie geraubt. Wir fahren in unseren Land Rovern dahin, wie Stoffpuppen an unsere Sitze geschnallt. Kleine Schlitze in der Karosserie saugen Staubwolken ein, die sich auf uns niederlassen. Der feine Sand dringt in unsere Poren, bis sich unsere Körper so trocken anfühlen wie die Umgebung.

Als Leiter dieser Gruppe von zwölf Midlife-Abenteurern, die 7000 Meilen auf einer „Selbsterfahrungs-Expedition" zurückgelegt haben, um Afrika und sich selbst zu begegnen, fühle ich mich besonders erschöpft. Die Verantwortung für deren Sicherheit und ständige Einbeziehung in unseren Prozeß ist manchmal so erdrückend wie die Hitze.

Wir fahren nach Magaduru hinein, einem kleinen Massai-Dorf im Hochland über der Serengeti. Hier werden wir über Nacht kampieren, bevor wir unsere Rucksack-Trekking-Tour am nächsten Morgen beginnen.

Ein großer, schlanker Massai mit aristokratischer Haltung springt vor unsere Fahrzeuge. Er stößt den Schaft seines Speers in den Boden und stellt sich vor uns in einer Art Reiherpose auf, indem er auf einem Fuß balanciert, während er den anderen am Innenschenkel des Standbeines abstützt. Er rückt das kleine Schwert zurecht, das an seiner Taille hängt, und wirft dann eine abgetragene Decke um seinen Körper, mit einem Selbstvertrauen, das dieser einfachen Geste Stil und Anmut verleiht. Seine schwarzen, durchdringenden Augen mustern uns, als ob sie die vom Wind gepeitschte Steppe hinter uns auskundschaften würden. Sein stolzes, ernstes Gesicht zeigt keine Emotionen.

Dann, plötzlich und ohne Vorwarnung, grinst er breit und grüßt uns in einer Mischung aus Englisch und Kiswahili.

„Jambo! Welcome to my boma!"

Während er schnell mit unserem Führer David Peterson spricht, richtet er zuerst seinen Blick auf uns und nickt dann in Richtung seiner in der Nähe stehenden Rinder. Lautes Gelächter schallt hinter den Büschen hervor, wo sich Frauen und Kinder versteckt halten.

„Was sagt er?" fragen wir.

David lächelt: „Er hofft, daß der Geruch von Kuhdung nicht zu stark für Euch ist!"

Damit ist das Eis gebrochen. Unser Lachen erfüllt die Luft und stimmt in das der Massai ein. Er stellt sich vor als Thaddeus Ole Koyie, der Häuptling des Dorfes. Er hält meine Hände fest umschlossen und lädt unsere Gruppe ein, seine Gäste zu sein.

In der lebhaften Konversation, die sich anschließt, erzählt uns Koyie, der auf der anstehenden Trekking-Tour unser Führer sein wird, daß er in einer Missionsschule erzogen wurde, wo er auch Englisch gelernt hat. Jedoch erklärt er uns nicht, warum er den „modernen" Wegen den Rücken gekehrt hat. Offensichtlich ist er ein bedeutender Häuptling, vor allem für einen Mann von gerade 40 Jahren. Aber da ist noch etwas mehr, etwas, das eine starke Verbundenheit mit dem Ort, an dem er lebt, und tiefe Zufriedenheit mit dem Dorfleben spüren läßt.

In der Gegenwart von Menschen, die sie kennen, sind die Massai äußerst kommunikativ. Jedoch haben sie ihre eigenen Gründe, warum sie Fremden gegenüber reserviert und mißtrauisch sind. Glücklicherweise sind wir nicht lange Fremde geblieben.

Wir sind alle sehr angetan von Koyie. Er ist ein geselliger und geistreicher Mann, der die unheimliche Fähigkeit hat, sich mit Leichtigkeit zwischen den zwei Welten von unserer Gruppe und seinem Dorf zu bewegen, indem er die Barriere von Sprache und Brauchtum überschreitet. In dieser Nacht, als wir um das Lagerfeuer sitzen und er von der Dürre spricht, glitzern Tränen in seinen Augen.

Durch seine leidenschaftliche Rede wird uns deutlich bewußt, daß Dürre für die Massai fast gleichbedeutend einem Todesurteil ist.

Früh am nächsten Morgen, als wir Koyies *boma* verlassen, um auf unsere Trekking-Tour zu gehen, trage ich stolz einen nagelneuen Rucksack zur Schau. Es ist einer dieser Hightech-ultraleicht-Modelle, entwickelt für maximale Lastentrageeffizienz. Sie wissen schon – einer von dieser Sorte mit Schnappschlössern, Schnallen, Reißverschlüssen, voll mit Taschen und Beuteln, Fächern in Fächern, ein wirklicher Klettverschluß-Traum – und das Ding ist bis obenhin vollgestopft. Ich laufe Werbung für einen Patagonia- oder Expeditionsreisen-Katalog. Aber natürlich muß ich dies tun. Als Expeditionsleiter bin ich für die ganze Gruppe verantwortlich. So muß ich neben dem der Gruppengröße angemessenen Erste-Hilfe-Kasten auch Dinge mitnehmen, die unsere Trekking-Tour nicht einfach nur sicher, sondern auch angenehm machen. Ich bin kein „Boy Scout", aber das Motto der Pfadfinder „Sei vorbereitet" gilt auch für mich, und ich habe es geschafft, auf fast alles vorbereitet zu sein.

Als wir so dahin wandern, streift Koyies Blick immer wieder meinen Rucksack. Ich sehe, wie er jedesmal im Geiste das schwere Gepäck, das ich mit mir trage, mit dem seinen vergleicht, das aus nichts anderem als einem Speer und einem Stock für das Zusammentreiben des Viehs besteht. Schließlich kommen wir auf meinen Rucksack zu sprechen, und er bringt zum Ausdruck, daß er sehr gerne sehen möchte, was darin ist. Es freut mich, daß er anscheinend so beeindruckt ist, und ich biete an, ihm meinen ganzen Kram zu zeigen. Ich freue mich darauf, ihn sehen zu lassen, wie gründlich ich mich auf unsere Reise vorbereitet habe und wie gut gerüstet ich für alles bin.

Die Gelegenheit dazu bietet sich am späten Nachmittag, als wir unser Lager in der Nähe eines anderen *boma* aufschlagen. Stolz beginne ich damit, alles, was sich in meinem Rucksack befindet, vor ihm auszubreiten. Ich öffne Schnallen, Reiß- und Klettverschlüsse. Aus Taschen, Beuteln und Fächern zaubere ich alle Arten von fremdartigen und wunderschönen Dingen hervor: Grabinstrumente, Eßutensilien, Schneidewerkzeuge, Peilgeräte, Sterngucker, Karten – und mehr noch.

Schreibzeug und Papier; verschiedene Kleidungstücke in verschiedenen Größen für unterschiedliche Funktionen; medizinische Ausrüstung, Medikamente und Heilmittel; kleine Fläschchen in kleinen Fläschchen in kleinen Fläschchen; wasserdichte Beutel für alles – lauter tolle Sachen.

Endlich habe ich die ganze Ausrüstung ausgebreitet. Es sieht aus wie eines der Fotos, die häufig im Mittelteil eines Expeditionsartikel-Katalogs zu finden sind, auf dem alles abgebildet ist, was für eine erfolgreiche Reise zu den entlegensten Orten unseres Planeten notwendig ist. Es braucht nicht erwähnt zu werden, daß ich mit meiner Kollektion äußerst zufrieden bin.

Ich schaue hinüber zu Koyie, um seine Reaktion abzuschätzen. Er scheint amüsiert zu sein, bleibt aber schweigsam. Ich verstehe.

Wenn ich die um uns herum angeordneten Einzelteile betrachte, weiß ich auch nicht mehr recht, was ich sagen soll.

Schließlich, nachdem er alles einige Minuten wortlos betrachtet hat, wendet sich Koyie mir zu und sagt:

„Macht all dies dich glücklich?"

Etwas an Koyies Frage hatte eine sehr starke Wirkung. Seine Worte hatten mich in meinen Wertvorstellungen getroffen. Ehrlich gesagt konnte ich ihm an diesem Abend nicht antworten, und sogar Wochen danach konnte ich es noch nicht mit Sicherheit sagen.

Im Bruchteil einer Sekunde hatte mich seine Frage dazu gebracht, über all das nachzudenken, was ich mit mir herumtrug und warum – nicht nur auf unserer Trekking-Tour, sondern in meinem ganzen Leben.

Da ich mich irgendwie gezwungen fühlte, es Koyie – und mir – zu erklären, begann ich sofort, alles durchzugehen, was ich dabei hatte, und versuchte jeweils zu entscheiden, ob es mich *wirklich* glücklich gemacht hat. Er und ich saßen noch lange am Feuer und redeten bis spät in die Nacht. So wie er mir zuhörte, hörte ich mir auch selbst zu; ich war dabei, mir über die maßgeblichen Werte in meinem Leben klarzuwerden.

Als Reaktion auf die Frage begann ich die Wahrheit zu erkennen. Einige der Dinge machten mich glücklich, aber viele taten es nicht – zumindest nicht in einer Art, die Sinn machte, sie weiter mitzuschleppen. Als ich wieder einpackte, legte ich diese Dinge beiseite, und schließlich verschenkte ich sie. Den Rest der Trekking-Tour machte ich ohne sie. Ich bin nicht sicher, ob ich sie niemals wieder möchte oder brauchen werde, aber mit Sicherheit litt ich nicht darunter, daß ich sie zu dieser Zeit nicht mehr besaß.

Meine Last war viel leichter, nachdem ich meine Bedürfnisse überprüft hatte, und auf dem Rest der Reise war ich um einiges glücklicher, weil ich meinen Rucksack umgepackt hatte.

Das Ergebnis dieser Erfahrung war, daß ich begann, meine Gedanken und Gefühle darauf zu konzentrieren, wie ich *meine Last erleichtern* konnte. Die Einsicht, die ich gewonnen habe, ist in meine Tätigkeit als Lebens- und Karriereplanungsberater eingeflossen und wurde auch von dieser durchdrungen. In Diskussionen mit Klienten, Kollegen und Familienmitgliedern habe ich ein neues Verständnis dafür entwickelt, wie wichtig es ist, regelmäßig, an unterschiedlichen Punkten in unserem Leben, unsere Rucksäcke aus- und umzupacken.

Als mein Co-Autor David und ich uns mit diesen Gedanken beschäftigten, haben wir eine Anzahl von Entdeckungen gemacht, die die Kernpunkte dieses Buches ausmachen:

- Wir haben entdeckt, daß viele Menschen sich durch ihr Leben arbeiten, niedergedrückt von Bindungen, die ihnen nicht länger dienlich sind. Verhaltensmuster, die ihnen geholfen haben, dahin zu kommen, wo sie jetzt sind, helfen ihnen nicht, dahin zu kommen, wo sie sein möchten. Das Ergebnis ist, daß sich viele Menschen verzweifelt fühlen. Sie trauern um den Verlust eines Lebens – ihres eigenen. Um diese Verzweiflung – die wir alle an bestimmten Punkten in unserem Leben empfinden –, müssen wir uns ihr entgegenstellen und zu überwinden (sehr wörtlich genommen) ihr ins Gesicht lachen. Auf diesen Punkt gehen wir in *Teil I* ein: *Macht all dies Sie glücklich?*

- Wir haben entdeckt, daß es möglich ist, unser Leben zu vereinfachen, ohne Annehmlichkeiten und Komfort, an die wir uns gewöhnt haben, opfern zu müssen. Wir können *aufgeben,* ohne *nachzugeben.* Indem wir weniger *in* unserem Leben haben, können wir mehr *von* unserem Leben haben. Um dahin zu kommen, müssen wir uns darüber klar werden, was wirklich Bedeutung hat. Wir müssen prüfen, was wir in unserem Gepäck haben, und für uns selbst entscheiden, ob es wirklich das ist, was wir tragen möchten – und sollten. Hierauf konzentriert sich *Teil II: Packen Sie Ihr Gepäck aus.*
- Wir haben ein neues Verständnis für das entwickelt, was für das „gute Leben" erforderlich ist und wie wichtig es ist, daß wir beim Erschaffen unserer eigenen Vision des guten Lebens vier wesentliche Faktoren berücksichtigen: *Arbeit, Liebe, Ort* und *Sinnfindung.* Die ersten drei werden behandelt in *Teil III: Arbeitsgepäck; Teil IV: Beziehungsgepäck;* und *Teil V: Finden Sie Ihren Platz.* Der Faktor Sinnfindung zieht sich durch das ganze Buch.
- Wir haben erkannt, daß das, was wir „in unserem Gepäck" tragen, definiert, wie wir unsere Zeit verbringen, und wie wir unsere Zeit verbringen, bestimmt, wie wir leben und wer wir sind. Es ist traurig, daß viele von uns Tätigkeiten ausüben, die in keiner Beziehung stehen zu den Dingen, die wir wirklich mit unserem Leben tun möchten. Es ist jedoch absolut möglich, unser Leben neu zu gestalten – unser Gepäck umzupacken –, um zu besitzen, zu handeln und der Mensch zu sein, der wir immer sein wollten. In *Teil VI: Packen Sie Ihr Gepäck um* gehen wir auf diesen Punkt ein und bieten Vorschläge, wie dies bewerkstelligt werden kann.
- Wir haben festgestellt, daß Glück viel mehr zu tun hat mit Erleben als mit Haben. Haben ist großartig, aber es ist nicht *alles.* Was die meisten von uns wirklich suchen,

ist ein Gefühl – ein Gefühl von *Lebendigkeit*. Das ist es, worum es in *Teil VII* geht: *Die Freiheit des Weges*.

In den letzten Jahren ist Dicks Beziehung zu Koyie gewachsen, und das Lernen hat sich fortgesetzt. Die zahllosen Gespräche, die sie führten, als sie spät nachts am Feuer saßen und durch die vom Wind gepeitschte Steppe gewandert sind, haben uns ein wunderbares Gespür für uns selbst und unsere Kultur vermittelt. Koyie erinnert uns unaufdringlich daran, daß die Freiheit zu wählen nicht etwas ist, was wir *haben* und somit verlieren können, sondern etwas, das wir *sind*. Sie liegt in unserem tiefsten Wesen und wartet nur darauf, gerufen zu werden.

In jedem Moment, in jeder Situation sind wir frei, eine einfachere Ausdrucksform unseres Daseins zu wählen. Wir alle haben das Potential auszupacken, unser Gepäck zu erleichtern und umzupacken.

Für viele von uns ist eine Krise notwendig, um uns überhaupt zum Nachdenken über das zu bringen, was wir tragen. Unglücklicherweise neigen wir dann dazu, Entscheidungen aus der Krise heraus zu treffen. Anstatt daß wir eine Pause einlegen, um in einer zielbewußten Art und Weise neu zu überdenken, was wir mitgebracht haben und warum, tendieren wir dazu, alles wegzuwerfen und einfach davonzulaufen. Anstatt rationale Entscheidungen zu treffen, die uns auf das vor uns liegende vorbereiten, reagieren wir aus einer von Panik oder Furcht bestimmten Position heraus – und die Entscheidungen, die wir treffen, spiegeln dies.

Wir können einen Prozeß für das Umpacken unseres Gepäcks einleiten, der uns dazu bringt, über diese Frage nachzudenken, ohne daß wir uns in einer Krise befinden müssen. Wir können über unser Leben in einer Art und Weise reflektieren, die uns hilft, das, was wirklich zählt – was uns glücklich macht –, von dem zu trennen, was uns nur niederdrückt. Dann können wir einen neuen Plan für den vor uns liegenden Weg ausarbeiten, einen, der uns dahin führt, wo wir wirklich hin möchten, mit den Dingen, die wir wirklich mitnehmen möchten.

Dies ist in Kürze – oder sollten wir sagen „in einem Rucksack" – das, worum es in diesem Buch geht.

Dieser Prozeß ist nicht etwas, das wir einmal durchlaufen, und damit hat es sich.

Es ist eine Erfahrung, wie Koyies Frage, die bei Ihnen hängenbleibt, die die Gedanken stimuliert und bereits bestehende Reflexionen inspiriert. Wir hoffen, Sie finden es nützlich und bedeutungsvoll, egal, wo Sie sich in Ihrem Leben gerade befinden.

Es gibt viele Wege, sich auf diesen Prozeß einzulassen; Sie werden Ihren eigenen entdecken, während Sie vorangehen. Aber vielleicht ist der beste Weg, um die Dinge in Gang zu bringen, die Frage, mit der alles begann:

„Macht all dies Sie glücklich?"

Macht all dies Sie glücklich?

1 Finden Sie Ihr Lächeln wieder

*Packen Sie Ihre Sorgen in Ihre alte Reisetasche
und lächeln, lächeln, lächeln Sie.*
George Asaf, 1915

**Es ist 9 Uhr morgens.
Wissen Sie, wo Ihr Lächeln geblieben ist?**

In dem Film *City Slickers* spielt Billy Crystal Mitch Robbins, einen desillusionierten Vertreter für Rundfunkwerbung, der einen dringend notwendigen Urlaub auf einer Western-Ferienranch mit ein paar Freunden verbringt. Am Anfang des Films überlegt er, ob er wirklich gehen soll – was ist mit den täglichen Prüfungen und Drangsalen seines Lebens? Er denkt, daß die Reise mehr Mühe macht, als sie wert ist. Seine Frau widerspricht ihm, sie erklärt, warum es ihrer Meinung nach so notwendig ist, daß er einmal raus kommt.

„Du mußt dein Lächeln wiederfinden", sagt sie ihm. Sie beharrt darauf, daß seinen Humor wieder neu zu entdecken mehr zählt als alles andere, was er zur Zeit tut.

Sie hat recht, und im Laufe des Films erkennt dies auch Mitch. Er versteht langsam den Wert des Lachens und was für einen Unterschied es macht, wenn man ein Lächeln im Herzen trägt. Am Ende des Films hat sich in seinem Leben nichts geändert, und doch hat sich alles geändert. Er hat immer noch den gleichen Job, die gleiche Familie, die gleichen Probleme, aber da er sein Lächeln wiedergefunden hat, ist er in der Lage, seinem Leben mit einem erneuerten Gefühl der Freude zu begegnen.

Viele Menschen sind heutzutage in derselben Situation wie Mitch zu Beginn des Films. Sie haben ihr Lächeln verloren. Es ist wenig oder keine Freude in ihren Herzen. Die vor ihnen liegenden Tage scheinen eintönig und nur Wiederholung zu sein, so langweilig und monoton wie Mathematikunterricht an der Hochschule. Angesichts dieser Aussicht auf endlose Reproduktionen verlieren die Menschen „ihr Feuer". Sie fühlen sich abgestumpft und leblos – gefangen und isoliert. Sie „folgen mechanisch den Bewegungen des Lebens", aber es ist kein Leben in ihrem Leben.

Immer häufiger hören wir Freunde und Kollegen sagen: „Ich fühle mich zur Zeit so niedergedrückt. Ich weiß einfach nicht mehr, wie ich Spaß haben kann."

Das stimmt nicht ganz. Für viele Leute ist „Spaß" zu einer Sucht geworden. Aber wie bei den meisten Suchtmitteln steigt die Verträglichkeitsgrenze. Trotz all der „Spaß machenden" Dinge, die die Menschen tun, haben sie immer noch keinen Spaß.

Was wirklich fehlt, ist ein Gefühl von Fröhlichkeit. Trotz all des Spaßes, den sie haben, empfinden die Menschen keine authentische Lebensfreude mehr. Dies trifft sowohl auf Männer als auch auf Frauen, Junge und Alte, Reiche und Arme zu, egal, in welcher Lebensphase diese sich befinden.

Die Menschen haben eine feine, aber entscheidende Komponente von Lebendigkeit und Wohlgefühl verloren – sie haben ihre *Exzentrizität* verloren. Dies passiert vielen von uns in den ersten Jahren des Erwachsenseins. Wir passen uns an. Wir sehen, wie andere Menschen überleben und kopieren deren Stil – wir machen dasselbe wie all die anderen. Mitgerissen von den unzähligen Anforderungen des täglichen Lebens, hören wir auf, unsere eigene Wahl zu treffen, bzw. wir realisieren gar nicht mehr, daß wir immer noch die Wahl haben.

Wir verlieren die wunderbaren verschrobenen Ecken und Kanten, die unser Ich ausmachen. Wir verdecken die Exzentrizität, die uns einmalig macht. Alfred Adler, der große Psychiater und Psychologe des 20. Jahrhunderts, betrachtete diese Exzentrizität als unerläßlichen Bestandteil eines glücklichen und erfüllenden Lebensstils. Paradoxerweise impliziert gerade dieser von ihm geprägte Ausdruck – Lebensstil – heute etwas, das der Exzentrizität total entgegensteht. Er bedeutet soviel wie ein vorkonfiguriertes Paket, formatiert für einfachen Konsum. Lebensstil bezieht sich heute auf Dinge, die wir kaufen, reduziert auf Ideen von jemand anderem über das, was wir brauchen, um glücklich zu sein. Aber gibt es irgend jemanden, der mit diesen an die Masse vermarkteten Ideen von Glück wirklich zufrieden ist? Befriedigt ein McLifestyle wirklich irgendjemanden?

Es ist nicht verwunderlich, daß so viele Menschen das Gefühl haben, ihr Lächeln verloren zu haben. Aber, etwas überspitzt ausgedrückt, wie viele würden es überhaupt merken, wenn sie es wiederfänden?

Warum fühlen wir uns so schlecht?

Forbes magazine – also kein geringeres als „das Instrument des Kapitalisten" – widmete seine komplette 75. Jubiläumsausgabe der Frage „Warum fühlen wir uns so schlecht... wenn wir es so gut haben?" Einige der scharfsinnigsten Autoren schrieben darüber, warum so viele von uns so deprimiert sind, obwohl ihnen Möglichkeiten offenstehen, von denen unsere Vorfahren nur träumen konnten. Ihre Artikel hatten alle einen gemeinsamen Tenor: Wir sind unglücklich, weil etwas in unserem Leben fehlt, etwas, das all die raffinierten Geräte und witzigen Spielsachen unserer Welt nicht ersetzen können.

Lebensstil-Wahlmöglichkeiten umgeben uns, sie locken von Hochglanzmagazinen und in protzigen Werbesendungen. Doch trotz all dieser Wahlmöglichkeiten empfinden nur sehr wenige, daß sie die Freiheit der Wahl haben. Es gibt nur wenig Bewußtsein für kreativen Ausdruck. Wir *gehen* immer *irgendwohin*, doch nie *sind* wir *irgendwo*. Sobald wir etwas gewählt haben, fängt es an uns zu drücken ... weil es uns nie wirklich paßt. Wir verfangen uns in dem Gedanken, daß wir glücklich sein werden, sobald wir uns nur auf eine bestimmte Art und Weise verhalten, einen bestimmten Lebensstil leben und all die Produkte kaufen, die zu diesem dazugehören.

Überall, wo man hinschaut, sieht man Menschen, die dem Glück hinterherjagen, als ob es etwas wäre, das sie einfangen und eingesperrt halten könnten. Das Glück festzunageln bedeutet jedoch, es zu zerstören. Dafür ist es zu wild – es braucht Raum, um umherzustreifen. Sie müssen ihm Zeit lassen; lassen Sie es wandern, lassen Sie sich überraschen.

Dave erzählt eine Geschichte, wie er dies auf die harte – aber auch lustige – Tour gelernt hat:

―――――◆―――――

Es sind nicht nur „Hochglanz-Lebensstile", denen die Menschen nachjagen. Einige von uns versuchen auch, etwas ramponiertere Images von Künstlern zu kopieren – jedoch mit genauso vorhersehbaren Ergebnissen.

Der Lebensstil, der mir vorschwebte, war der: Henry Miller trifft Jim Morrison, einem ausgewanderten Dichter/Schriftsteller, der sich am Rande der Gesellschaft mühsam durchs Leben schlägt. Ich wollte einen alternativen Lebensstil, aber ich wollte nicht meine eigenen Alternativen erfinden.

So ging ich vor ein paar Jahren nach Paris und begab mich in die arg gebeutelte Kunstszene. Ich kleidete mich immer ganz in Schwarz und fing sogar mit dem Rauchen an, um das Bild zu vervollständigen. Es war alles sehr ernst – und wenn ich heute zurückblicke, alles sehr angeberisch und langweilig. Zu einem Zeitpunkt jedoch bekam mein schwarzer äußerer Anstrich von Wichtigtuerei einen großen – und wirklich erleuchtenden – Knacks.

Ich saß in einem Café, in einer ergreifenden Pose von Weltverdrossenheit und trank bedächtig ein Glas Bordeaux. Ich beobachtete die Passanten auf der Straße, die dem sinnlosen Treiben des menschlichen Lebens folgten. Mein Herz war erfüllt von tiefer existentieller Verzweiflung. Ein kleiner Hund tauchte auf, und während ich ihn beobachtete, plazierte er einen großen Haufen auf dem Gehsteig genau vor dem Eingang des Cafés. Es erschien mir wie die perfekte Metapher für den Schmutz und die Degeneration der Alltagsexistenz.

Ich bestellte noch ein Glas Wein und beschloß, sitzen zu bleiben und zu beobachten, wie jemand in die Sauerei hineinstapfte. Ich hatte das Gefühl, daß dies die perfekte Kurzfassung davon wäre, wie wir durch unsere Tage gehen – wir schreiten vergnügt unseres Weges, bis wir plötzlich und ohne irgendeinen ersichtlichen Grund mit stinkenden Exkrementen beschmutzt sind.

Es wurde eine amüsante Vorstellung – und sehr aufregend. Einer nach dem anderen tappte beinahe hinein, aber in letzter Sekunde bemerkte er es und machte einen Schritt zur Seite, oder er verfehlte es einfach. Es war wie das Zusehen bei einem waghalsigen Hochseilakt im Zirkus. Ich hatte einen großartigen Nachmittag. Ich lächelte, lachte laut auf. Ich hörte sogar auf zu rauchen.

Der Eigentümer des Cafés, der auf mich immer etwas abweisend gewirkt hatte, kam zu mir herüber, angelockt durch meine gute Laune. Wir gerieten in ein anregendes Gespräch über Philosophie und Baseball. Er stellte mich seiner Frau vor, die, nachdem sie bemerkt hatte, daß ich zu dünn wäre, verschwand und mit einer Schüssel der köstlichsten Kartoffelsuppe, die ich je probiert habe, zurückkam. Der Eigentümer öffnete eine besonders gute Flasche Wein, die wir in unbeschwerter Heiterkeit genossen. An diesem Abend sprach ich mit mehr Leuten als in den vergangenen fünf Monaten, und irgendwie vergaß ich ganz und gar meine künstliches Weltschmerzgefühle.

Ich war der letzte Gast im Café, und nachdem ich mich von meinen neuen Freunden herzlich verabschiedet hatte, schritt ich fröhlich zur Tür hinaus ... mitten hinein in den Hundehaufen. Der Spaß ging nun – buchstäblich – auf meine Kosten.

Das rief mein lautestes Lachen des ganzen Abends hervor. Ich hatte mein Lächeln wiedergefunden, und es blieb für den Rest der Reise bei mir.

Abgepackte Lebensstile

Wie Dave mit seiner „Von-der-Stange"-Angst und seinen „Aus-dem-Regal"-Qualen versuchen die meisten von uns zu irgendeinem Zeitpunkt, sich in einen abgepackten Lebensstil einzukaufen, von dem wir denken, daß dieser uns glücklich machen wird. Betrachten wir nur einmal die Kataloge, die uns mit der Post zugehen. Wir haben die Wahl zwischen Produkten für den berufstätigen Single oder für den ökologisch bewußten Familienmenschen vom Lande oder für den frühreifen Technikfreak mit hohem verfügbarem Einkommen. Automobile bieten theoretisch dieselben einfachen Antworten. Ein bestimmter Personentyp fährt BMW. Ihn oder sie würde man nie eingequetscht hinter dem Lenkrad eines Toyota finden, noch würde diese Person jemals den Opel ihres Vaters fahren.

Abgepackte Lebensstile lassen jemand anderen – in der Regel eine fiktive Person – unser Leben leben. Das Versprechen und ebenfalls der Fluch ist, daß wir genauso einfach wie in ein neues Kleidungsstück in einen neuen Lebensstil schlüpfen können, einschließlich der Gefühle, die mit diesem in Verbindung gebracht werden.

Alle abgepackten Lebensstile vermitteln erfolgreiche Images. Die Models in den Katalogen lächeln und lachen immer. Sie sind adrett und fit. Die Charaktere in den Fernsehshows sind – wenn nicht immer bezaubernd – so doch zumindest lustig und selbstsicher. Die Botschaft ist, daß deren abgepackte Lebensstile *funktionieren*. Wenn der Lebensstil also bei uns nicht funktioniert, stellen wir nicht den Lebensstil in Frage, sondern uns selbst.

Wir denken: „Oh, ich brauche einfach noch etwas anderes, noch etwas mehr, und *dann* werde ich glücklich sein." Wir ordern per Katalog das gute Leben. Das Problem ist, daß es alle paar Wochen (oder vor den Feiertagen fast jeden Tag) eine Ladung neuer Kataloge gibt. Auf diese Weise werden wir konstant in einem Zustand von unerfüllten Wünschen gehalten. Die Dinge, die wir kaufen, stellen uns nicht zufrieden, aber wir greifen ständig nach mehr. Das Anhäufen wird zu einer Sucht, aber unsere Toleranzgrenze ist so hoch, daß genug nie genug ist.

Es ist nicht erstaunlich, daß so viele Menschen in dem Bestseller von Juliet Schor *The Overworked American* ihr Leben treffend beschrieben finden. Wie sie in ihrem Buch hervorhebt, haben sich die Amerikaner seit den 50er Jahren, wann immer sie die Wahl hatten, für höhere Gehälter und mehr Geld anstelle von mehr Freizeit und Familie entschieden. Hat uns dies in irgendeiner Weise glücklicher gemacht? Laut Umfragen ist die Antwort „Nein". Somit, schreibt sie weiter, sind wir gefangen in einer Tretmühle von mehr Arbeit, mehr Konsumgütern und mehr Umweltzerstörung.

Was geschieht in dieser Tretmühle mit dem Lächeln? Sehen Sie sich einfach um. Was zeigt der Gesichtsausdruck so vieler Menschen: zur Hälfte Grimasse, zur Hälfte Ängstlichkeit. Viele von uns schauen, als hätten sie gerade einen sauren Hering verspeist – und zwar mit großer Entschlossenheit. Wir sind nicht sicher, was geschehen wird, aber wir sind verdammt sicher, daß wir nicht zulassen werden, daß es uns beeinflußt.

Viele von uns, die ihr ganzes Berufsleben hindurch hart an ihrer Karriere gearbeitet haben, erreichen irgendwann einen Punkt, gewöhnlich im mittleren Alter, an dem sie ihr Leben betrachten und sagen: „Hey! Ist das alles? Wann fängt der Spaß an?" Das Problem vieler Menschen heutzutage ist, daß sie nie ihre eigene Vision von Erfolg entwickelt haben. Sie haben angenommen, daß, wenn sie sich einfach in das Image eines anderen vom Glücklichsein einkaufen, auch sie damit glücklich würden. Es ist, als glaubten sie, sie könnten ihr Lächeln finden, indem sie sich eine Clownsmaske kaufen. Aber damit ändert sich gar nichts. Und wie es schon in einem alten Lied heißt, sie verbirgt nicht die Tränen, wenn man allein ist.

Finden Sie Ihr Lächeln wieder

Im 18. Jahrhundert schrieb Sebastian Chamfort: „Der vergeudetste Tag ist der, an dem wir nicht gelacht haben." Wie viele Tage haben sie in letzter Zeit vergeudet? Wann haben Sie zum letzten Mal so richtig herzhaft gelacht?

Der Verleger und Schriftsteller Norman Cousins beschreibt in seinem Bestseller *Der Arzt in uns selbst,* wie das Lachen ihm über die Schmerzen seiner ihn stark schwächenden Krankheit hinweggeholfen hat. „Ich machte die erfreuliche Entdeckung, daß zehn Minuten herzhaften Lachens einen Narkoseeffekt haben und mir mindestens zwei Stunden schmerzfreien Schlaf bescherten." Davon ausgehend war ein Teil der Therapie, die er für sich selbst entwickelte, Filme der Marx Brothers anzusehen und Witzbücher zu lesen.

Cousins stellte nur eine einzige negative Begleiterscheinung seines Lachens fest – wenn er im Krankenhaus war, störte er damit die anderen Patienten. Zweifellos nur, weil diese selbst nicht gelacht haben. Es ist zu schade, daß er keinen großen Fernsehbildschirm hatte, da gemeinsam lachen noch besser ist, als allein zu lachen. Zwei Lächeln – wie zwei Köpfe – sind besser als eines.

Humor ist ein Geschenk für beide, den Empfänger *und* den Sender. Bühnenkomiker berichten, daß man süchtig wird nach dem Adrenalinstoß, der durch den Auftritt ausgelöst wird. „Einen ganzen Raum mit Menschen zum Lachen zu bringen, ist besser als Sex", sagt der Komiker Ralf Leland.

Durch das Lachen fühlte sich Norman Cousins physisch besser, aber man kann sich auch noch auf eine andere Art besser fühlen. Regelmäßige Lachsalven lassen Sie auch psychisch *besser fühlen*. Herzhaftes Lachen lockert Sie auf. Es bringt all Ihre Emotionen näher an die Oberfläche.

Menschen, die schnell lachen, strahlen auf uns Lebendigkeit und Herzlichkeit aus. Thomas Carlyle, der englische Philosoph des 19. Jahrhunderts, sagte: „Wer herzlich und von innen heraus gelacht hat, kann nicht unverbesserlich schlecht sein." Humorlose Menschen hingegen erscheinen ernst und verklemmt.

Es fällt schwer, sich vorzustellen, daß eine Gruppe steifkragiger Priester sich auf die Knie schlägt und lauthals losbrüllt. Wir neigen zu der Vorstellung, daß deren Leben emotional begrenzt ist – nicht zu heiß, nicht zu kühl, unter Kontrolle. Durch Lachen wird diese Kontrolle niedergerissen. Lachen ist subversiv. Es braucht nicht mehr als eine Torte im Gesicht, um ein „großes Tier" wieder auf seine normale Größe zu reduzieren.

Wir können alle ein wenig Subversives in unserem eigenen Leben gebrauchen. Wir können es alle vertragen, aus unseren aufgeblasenen Egos etwas Luft herauszulassen. In Shakespeares Sommernachtstraum findet der Kobold Puck, „der glückliche Nachtwanderer", großes Vergnügen daran, sich über Klatschbasen, weise Tanten und andere aufgeblasene Wichtigtuer lustigzumachen. Er erzählt, wie seine Streiche ganze Massen von Menschen dazu bringen, „sich den Bauch zu halten und zu lachen, vor Fröhlichkeit zu zergehen, zu prusten und zu fluchen. Eine glücklichere Stunde wurde dort niemals verschwendet."

Wie viele glückliche Stunden haben Sie in letzter Zeit verschwendet?

Wenn Sie über sich selbst lachen können, ändert das Ihre ganze Stimmung. Denken Sie das nächste Mal daran, wenn Sie morgens wie verrückt durch die Gegend rasen in dem verzweifelten Versuch, rechtzeitig zur Arbeit zu kommen. Treten Sie zurück, und versuchen Sie, die Komik der Situation zu erkennen. Stellen Sie sich selbst als Darsteller in einer dieser alten Stummfilmkomödien vor. Was hätte Charly Chaplin über Ihren Charakter zu sagen?

Tips, um Ihr Lächeln wiederzufinden

Sie kennen das Gefühl, das sich einstellt, wenn Sie alte Klassenfotos durchschauen? Es ist eine seltsame Mischung aus Erleichterung und Bedauern, gekoppelt mit einem gewissen Unglauben, daß Sie jemals dort gewesen sind oder dies getan haben.

Wenn Sie Ihr Gepäck umpacken, haben Sie möglicherweise ähnliche Gefühle. Was Sie jedoch stützen und es zu einer angenehmen und lohnenden Erfahrung machen wird, ist Ihre Fähigkeit, die schöneren Seiten der getroffenen Entscheidungen zu sehen. Wenn Sie an Ihrem Lächeln festhalten, wird Ihnen das Umpacken besser gelingen, und Sie werden mehr Freude daran haben, es zu tun.

Als Abschluß dieses Teils des Prozesses und als Aufwärmübung für das, was als nächstes kommt, folgen nun einige zusätzliche Tips und Vorschläge, um Ihr Lächeln wiederzufinden. Während der Lektüre dieses Buches, wie auch noch danach, sollten Sie immer, wenn Sie etwas Aufmunterung brauchen, diese nochmals durchlesen.

Zünden Sie Ihr Lächeln.
Es ist einfacher weiterzulachen, als damit anzufangen. Gönnen Sie sich deshalb Dinge, die Sie lustig finden, um Ihren Lachmotor in Gang zu setzen. Gehen Sie ins Kino, und schauen sich die neueste Kommödie an oder leihen Sie sich einige Marx Brothers oder Three Stooges Videos aus, oder besuchen Sie wieder einmal ein Kabarett.

Lachen Sie, und die ganze Welt wird mit Ihnen lachen.
Lachen hat seine Wurzeln in gemeinsamen Erfahrungen. Arrangieren Sie deshalb ein Abendessen oder ein Picknick mit

Leuten, die Sie zum Lachen bringen und, noch wichtiger, die Ihre Späße lustig finden.

Spielen Sie mit Kindern.
Kinder sind lustig, und sie wissen dies. Wenn Sie einige Zeit mit ihnen verbringen – mit Spielen und nicht mit dem Versuch, sie dazu zu bringen, ihre Zimmer aufzuräumen oder etwas ähnliches zu tun, – werden Sie mit Sicherheit ein- oder dreimal etwas zu lachen haben.

Tragen Sie ein kurioses Kleidungsstück.
Binden Sie sich eine schrille Krawatte um, setzen Sie einen ulkigen Hut auf, oder ziehen Sie ein gemustertes Hemd an, das Sie lustig finden. Es scheint nicht viel zu sein, aber es ist ganz schön schwer, verdrießlich zu bleiben, wenn man sich selbst im Spiegel betrachtet und Micky Maus einem zwischen dem Revers entgegengrinst.

Beleben Sie eine Romanze wieder (vorzugsweise Ihre eigene).
Wenn man verliebt ist, sieht die Welt in der Regel viel schöner aus. Es ist einfacher, über einen Verkehrsstau oder einen verpaßten Anschlußflug zu lachen, wenn man neben jemandem sitzt, der einem wirklich etwas bedeutet. Nutzen Sie die Gelegenheit, Ihre innerste Beziehung mit der oder den Personen, mit denen Sie am stärksten verbunden sind, neu zu entdecken. Verbringen Sie einige Zeit allein und erinnern Sie sich an die spaßigsten Situationen – im wörtlichen Sinn –, die Sie zusammen hatten. Spielen Sie sie durch. Erzählen Sie noch einmal die alten Witze. Teilen Sie die wundervollen Absurditäten, die entstehen, wenn man sich wirklich etwas bedeutet. Wenn Sie die Komik in Ihren engsten persönlichen Beziehungen entdecken können, können Sie die Komik in allem entdecken.

Nehmen Sie etwas unglaublich ernst.
Am meisten lacht man, wenn man es nicht sollte – wie bei einer Übernachtungsparty, nachdem Papa hereingekommen

ist und gesagt hat, daß man sich unbedingt leise verhalten soll, oder etwas ähnliches. Verwenden Sie dieselbe Strategie bei etwas in Ihrem jetzigen Leben, vorzugsweise bei etwas, das ziemlich absurd ist. Profi-Wrestling wäre perfekt. Wenn Sie die Ernsthaftigkeit von etwas Lächerlichem sehen können, kann Ihnen dies auch helfen, die Dinge umzudrehen und die hellere Seite von einer wirklich ernsten Sache zu erkennen.

Schreiben Sie sich für einen Kleinkunst- oder Theater-Improvisationskurs oder einen Geschichtenerzählkurs ein.
Checken Sie Ihre lokalen Kleinkunst- oder Theatervereine durch. Diese bieten bestimmt eine Art Einführungskurs an. Die Einschreibung ist natürlich keine Garantie dafür, daß Sie die nächste Lily Tomlin werden, aber mit ziemlicher Sicherheit wird Ihnen dieses Erlebnis ein paar gute Lacher bescheren.

Lernen Sie, mindestens einen Witz zu erzählen.
Viele Leute behaupten, sie könnten keine Witze erzählen, dies bedeutet jedoch nur, daß sie dies nicht *tun*. Man braucht jedoch kein besonderes Talent, um lustig zu sein. Man braucht nur Übung.

Leihen Sie sich ein paar Witzbücher aus Ihrer Bücherei aus und erzählen Sie einige der Witze daraus Ihren Freunden. Natürlich werden diese aufstöhnen, wenn Sie mit Ihren Witzen ankommen, aber Sie können sicher sein, daß sie diese Witze bei nächster Gelegenheit sofort an Freunde weitererzählen werden.

Machen Sie mal „blau".
Es gibt nichts Herrlicheres als Schule zu schwänzen. Machen Sie sich deshalb einfach einmal einen Tag von Ihren Verpflichtungen frei und gönnen sich einen schönen Tag. Sehen Sie sich eine lustige Matinee-Vorstellung in einem Kino in Ihrer Nähe an. Setzen Sie sich zur Mittagszeit in ein Restaurant, und genießen Sie in vollen Zügen den Spaß, für einen Tag „blau" zu machen.

Tun Sie an jedem der folgenden zehn Tage etwas, das „von der Norm abweicht".

Warum normal sein? Wagen Sie es, anders zu sein. Ganz anders. Beschließen Sie, an jedem der zehn folgenden Tage etwas zu tun, das aus dem Rahmen fällt. Dies kann etwas so Banales sein, wie einen neuen Weg zur Arbeit zu nehmen, oder etwas Wildes, wie zum Beispiel als Gorilla verkleidet Ihr Büro zu terrorisieren. Der Punkt ist, die Dinge einmal richtig durchzurütteln. Weichen Sie von Ihrer Norm ab. Brechen Sie aus der Routine aus. Erfahren Sie, wie es sich anfühlt, Dinge auf eine neue und andere Art zu tun.

Lustige Postkarten

Mitch Robbins hat sein Lächeln wiedergefunden, und Sie können dies auch. Hier folgt eine kurze „Postkarten-Übung", die Sie zum Nachdenken über Wege und Möglichkeiten, dies zu tun, anregen soll.

Anmerkung zu Postkarten und Dialog

Die folgende wie auch die anderen Postkarten-Übungen in diesem Buch wurden entwickelt, um Sie daran zu erinnern, daß das Leben eine Reise ist, und daß es wichtig ist, andere daran teilhaben zu lassen, damit diese wissen, wo Sie sich befinden und wie die Dinge unterwegs so laufen.

Postkarten sind eine besonders schnelle und einfache Art und Weise, um mit Freunden, der Familie und Kollegen zu korrespondieren. Es ist weit weniger einschüchternd, eine Postkarte zu schreiben, als sich niederzusetzen, um einen handgeschriebenen Brief zu entwerfen, und oft ist sie genauso wirkungsvoll. In der Regel kommt es darauf an, sich auszustrecken und Kontakte zu knüpfen. Es ist nicht so wichtig, *was* Sie sagen, sondern *daß Sie es sagen.* Es geht darum, den Dialog in Gang zu bringen.

Der ganzen westlichen Kultur liegt der Dialog zu Grunde. Unsere religiösen und philosophischen Überzeugungen sind im Dialog verwurzelt. Ironischerweise jedoch ist eine der häufigsten Klagen, die wir über die heutige Gesellschaft zu hören bekommen, daß *niemand mehr redet.*

Freunde, Kunden, Geschäftspartner, alle stimmen in den Refrain mit ein: Niemand hat mehr Zeit für ein wirkliches Gespräch. Wenn wir zusammenkommen, um uns zu unterhalten, geht es um *Dinge* – Arbeit, Sport, Mode, Fernsehen, um alles, was die Konversation leicht und lebendig erhält, wegführt von dem, was tatsächlich vor sich geht. Worüber wir uns jedoch wirklich unterhalten möchten, ist das Leben – unser Leben –, und zwar in der Tiefe.

Nietzsche beschrieb die Ehe als eine lange Konversation. Viele Ehen sinken jedoch ziemlich schnell auf die Ebene kurzer gereizter Kommentare hinab oder genauso häufig in totales Schweigen.

Dasselbe gilt für die meisten Arbeitsbeziehungen. Die zwei inhaltsreichsten Dialoge, die die meisten Menschen mit jemandem an ihrem Arbeitsplatz führen, sind ihr Einstellungs- und ihr Kündigungsgespräch. Dazwischen eilen sie geschäftig durch jeden Tag.

Unterdessen möchten die Menschen aber *wirklich* reden. Sie haben das Bedürfnis zu reden. Es ist ein menschlicher Trieb, der genauso stark ist wie Hunger oder Durst. Wir alle müssen unsere Geschichte erzählen, und sie muß gehört werden.

Aus diesem Grund legt dieses Buch auch so starkes Gewicht auf den Dialog. Die Übungen und Aktivitäten um das Auspacken und Umpacken herum sollten mit einem oder mehreren Partnern gemacht werden und die Diskussion über die fraglichen Themen ankurbeln. Betrachten Sie sie als eine Art Landkarte für Ihre Gespräche. Sollte sie Sie aber auf ausgetretene Pfade führen, zögern Sie nicht, diese zu verlassen. Das soll nicht heißen, daß Sie die Übungen nicht allein machen können. Wenn Sie sie durchführen, wird dies mit

Sicherheit etwas verändern. Aber wenn Sie einen Dialog mit jemandem in Gang setzen können, der das, was Sie ausgedrückt haben, auf Sie zurückspiegeln kann, werden Sie mehr über sich selbst erfahren, und wahrscheinlich macht es Ihnen auf diese Weise auch mehr Spaß.

Deshalb möchten wir Sie wirklich dazu ermutigen, die Postkarten, die Sie schreiben, auch zu *verschicken*. Nutzen Sie sie, um den Dialog mit Ihrem Postkartenfreund in Gang zu bringen.

Wählen Sie Ihren Postkartenfreund – wir bezeichnen diesen als Ihren Dialog-Partner – entsprechend dem Thema der Postkarte, die Sie verschicken. Dies bedeutet, daß Sie eine Anzahl verschiedener Dialog-Partner haben können; das ist in Ordnung. Es ist aber auch in Ordnung, wenn Sie nur einen oder zwei Dialog-Partner haben.

Um Ihre Postkarten zu entwerfen, können Sie die Postkartenvorlage im Buch (S. 58) kopieren. Nachdem Sie diese ausgefüllt haben, falten Sie die beiden Hälften übereinander, um daraus eine Postkarte zu machen, die Sie verschicken können. Wenn es Ihnen lieber ist (oder wenn Sie Angst haben, daß der Postbote Ihre Postkarte lesen könnte), stecken Sie diese einfach in einen Umschlag, bevor Sie sie abschikken. Wenn Sie die Vorlage nicht kopieren möchten, verwenden Sie eine Karteikarte oder sonst ein kleines Stück Papier, auf das Sie Ihre kurze Nachricht schreiben können. Das Schlüsselwort ist „kurz". Jede Postkarte sollte eine Kurznotiz sein, ein „Schnappschuß", von wo Sie sich gerade befinden. Quälen Sie sich nicht mit einem langen verzwickten Brief, den Sie so oder so nie beenden werden. Konzentrieren Sie sich statt dessen auf eine einfache, direkte Botschaft, die die Tür für zukünftige Dialoge öffnet.

Die Postkarten können ein Gesprächskatalysator sein etwa wie eine Urlaubskarte. Sie besuchen vielleicht einen Freund und sehen an seiner Kühlschranktür die Postkarte hängen, die Sie ihm von Ihrer letzten Reise geschickt haben. Eine Karte ist eine Gelegenheit, um einen wirklichen Dialog zu beginnen, über das, was geschehen ist und wie Sie sich dabei gefühlt haben.

Postkarten-Übung

Wo ist Ihr Lächeln?

Denken Sie zuerst über folgendes nach:

1. Leben Sie Ihre eigene Vision vom guten Leben oder die von jemand anderem?
   - ❏ meine eigene
   - ❏ die von jemand anderem
   - ❏ eine Kombination

2. Haben Sie Ihr Lächeln verloren oder gefunden?
   - ❏ verloren
   - ❏ gefunden
   - ❏ weder noch

3. Haben Sie mehr oder weniger Spaß als vor fünf Jahren?
   - ❏ mehr
   - ❏ weniger
   - ❏ etwa gleich viel

Nun entwerfen Sie die Postkarte.

4. Wählen Sie einen Menschen in Ihrem Leben aus, der ein Lächeln auf Ihr Gesicht zaubern kann, jemanden, dem es mächtig Spaß machen würde, wenn er wüßte, daß er Sie zum Lächeln bringen kann. Auf der Vorderseite der Karte entwerfen Sie ein Bild, auf welche Weise dieser Mensch Sie zum Lächeln bringt. Machen Sie eine Collage, einen Sketch, verschütten Sie Kaffee oder

was auch immer. Auf die Rückseite der Karte schreiben Sie eine Nachricht an diese Person. Erzählen Sie, welche charakteristischen Merkmale Sie auf der Vorderseite illustriert haben.
5. Schicken Sie die Karte an diesen Dialog-Partner. Warten Sie auf seine Antwort. Wenn Sie nach einer Woche noch nichts von ihm gehört haben, rufen Sie ihn an, um zu erfahren, was er darüber denkt.

2

Was ist das gute Leben?

Das gute Leben ist ein Prozeß, kein Zustand.
Es ist eine Richtung, kein Ziel.
  Carl Rogers

Das gute Leben neu definieren

Wie definieren Sie das gute Leben?

In seinem umfassenden Werk *The Psychology of Happiness* schreibt Michael Argyle, Psychologe der Oxford Universität abschließend: „Die Lebensumstände, die wirklich einen Unterschied im Glücklichsein machen, entspringen den drei folgenden Quellen – sozialen Beziehungen, Arbeit und Freizeit. Die Etablierung eines zufriedenstellenden Zustands in diesen drei Bereichen hängt nicht entscheidend von Reichtum ab, weder von absolutem noch relativem."

In *Die Kraft der Mythen* schrieb Joseph Campbell: „Vielleicht haben Sie Erfolg im Leben, aber denken Sie dann einfach einmal darüber nach, was für eine Art Leben war das? Wofür war es gut – Sie haben nie das getan, was Sie Ihr ganzes Leben lang tun wollten ... folgen Sie Ihrem Körper und Ihrer Seele. Wenn Sie das richtige Gefühl haben, bleiben Sie dabei, lassen Sie sich von niemandem davon abbringen."

Für die meisten Menschen ist das Herzstück des guten Lebens, mehr Kontrolle über ihre Zeit zu gewinnen, ohne daß sie irgend jemand aus dem Konzept bringt. Sie wollen Zeit, um ihre Seele zu nähren.

Ein Bankier und ehemaliger Veranstalter von Rockkonzerten gibt seine Karriere auf, um Blockhäuser zu bauen.

Ein Personalberater zieht mit seinem Unternehmen und einem Dutzend Kollegen in eine Kleinstadt in den Bergen, um eine zielbewußte Gemeinschaft zu bilden.

Eine Kreativ-Direktorin eines erfolgreichen Marketingunternehmens, die von der internen Büropolitik genug hat, verläßt die Firma, um ihre eigene Agentur zu gründen. Innerhalb weniger Monate steht sie mit ihren früheren Arbeitgebern bereits in erfolgreichem Wettbewerb um lukrative Aufträge.

Ein Manager mittleren Alters, in der mittleren Führungsebene eines internationalen Chemiekonzerns, macht eine zweiwöchige Wanderung mit dem Ziel, der Natur und sich selbst wieder näher zu kommen. Mit neuer Energie kehrt er an seinen Arbeitsplatz zurück, begeistert von der Idee, sein Leben zu vereinfachen, sich früh aus seiner jetzigen Position zurückzuziehen und eine neue berufliche Laufbahn einzuschlagen.

Mitch Robbins aus dem Film *City Slickers* kommt von seiner Fährtensuche mit einem Kalb unter dem Arm zurück. Er kehrt zu seinem alten Job, seinem alten Heim, seinem alten Leben zurück. Nichts hat sich geändert und doch hat sich alles geändert. Diese Berufs- und Lebensstilwahlen werden ausgelöst durch Veränderungen in der Wahrnehmung dessen, was es bedeutet, ein gutes Leben zu leben.

Oft wird die Suche nach dem guten Leben dargestellt als Flucht aufs Land vor dem Rattenrennen in den Städten oder angespornt durch eine psychologische Krise. Weder das eine noch das andere ist für unsere Zwecke hier dienlich. Für uns liegt die Lösung nicht darin, vor dem Rattenrennen in der Stadt oder vor uns selbst davonzulaufen, sondern im Auspacken, Umpacken und in der Erleichterung unserer täglichen Lasten.

Helen und Scott Nearing bezeichneten es als eine „Affirmation". Sie sahen das gute Leben als einen Weg, sich selbst zu führen, die Welt zu betrachten und an ihren Aktivitäten teilzunehmen sowie die Werte zu befriedigen, die sie als essentiell für das gute Leben erachteten. Für sie beinhalteten diese Werte Einfachheit, Freiheit von Angst oder Anspannung, eine Gelegenheit, nützlich zu sein und harmonisch zu leben.

Wenn wir Menschen bitten, sich ihre ideale Zukunft auszumalen, sehen sie fast immer Naturbilder. Mehr als 90 Prozent antworten, daß sie sich täglich mehr im Freien sehen – im Park, am Meer, in den Bergen, Wäldern, Gärten, in der Sonne.

Wenn wir heutzutage durchs Land reisen und den Menschen zuhören, wenn sie über ihre Vision vom guten Leben reden, erstaunt uns die große Zahl von Leuten, die gerne wissen möchten, wie sie ihr Leben vereinfachen können. Sie fühlen sich außer Kontrolle. Sie fühlen sich getrieben von einem tiefen Bedürfnis, mehr Zeit für die wichtigen Dinge in ihrem Leben zu finden. Viele jedoch wissen nicht, wo sie damit anfangen sollen.

Das gute Leben bedeutet, den Pfad der Integrität zu gehen. Integrität ist abgeleitet von dem lateinischen Wort *integer*, was soviel wie „unversehrt", „ganz" bedeutet. Was im Leben so vieler Menschen fehlt, ist Ganzheit. Das Streben nach dem guten Leben ist das Streben nach Ganzheit.

Wir definieren Integrität als „das Halten der kleinen Versprechen, die Sie sich selbst geben". Es gibt viele Pfade, die uns zum Halten unserer kleinen Versprechen und zur Ganzheit hinführen. Aber das wirklich gute Leben erfordert, daß wir die tiefere Bedeutung dieser Worte verstehen.

In Erik Eriksons Anschauung der Stadien des Lebenszyklusses neigt die spätere Periode unseres Lebens dazu, eine Zeit von großer innerer Spannung zwischen Hoffnung und Verzweiflung zu sein. Erikson bemerkt, daß wir letztendlich zurückblicken werden auf das, was wir getan und wie wir gelebt haben. Wie wir „Integrität" in unserem Leben demonstriert haben, wird bestimmen, was wir fühlen – Hoffnung oder Verzweiflung.

John Gardner drückt dies in *The Recovery of Confidence* anders aus: „Die Langeweile wird nicht mit Unterhaltung kuriert, es geht darum, eine Arbeit zu finden, die man tun kann, etwas, das einem etwas bedeutet." Wie wir die nächste Phase unseres Lebens leben, ist nicht einfach eine Frage des persönlichen Lebensstils, sondern es geht darum, was uns etwas bedeutet. Deshalb definieren wir das gute Leben als eine Integration von *Ort, Liebe, Arbeit* und *Sinn*.

Eine einfache Formel für das, was nicht so einfach ist

Um es einfach auszudrücken, die Formel für das gute Leben lautet:

*Lebe an dem Ort, wo du hingehörst,
mit den Menschen, die du liebst,
tue die Arbeit, die dich erfüllt, mit einem Ziel vor Augen.*

Was bedeutet dies? Vor allem bedeutet dies *Integration*, ein Gefühl von Harmonie zwischen den verschiedenen Komponenten im Leben. Es bedeutet zum Beispiel, daß der Ort, an dem Sie leben, adäquate Möglichkeiten für Sie bietet, um die Arbeit zu tun, die Sie tun wollen, daß Ihnen Ihre Arbeit Zeit läßt, um mit den Menschen zusammenzuleben, die Sie wirklich lieben, und daß Ihre tiefsten Freundschaften zu dem Gemeinschaftsgefühl beitragen, das Sie an dem Ort empfinden, an dem Sie leben und arbeiten.

Der Leim, der das gute Leben zusammenhält, ist der Lebenssinn. Indem Sie Ihr Gefühl für Ihren Lebenssinn, Ihr Lebensziel, definieren – der Grund, warum Sie morgens aufstehen –, ermöglichen Sie es sich, kontinuierlich auf Ihre Vision des guten Lebens zuzusteuern. Er hilft Ihnen, im Auge zu behalten, wohin Sie gehen möchten und neue Wege zu entdecken, um dorthin zu kommen.

Deshalb betrachten wir das gute Leben als eine Reise. Ein gutes Leben ist nicht etwas, das wir einmal erreichen und für immer behalten. Es ändert sich immer wieder im

Laufe unseres Lebens. Die Balance zwischen Ort, Liebe und Arbeit verschiebt sich ständig. In manchen Phasen konzentrieren wir uns besonders auf die Arbeit. In anderen sind wir mehr damit beschäftigt, eine Ortsverbundenheit zu entwickeln, wir schlagen Wurzeln, bauen unser eigenes Zuhause, und wir alle wissen – vielleicht nur allzugut –, wie es ist, wenn Liebe an oberster Stelle unserer Prioritätenliste steht.

Wenn uns unser Ziel klar ist, ist es einfacher, das notwendige Gespür für Balance einzurichten und aufrechtzuerhalten. Der Sinn ist das, was uns davor bewahrt, durch Probleme, die unser Zuhause, die Liebe oder die Arbeit betreffen, zu weit von unserem Pfad abzukommen. Er bietet eine Perspektive und ist ein Leuchtfeuer, um uns auf dem Weg zu halten, den wir für uns selbst gewählt haben, und eine Möglichkeit, um uns selbst wiederzufinden, wenn wir dabei sind, uns zu verlieren.

Mary Anne Wilder, eine erfolgreiche Pharmavertreterin, betrachtet ihren Sinn als ihren Leitstern. „Ich habe immer geglaubt, daß mein wirklicher Lebenssinn ist, Lehrerin zu sein. Anderen zu helfen, Dinge zu verstehen, die ich bereits verstehe – Dinge, die ihnen helfen können. Das schien mir immer der Grund dafür zu sein, warum ich hier bin. Ursprünglich ging ich in den Verkauf, weil ich glaubte, meinen Kunden Lösungen zeigen zu können, die sie vorher noch nicht kannten – Lösungen, um sie effizienter zu machen, um ihr Leben einfacher zu gestalten.

Während meiner Berufslaufbahn, die nun vor etwas mehr als zehn Jahren begann, bin ich überall in der Welt herumgekommen, ich hatte eine Anzahl unterschiedlicher Beziehungen – einige gut, einige schlecht, einige keines von beiden – und habe mich oft fast ganz in meiner Arbeit verloren. Was mich in all den Jahren geistig vital erhalten hat, ist, daß ich weiß, warum ich dies tue. Ich versuche immer noch zu lernen, Menschen zu helfen – manchmal sogar mit Erfolg.

Ich denke, wenn ich dieses Gefühl – das Gefühl, daß ich meinem Lebenssinn folge – verloren hätte, hätte ich mich nach einer anderen Tätigkeit umsehen müssen oder wäre für den Rest meines Lebens als Skifreak herumgegammelt."

Das gute Leben definieren

*Lebe an dem Ort, wo du hingehörst,
mit den Menschen, die du liebst,
tue die Arbeit, die dich erfüllt, mit einem Ziel vor Augen.*

So sonderbar es ist, wir haben festgestellt, daß Menschen, die eine harmonische Beziehung zwischen den drei Bereichen von Arbeit, Liebe und Ort erreicht haben, sich immer weniger Sorgen um jeden einzelnen machen. Ihre Statusängste verringern sich in der Regel. Ihr Selbstvertrauen und ihr Glaube an sich selbst scheinen zu wachsen. Sie tendieren dazu, das Universum als einen wohlwollenden Ort zu betrachten, einen, der ihnen die Möglichkeit gibt, bis zu einem zufriedenstellenden Grad autonom zu leben.

John Cowan, Autor, Berater und Priester der Episkopalkirche beschreibt das gute Leben als „eine Bewegung von Ängstlichkeit hin zu Vertrauen, hin zu Befreiung". Er sieht sich selbst als jemanden, der sich von konstanten Sorgen über seine Arbeit, sein Liebesleben und sein Zuhause auf einen Punkt hin zubewegt, an dem er seine Ängste und Frustrationen loslassen kann, überzeugt davon, daß das, was er tut, wo er es tut und für wen er es tut, harmonieren.

Wenn sich dies alles etwas spirituell anhört, dann deshalb, weil es dies ist. Wenn wir reifen, kommen ganz automatisch die uns zugrundeliegenden spirituellen Anliegen hervor. Wie Jung es ausdrückt: „Unter all meinen Patienten in der zweiten Lebenshälfte – das heißt etwa ab 35 Jahren – war nicht einer, dessen Probleme letztendlich nicht darin bestanden, eine religiöse Lebenseinstellung zu finden. Man kann sagen, daß jeder von ihnen krank wurde, weil er das verloren hatte, was die lebenden Religionen jedes Zeitalters ihren Nachfahren übergeben hatten, und keiner von ihnen wurde wirklich geheilt, der nicht diese religiöse Einstellung wiedergewonnen hatte."

Aus diesem Grund entscheiden sich Hunderte von Menschen in ihrer Lebensmitte dafür, einige der geläufigen, nach außen orientierten Definitionen vom guten Leben gegen etwas, das mehr von innen herauskommt, einzutauschen. Sie geben ihren weltlichen Tand auf im Tausch gegen Integrität und Ganzheit in ihrem Leben. Sie streben nach einem „richtigen Lebensunterhalt", der es ihnen nicht nur ermöglicht, davon zu leben, sondern auch ein sinnvolles und stabiles Leben zu schaffen. Die meisten erforschen, auf die eine oder andere Weise, eine oder mehrere Komponenten des guten Lebens – *Ort, Liebe, Arbeit und Sinn* – als ein Mittel, um gut zu leben.

Wir kennen viele Menschen – in der Regel aus der Baby-Boom-Generation –, die kürzlich zu einem bestimmten Ort eine innere Verpflichtung eingegangen sind bzw. diese erneuert haben. Sie haben ein Grundstück in einem Landesteil gekauft, der ihnen schon immer viel bedeutet hat, und leben mit Erfolg dort, trotz Komplikationen, wie einem langen Weg zur Arbeit oder dem Fehlen von gewohnten Dienstleistungen. Andere haben sich entschieden, ihr Zuhause nicht aufzugeben, obwohl Bekannte und Alterskollegen in Scharen den Ort verlassen. Für diese Menschen und solche, die ähnlich denken, ist die Ortsverbundenheit ein zu wichtiger Teil für das gute Leben, als daß sie diesen ignorieren könnten.

Ähnlich verhält es sich mit dem Faktor Arbeit. Wir kennen viele Leute, die berufliche Entscheidungen fällen, die nicht besonders vorteilhaft für ihre Karrieren sind, die aber genau das sind, was sie für sich selbst tun müssen. Ein gutes Beispiel hierfür ist unser Freund Tom Halloran, ein Anwalt in New Mexico, der wiederholt hochdotierte Angebote von großen Rechtsanwaltskanzleien abgelehnt hat, um weiterhin das zu tun, was für ihn die „richtige Arbeit" ist – ein Anwalt für amerikanische Ureinwohner an den Stammesgerichten im Südwesten zu sein.

Mit Sicherheit könnte ich viel mehr Geld machen, wenn ich Vertragsanwalt in Albuquerque wäre. Aber ich glaube nicht, daß sie mir etwas geben könnten, dessen Wert so groß wäre, wie die Zufriedenheit, die ich bereits habe – außerdem, was soll ich mit einem Mercedes auf den Straßen hier draußen?

Es ist zwar eine Binsenweisheit, jedoch ist sie mit Sicherheit wahr – heutzutage suchen die Menschen in der Regel nicht nach mehr Beziehungen, sie möchten mehr von den Beziehungen, die sie bereits haben. Liebe ist ein äußerst empfindliches Gut, eines, das wertvoller erscheint als jemals zuvor. Bei unseren Freunden und Partnern beobachten wir ein erneuertes Engagement für ihre Beziehungen – eine stärkere Anerkennung des Wertes einer Beziehung und eine höhere Bereitschaft, alles zu tun, was notwendig ist, um zusammenzuwachsen anstatt sich auseinanderzuleben. Eines der bewegendsten Ereignisse, an dem wir vor kurzem teilnahmen, war die Wiederverheiratung von zwei guten Freunden, Steve und Linda Cohen. Sie hatten sich vor etwa fünf Jahren scheiden lassen, jedoch in der Zwischenzeit entdeckt, daß sie sich nach allem immer noch wirklich liebten. Beide hatten sich einer ernsthaften Selbstprüfung unterzogen und erkannt, daß der Mensch, den er zu suchen glaubte, die ganze Zeit bei ihm gewesen war. Obwohl sie schon seit zwei Jahren wieder zusammenlebten, haben sie noch einmal geheiratet. Es war wirklich eine Feier, ein wahres Fest der Liebe.

All dies sind Beispiele dafür, wie Menschen ihren Blick nach innen richten, um ein neues Verständnis und eine Wertschätzung für eine Vision des guten Lebens zu entwickeln, die Ihrem Zuhause, Ihrer Arbeit und/oder Ihrer Liebe Rechnung trägt. Indem sie diese Vision entwickeln, packen sie ganz selbstverständlich jeden dieser „Rücksäcke" aus und um, und indem sie dies tun, überwinden sie genauso selbstverständlich die Ängste, die so viele andere davon abhalten, Ihre Vision zu leben.

Die vier tödlichen Ängste

Was die meisten Menschen heutzutage fühlen, wenn sie nichts Bestimmtes fühlen, ist Angst.

Es ist einfach zu verstehen, warum. Die Welt ist ein furchterregender Ort. Mit Sicherheit tragen die populären Medien nicht gerade dazu bei, uns von dieser Vorstellung zu befreien. Im Fernsehen, Kino und in Talk-Shows werden wir daran erinnert, Angst zu haben – große Angst. Es ist so, als würde uns erzählt, daß die einzige natürliche Emotion, die es zu empfinden gilt, eine Art riesengroßes, überwältigendes und amorphes Gefühl der Angst sei.

Unsere Nachforschungen haben ergeben, daß – obwohl die Menschen wirklich Angst haben – ihre Angst jedoch nicht so vage ist. Sie kann in vier Hauptängste unterteilt werden, die wir als die vier tödlichen Ängste bezeichnen, weil sie so viel Leben aus uns heraussaugen. Die vier tödlichen Ängste sind:

1. Angst davor, ein bedeutungsloses Leben gelebt zu haben.
2. Angst davor, allein zu sein.
3. Angst davor, verloren zu sein.
4. Angst vor dem Tod.

Es überrascht Sie vielleicht, daß „Angst vor dem Tod" nicht den Anfang der Liste macht, aber es hat sich herausgestellt, daß die Menschen nicht so große Angst vor dem Tod haben, wie man dies vielleicht vermuten würde. In der Tat wird behauptet, daß die meisten Menschen mehr Angst davor haben, vor einer großen Öffentlichkeit zu reden, als zu sterben! Mit Sicherheit jedoch scheinen die ersten drei Ängste, die wir identifiziert haben, mehr Schreckensschauder auszulösen als die bloße Aussicht auf den Tod.

Merken Sie sich, daß jede der obengenannten Ängste einem der vier Faktoren des guten Lebens entspricht, und zwar:

Angst	Faktor des guten Lebens
Angst, ein bedeutungsloses Leben gelebt zu haben	Arbeit
	Liebe
Angst, allein zu sein	Ort
Angst, verloren zu sein	Ziel
Angst vor dem Tod	Sinn

Es ist die Angst, daß wir ins Grab hinabsteigen werden, ohne unsere Spur hinterlassen zu haben, ohne unser „Lied gesungen zu haben", die viele von uns so hart arbeiten läßt. Paradoxerweise sind es jedoch häufig gerade diese Arbeit und die damit verbundenen Verpflichtungen, die es uns nicht erlauben, wirklich zu leben.

Die Angst davor, allein zu sein, treibt viele von uns auf eine lebenslange Suche nach Liebe. Wenn wir jedoch nicht bereit sind, zu gewissen Zeiten eine Zeitlang allein zu sein und unser individuelles Ich zu entdecken, wird wahre Liebe zu und von einem anderen in der Regel immer außer Reichweite bleiben.

Unsere angeborene Angst vor dem Verlorensein bindet viele an einen Ort – im wörtlichen und übertragenen Sinn. Doch wer kann wirklich wissen, wo er hingehört, wenn er nie eine Trennung von diesem Ort erfahren hat? Wie können wir uns jemals finden, wenn wir uns niemals verloren haben?

Schließlich ist es unsere Angst vor dem Tod, die wahrscheinlich unserem Streben zugrunde liegt, unserem Leben einen Sinn zu geben. Wenn wir uns selbst einer Sache oder einer Überzeugung widmen können, die größer ist als wir selbst, können wir – auf eine gewisse Art – ein Stück Unsterblichkeit erlangen. Aber auch hier gilt wieder, daß wir nie eine authentische Erfahrung von dem Leben, das wir haben, erlangen, solange wir den Sinn als etwas „da draußen" betrachten, anstelle von etwas, das von innen kommt. So ist das „Erlangen" des guten Lebens – auf eine sehr realistische Weise – eine Angelegenheit, bei der es darum geht, uns selbst mit den vier tödlichen Ängsten auszusöhnen und diese schließlich zu überwinden.

Lange liebevolle Beziehungen aufzubauen und zu erhalten, bewahrt uns davor, uns allein zu fühlen. Wie Goethe sagte: „Ein Leben ohne Liebe, ohne die Gegenwart des geliebten Menschen, ist nichts als eine Laterna magica. Wir ziehen ein Bild nach dem anderen heraus, werden eines jeden schnell überdrüssig, schieben es zurück und eilen zum nächsten."

Unser Zuhause zu finden, eine Ortsverbundenheit zu entwickeln, hilft uns, uns nicht länger verloren zu fühlen. Mit den Worten von Thoreau: „Warum hat der Mensch seine Wurzeln so fest in die Erde geschlagen, wenn nicht aus dem Grund, daß er in demselben Maße in den Himmel wachse?"

Wenn wir einer Arbeit nachgehen, an der uns etwas liegt, die etwas vertritt, woran wir glauben, bewahrt uns dies vor dem Gefühl, daß wir unser Leben verschwenden, oder wie Bertrand Russell es ausdrückte: „Wenn Sie sich nach den Männern und Frauen umsehen, die man als glücklich bezeichnen kann, werden Sie feststellen, daß sie gewisse Dinge gemeinsam haben. Das wichtigste unter diesen Dingen ist eine Tätigkeit, die meist an sich schon Freude macht und aus der sich darüber hinaus allmählich etwas entwickelt, über dessen Entstehung sie sich freuen."

Das gute Leben zu gestalten, wird dann „eine einfache Angelegenheit", bei der es darum geht, ausreichend Raum für Liebe, Ort und Arbeit in Ihrem Leben zu finden und zu bewahren, mit anderen Worten, nach dem zu greifen und an dem festzuhalten, was in Ihrem Leben wirklich zählt, und die Verpflichtungen und Verbindlichkeiten loszulassen, die dies nicht tun.

Loslassen

In den letzten 20 Jahren hat Dick regelmäßig Trekkinggruppen auf Abenteuerreisen nach Tansania, Ostafrika, geführt. Am Lagerfeuer sitzend, reden sie offen über ihre Ängste, Hoffnungen, Beziehungen, ihre Arbeit und ihre Zukunft. Der Sinn dieser Reisen? Das Feuer in einem selbst wieder zu entfachen, das Leben neu zu entdecken.

Häufig erhält Dick nach solchen Reisen Briefe von Teilnehmern, in denen er gefragt wird, was sie nun, zurück in der „wirklichen Welt", tun sollen. Sie bitten um seinen Ratschlag zum Packen und Umpacken. Sie bitten ihn, ihnen zu sagen, was ihr gutes Leben ausmachen könnte. Dick ermutigt sie zuzuhören – nicht so sehr dem, was er zu sagen hat, sondern sich selbst. Das gute Leben zu entdecken erfordert, tief in sich selbst hineinzuhören, eine empfindsamere, offenere und sichtbarere Beziehung zu sich selbst zu entwickeln. Dahin zu kommen, erfordert eine ständige Verletzlichkeit und ein Hervortreten hinter den Masken, die wir nicht nur in der Öffentlichkeit, sondern auch im Privaten tragen.

Es ist eine schwerwiegende Wahrheit – das gute Leben erfordert persönliche Verantwortlichkeit. Kein anderer Mensch kann es für Sie definieren. Das Gute daran ist, daß Sie nie jemand abhalten wird, den Versuch zu machen. Das Schlechte daran ist, daß Sie ebenfalls niemand abhalten wird, außer Ihnen selbst. Man muß ernsthaft auspacken – loslassen –, um auf der Reise voranzukommen. Auszupacken bedeutet aufzuwachen, etwas anderes zu sehen, neue Fragen zu stellen. Es ist eine Ausdrucksform für den Drang, etwas zu schaffen, ganzheitlich zu leben.

Immer wieder haben die größten Künstler, Wissenschaftler, Forscher und Schriftsteller der Welt die Dimension des „Auspackens" in diesem kreativen Prozeß bezeugt. Ebenso wie „normale Menschen".

Linda Jadwin, leitende Angestellte in einem großen Technologie-Unternehmen, sagte: „Als ich ein junges Mädchen war, lernte ich, in einem Moor zu schwimmen. Ich fühlte mich hingezogen zu den geheimnisvollen Gerüchen und der fremdartigen Beschaffenheit seiner dunklen Tiefe. Ich kann mich immer noch erinnern, wie es sich anfühlte, durch das kühle Wasser zu paddeln, während schlüpfrige, schleimige Fischeier über meinen Rücken glitten und lange Gräser mir in Arme und Beine schnitten. In diesem Moor gab es Leben und Tod – Geburt und Zerfall. Amseln mit rot schimmernden Flügeln saßen auf den Rohrkolben und beobachteten mich mit offensichtlicher Verachtung. Libellen stießen im Sturzflug auf mich herab und umschwärmten meinen Kopf. Kaulquappen und Elritzen kitzelten mich, als sie an mir vorbeischwammen. Der Schlamm und die Schmiere, die zwischen meinen Zehen hervorquoll, waren für mich himmlisch. Ich liebte es, dort zu sein, eingetaucht in seinen Saft und Schlamm, die bis zum Himmel stanken. Das war für mich das gute Leben."

Heute, mit 50 Jahren, hat Linda immer noch das Bedürfnis, in diesem Moor zu schwimmen. „Ich habe bewiesen, daß ich in der Welt gut funktionieren kann. Nun ist es an der Zeit, wieder zum Moor zurückzukehren. Ich will mehr solche Erfahrungen, die mir die Haare zu Berge stehen lassen.

Mit 50 Jahren habe ich einen besseren Blick auf die Zeit – die Vergangenheit und die Zukunft. Ich kann mit dem kleinen Punkt, der ich bin, Verbindung aufnehmen, und ich kann beides fühlen, die Bedeutung und die Bedeutungslosigkeit meines Lebens. Ich weiß nicht, wer ich als nächstes sein möchte. Ich habe das Gefühl, einem Weg zu folgen. Letztes Jahr habe ich eine große Wandlung durchgemacht. Ich habe darüber nachgedacht, was ich tun würde, wenn ich entlassen würde. Ich stellte mir jede mögliche Frage in bezug auf mich selbst und andere. Dies befreite mich und gab mir ein Gefühl von Frieden. Ich glaube, daß ich alles akzeptieren kann, was nun auf mich zukommt.

Als ich 50 wurde, hatte ich keine Ahnung, daß ich soviel Freude durch meine eigene Vorstellungskraft gewinnen würde – meine eigene persönliche Welt. Dies war die größte Freude in meinem Leben. Ich habe immer geglaubt, das gute Leben hinge von Leistung oder Abenteuern ab. Aber nun wird mir bewußt, daß das gute Leben bedeutet, im Moor zu sein und alles tief zu empfinden."

Große Durchbrüche resultieren aus einem einzelnen Moment, in dem ein Mensch seine oder ihre gewohnten Annahmen losläßt und die Dinge von einem neuen Gesichtspunkt aus betrachtet. Das gute Leben zu erschaffen ist ein ähnlicher Prozeß. Das Leben kann nie ausreichend diskutiert oder in Begriffe gefaßt werden. Es kann nur geschaffen werden, indem wir in unseren eigenen Fragen leben, durch ständiges Auspacken und Umpacken unserer Rucksäcke.

Der Zen-Meister Suzuki sagte: „Ich bin ein Lebenskünstler und mein Kunstwerk ist mein Leben."

Menschen, die „Lebenskünstler" sind, sind mutig genug, den Status-quo in Frage zu stellen, anzunehmen, daß eines anderen Wahrheit für sie eine Lüge sein könnte. Sie sind ebenfalls bereit einzusehen, wenn ihre eigenen Wahrheiten in eine Einbahnstraße geführt haben. In diesem Fall haben sie den Mut loszulassen; sie akzeptieren, was sie aus einer Erfahrung gelernt haben und gehen weiter.

Nicht immer schaffen Menschen einen Durchbruch, indem sie sich weigern, etwas aufzugeben. Manchmal schaffen sie ihn, weil sie wissen, wann sie es aufgeben müssen. Wenn sie realisieren, daß genug genug ist, daß ihnen alte Muster nicht länger dienen, dann ist es Zeit, das Gepäck umzupacken.

Packen und Umpacken

Wenn wir die Jahre und Stationen unseres Lebens abschließen, geben wir ständig Teile von uns auf. Wir packen aus und entdecken neue Teile. Wir packen um.

Menschen wie Linda, mit dem Mut, „ihre Grenzen zu erfahren", schaffen schließlich den Durchbruch zu größerer Lebendigkeit und Erfüllung. Menschen, die „verpackt bleiben", aus Angst oder mangelnder Bereitschaft loszulassen, gewinnen nur eine falsches Gefühl von Sicherheit. Indem sie verheimlichen, Masken tragen und sich einschließen, erfahren sie letztendlich einen Tod – den Tod der Selbstachtung.

Leider werden nur sehr wenige von uns in ihrer Entwicklung mit etwas ausgestattet, das uns das nötige Wissen und die Fähigkeiten für das Auspacken und Umpacken unseres Gepäcks gibt. Die Selbsterkenntnis, die erforderlich ist, um zu *wissen*, was einzupacken ist, und die Disziplin, die notwendig ist, um zu realisieren, was man *zurücklassen* soll, sind in der Regel ein Gesamtergebnis aus Versuch und Irrtum. Mit wenig Fähigkeiten und noch weniger Richtung, wie sollte es uns da möglich sein zu wissen, wieviel wir tragen können? Es ist kein Wunder, daß so viele Menschen ausgebrannt sind, weil sie zuviel tragen. Um jetzt und im 21. Jahrhundert erfolgreich zu sein, müssen wir lernen, unser Gepäck oft auszupacken und umzupacken. Um dies zu tun, müssen wir die richtigen Fragen stellen.

Diese Fragen sind die Wegweiser auf unserer Suche. Es kann sein, daß sie uns nicht immer in die richtige Richtung weisen, aber wenn wir sie stellen und nach den Antworten mit Energie und Kreativität suchen, werden sie uns beim Vorwärtskommen helfen.

Hier folgt nun eine weitere Postkarten-Übung, die Ihnen dabei helfen kann, voranzukommen und ein besseres Gespür dafür zu entwickeln, was das gute Leben für Sie bedeutet.

Postkarten-Übung

Das gute Leben

1. Setzen Sie sich still in einen bequemen Stuhl, wenn Sie etwa eine halbe Stunde Ruhe haben. Betrachten Sie Ihr Leben. Was ist gut daran? Was fehlt? Wie fühlt es sich in diesem Moment an? Betrachten Sie alle Aspekte. Ist es das, was Sie möchten? Was geschieht in Ihrer Arbeit? Wie sind Ihre Beziehungen? Was für eine Beziehung haben Sie zu dem Ort, an dem Sie leben? Wie drücken Sie Ihre Talente aus? Überlegen Sie, was Sie in Ihrem Leben zufrieden macht und was nicht. Worauf verwenden Sie die meiste Zeit und Energie? Welche Lebens- und Arbeitsentscheidungen würden Sie treffen, wenn Sie nicht an Geld denken müßten?
2. Wenn Sie sich mit den obengenannten Gedanken beschäftigt haben, sind Sie nun bereit, Ihre Postkarte auszufüllen. Berücksichtigen Sie alles, über was Sie gerade nachgedacht haben, und machen Sie daraus eine Präsentation. Dies kann wieder ein Photo, ein Sketch, ein Slogan, ein Tintenfleck oder was auch immer sein. Illustrieren Sie die Vorderseite Ihrer „Das Gute Leben"-Postkarte mit diesem Bild. (Kopieren Sie die Postkartenvorlage von Seite 58, oder verwenden Sie eine Karteikarte oder ein entsprechend großes Stück Papier.)
3. Auf der Rückseite der Postkarte beschreiben Sie Ihr Bild des guten Lebens in einem kurzen Absatz oder in einem einzelnen Satz, wenn möglich. Behalten Sie die Formel im Hinterkopf: *Leben an dem Ort, wo ich hingehöre, mit den Menschen, die ich liebe, eine Arbeit*

tun, die mich erfüllt, mit einem (Lebens-)Ziel vor Augen.

4. Senden Sie Ihre „Das Gute Leben"-Postkarte an einen geeigneten Dialog-Partner. Es wäre gut, wenn dies jemand wäre, der in Ihrer Vision des guten Lebens vorkommt. Warten Sie auf seine Antwort, oder wenn Sie innerhalb einer Woche nichts gehört haben, rufen Sie ihn an und fragen, was er denkt.

Packen Sie Ihr Gepäck aus

Was trage ich mit mir?

Für jedes Päckchen, nach dem ich mich bücke,
um es zu ergreifen,
fällt mir ein anderes aus meinen Armen oder von meinen
Knien,
und der ganze Stapel beginnt zu rutschen, Flaschen,
süße Stückchen,
Extreme, zu schwer, um sofort zu begreifen.
Trotzdem nichts, um was ich mir Gedanken machen müßte,
wenn ich es zurücklasse.
Mit allem, was ich zum Festhalten habe,
Hand und Verstand,
und Herz, wenn es sein muß, werde ich mein Bestes tun,
um ihr Gebäude auf meiner Brust zu balancieren.
Ich kauere nieder, um zu verhindern, daß sie fallen;
dann setze ich mich nieder, in die Mitte von allem.
Ich mußte den Armvoll auf die Straße fallen lassen
und versuchen, sie auf eine bessere Art und Weise
wieder aufzustapeln.
  . Robert Frost: „Der Armvoll"

Ihr Gepäck auspacken: Wählen, Wählen, Wählen

Ist Ihr Gepäck schon einmal auf einem Flug verlorengegangen?

Sie kennen diese laminierte Karte mit all den verschiedenen Koffertypen, die sie Ihnen dann zeigen? Haben Sie sich jemals gefragt, warum es so viele verschiedene Arten von

Gepäck gibt und so viele Möglichkeiten, um Dinge zu verpacken? Haben Sie sich jemals gefragt, welcher Personentyp wohl diesen oder jenen Gepäckstil wählt oder was Ihr eigenes Gepäck über Sie aussagt?

Gehen Sie in irgendein Fachgeschäft für Reisegepäck. Sie werden Aktentaschen, Matchbeutel, Rucksäcke, Reisetaschen, Koffer mit Rädern, Koffer mit eingebauten Tragegestellen, Koffer mit ausziehbaren Tragegestellen finden. Materialien gibt es in Hülle und Fülle – Vinyl, Nylon, Leder, Aluminium, polierter Stahl, Roßhaar, Alligator, Echse und Schlange. Es gibt große, größere und noch größere, kleine, kleinere und ganz kleine bis hin zu winzigkleinen Behältnissen, in die nur noch eine Zahnbürste paßt. Was immer Sie möchten, wohin Sie auch gehen, wie Sie auch reisen, es gibt ein spezielles Gepäck genau für diesen Zweck. Wenn es darum geht, ein Gepäckstück für eine bestimmte Reise auszuwählen, ist die Auswahl grenzenlos.

Das gleiche gilt auch – in weit größerem Maße – für unsere Reise durch das Leben. Leider treffen die meisten von uns schon sehr früh ihre Wahl. Wir kommen aus der Schule und tauschen unseren Schulranzen gegen eine brandneue Aktentasche ein. Wir treffen unsere Wahl aufgrund dessen, was wir um uns herum sehen, und der Bedürfnisse, die wir zu diesem Zeitpunkt haben. Aber viele Menschen tragen dann dieselbe Tasche für den Rest ihres Lebens – noch lange, nachdem sie ausgedient hat.

In diesem Kapitel helfen wir Ihnen, Ihren Blick auf das zu richten, was Sie mit sich herumtragen. Paßt es immer noch? Ist es an den Ecken schon etwas abgenutzt? Ist es an der Zeit, Ihren inneren Gepäckladen zu besuchen, um etwas Neues zu finden?

Die große Frage lautet: Ist das Gepäck, das Sie tragen, immer noch dafür geeignet, wohin Sie gehen möchten, für den Rest Ihres Lebens?

Je mehr, um so glücklicher?

Wenn Sie mit dem Prozeß des Auspackens und Umpackens beginnen, werden Sie eine einfache Wahrheit entdecken, die Sie vielleicht schon kennen: Sie beginnen immer mit zuviel – obwohl Sie zu dieser Zeit nicht wissen, daß es zuviel ist.

Dave erzählt eine Geschichte, um dies zu veranschaulichen:

---◆---

Als ich mich mit 18 darauf vorbereitete, durch Kanada zu trampen, dachte ich, ich hätte mein Leben auf das absolute Minimum beschränkt. Alles, was ich besaß, paßte in meinen Rucksack ... fast alles. Ich brauchte noch etwas mehr Platz für die wirklich wichtigen Dinge: meine Holzflöten, das I-Ching, eine abschließbare Messingschachtel für meine Ausweispapiere und das Adreßbuch, mein Tagebuch, meinen Spezialstift für das Tagebuchschreiben, den Beutel für mein Geld, wenn ich welches hatte, meine Lieblings-Haschpfeife, die Kamera, eine Ersatzbrille und eine Sonnenbrille sowie für das Päckchen von Briefen der Frau, für deren Liebe ich diese Reise in erster Linie unternahm. So befestigte ich eine kleine Reisetasche oben am Rucksackgestell, wodurch das ganze eine Mischform von Tragesystem wurde, das über mir aufragte wie ein Vampir, der sich gleich auf mich stürzen würde.

30 Meilen nördlich von Toronto, neben dem Kanadischen Highway, kippte ich um und konnte nicht mehr aufstehen. Als ich mit den Riemen und Schnallen kämpfte, die mein Tragesystem an mich sicherten, stoppte ein kleiner Lieferwagen, und der ältere Farmer am Steuer bot mir an, mich mitzunehmen. Er und sein jüngerer Beifahrer, der, wie sich später herausstellte, sein Sohn war, amüsierten sich köstlich, als ich an meinem Gepäck herumfummelte, um die zwei Teile auseinander zu bekommen, um sie hinten im Wagen verstauen zu können. Trotzdem waren sie so nett, mich mitfahren zu lassen, was sich als ein Glücksfall her-

ausstellte, da sich – als wir noch keine fünf Meilen zurückgelegt hatten – der Himmel öffnete und es fürchterlich zu schütten begann. Leider regnete es immer noch, als sie mich eine halbe Stunde später an einer Raststätte absetzten. Ich sprang schnell um den Wagen herum und holte meinen Rucksack heraus. Der Farmer machte sich daran weiterzufahren. Als ich es bemerkte, war er bereits 20 Meter entfernt und fing gerade an zu beschleunigen – mit meiner kleinen Reisetasche!

Ich rannte die Ausfahrt entlang hinter ihm her, fuchtelte wie wild mit meinen Armen und schrie wie ein Verrückter. Wenn mich jemand gesehen hätte, hätte er mich sicher für den sprichwörtlichen, die Axt schwingenden Tramper gehalten, doch dies hielt mich nicht auf. Alles, was in diesem Moment zählte, war, daß meine wertvollsten Besitztümer vor mir davonfuhren. Der Rest meiner Habseligkeiten, die in einer riesengroßen Pfütze einweichten, hätte von mir aus fortgeschwemmt werden können.

Wie das Glück es wollte, mußte der Farmer aufgrund des Verkehrs wieder langsamer fahren, und ich erreichte ihn, als er gerade auf den Highway fahren wollte. Er sah mein Gesicht an der Fensterscheibe und fing an zu lachen. Zweifellos sah ich absolut hysterisch aus – und ich war es auch. Mein Vokabular war auf zwei Wörter geschrumpft: „Warten Sie!" und „Anhalten!" Aber ich holte jede Menge aus diesen beiden Wörtern heraus, indem ich sie schier endlos aneinanderreihte und sie so laut, wie es ging, ständig wiederholte.

Während der Farmer und sein Sohn sich auf die Schenkel schlugen und sich die Tränen vom Lachen wegwischten, stürzte ich zur Rückseite des Wagens und barg meine Reisetasche. Ich preßte sie mit aller Kraft an meine Brust, als ob ich damit den ganzen Schrecken, den ich soeben erfahren hatte, wegdrücken könnte. Ich hielt sie im Arm wie einen Lieblingsteddybären und stapfte zurück zu meinen restlichen Sachen. Ich muß leider gestehen, daß ich mich nicht einmal mehr umdrehte, um den beiden zu danken.

Später fiel mir auf, daß dieses Erlebnis ein sehr gutes Beispiel dafür war, wie ich zu oft gehandelt habe. Ich habe mich selbst mit so vielen Dingen beladen, daß ich die Reise, auf der ich mich befand, nicht mehr genießen konnte. Anstatt mich um mich selbst zu kümmern, verschwende ich alle Energie darauf, mich um meine Sachen zu kümmern. Außerdem lege ich zuviel Aufmerksamkeit auf den schweren Teil meiner Last, so daß ich die Schätze des Lebens vernachlässige, die dann natürlich auch immer weiter in der Ferne verschwinden. Nur wenn ich wirklich glücklich bin – oder wirklich laut schreie –, habe ich eine Chance, sie jemals wiederzusehen."

Das „Pack-Prinzip"

Das Peter-Prinzip scheint zu gelten, wenn es ums „Vollstopfen mit Zeug" geht – ob dieses Zeug nun einen Rucksack oder einen Lebensstil füllt, ob es sich um gefriergetrocknete Nahrungsmittel handelt oder wichtige berufliche Verpflichtungen. Das Peter-Prinzip besagt, daß Menschen in einer Organisation bis zu ihrem persönlichen Grad an Inkompetenz aufsteigen – sie werden so lange befördert, bis sie in einem Job enden, den sie effektiv nicht ausführen können.

Die meisten von uns haben ihr Leben nach demselben Prinzip angehäuft. Wir fügen ständig Dinge und Verpflichtungen hinzu, bis wir an den Punkt kommen, wo wir diese nicht mehr bewältigen können.

Das ist das „Pack-Prinzip".

Was also ist die Lösung? Sie besteht aus zwei Teilen. Erstens, entscheiden Sie, wieviel Sie wirklich tragen wollen; zweitens, entscheiden Sie, was gehen muß und was bleiben soll.

Letztendlich kommt es zu einer Reihe von Tauschgeschäften. Was sind Sie bereit, in einem Ihrer Lebensbereiche aufzugeben, um das, was Sie in einem anderen wollen, zu bekommen? Im Prozeß des Auspackens geht es darum, zu überprüfen, was Sie haben, und jede Sache im Licht eines Tauschgeschäftes zu betrachten, das sie machen müssen, um diese zu behalten. Einige der Tauschgeschäfte, die unsere Interviewpartner mit uns teilen, sind

- Freiheit gegen Sicherheit
- höheres Gehalt gegen weniger Verantwortung
- Dinge gegen Zeit
- Komfort gegen Wachstum
- Heim gegen Büro
- Selbstausdruck gegen gesellschaftliche Anerkennung
- einen Eindruck hinterlassen gegen keine Spur hinterlassen
- wissen, wo man ist, gegen sich verirren

Umpacken bedeutet dann, die richtige Balance zwischen den wichtigen Prioritäten in Ihrem Leben zu finden. Der erste Schritt ist zu prüfen, was Sie mit sich tragen, und zu sehen, ob es die Tauschgeschäfte, die Sie bereit sind zu machen, angemessen spiegelt.

Auspacken: Die drei Gepäckstücke des Lebens

Wenn Sie sich Ihr Leben als eine Reise vorstellen, dann können Sie die verschiedenen Bestandteile als unterschiedliche Gepäckstücke, die Sie tragen, betrachten. Wir sagen gerne, daß jeder von uns drei unterschiedliche Gepäckstücke mit sich trägt. Diese sind:

1. eine Aktenmappe – Ihr Arbeitsgepäck
2. eine Reisetasche – Ihr Liebesgepäck
3. eine Truhe – Ihr Ortsgepäck

Um wirklich auszupacken, müssen Sie jedes öffnen und seinen Inhalt untersuchen. Der beste Weg, dies zu tun, ist der

Dialog mit jemand anderem – am besten mit der Person, die wahrscheinlich von Ihren Entscheidungen oder Wahlen betroffen sein wird.

Auf den folgenden Seiten finden Sie Fragen, die diese Dialoge in Gang bringen sollen. Sie sollten alle Fragen verwenden und Ihre eigenen entwickeln, während Sie auspakken. Lassen Sie Ihren Partner Ihnen die Fragen stellen, und machen Sie sich Notizen, während Sie antworten. Machen Sie dasselbe für ihn oder sie, oder nehmen Sie Ihren Dialog auf Band auf, um ihn anschließend abzuhören. Es ist auch in Ordnung, wenn Sie keinen Dialog-Partner bestimmen können. Sie können die Fragen auch in einem „Dialog" mit sich selbst stellen. Gehen Sie nur sicher, daß Sie sich ausreichend Zeit für die Antworten geben.

„Was tun Sie?" – Ihre Aktentasche auspacken

- Welches sind Ihre versteckten Talente? Wie können Sie diese Talente in Ihrer Arbeit ausdrücken?
- Was denken Sie muß in der heutigen Welt getan werden? Inwiefern erlaubt es Ihnen Ihre Arbeit, dazu einen Beitrag zu leisten?
- Wie sieht Ihre ideale Arbeitsumgebung aus? Wie sieht Ihre momentane Arbeitsumgebung im Vergleich dazu aus?
- Wem möchten Sie mit Ihrer Arbeit nützen? Wie bringt Sie Ihre augenblickliche Tätigkeit mit diesen Menschen in Verbindung?
- Stellen Sie sich einen typischen Arbeitstag vor. Womit ist er gefüllt? Wieviel von „Ihrer Persönlichkeit" geht durch die Tür, und wieviel von „sich selbst" geben Sie am Eingang ab?
- Stellen Sie sich Ihre idealen Arbeitskollegen vor. In welchem Maße entsprechen Ihre augenblicklichen Kollegen diesem Bild?
- Macht Ihre Arbeit Sie glücklich?

„Wen lieben Sie?" – Ihre Reisetasche auspacken

- Welches sind die Menschen in Ihrem Leben, denen Sie sich am nächsten fühlen und warum?
- Was vermissen Sie am meisten, wenn die Menschen, die Ihnen am wichtigsten sind, nicht da sind?
- Welche Lebensträume teilen Sie mit den Menschen, denen Sie am nächsten sind?
- Beschreiben Sie einen typischen Tag, den Sie mit denen, die Sie am meisten lieben, verbracht haben. Welches ist der beste Teil des Tages?
- Wie haben Sie die Menschen kennengelernt, die Ihnen am nächsten stehen? Was hat Sie als erstes angezogen?
- Verbringen Sie soviel Zeit, wie Sie es gerne möchten, mit den Menschen, die Sie lieben? Wie könnten Sie mehr Zeit mit ihnen verbringen?
- Wie möchten Sie von den Menschen, die Sie lieben, in Erinnerung behalten werden?
- Macht Ihr Beziehungsleben Sie glücklich?

**„Gibt es keinen besseren Ort als Zuhause?" –
Ihre Truhe auspacken**

- Wenn Sie an „Zuhause" denken, was für ein Bild stellt sich vor Ihrem geistigen Auge ein?
- Welches sind die Qualitäten, die ein „Zuhause" für Sie ausmachen?
- Welches ist Ihr „wertvollster Besitz"? Wenn Ihr Haus in Flammen stehen würde, nach was würden Sie greifen?
- Wenn Sie sich in Ihrer Wohnung umsehen, was macht Sie glücklich? Was ist bloßer Kram?
- Wie steht es mit Ihrem Gemeinschaftsgefühl? Haben Sie das Gefühl, dazuzugehören? Was tragen Sie bei?
- Wenn Sie leben könnten, wo Sie wollten, wo wäre dies? Warum leben Sie jetzt nicht dort?

- Macht Sie Ihr Zuhause und die Umgebung, in der Sie leben, glücklich?

Ihr Gepäck auspacken: Die Reisecheckliste

Indem Sie die drei Gepäckstücke des Lebens durchgehen, erstellen Sie eine Reisecheckliste. Sie haben diese bestimmt schon in Läden für Campingausstattung oder Reisegepäck gesehen. Vielleicht gehören Sie ja auch zu den Personen, die diese selbst aufstellen. Es ist einfach eine Möglichkeit sicherzugehen, daß Sie alles, was Sie benötigen, auf Ihrer Reise dabeihaben, aber auch um zu vermeiden, daß sie zuviel mitnehmen. Es ist ein Weg, das „Pack-Prinzip" zu umgehen.

Sie machen sich klar, wo Sie sind und wie Sie dahin gekommen sind. Sie überprüfen die Wahlen, die Sie in Ihrem Leben getroffen haben, und versuchen festzustellen, ob die Entscheidungen Ihnen immer noch dienlich sind. Sie stellen fest, ob Sie immer noch die Antworten haben oder ob sich sogar die Fragen geändert haben.

Die Reisecheckliste ist kein Test. Betrachten Sie sie eher als ein Hilfsmittel zur Reiseplanung. Es gibt keine richtigen oder falschen Antworten. Es geht nur darum, so wahrheitsgemäß wie möglich zu antworten und soviel über sich selbst zu lernen wie möglich.

Verwenden Sie die *Reisecheckliste* auf der folgenden Seite, um einen Blick auf Ihre nächste Lebensphase zu werfen. Überprüfen Sie, ob Sie die aufgeführten Dinge dabei haben, oder ob einige der anderen Sachen, die Sie mit sich herumschleppen, zu viel Raum beanspruchen.

Der Reisechecklisten-Dialog

Nachdem Sie die Reisecheckliste ausgefüllt haben, fragen Sie sich vielleicht: „In welche Richtung gehe ich nun eigentlich wirklich?"

Die Checkliste liefert Ihnen ein Gerüst, um Ihre Lebensrichtung mit anderen zu diskutieren. Es ist eine weitere Gelegenheit, sich auf einen Dialog einzulassen, der ein wichtiger Bestandteil der Checkliste ist. Verwenden Sie die Checkliste in einem Gespräch mit einem Dialog-Partner, um zu fragen:

- Wie verläuft Ihre augenblickliche Reise?
- Welches sind Ihre Hoffnungen und Träume für die nächste Etappe Ihrer Reise?
- Wo sind Sie jetzt, und wo hoffen Sie hinzugehen?
- Welche Art von Gepäck (Rucksack, Aktenkoffer, Matchbeutel etc.) veranschaulicht am besten, wo Sie sich befinden und wo Sie als nächstes hingehen werden?
- Mit wem reisen Sie, und wie ist es?

Halten Sie den Dialog offen und lebendig durch eine Bereitschaft, wirklich Persönliches mitzuteilen, solange Sie sich dabei gut fühlen. Vergessen Sie nicht, es geht um das Auspacken und Umpacken. Je vollständiger Sie Ihre innersten Gedanken und Gefühle auspacken können, um so lebendiger werden Ihre Gespräche sein. Gleichzeitig müssen Ihre Dialoge aber nicht zu Therapiesitzungen ausarten. Sie sollten Spaß machen – oder zumindest nicht zu schmerzhaft sein. Wie Ihr Leben sollten sie alles beinhalten, was Sie brauchen, und frei von dem sein, was Sie nicht brauchen.

Die Reisecheckliste:
12 wesentliche Punkte für das Auspacken

Punkt	Habe ich	Brauche ich
Ausweis	☐	☐
Sinnbewußtsein – einen Grund für die Reise.		
Abenteuergeist	☐	☐
Bereitschaft, meinen Geist herumwandern zu lassen, meine eigene Reiseroute zu planen.		
Karte	☐	☐
Ein Gefühl für die Richtung meiner Reise.		
Tickets	☐	☐
Talente oder Zeugnisse, um neue Orte und Möglichkeiten zu erforschen.		
Reiseschecks	☐	☐
Genug Geld, um die Reise zu genießen.		
Reisepartner	☐	☐
Menschen, mit denen ich das Erlebnis teilen kann.		
Reiseführer	☐	☐
Wichtige Quellen für Ratschläge auf dem Weg.		
Gepäck	☐	☐
Meiner Reise angemessene Gepäckart und -größe.		
Handgepäck	☐	☐
Dinge, die ich zur Hand haben muß, um die Reise angenehm zu machen – Bücher, Lerninstrumente und Humor.		
Kulturbeutel	☐	☐
Energie und Vitalität, um die Reise zu genießen.		
Reisetagebuch	☐	☐
Reisetips und Schlüssellektionen, die ich auf früheren Reisen gelernt habe.		
Adreßbuch	☐	☐
Kontakte mit wichtigen Menschen in meinem Leben.		

Wieviel Zeugs ist genug?

Unser Leben ist in der Tat ein kurzer Ausflug. Im großen Plan der Dinge sind wir nur für eine kurze Reise eingetragen. Auf der anderen Seite ist dieses Leben alles, was wir haben. So ist es nicht erstaunlich, daß so viele von uns von der Bedeutung all dessen deprimiert durchs Leben gehen, niedergedrückt von der Last des echten und symbolischen Gepäcks das Sie mit sich herumtragen.

Sie können eine Idee davon bekommen, wie Sie Ihre Last erleichtern können, indem Sie sich vorstellen, daß Sie sich auf eine Reise in die Wildnis machen würden. Wenn Ihr Bündel zu schwer ist, bedeutet dies, daß Sie zu sehr an dem Leben hängen, das Sie zurücklassen. Wenn es zu leicht ist, bedeutet dies, daß Sie vielleicht nicht genug dabei haben, um zu überleben. Die Frage ist: Wieviel ist genug? Das Gewicht Ihres Bündels bestimmt letztendlich die Qualität Ihrer Reise.

Je mehr wir haben, um so mehr müssen wir tragen, deshalb müssen wir beim Eintreten in die nächste Phase unserer Reise unser Gepäck erleichtern – nicht nur physisch, sondern auch emotional. Wie Rucksacktouristen auf einer Safari müssen wir uns fragen: „Was muß ich wirklich tragen?"

In der mittleren Phase einer Trekking-Tour ermüden die Teilnehmer häufig, weil sie zuviel mit sich herumschleppen. Sie verlieren ihre Freude, weil sie von all ihrem Zeug niedergedrückt werden. Sie erleben eine Variante der Unterscheidung, die der Komiker Georg Carlin so eloquent zwischen unserem „Zeugs" und dem „Zeugs" der anderen zog. In seiner Nummer „Ein Platz für mein Zeugs" ist unser eigenes Zeug notwendig, während das Zeug der anderen „Mist" ist. Während einer Trekking-Tour kommen viele zu der Überzeugung, daß auch ihr eigenes Zeug Mist ist.

Dies passiert auch vielen von uns in der Lebensmitte. Es erscheint uns wie eine Alles-oder-Nichts-Entscheidung. Wir werden unter Verpflichtungen und Bindungen begraben und möchten entweder alles hinwerfen oder uns einfach zurücklehnen, den Dingen ihren Lauf lassen und aufgeben. Dies ist es, was oft hinter der üblichen Midlife-crisis steckt – und Sportwagenhändler wissen dies nur allzugut.

Auf Trekking-Touren in Afrika haben die meisten Leute kein Problem damit, was sie mitnehmen sollen. Ihr Problem ist es zu wissen, was sie zurücklassen sollen.

Die Kunst ist es, das Gleichgewicht zu finden zwischen dem, was man mitnimmt, und dem, was man zurückläßt, so daß man alles dabei hat, was man braucht, und alles braucht, was man dabei hat.

In einem Film spielt *Steve Martin* einen Schwachkopf, der durch einen glücklichen Zufall reich wird, indem er einen speziellen Brillenbügel erfindet. Er wird unglaublich wohlhabend und leistet sich eine brandneue Villa, vollgestopft mit allem Luxus. Bald darauf geht sein Leben natürlich den Bach hinunter – seine persönlichen Beziehungen brechen auseinander, seine Selbstachtung zerbröckelt, und schließlich – ganz klassisch – torkelt er durch sein Haus und bereitet sich darauf vor, für immer zu verschwinden. Er prahlt damit, daß er niemanden und nichts braucht. Aber er kann nicht ganz loslassen. Er nimmt einen Stuhl mit, etwas zum Anziehen, einen Staubsauger und was ihm sonst noch unter die Finger kommt.

„Ich brauche gar nichts", brüllt er. „Außer dem ... und dem ... und dem ..."

Als er dann schließlich aus der Haustür tritt, ist er mit allen möglichen Dingen drapiert, Möbel und Gerätschaften hängen an jedem Körperteil. Und – weil es nun einmal Steve Martin ist – sind ihm auch noch seine Hosen heruntergerutscht.

Dies trifft auch auf die meisten von uns zu (bis auf die Hosen). Wir gehen diesen Prozeß in dem Gedanken an: „Ich brauche gar nichts", aber bevor es uns recht bewußt wird, stöhnen wir bereits unter dem Gewicht der Dinge, ohne die wir nicht leben können.

Auf der nächsten Seite folgt nun eine Postkarten-Übung, die Sie zum Nachdenken über die eine – und einzige – Sache, die Sie wirklich, wirklich brauchen, anregen soll.

Indem Sie diese Übung mit einem Dialog-Partner machen, wird sie Ihnen auch helfen herauszufinden, ob Sie das, wovon Sie denken, daß Sie es brauchen, auch wirklich benötigen.

Postkarten-Übung

Die eine Sache, die ich wirklich, *wirklich* brauche

1. Gehen Sie durch Ihre Wohnung, im Geiste oder körperlich, bis Sie die Sache, die Sie wirklich, wirklich brauchen, gefunden haben. Zum Beispiel: Nach welchem Ding würden Sie bei einem Feuer zuerst greifen? Denken Sie daran, daß diese „eine Sache", nicht unbedingt ein wertvoller Besitz sein muß. Es könnte ein für Sie kostbares Photo, ein noch nicht veröffentlichter Roman, an dem Sie gerade arbeiten, oder sogar Ihre Lieblingskaffeetasse sein.
2. Verwenden Sie, was Sie möchten, um ein Bild von der „einen Sache" zu entwerfen, und plazieren Sie dies auf der Vorderseite der Postkarte. (Machen Sie eine Kopie der Postkartenvorlage von Seite 58, oder verwenden Sie eine Karteikarte oder ein entsprechend großes Stück Papier.)
3. Schreiben Sie eine kurze Erklärung, warum diese Sache die „einzige" ist, und schicken Sie sie an Ihren Dialog-Partner. Warten Sie auf die Antwort Ihres Partners. Wenn Sie von ihm nach einer Woche nichts gehört haben, rufen Sie ihn an und fragen ihn, was er denkt.

4 Warum trage ich das mit mir herum?

Weder ich noch sonst jemand kann die Straße für dich bereisen.
Du mußt sie selbst bereisen.
Walt Whitman

Das Gewicht der Stille

Viele Menschen fühlen sich erdrückt von der Last, die sie selbst angehäuft haben. Sie ersticken unter Verantwortlichkeiten, finanziellen Verpflichtungen und beruflichen Anforderungen, die sie bereitwillig auf sich genommen haben. Aber sie erzählen uns, daß sie ihr Gepäck möglicherweise nicht auspacken können, weil andere Menschen davon abhängen, daß sie diese Last tragen. Wenn wir jedoch neun von zehn Personen fragen, ob sie über ihre Gefühle mit den ihnen nahestehenden Menschen gesprochen haben, bekommen wir zu hören, daß sie dies nicht getan haben.

Es stellt sich auch heraus, daß viele Menschen aus Gründen, die nicht *wirklich* existieren, mehr tragen, als sie möchten. Sie haben einfach nie ihre Familien, Freunde oder Partner um Erlaubnis gefragt, ihre Last zu erleichtern. Noch wichtiger, sie haben sich selbst nie gefragt.

In diesem Kapitel helfen wir Ihnen nun, dies zu tun. Sie haben bereits darüber nachgedacht, *was* Sie tragen. Nun ist es an der Zeit, sich selbst zu fragen: „Warum zum Donnerwetter trage ich dies mit mir herum?"

Mehr über das Tragen

Dick erzählt uns eine Geschichte, um uns zu zeigen, wie wichtig es ist, daß wir uns fragen: „Warum zum Donnerwetter trage ich dies mit mir herum?"

———◆———

Als ich vor kurzem in Toronto war, wurde ich vom Regen überrascht und suchte Schutz in einem Buchladen. Während ich auf eine Regenpause wartete, wanderte ich in die Abteilung für Lebenshilfe-Literatur. Als ich so dastand und es weiter in meine bereits durchweichten Schuhe tropfte, wurde ich augenblicklich daran erinnert, wieviel Gewicht die Menschen mit sich herumschleppen und wie verzweifelt sie versuchen, ihre Last zu erleichtern, indem sie „fröhlicher werden" oder „ihrem Glück folgen" oder „das Leben leben, das für sie bestimmt ist."

Nachdem ich nach den Autorennamen mit dem Anfangsbuchstaben „L" gesucht hatte, um mich selbst damit zu trösten, daß der „Größte Buchladen der Welt" (wie sie es behaupteten) meine Bücher führte, landete ich bei dem Buchstaben „M" und zog einen alten Freund aus dem Regal: *Der Mut zur Kreativität* von Rollo May. Ich schlug willkürlich eine Seite auf, und folgender Absatz fiel mir ins Auge:

„Wenn Sie nicht Ihre eigenen ursprünglichen Gedanken ausdrücken, wenn Sie nicht auf Ihr eigenes Wesen hören, werden Sie sich selbst betrogen haben. Ebenso werden Sie unsere Gemeinschaft betrogen haben, weil es Ihnen nicht gelungen ist, Ihren Beitrag zur Gesamtheit zu leisten."

May erinnerte mich daran, warum ich tue, was ich tue, warum ich in Toronto war und in einen Platzregen kam und inspirierte die andauernden Bemühungen, meinen Beitrag mit diesem Buch zu leisten.

———◆———

Offensichtlich unterscheiden sich die Menschen gravierend in ihren Ausdrucksformen. Künstler und Dichter setzen oft den Standard für den Rest von uns. Ihr Mut zu schaffen kann uns, den einfachen Leuten, als Inspiration dienen, für die bereits das Finden eines weiteren Grundes für einen Tag mehr im Kampf gegen das Rattenrennen ein Akt großer Kreativität ist.

Einen Beitrag zu leisten, ist das, worum sich alles dreht. Wir alle möchten uns nützlich fühlen – unsere Talente für etwas einsetzen, an das wir glauben, und wirklich etwas zu dessen Erfolg beitragen. Wenn wir dieses Gefühl haben, nützlich zu sein, dieses Gefühl der Verbundenheit mit etwas, das größer ist als wir selbst, empfinden wir eine fast grenzenlose Energie. Wir wissen genau, warum wir tragen, was wir tragen und fühlen uns sogar stark genug, noch mehr zu tragen.

In Minneapolis gibt es eine Gemeinde-Theatergruppe mit dem Namen „Das Herz des Biestes, Masken- und Puppentheater". Jedes Jahr veranstalten sie einen großen Umzug und ein Fest, um den 1. Mai zu feiern. Die ganze Gemeinde ist eingeladen, mitzumachen. Schon Wochen zuvor füllt sich das Theater mit Menschen jeder Altersstufe, die Festwagen, Masken und Kostüme aus Pappmaché basteln. Die Energie in dem Raum ist unglaublich. Stadtkids arbeiten Seite an Seite mit Großeltern aus den Vororten. Jeder konzentriert sich auf die vor ihm liegende Aufgabe – so eifrig wie nur möglich – und hat dabei eine großartige Zeit. Lachen erfüllt die Luft. Der häufigste Satz, den man zu hören bekommt ist: „Was kann ich helfen?"

Es wird Ihnen einleuchten – wenn alles gesagt und getan ist –, daß die Gelegenheit zu helfen etwas ist, was wir alle suchen. Wir möchten für etwas arbeiten, an das wir glauben, hart dafür arbeiten, und unsere Handschrift im Ergebnis sehen.

Natürlich ist dies in unserem Arbeitsleben nicht immer der Fall. Viele Menschen haben das Gefühl, daß ihre Bemühungen nur wenig, wenn überhaupt, einen Unterschied machen. Außerdem, worin soll dieser Unterschied bestehen, wenn sich doch niemand um das kümmert, was sie arbeiten? Menschen verlieren ihr Gefühl für die Richtung und ihre Energie, weil sie nicht wissen, warum sie tun, was sie tun. Arbeiten wird zu einer Gewohnheit, ein unbeseeltes Vorwärtsschreiten von einem Tag zum nächsten.

Dasselbe passiert in unseren Beziehungen. Wir kommen an einen Punkt, an dem wir Dinge mechanisch ausführen, ohne überhaupt darüber nachzudenken, warum wir sie tun. Wir wiederholen einfach die Muster – Muster, mit denen niemand wirklich glücklich ist –, ohne jemals anzuhalten, um zu fragen, warum. Dave erinnert sich an folgende Geschichte, die ihm passiert ist:

Im Sommer vor zwei Jahren arbeitete ich wirklich hart an einer Reihe von Projekten und fand keine Zeit, Urlaub zu machen. Schließlich, der Sommer ging bereits wieder zu Ende, schaffte ich es doch, einen Tag freizunehmen. Ich freute mich sehr auf einen Tag mit meiner Frau Jennifer und auf unsere Sommerferien, wenn sie auch nur sehr kurz sein sollten.

Wir verließen Twin Cities um 9.00 Uhr morgens in Richtung Wisconsin, wo wir glaubten, in etwa drei Stunden einen netten Ort zum Übernachten zu finden. Nach dreieinhalb Stunden Kampf mit dem Urlaubsverkehr kam die erste Gelegenheit, aber es war einfach nicht genau das Richtige. (Dies waren ja schließlich unsere ganzen Sommerferien und deshalb wollten wir sie auch an einem perfekten Platz verbringen.) So entschieden wir uns, da es nur noch etwa eine Stunde entfernt lag, hoch bis zum Lake Superior zu fahren, wo wir noch nie gewesen waren.

Wir mußten einer Umleitung folgen und brauchten schließlich mehr als zwei Stunden, bis wir an den See kamen. Er war so schön und groß, wie in der Werbung beschrieben, aber es gab nirgends ein Hotelzimmer. So entschlossen wir uns, noch etwas weiterzufahren, um eine Übernachtungsmöglichkeit zu finden. Während weiterer zwei Stunden war alles, was wir zu sehen bekamen, Schilder mit der Aufschrift: „Alle-Zimmer-belegt", und die Aussicht auf eine Unterkunft war nicht gerade rosig. Aber ich war bereit, weiterzusuchen. Dies waren unsere Sommerferien, und wir würden sie haben, egal zu welchem Preis. Ich knirschte mit den Zähnen und trat aufs Gaspedal.

Zu diesem Zeitpunkt fragte mich Jennifer, warum ich unbedingt einen Ort finden wollte. Warum wollte ich weiterfahren? Warum tat ich das und steigerte mich so hinein? Ich sagte, daß ich dachte, daß sie es wäre, die eigentlich weitersuchen wollte. Sie sagte, alles, was sie wollte, sei etwas Zeit mit mir zu verbringen, es war ihr eigentlich egal, wo wir dies taten. Sie schlug vor, was mir tatsächlich im selben Augenblick auch durch den Kopf schoß, aber ich mich nicht getraute vorzubringen: Warum drehen wir nicht einfach um und fahren nach Twin Cities zurück? Wir kämen noch rechtzeitig an, um in unserem Lieblingslokal zu Abend zu essen, und könnten am nächsten Tag schön lang in unserem eigenen Bett ausschlafen.

Das taten wir dann auch. Fünf Stunden später, nach insgesamt also zwölf Stunden im Auto, kamen wir an unserem Restaurant an, das fünf Häuserblocks von unserer Wohnung entfernt lag. Wir wußten, daß dies total verrückt war, aber im Gegensatz zu unserer Irrfahrt am Morgen wußten wir genau, warum wir es taten. Es wurden eine unserer besten – oder zumindest eine der denkwürdigsten – Sommerferien, die wir je hatten.

———◆———

So komisch Daves Sommerferien auch waren, es ist weit weniger komisch, was mit uns passiert, wenn wir nicht die Frage stellen, die Jennifer gestellt hat: „Warum tun wir dies?" Wenn wir nicht fragen, werden wir es nicht wissen und wenn wir es nicht wissen, können wir es nicht ändern – oder sogar mit einem erneuerten Sinnbewußtsein weitermachen mit dem, was wir tun. Die Frage trifft auf jede Komponente des guten Lebens zu:

- Warum tue ich diese Arbeit?
- Warum habe ich diese Beziehung?
- Warum lebe ich, wo ich es tue?
- Warum betrachte ich dies als meinen (Lebens-)Sinn?

Die Antworten sind nicht einfach, und nur darüber nachzudenken, ist nicht genug, um die Dinge zu ändern. Zumindest darüber nachzudenken, ist jedoch ein erster Schritt.

Vier Gründe, um etwas zu tragen

Im Grunde gibt es nur vier Gründe, warum Sie tragen könnten, was Sie tragen. Sie können dies in zwei Skalen unterteilen und eine Matrix erstellen, die Ihnen hilft, herauszufinden, wo Sie stehen. Eine Skala ist ein Kontinuum zwischen augenblicklicher Freude und zukünftigem Lohn. Wir tun etwas, weil es uns Freude macht oder weil wir uns am Ende etwas davon erwarten. Die andere Skala besteht aus uns selbst und den anderen. Wir tun etwas für uns selbst, oder wir tun es, um anderen zu helfen oder diese zu fördern. Wenn wir diese daraus entstehenden Matrixfelder erstellen, ergeben sich daraus die vier Kategorien. So tragen Sie das, was Sie tragen, vielleicht, weil:

- Sie es im Moment genießen, wegen der Freude, die es Ihnen bereitet.
- Sie es im Moment genießen, wegen der Freude, die es anderen bereitet.
- Sie bereit sind, es im Moment hinzunehmen für etwas, das es Ihnen in der Zukunft geben wird.
- Sie bereit sind, es im Moment hinzunehmen für etwas, das es anderen in der Zukunft geben wird.

Ein Beispiel für die erste Kategorie könnte eine Arbeit, ein Hobby oder Zeitvertreib sein, die Sie wirklich gerne tun. Sie haben vielleicht kein Problem damit, an einem kalten Wintermorgen um 6.00 Uhr früh aufzustehen, um Skilaufen zu gehen.

Ein Beispiel für die zweite Kategorie könnte sein, eine Party zu geben. Vielleicht ist es unglaublich viel Arbeit für Sie, aber es macht Ihnen Freude, weil es Menschen, die Sie gern haben, Spaß macht.

Ein gutes Beispiel für die dritte Kategorie ist Sport. Sie hassen vielleicht Ihre Aerobic-Stunden oder verabscheuen es, Ihre Runden im Hallenbad zu schwimmen, aber Sie tun es, weil Sie wissen, daß Sie sich danach besser fühlen werden.

In die letzte Kategorie fällt viel, was mit der Arbeit zusammenhängt. Sie sind vielleicht nicht verrückt nach Ihrem Job – mag sein, daß Sie ihn überhaupt nicht mögen –, aber Sie tun es, weil Sie Ihre Familie unterstützen müssen oder weil Sie Ihren Kindern irgendwann die Ausbildung finanzieren möchten.

Es ist offensichtlich, daß es bei allen vier Kategorien Überschneidungen gibt. Zum Beispiel machen Ihnen vielleicht einige Seiten Ihres Jobs Freude, während sie andere nur tun, weil diese Sie eventuell zu etwas anderem hinführen könnten. Es geht hierbei nicht darum, durch Ihr Leben zu gehen und alles in die eine oder andere Kategorie einzuordnen. Dies soll lediglich verdeutlichen, daß die Antwort auf die Frage: „Warum zum Donnerwetter trage ich dies mit mir herum?" nicht so kompliziert ist. Mit etwas Innenschau können Sie ein ziemlich klares Bewußtsein dafür entwickeln, warum Sie tun, was Sie tun, und warum Sie tragen, was Sie tragen.

Noch wichtiger – es bereitet Sie darauf vor, etwas in dieser Hinsicht zu unternehmen. Es hilft Ihnen, damit zu beginnen, entweder Ihre Last zu erleichtern oder sich selbst für die Bürden, die Sie gewählt haben, zu wappnen, weil es wirklich nur zwei Dinge gibt, die Sie tun können: Sie können sie entweder weitertragen oder aufhören sie zu tragen.

Was die meisten von uns jedoch tun, ist, unschlüssig hin- und herzuschwanken oder zu jammern. Wenn wir fühlen, daß uns etwas Energie entzieht – eine Beziehung, eine Arbeit, die Lasten eines Eigenheims –, sind wir in der Regel nicht bereit, es einfach loszulassen. Gleichzeitig sind wir aber auch oft unfähig, die Bürden als etwas, das wir gewählt haben, zu akzeptieren und unsere Einstellung diesbezüglich zu ändern. Wir nehmen uns nicht die Zeit, um das zu tun, was Dick mit den Sachen in seinem Rucksack getan hat: entscheiden, ob wir sie wirklich tragen wollen, und wenn die Antwort „Ja" lautet, sie so fröhlich wie möglich zu tragen.

Die Menschen haben ein bemerkenswertes Durchhaltevermögen. Die Geschichte ist voll von Erzählungen über Männer und Frauen, die für eine Sache, von der sie überzeugt waren, unglaubliches Elend ertragen haben. Auf der anderen Seite fällt es den meisten von uns schwer, regelmäßig zu entschlacken, weil es kaum der Mühe wert scheint.

Wenn wir auspacken und umpacken, besteht ein Großteil dessen, was wir tun möchten, darin, einfach zu entscheiden, was der Mühe wert ist, und dann dazu zu stehen – die Verantwortung für diese Wahl zu übernehmen –, die Bürde zu tragen (wenn es sich immer noch wie eine anfühlt), und zwar mit so viel guter Laune wie möglich.

Hier folgen nun einige Tips, die Ihnen helfen können, dies mit einem Lächeln zu tun. (Wir haben uns hierbei auf die Punkte der *Reisechecklist* bezogen, aber Sie können die Ratschläge anwenden, wie Sie wollen.)

Das Gewicht teilen (Reisepartner)
Wenn Sie sich vor allem von Verantwortungen oder Verpflichtungen niedergedrückt fühlen, bitten Sie Familienmitglieder und Freunde um Hilfe. Sie werden wahrscheinlich überrascht sein, wie gerne die Ihnen nahestehenden Menschen helfen werden – und beeindruckt, wieviel wirkliche Unterstützung sie bieten können.

Eine Sache loslassen (Gepäck)
Manchmal vergessen wir, daß das Gewicht anwächst, das wir tragen, daß es eine Ansammlung von sehr vielen Dingen ist. So neigen wir dazu, unsere Bürden als eine Alles-oder-Nichts-Wahl zu betrachten – entweder müssen wir die Zäh-

ne zusammenbeißen und alles tragen oder alles fallenlassen und loslaufen. In Wirklichkeit ist die Bandbreite unserer Wahlmöglichkeiten wesentlich größer. Wir können ein oder zwei Dinge loslassen, ohne das Handtuch ganz zu werfen. Versuchen Sie, eine Verpflichtung zeitweise aufzugeben, bis Sie eine Situation erreicht haben, die für Sie leichter zu handhaben ist. Vielleicht müssen Sie Ihre Arbeitsstelle nicht aufgeben. Vielleicht reicht es schon, wenn Sie ein oder zwei zusätzliche Aufträge ablehnen.

Das Gewicht verlagern (Reisetagebuch)
Die tägliche Schinderei zermürbt uns alle. Tagaus, tagein dasselbe zu tun, macht sogar leichte Lasten am Ende schwer. Versuchen Sie deshalb, die Last zu verlagern. Gehen Sie an einem Tag in der Woche etwas später zur Arbeit – selbst wenn Sie deshalb abends etwas länger bleiben müssen. Ändern Sie Ihre Routine. Schieben Sie die Dinge etwas hin und her – ebenso, wie Sie es mit einer körperlichen Last täten.

Erinnern Sie sich daran, warum Sie es tragen (Ausweis)
Wenn Sie sich übermäßig niedergedrückt fühlen von den Dingen, die Sie tragen, dann vielleicht, weil Sie vergessen haben, warum Sie es tun. Manchmal hilft es, sich die Gründe, weshalb Sie etwas weitertragen, noch einmal bewußt zu machen, um die nötige Kraft dafür zu bekommen, es zu tun. Und wenn nicht, ist die Last wahrscheinlich nicht etwas, mit dem Sie sich wirklich abfinden *wollen*.

Setzen Sie sich selbst ein Ziel (Landkarte)
Es ist wesentlich leichter, mit einer schwierigen Arbeit, einer stürmischen Beziehung oder einem Ort, an dem Sie nicht glücklich sind, zurechtzukommen, wenn Sie wissen, daß es nicht für immer sein wird. Wenn Sie sich also niedergeschmettert fühlen, setzen Sie sich selbst ein Ziel – einige Monate, ein halbes Jahr, was Ihnen angemessen erscheint. Wenn sich die Dinge innerhalb dieser selbstgesetzten Frist nicht verbessert haben, ist es an der Zeit, die notwendigen

Veränderungen in Angriff zu nehmen. Aber bis dahin wissen Sie zumindest, daß ein mögliches Ende in Sicht ist.

Fragen Sie nach der Richtung (Reiseführer)
So schwer es ist, uns dies manchmal einzugestehen, so sind doch die wenigsten von uns wirkliche Pioniere. Fast alles, was uns widerfährt, haben schon andere vor uns durchgemacht. Die gute Nachricht ist, wir können diese Menschen nach der Richtung fragen. Sie können uns Ratschläge geben, wie wir leichter reisen und durch schwieriges Terrain steuern können. Freunde, Partner, Kollegen, ältere Familienmitglieder stehen uns alle als Berater zur Verfügung. Wir müssen nur fragen.

Organisieren Sie Ihre Reiseroute (Abenteuergeist)
Manchmal scheinen uns die Dinge einfach über den Kopf zu wachsen, weil wir nicht wissen, wo wir anfangen sollen bei all dem, was zu tun ist. Zweifel bezüglich unserer Verpflichtungen nagen an uns, lassen sie uns doppelt so schwer erscheinen, wie sie wirklich sind. Manchmal ist die Lösung, daß wir uns einfach besser organisieren. Erstellen Sie Listen. Prüfen Sie genau, was Sie zu tun haben und bis wann. Das Aufschreiben von Dingen hilft manchmal schon, die damit verbundene Angst zu vertreiben, und zu guter Letzt erhalten Sie auf diese Weise eine Checkliste mit all den Dingen, um die Sie sich kümmern sollten.

Denken Sie global (Adreßbuch)
Eine andere Perspektive kann Erstaunliches bewirken. Vielleicht fühlen Sie sich, als würden Sie die Last der Welt auf Ihren Schultern tragen. Wenn Sie sich jedoch mit anderen Menschen auf der Welt vergleichen (oder auch mit anderen Menschen, die Sie kennen), erscheint Ihnen wahrscheinlich alles nicht mehr so schlimm. Dies soll nicht heißen, daß Ihre Bürden nicht echt sind, sondern will Sie vielmehr daran erinnern, daß Sie vielleicht nicht die tiefsten Ihnen zur Verfügung stehenden Reserven angezapft haben. Sie sind, wie andere Menschen auf der Welt, viel stärker, als Sie denken.

Tauschplätze (Tickets)
Unser Freund Doug Thomas hatte genug davon, ein Vollzeit-Geschäftsmann zu sein. Seine Frau Laura hatte genug davon, den ganzen Tag zu Hause bei ihren kleinen Kindern zu sein. Sie lösten ihre Probleme, indem sie einen Weg fanden, wie sie ihre Plätze tauschen konnten. Laura ging wieder zurück in die Bank, für die sie in der Zeit vor den Kindern arbeitete, und Doug kündigte seinen Vollzeit-Job, um freiberuflich zu schreiben und sich tagsüber um die Kinder zu kümmern. Laura und Doug mußten einige größere Abstimmungen in ihren Zeitplänen vornehmen und ihren Lebensstil etwas herunterschrauben, aber letztendlich hat sich dies für beide gelohnt. Das einzige, das Doug bedauerte, war, daß er so lange gewartet hatte, Laura nach dieser Veränderung zu fragen. „Ich hätte dies schon vor einem Jahr machen können", sagte er, „wenn ich nur den Mut gehabt hätte, es ernsthaft in Erwägung zu ziehen."

Machen Sie eine Pause (Kulturbeutel)
Nichts erschöpft uns mehr, als die Erschöpfung selbst, und es gibt nichts Besseres als eine Ruhepause, um uns wieder aufzutanken. Wenn Sie sich also besonders überlastet fühlen, versuchen Sie, einen Weg zu finden, um eine Pause einzulegen. Ein kurzer Urlaub, ein freier Nachmittag, selbst ein Mittagsschläfchen kann Wunder wirken.

Denken Sie daran, daß Sie ein Tourist sind (Handgepäck)
New Yorker verbringen ihr ganzes Leben in Manhatten und nehmen nie die Fähre, um die Freiheitsstatue zu sehen. Echte Pariser würden sich nie dazu herablassen, auf den Eifelturm zu steigen. Dies ist eine schöne Geschichte für eine Cocktail-Party, aber ist dies wirklich ein Weg zu leben? Geht es nicht auch darum, soviele Erfahrungen wie möglich zu sammeln? Wie können wir wissen, daß wir grüne Eier mit Schinken nicht mögen, wenn wir dies nie probiert haben? Wenn Sie können, sollten Sie deshalb alles ausprobieren, wozu Sie die Möglichkeit haben. Gehen Sie an die Dinge mit Abenteuergeist heran. Vielleicht wird sich vieles als

dumm, langweilig oder einfach als Zeitverschwendung herausstellen. Aber wie wollen Sie dies wissen, wenn Sie es nie versucht haben?

Gönnen Sie sich etwas (Reiseschecks)
Großzügig zu denken erfordert nicht, daß Sie Geld wie Wasser fließen lassen oder sich alles leisten, was Ihnen gerade gefällt. Wenn Sie sich aber ständig etwas versagen, dann erfahren Sie auch nicht die volle Bandbreite der Möglichkeiten. Deshalb ist es keine schlechte Idee, sich selbst von Zeit zu Zeit etwas zu gönnen, was Sie wirklich gerne möchten. Es muß nicht ein neues Auto oder eine Weltreise sein – manchmal machen schon ein Paar Inline-Skates, die Sie unbedingt haben wollen, oder ein Wochenende in einer anderen Stadt etwas aus.

Das Gewicht des Erfolges

Je mehr wir tun, je mehr Verantwortung wir tragen, um so schwerer wird in der Regel unsere Last – und um so wichtiger ist es, daß wir uns fragen, warum wir tragen, was wir tragen. Gerade, wenn es am notwendigsten ist, daß wir uns diese Frage stellen, fällt es uns am schwersten. Wir sind zu beschäftigt, zu erdrückt vom Erfolg, um innezuhalten und nachzudenken.

Überall um uns herum steht uns jedoch Hilfe zur Verfügung. Wir machen keinen Gebrauch davon. Die Regale in den Buchhandlungen sind voll mit Büchern, die uns dazu ermutigen wollen, nach innen zu schauen und uns der Bedeutung unserer Reise durch das Leben bewußt zu werden. Um auch nur an der Oberfläche der Weisheiten zu kratzen, die in diesen Bänden stecken, müßte man sich von der Welt zurückziehen, um sich ausschließlich ihrem Studium zu widmen. Der einzige Weg, um möglicherweise diese Botschaften über das Leben zu erhalten, wäre somit der Rückzug vom Leben. Aber das Leben steckt voller Rätsel, die nur dadurch gelöst werden können, indem wir sie leben.

Wie Kierkegaard sagte: „Das Leben kann nur rückwärts verstanden werden, aber es muß vorwärts gelebt werden."

Ironischerweise sind die wichtigsten Fragen in unserem Leben – *Zuhause, Arbeit, Liebe und Sinnsuche* – auch die schwierigsten, und die Probleme, bei denen wir die meiste Unterstützung benötigen, sind die, bei denen es uns am schwersten fällt, um Hilfe zu bitten. Dick bemerkt dazu:

———◆———

Die Klienten, die mein Büro besuchen, tragen alle Gepäck von unterschiedlichem Gewicht mit sich. Die meisten sind erfolgreiche Leute, aber sie fühlen sich belastet. Oft sind es ihre Berufe oder ihre Beziehungen, die ihnen das Gefühl geben, nicht das gute Leben zu leben. Sie möchten in ihrer kostbaren Zeit etwas mit Bedeutung tun, sowohl während der Ausführung als auch im Endprodukt. Viele sehen sich zu einem Midlife-Berufswechsel gezwungen, in der Hoffnung, mehr in ihrer Arbeit zu finden als nur den Lebensunterhalt.

Selbst die erfolgreichsten unter meinen Klienten stellen Fragen. Das Rattenrennen fordert seinen Tribut von ihnen in Form von Streß, Angst, Depression, Drogen- und Alkoholmißbrauch sowie Scheidung. Sie fühlen sich einsam und unfähig, um Unterstützung zu bitten. Den meisten fällt es nicht leicht, Hilfe für ihre Probleme aufzusuchen. Sie sind keine Fans von Selbsthilfekursen oder -büchern. Sie fühlen sich nicht wohl dabei, mit Kollegen über ihre Probleme zu sprechen. Deshalb kommen sie privat zu mir, um zu reden – um die Last leichter zu machen.

———◆———

In der Regel war eine Art „Weckruf" notwendig, um sie zum Nachdenken über ihre Schwierigkeiten zu bringen. Leider sind sie jedoch aufgrund der Wirkung des Weckrufs oft weniger in der Lage, effektiv mit ihren Problemen umzugehen, als normalerweise.

Es zeigt sich sehr deutlich, daß die meisten von uns – selbst die Erfolgreichsten unter uns – von Zeit zu Zeit einen Weckruf erleben, wenn wir das Gefühl haben, als ob wir das Gewicht der ganzen Welt auf unseren Schultern tragen würden. Rollo May drückte es folgendermaßen aus: „Dieses Auftreten wird vom einzelnen oft wie ein Notfall mit all dem damit verbundenen Streß erfahren." In anderen Worten, Weckrufe wecken uns auf. Dick berichtet über seine eigene Serie von Weckrufen.

Vor einigen Jahren war ich ein Meister im Erwachsensein. Ich war zu mir selbst gekommen. Ich war zuversichtlich. Ich hatte mich niedergelassen. Ich war erfolgreich, fühlte mich wohl mit meiner Art zu leben. Zu meiner Überraschung kam alles zum Stillstand. Eine Serie von Weckrufen schob meine geistigen Möbel hin und her und arrangierte sie immer wieder neu. Ein Elternteil starb. Ich ließ mich scheiden. Ein Kollege starb. Mein Sohn ging weg aufs College. Meine Welt brach zusammen. Ich mußte einen Tunnel nach draußen graben.

Mein Vater war erst 68, und wir hatten keine Gelegenheit, einander Lebewohl zu sagen. Jeder erzählte mir, daß er nicht gelitten hätte. Dazu war keine Zeit. Die Sanitäter und der Arzt, die zufällig in der Nähe waren, bestätigten dies. Er erlag einem folgenschweren Krankheitsvorfall – einer schweren Koronarthrombose –, während er in der Stadt spazierenging. Der Tod trat augenblicklich und unwiderruflich ein.

Mein Vater verschwand und nahm meine Vergangenheit und seine Zukunft mit sich. Ich hatte das Gefühl, daß, indem er so jung starb, er mich über Nacht um Jahre hatte altern lassen. Ein neuer Mensch krabbelte hervor, niedergedrückt vom schweren Gepäck der Trauer. Ich entschied, daß ich für meine eigene Zukunft umpacken mußte.

Elf Jahre später starb meine Mutter im Alter von 78 Jahren in meinen Armen. Wir hatten die Möglichkeit, einander Lebewohl zu sagen. Mit ihrem Tod öffnete sich der Generationsvorhang vollständig. Nun hatte ich gar keinen Schutz mehr vor der Härte, die ganze Verantwortung für mein Leben tragen zu müssen. Auszupacken und Umzupacken war keine freiwillige Wahl.

Nach ihrem Tod sah ich in den Spiegel. Ich war ein Jugendlicher in den mittleren Lebensjahren, und in gewisser Weise unterschied ich mich nicht von dem, der ich mit 18 Jahren gewesen war. Verwirrt, verängstigt und doch erstaunt und fasziniert von meinem Leben, mit demselben Gefühl der Sehnsucht für entfernte Orte, derselben wilden Neugier und dem romantischen Verlangen – genau wie damals. Die Jahre zwischen 18 und 49 erschienen mir wie Momente, nicht wie Jahrzehnte."

Anderen Lebewohl sagen, zu sich selbst Hallo sagen

Jeder sagt zu verschiedenen Zeiten in seinem Leben jemandem oder etwas Lebewohl. Es ist in der Regel nicht einfach, aber das Loslassen von etwas ist ein natürlicher Bestandteil des Lebens. Um vorwärtszugehen, müssen wir gelegentlich Dinge zurücklassen. Wir müssen uns weiterbewegen. Um zu wachsen, müssen wir mit Verlusten fertigwerden, worin auch immer diese bestehen – Tod eines geliebten Menschen, Entlassung, Scheidung, Verlust von Besitz, Verlust eines Traumes, Weggehen der Kinder. Mit Tagebuchschreiben, Innenschau und (am wichtigsten), mit Dialogen verarbeiten wir diese Verluste. Auf diese Weise erlauben wir es der neugefundenen Leichtigkeit unserer Last, uns vom Niedergedrücktsein abzuhalten.

Wenn wir anderen unsere Gefühle nicht mitteilen, dann werden wir die Last auch weiterhin alleine tragen. Gerade wenn wir loslassen sollten, laden wir uns selbst noch mehr auf. Als Dicks Tochter Greta aufs College ging, schrieb er ihr aus seinem „leeren Nest". Die Gedanken und Gefühle, die er ihr mitteilte, waren ein wichtiger Bestandteil des Loslaß-Prozesses:

———————◆———————

Liebe Greta,

nun ist es also soweit – Du gehst weg. Du gehst wirklich. Du sagst: „Ich gehe ja nicht wirklich weg, Papa. Ich komme wieder zurück." Ja, Du wirst zurückkommen. Es ist nicht so, als ob wir uns nicht mehr sehen würden. Wir telefonieren jede Woche ein Weilchen. Aber wenn Du zurückkommst, wirst Du als Erwachsene zurückkehren. Aus dem täglichen Leben bist du für immer verschwunden. Es ist erstaunlich, daß all diese Klischées vom Flügge-Werden der Kinder wahr sind. „Genieße sie jetzt – sie sind schneller weg, als man denkt."

Nun erzähle ich in meinen Seminaren anderen Eltern dasselbe. Ich halte ihnen Vorträge darüber, den „Tag zu ergreifen", sich bewußtzumachen, daß diese Phase ihres Lebens so schnell vorbei sein wird. Sie lächeln und tun so, als würden sie es verstehen.

Du bist in einem Alter, indem Du „Deine eigenen Sachen machen möchtest". Du möchtest nichts mehr über die Dinge erzählt bekommen – Du möchtest sie selbst erleben. Sowenig Du es hören oder überhaupt darüber nachdenken möchtest, in Wirklichkeit kannst Du mich jetzt gar nicht verstehen. Du wirst es können. Wenn Du Kinder hast, wirst Du die Mischung aus Freude und Einsamkeit am Ende von 19 Jahren, die man gemeinsam unter demselben Dach verbracht hat, verstehen. Du wirst die tiefe Liebe der Eltern für ihr Kind verstehen, die Worte nur unangemessen ausdrücken können. Wenn Du an die Jahre zu Hause mit mir zurück denkst, erinnerst Du Dich vielleicht an die Frustrationen in der Schule, beim Sport und in Beziehungen. Ich erinnere mich an die Sommer in der Hütte, das Leben auf Hawaii, in Colorado und an die tägliche Verbundenheit in aufmerksamen Gesprächen.

Du kannst mit den Augen rollen und denken, wie ulkig doch Erwachsene sein können. Trotzdem versuche ich Dich davon zu überzeugen, wie ein typischer Berater, „den Tag zu nutzen" – daß das Leben in der Tat kurz ist, so kurz wie ein Wimpernschlag. Es ist ein Gefühl, das mir einfach von der Zunge geht und dann in der Luft verfliegt. Ich habe in der Tat losgelassen, obwohl ich mir gewünscht hätte festzuhalten.

Einer von Deinen und meinen Lieblingsliedermachern, Harry Chapin, versuchte uns etwas über diesen Moment in seinem Lied *Cats in the Cradle* zu erzählen. Es geht um einen kleinen Jungen, der heranwächst und immer seinen Vater bewundert. Er sagt, er wird „wie er werden". Der Vater ist sehr beschäftigt und immer unterwegs, verbringt nie wirklich die versprochene Zeit mit dem Jungen. Das Leben schreitet voran, der Sohn wird groß und geschäftig. Der Vater wird älter und ist nun weniger beschäftigt. Er ist wie vormals der eigene Vater geworden. Der Refrain, den Du so gut kennst, heißt: „Wann kommst Du heim, Sohn? Ich weiß nicht wann, aber wir werden dann zusammensein. Du weißt, wir werden dann eine schöne Zeit haben."

Ich habe mir das Lied letzte Nacht angehört, es hat mich sehr bewegt und ich mußte weinen. Ich habe nie gewußt, wieviel Wahrheit in dem Lied steckt, bis heute.

Wenn Du heimkommst, Greta, ich weiß nicht wann, aber wir werden dann zusammensein. Du weißt, wir werden dann eine schöne Zeit haben. Bis dann ...

In Liebe *Dein Vater*

———◆———

Sich auf neuen Boden wagen

Es erfordert Mut, das zu betrachten, was wir mit uns tragen – und noch mehr, in Erwägung zu ziehen, etwas zurückzulassen. Es ist viel einfacher, mit dem zu leben, was wir haben, im stillen hoffend und laut klagend.

Unser ganzes Leben warten wir darauf, groß zu werden, und dann plötzlich entdecken wir, daß wir die Person sind, der *erwachsene* Dinge passieren. Wer von uns hat vorhergesehen, daß Enttäuschung ein Teil davon sein würde? Viele von uns fühlen sich wie Ernest Hemingway kurz nach seinem 43. Geburtstag, als er schrieb: „Ich wäre glücklich mit Fischen und Jagen und würde gern jemand anderem die Plackerei für eine Weile überlassen."

In der Lebensmitte fühlt es sich oft so an, als ob unser Leben an seinen Ausgangspunkt zurückgekehrt wäre. Dieselben Fragen, mit denen wir uns schon früher in unserem Leben abgemüht haben, spuken aufs neue in unseren Köpfen herum. In der Lebensmitte sind wir wieder Heranwachsende, stehen knapp außerhalb eines neuen Platzes in unserem Leben und empfinden diese seltsame jugendliche Gefühlsmischung aus Selbstsicherheit und Verlassensein. Wir sind sicher, alle Antworten zu haben, befürchten aber, daß sich die Fragen plötzlich geändert haben.

Wie Teenager fühlen wir die schwere Last der Verantwortung des Lebens und dieselbe Ambivalenz, ob wir sie nun tragen sollen oder nicht. Aber in der Lebensmitte haben wir auch Vorteile, die wir mit 18 Jahren noch nicht hatten. Einer ist, wir müssen nicht mehr ganz von vorne anfangen – oder doch?

Experten auf dem Gebiet der Erwachsenenentwicklung von Carl Jung bis Daniel Levinson haben über die Bedeutung der Lebensmitte geschrieben. Der *Nachmittag des Lebens* ist der Ausdruck, den Jung verwendete für die Zeit, wenn wir zurückblicken können auf das, was wir waren, und nach vorne auf das, was wir vielleicht sein werden. Levinson sprach über „flügge gewordene Erwachsene", wenn wir uns an unserer Individualität und unserem Menschsein erfreuen können. Wir können an den Punkt kommen, von dem aus wir begonnen haben und es zum ersten Mal bewußt erkennen.

Im Film *Der Club der toten Dichter* spielt *Robin Williams* Professor Keating, der an die Privatschule zurückgekehrt ist, an der er selbst schon Schüler war, um die jungen Männer dieser Schule in die Freuden der englischen Literatur, und noch wichtiger, ins Leben einzuführen. Den ganzen Film hindurch, während sie mit ihrer Selbstfindung kämpfen, fordert er sie heraus, ihre wahren Stimmen sprechen zu lassen.

An einer Stelle springt er auf seinen Schreibtisch und fragt: „Warum stehe ich hier?" Er beantwortet seine Frage selbst: „Ich stehe auf meinen Schreibtisch, um mich selbst daran zu erinnern, daß wir uns ständig zwingen müssen, die Dinge von unterschiedlichen Standpunkten aus zu betrachten. Die Welt sieht von hier oben anders aus. Wenn ihr es nicht glaubt, stellt euch hier hoch und versucht es. Alle. Der Reihe nach."

„Wenn ihr euch über etwas sicher seid", sagt er, „zwingt euch, in einer anderen Art und Weise darüber nachzudenken, selbst wenn ihr wißt, daß es falsch oder dumm ist.

Wenn ihr lest, betrachtet nicht nur, was der Autor denkt, sondern nehmt euch die Zeit, darüber nachzudenken, was ihr denkt... Wagt euch auf neuen Boden."

Sich auf neuen Boden vorzuwagen ist eine Herausforderung, mit der wir unser ganzes Leben hindurch konfrontiert werden, und nie schärfer als in der Lebensmitte. Fast jeder hegt den geheimen Wunsch, jemand anderer zu sein als der, der er geworden ist. Fast jeder fühlt sich gezwungen, sein Leben zu prüfen und zu fragen: „Warum trage ich all dies mit mir herum?"

Unsere Interviews, Erfahrungen und unsere Arbeit mit Menschen in der Lebensmitte haben uns zu der Überzeugung geführt, daß nichts für Erfüllung in der zweiten Lebenshälfte wichtiger ist als die Bereitschaft, *sich auf neuen Boden vorzuwagen.*

Unsere Kultur hat uns traditionellerweise gelehrt, daß das Tragen derselben Last, gleichgültig unter welchen Umständen, ehrenhafter ist, als das Auspacken und Loslassen. Wir hängen in diesem Denkmuster fest, weil wir davon abhängig gemacht wurden zu glauben, daß wir Versager sind, wenn unsere Beziehungen zerbrechen oder wir unsere Arbeit verlieren oder aufgeben. Tatsächlich kann aber genau das Gegenteil der Fall sein. Diese Erkenntnis ist es, worum es beim Umpacken geht.

Von dort nach hier kommen

Umpacken ist ein Prozeß, der sich von der Wiege bis zum Grab zieht. Es ist etwas, das wir in unserem Leben immer und immer wieder durchlaufen müssen, um uns ein Gefühl für Lebendigkeit zu erhalten, egal in welchem Alter. Das gute Leben ist nicht etwas, das wir bekommen und behalten können, es ist ein Prozeß ständigen Neuerfindens dessen, was es bedeutet, an dem Ort zu leben, wo wir hingehören, mit den Menschen, die wir lieben, die Arbeit zu tun, die uns mit Sinn erfüllt.

Wir können jedoch jederzeit unser Leben so gestalten, als ob wir zu dieser Zeit unsere Vision des guten Lebens lebten. Der Schlüssel dazu ist eine bewußte Kenntnis dessen, was wir tragen und warum wir es tragen. Eine Person, die es geschafft hat, dieses Bewußtsein zu entwickeln – und ziemlich früh im Leben –, ist Dicks Sohn Andrew Leider. Bereits als er seine ersten Schritte ins Erwachsenenalter machte, entschied Andrew zu versuchen, seine Vision des guten Lebens zu leben, anstatt Jahre später davon zu träumen oder zu bedauern, daß er es nie getan hatte, als die Gelegenheit da war.

Mit 23 Jahren lebt Andrew am richtigen Ort – Red Lodge, Montana – mit Menschen, die er liebt, und tut die für ihn richtige Arbeit. Er ist Outward Bound Instructor – ein

Persönlichkeitstrainer, der mit seinen Klienten in die freie Natur hinausgeht, um Prozesse der Selbsterfahrung zu stimulieren. Freunde und ehemalige Collegekollegen beneiden ihn um die Wahl, die er getroffen hat. Er sagt: „Sie erzählen mir, 'Ich wünschte, ich täte so etwas wie du, aber ich hatte nicht die Zeit. Ich sah eine Chance und hatte das Gefühl, daß ich sie angesichts der Arbeitsmarktsituation einfach wahrnehmen mußte.'"

Andrew vergleicht deren Situation mit seiner eigenen – einer Situation, die er selbst bestimmt hat –, indem er sich regelmäßig fragt: „Warum belaste ich mich damit?"

„Die meisten meiner Freunde werden angetrieben von ihrer augenblicklichen Vision des guten Lebens, genau wie ich", sagt er. „Aber sie sind bereits gefesselt an Autos, Appartements, Möbel und Kredite. Innerhalb der nächsten fünf Jahre werden vermutlich die meisten verheiratet sein, Kinder haben und Karriere machen, während ich wahrscheinlich immer noch in den Bergen herumreise. Wenn der Anreiz für dich ein 5th-Avenue-Lebensstil ist, dann wirst du nicht glücklich sein, bis du diesen erreicht hast. Aber dies ist einfach nicht meiner.

Im Moment ist die „Arbeit, die mich erfüllt" das, was ich tue. Ich liebe den Prozeß, mit anderen in einem Team zu arbeiten, um das Leben des einzelnen zu beeinflussen. Ich liebe es, an harten Fragen zu arbeiten. Mit Outward Bound fühle ich mich absolut als ein Teil von etwas Wichtigem. Die Leute arbeiten hier für ein gemeinsames Ziel. Wir haben viele Werte gemeinsam. Wir alle scheinen es zu mögen, die Dinge auf eine einmalige Art und Weise zu tun. Ich glaube, aus diesem Grund genießen wir auch alle das Lernen durch Erfahrung. Der Sinn und die Werte dieses Lernens sind wichtiger als der Ort, wo es stattfindet ... solange es draußen ist.

Minneapolis ist der Ort, den ich am besten kenne, wo ich aufgewachsen bin. Aber ein Zuhause kann ich schaffen, wo immer ich bin. Ich habe mich noch nicht endgültig niedergelassen. Es sind vier getrennte Welten in denen ich lebe – meine Familie, meine paar College-Freunde, zu denen ich beschlossen habe, den Kontakt aufrechtzuerhalten, meine Freunde hier in Red Lodge und meine große Outdoor-Familie. Zu Hause ist nicht ein bestimmter Ort. Es ist die Art und Weise, wie ich mich fühle, wo immer ich auch bin. Ich versuche, soviel Freude wie möglich dort hineinzulegen, wo ich bin, mit allem, was ich augenblicklich habe."

Andrew faßt seine Vision des guten Lebens folgendermaßen zusammen: „Meine Bedürfnisse sind ziemlich minimal. Ich habe keine finanziellen Wünsche... noch nicht! Ich habe, was ich will: Zeit und eine gute Arbeit. Ich kann mit sehr wenig auskommen. Das Leben kostet, Krankheit kostet, es kostet etwas, die Dinge zu tun, die ich draußen gerne tue. Ich möchte soviel Rücklagen haben, daß ich mich selbst versorgen kann und immer noch Zeit habe. Das ist im Moment für mich das gute Leben."

Was ist für Sie im Moment das gute Leben? Ist Ihre Vision so klar wie Andrews? Wissen Sie, was Sie tragen, und warum Sie es tragen, oder ist es an der Zeit, etwas mehr über das Auspacken und Umpacken nachzudenken?

Dialog-Fragen zum Auspacken

In seiner umfangreichsten Form kann das Auspacken eine der schmerzhaftesten menschlichen Erfahrungen sein. Gleichzeitig kann es äußerst befreiend sein. Wie ist das bei Ihnen? Was tragen Sie mit sich? Befinden Sie sich in einer großen Fragephase, ob Sie eine Beziehung oder eine Arbeit loslassen sollen?

Denken Sie an eine bestimmte Situation, mit der Sie zu kämpfen haben. Entscheiden Sie, ob diese sich unter die Überschrift Arbeit, Liebe, Ort oder Sinn einordnen läßt. Mit dieser speziellen Situation im Kopf reflektieren Sie über die folgenden Fragen und bereiten einen Dialog mit Ihrem Partner über diese vor.

- Kann ich wirklich erwarten, daß diese Situation irgendwo anders besser wäre – oder mit jemand anderem? Inwiefern?
- Ist das, was mich an dieser Arbeit oder Person stört, etwas, das ich nur in bezug auf diese Arbeit oder diese Person haben würde?
- Was wäre notwendig, um „mein Gepäck auszupacken" und mich hier dazu zu verpflichten?
- An welchem Punkt habe ich genug über meine Situation nachgedacht? An welchem Punkt ist es ein Fehler, „darin hängenzubleiben"?
- Wenn ich „mein Gepäck umpacke", bin ich bereit für
  - vorübergehende Kritik?
  - vorübergehenden Verlust von Freunden, Familie?
  - vorübergehenden Verlust eines Ortes?
  - vorübergehenden Verlust eines Einkommens?
  - das Gefühl, selbstsüchtig zu sein?
  - das Gefühl, daß ich zu früh losgelassen haben?

Um es Ihnen zu erleichtern, sich auf diesen Dialog einzulassen, schließt hier eine weitere Postkarten-Übung an.

Postkarten-Übung

Die eine Sache, die ich, wirklich, *wirklich* nicht brauche

Auspacken beinhaltet, beides zu betrachten, das Gute und das Schlechte – auch das Häßliche – in Ihrem Leben. Wenn Sie auspacken, sind Sie möglicherweise schockiert über einige Gepäckstücke, die Sie niederdrücken. Es sind vielleicht nicht gerade Skelette in Ihrem Wandschrank, aber sehr wahrscheinlich einige Dinge, die schon bessere Zeiten gesehen haben.

Ein Beispiel: Eine uns bekannte Künstlerin, war nach 20jährigem Kampf schließlich an einem Punkt in ihrem Leben angelangt, wo nahezu alle ihre Arbeiten in Galerien ausgestellt waren. Aber sie stellte immer noch – bei fast jeder Gelegenheit – den Wert von allem, was sie tat, in Frage. Offen gesagt, es war einfach eine Gewohnheit – eine Gewohnheit, die ihr nicht gerade nützte. Als einer von uns ihr gegenüber hervorhob, daß in den letzten fünf Jahren alle ihrer Arbeiten großen Zuspruch bei Kritikern und Käufern gefunden hatten, war es, als ob plötzlich ein Licht angeknipst worden wäre. Nicht daß sie ihre Einstellung genau zu diesem Zeitpunkt geändert hätte, aber es wurde ihr langsam bewußt, daß das alte Muster eben nichts weiter war als ein altes Muster. Indem sie lernte loszulassen, war sie in der Lage, ein wirkliches Bewußtsein für all das, was sie erreicht hatte, zu finden. Aber der erste Schritt war immer noch, das loszulassen, was sie nicht brauchte – die eine Sache, die sie, wirklich, *wirklich* nicht brauchte.

1. Gehen Sie Ihr Leben durch, mental oder physisch, bis Sie das gefunden haben, was Sie *wirklich* nicht brauchen. Welches ist diese eine Sache, die Sie am meisten niederdrückt?
2. Gestalten Sie, wie auch immer, ein Bild dieser einen Sache, und plazieren Sie es auf der Vorderseite der Postkarte.
3. Schreiben Sie eine kurze Erklärung, warum diese eine Sache, die „eine Sache" ist, und senden Sie die Karte an Ihren Dialog-Partner.
4. Warten Sie auf die Antwort Ihres Partners, oder wenn Sie innerhalb einer Woche nichts gehört haben, rufen Sie ihn an, und hören Sie, was er denkt. Verwenden Sie die oben aufgeführten Dialog-Fragen zum Auspacken, um den Dialog so lebendig und anregend wie möglich zu halten.

Arbeitsgepäck

Was möchte ich sein, wenn ich groß bin?

Was ist das Schöne am Leben, wenn sein Hauptbestandteil und das, was sein Hauptbestandteil immer sein muß, einem verhaßt ist? Nein, das einzig wirklich Ökonomische ist, sich so zu arrangieren, daß die tägliche Arbeit selbst schon ein Vergnügen wird.
Edward Carpenter

Wie werde ich meinen Lebensunterhalt verdienen?

Da unser einziger Besitz unser Leben oder vielmehr unser Lebensunterhalt ist, ist unsere grundlegende Frage: „Wie werde ich meinen Lebensunterhalt verdienen?"

Fragen Sie sich, ob es nicht ein besseres Arbeitsleben für Sie gibt? Verschwenden Sie Ihre natürlichen Talente, weil Ihr Beruf Sie gewählt hat, anstatt daß Sie ihn sorgfältig ausgesucht haben? Brauchen Sie mehr Zeit für persönliches Wachstum? Ist Ihre Arbeit im Gleichgewicht mit den Bedürfnissen Ihrer Familie und Ihren eigenen? Sehnen Sie sich nach einem Gefühl von Erfüllung in Ihrer Arbeit?

Die Suche nach dem „Wie werde ich meinen Lebensunterhalt verdienen?" ist eine lebenslange Reise, aber eine, die die Menschen so lange nicht unternehmen, bis sie dafür bereit sind – keinen Moment früher. Bereit sein heißt normalerweise, einen gewissen Grad an Qualen oder Frustrationen zu spüren, für die das Umpacken die richtige Medizin ist.

In der Lebensmitte sind die meisten von uns schließlich bereit. Es ist eine Zeit des Übergangs. Wir finden uns selbst in diesem Zwischenstadium im Leben, lassen eine Vergangenheit, der wir entwachsen sind, die aber immer noch brauchbar ist, zurück und bewegen uns auf eine Zukunft zu, die sich allen Bemühungen zum Trotz nicht klar einstellen läßt. Wenn wir darüber sinnieren, was vor uns liegt, stellt sich eine seltsame Gefühlskombination aus Orientierungslosigkeit und Spannung ein.

Auf unser Leben zurückzublicken ist weit mehr, als nur Erinnerungen auszugraben. Es bedeutet auch, über die Bilder nachzugrübeln, die wir von unserem guten Leben an den verschiedenen Stationen entlang unseres Weges hatten. Wir rufen uns die guten Zeiten ins Gedächtnis zurück und möchten gerne wissen, wieviele es davon wohl noch geben wird. Wir lassen Revue passieren, was wir beruflich erreicht haben, und fragen uns, ob wir unsere beste Arbeit bereits getan haben.

Wonach wir uns oft am meisten sehnen – ob nun bewußt oder unbewußt – ist, uns in gewisser Weise von der Person zu befreien, die wir gewesen sind. Wir müssen einen Weg finden, um aus der Kiste, die wir uns selbst gezimmert haben, auszubrechen. Wir müssen uns von der Trägheit befreien, die uns an ein Selbstbildnis gefesselt hält, das abgeworfen werden muß, wie die Puppe, die der Schmetterling abstreift, wenn sie ihm ausgedient hat. Derselbe natürliche Prozeß, der den Schmetterling dazu veranlaßt, sich zu verpuppen, läßt auch uns Menschen wachsen.

Manchmal fragen wir uns, ob wir allein sind mit unseren Zweifeln und Fragen. Dennoch halten wir uns zurück und teilen unsere Zweifel und Fragen nicht mit anderen. Die meisten von uns haben im Grunde ein geheimes Verlangen, waghalsiger zu sein, ein Verlangen, das wir uns nur selten eingestehen. Es ist traurig, aber was letztendlich passiert, ist, daß wir anderen Menschen unsere Abenteuer überlassen. Auf dem Entdeckungskanal lassen wir „professionelle Forscher" das wahre Erlebnis haben, an dem wir dann nur noch aus zweiter Hand partizipieren. Aber dies muß nicht so sein.

Auf Abenteuerreise zu gehen in die äußere Welt und, was genau so wichtig ist, in die innere Welt, ist uns allen das ganze Leben hindurch möglich. Wenn wir dies uns selbst erlauben, können wir es in der Tat zum Mittelpunkt unserer Lebensarbeit machen.

Als wir Kinder waren, lautete die große Frage: „Was möchtest du werden, wenn du groß bist?" Es war wahrscheinlich zu früh, um zu fragen: „Welche Art Leben möchtest du leben, wenn du erwachsen bist?" Wie der Soziologe Max Weber es ausdrückte, lautet das moderne Dilemma: „Arbeiten wir, um zu leben, oder leben wir, um zu arbeiten?"

Die meisten von uns werden zugeben, daß wir größtenteils gelebt haben, um zu arbeiten. Wir haben einen Unterschied gemacht zwischen dem, was wir tun müssen, und dem, was wir tun möchten. Wenn wir Glück haben, kommen wir eines Tages an den Punkt, an dem wir entdecken, daß dieser Unterschied trügerisch ist. Wenn wir uns wirklich in die äußere und innere Welt wagen, wird das, was wir tun wollen, und das, was wir tun müssen, miteinander verschmelzen. Die Schwierigkeit ist jedoch, all die „Muß ich" und „Will ich", die wir in unserem Leben bis jetzt angehäuft haben, loszulassen.

Was wir letzten Endes suchen, ist dieses Gefühl, einem inneren Rhythmus zu folgen, das Forscher auf ihren aufregendsten Reisen empfinden. Es ist dieses Gefühl von innerer und äußerer Verbundenheit – zu wissen, wo man hingeht, aber nicht, wie man dort hinkommt. Es ist eine Mischung aus Romantik und Durchführbarkeit.

Das gute Leben zu leben und zu erarbeiten bedeutet, ein „praktischer Romantiker" zu sein. Wie müssen es schaffen, unseren Lebensunterhalt zu verdienen, Studiengebühren zu zahlen, unseren Partner zu lieben und eine gute Arbeit zu leisten. Wir müssen unsere Hypotheken und die Zahnarztrechnungen bezahlen. Deshalb müssen wir uns ständig fragen: „Wie werde ich meinen Lebensunterhalt bestreiten?" Bis zu diesem Grad müssen wir praktisch denken.

Aber wir müssen auch romantisch sein. Wir müssen lieben. Wir müssen in Menschen, Orte und Ziele verliebt sein.

Wir müssen bereit sein, uns auf die völlig romantische und letztlich absurde Suche nach dem guten Leben einzulassen. Selbst wenn uns der Weg, auf den sie uns führt, über den ganzen Planeten wandern läßt.

Das Leben war nicht dazu gedacht, linear zu verlaufen. Der Weg von der Geburt bis zum Tod ist nicht eine geradlinige Reise. Es folgt einer Zick-Zack-Linie. Ein Looping. Eine Berg- und Talfahrt, die unterbrochen wird, indem man oft denselben Weg zurückgeht. Bezeichnenderweise versucht unsere Gesellschaft jedoch, dies abzulehnen, und das Ergebnis ist die erschreckende Aussicht, es am Ende eines linearen Lebens geschafft zu haben, in Rente gehen zu können.

Die lineare Sichtweise sagt uns: „Mach' zuerst eine Ausbildung, dann arbeite hart, dann geh' in Rente, so daß du endlich anfangen kannst, zu leben." Zu diesem Zeitpunkt jedoch haben viele Menschen schon vergessen, wie man lebt, oder es hat sie so erschöpft, dahin zu kommen, wo sie jetzt sind, daß kein Leben übriggeblieben ist.

Die Alternative ist, Ihr ganzes Leben so voll wie möglich zu leben; sich dem bestehenden Skript entgegenzustellen; herumzuwandern, anstatt am Gerad- und Naheliegenden festzuhalten. Natürlich macht uns dies Angst. Es ist nicht einfach. Es bedeutet, daß wir uns ständig Fragen über unser Leben stellen müssen, unsere Liebe, unsere Arbeit.

Auf der anderen Seite jedoch kann man dem nicht entgehen. Früher oder später kommt in jedem Leben der Zeitpunkt, wo festgesetzte Muster, um die herum wir unser Leben organisiert haben, auseinanderfallen. Wir stellen unsere Annahmen über fast alles in Frage. Die Muster, die uns dahin gebracht haben, wo wir sind, fühlen sich nun eher wie schwere Gewichte an als wie verläßliche Führer. Wir beginnen mit dem Kampf „loszulassen" – unser Gepäck auszupacken und umzupacken. Wir fühlen uns wieder wie Kinder und stellen fest, daß wir uns noch einmal fragen: „Was möchte ich werden, wenn ich groß bin?"

Die wahrheitsgetreue Antwort ist nicht so einfach, wie sie einmal war. Arbeit hält viele „Wahrheiten" für jeden von uns bereit. Seit unserer Kindheit haben die meisten von uns darüber nachgedacht, was Arbeit bedeutet, und wir überprüfen ständig unsere Ansichten und formen sie neu, wenn wir älter werden. Ebenso wie Liebe unterschiedliche Bedeutungen in den verschiedenen Lebensphasen hat, bekommt die Arbeit auch neue Bedeutungen entlang des Weges.

Hier folgen drei Wahrheiten, die wir bezüglich der Arbeit für wahr halten. Es erscheint uns so, als ob diese drei Wahrheiten beeinflussen und definieren, wie die meisten Leute ihren Lebensunterhalt verdienen.

Arbeitswahrheit Nr. 1
Menschen wählen nicht ihre „Berufung",
sie werden von ihr gewählt

Das Leben ist nicht lang genug, um alles auszuprobieren, womit wir unseren Lebensunterhalt verdienen könnten. Wo wir aufgewachsen sind, wann wir aufgewachsen sind und unser beruflicher Familienstammbaum beeinflußten unsere Berufswahl. Wie haben Sie Ihre Arbeit gewählt? Hier sind einige Antworten, die wir gehört haben:

- Ich zog eine Reihe von Möglichkeiten ernsthaft in Betracht, untersuchte jede einzelne und wählte dann eine aus. Meinen Beruf zu wählen, war eine schwierige Entscheidung.
- Ich entschied mich schon sehr früh, was ich einmal tun wollte, und zog auch nichts anderes ernsthaft in Erwägung. Meinen Beruf zu wählen war einfach.
- Ich hatte keine Ahnung, was ich tun wollte. Ich nahm einfach, was sich anbot, und die Dinge entwickelten sich recht zufriedenstellend.
- Ich war gezwungen, jede Arbeit anzunehmen, die ich finden konnte, und ich blieb einfach in diesem Bereich tätig. Aufgrund der äußeren Umstände hat mein Beruf mich gewählt.

- Die Entscheidung war eher die von jemand anderem als meine eigene. Es wurde einfach von mir erwartet, daß ich eine bestimmte Art von Beruf ergreife, und dies tat ich auch. Ich habe mich nie besonders dafür engagiert, aber ich mache meine Arbeit gut.

Arbeitszufriedenheit hat viel damit zu tun, wie diese Arbeit gewählt wurde. Der Schlüsselfaktor ist, wie bewußt und wie autonom wir die Wahl getroffen haben.

Weil die wenigsten von uns wissen, wer wir einmal sein wollen, wenn wir erwachsen sind, müssen wir Erfahrungen sammeln, um unserer Berufung sicher zu sein. Wenn wir diese Erfahrungen dann gemacht haben, denken einige, daß es zu spät ist, um noch einmal die Wahl zu haben. Wir ignorieren den Ruf oder weigern uns einfach hinzuhören. Das Ergebnis ist, daß es weit mehr Menschen gibt, die nie sicher sind, den richtigen Beruf zu haben, als Menschen, die sicher sind, das Richtige gewählt zu haben.

In unserer ersten Lebenshälfte ist es meist jemand anderer, der unser Berufsskript verfaßt. In der Lebensmitte werden wir herausgefordert, Co-Autoren und Verleger zu sein bzw. das ursprüngliche Skript wegzuwerfen.

Wir sind dynamisch, nicht statisch. Wir wachsen, und unsere Bedürfnisse ändern sich. Ein falscher Start oder produktive Fehler eröffnen uns ein „Praxisfeld", um zu lernen, welche Arbeit wir am liebsten tun – unsere Berufung.

Vokation kommt von dem lateinischen Wort *vocare*, rufen, und bedeutet die Arbeit, zu der eine Person aus dem tiefsten Teil ihres Wesens gerufen wird.

Die Suche nach der wahren Berufung muß jedoch unser ganzes Leben hindurch erneuert und vertieft werden. Joseph Campbell trifft den Kern: „Der Ruf erschallt, der Vorhang öffnet sich für ein Mysterium der Transformation. Dem gewohnten Lebenshorizont sind wir entwachsen; alte Konzepte, Ideale und emotionale Muster passen nicht länger; die Zeit, über die Schwelle zu treten, ist gekommen."

Dies geschieht oft, wenn wir in der Lebensmitte einen Berufswechsel anstreben. Wir wechseln nicht einfach den

Job – wir folgen unserer Berufung. Dies erfordert, daß wir die Schwelle zu einem tieferen Teil unseres Selbst überschreiten.

Arbeitswahrheit Nr. 2:
Menschen sind sich bei dem, was sie nicht gerne tun, sicherer als bei dem, was sie gerne tun

Fragen Sie eine Anzahl von Leuten, worin ihre Talente liegen und wie sie Freude daran finden, diese auszudrücken. Sie werden ihnen sagen, daß sie dies nicht wissen. Fragen Sie sie jedoch, was sie nicht gerne tun und nicht können, erhalten Sie eine meterlange Liste. Die Erfahrung hat sie viel Negatives gelehrt, aber ihnen nur wenig Positives übermittelt. Dies macht tatsächlich Sinn. Um etwas wirklich nicht zu mögen, müssen wir es erst erleben.

Versuchen Sie folgendes: Denken Sie darüber nach, welches die zwei oder drei schlimmsten Jobs waren, die Sie je hatten. Was mochten Sie am wenigsten? Mit welcher Art Menschen haben Sie zusammengearbeitet? Was haben Sie daraus gelernt, in der Zukunft *nicht* zu tun?

Hoffentlich hatten Sie die meist gehaßten Jobs zu Anfang Ihrer Karriere. Wenn wir ins Berufsleben starten, müssen wir oft eine Arbeit annehmen, die uns nicht gefällt, einfach um durchzukommen. Wir sind gezwungen, es mit einer Menge Jobs zu versuchen, die uns ansonsten gar nicht in den Sinn kämen.

Wenn wir jünger sind, ist es für die meisten von uns nicht das Problem, einfach nicht zu wissen, was uns gefällt – wir wissen auch nicht, worin wir gut sind. Wir haben unsere Talente noch nicht erkannt, und selbst wenn wir dies getan haben, so haben wir noch kein wirkliches Vertrauen in sie entwickelt – oder in uns selbst. Der Glaube an sich selbst entspringt dem Wissen, daß man die Talente hat, das zu sein, was man sein möchte.

Talente sind eine Energiequelle, die in jedem von uns ruht. Sie warten immer darauf, entdeckt (oder wiederentdeckt) und ausgedrückt zu werden. Tarthong Tulku, ein Lama aus Osttibet, schreibt in seinem Buch *Geschicktes Wirken*: „Indem wir geschickte Mittel einsetzen, um unser Leben zu bereichern, und unser kreatives Potential in alles einbringen, was wir tun, dringen wir in das Herz unserer wirklichen Natur ein. So gewinnen wir ein Verständnis für das grundlegende Lebensziel und schätzen die Arbeit, bei der wir unsere kostbare Zeit und Energie richtig einsetzen können."

Dieses Wissen um das, was wir als *die Arbeit tun, die uns erfüllt* bezeichnen, zusammen mit einem starken Gefühl für Talente und Lebensziel, ist ein wesentlicher Aspekt bei der Beantwortung der Frage: „Was möchte ich sein, wenn ich groß bin?"

In ihrem Klassiker *Ein gutes Leben leben* bringen Helen und Scott Nearing ein, daß das „Ziel ökonomischer Anstrengungen nicht das Geld, sondern der Lebensunterhalt ist." Sie erklären, daß der Sinn der Arbeit nicht das „Geldverdienen" oder „Reichwerden" ist, sondern vielmehr eine Existenz abzusichern, die mit unseren tiefsten Überzeugungen und stärksten Gefühlen harmonisiert. 1954, als ihr Buch zum ersten Mal erschien, bemerkten sie, daß es nur wenige Menschen gäbe, die ihre Einstellung teilen würden, und daß dies die Ursache für viel Elend – ökonomisches ebenso wie emotionales – wäre, das sie beobachteten hätten. Zweifellos ist deren Anzahl auch heute nicht größer und das Elend nicht kleiner.

Ein großer Prozentsatz der Menschen, die wirklich fühlen, daß sie das gute Leben leben, gehen einer Arbeit nach, in der sie ihre Talente einsetzen können, im Gegensatz zu einem Job, den sie nur tun, um damit Geld zu verdienen. Denken Sie über folgendes nach: Für welche Arbeit haben wir meist mehr Bewunderung übrig? Für die eines leitenden Angestellten, der für eine abstrakte Tätigkeit eine sechsstellige Summe im Jahr erhält, oder für die eines einfachen Handwerkers, der Rohmaterialen in etwas Nützliches und Schönes verwandelt?

Was ist es, das uns am Lebensunterhalt des Handwerkers so stark anspricht? Erstens scheinen die meisten echte Freude an ihrer Arbeit zu haben. Sie tauchen darin ein. Besuchen Sie jemanden, der mit der Herstellung von Gitarren seinen Lebensunterhalt verdient. Sie werden in seiner Umgebung wahrscheinlich überall auf Bünde und Stimmwirbel stoßen.

Zweitens, die meisten Handwerker arbeiten in einem Beruf, der für sie selbstverständlich ist, sie tun die Arbeit, die ihrer einmaligen Talente nutzt. In ihrem Buch *Do What you Love, The Money Will Follow* schreibt Marsha Sinetar: „Es ist so, als ob sie instinktiv wüßten, was sie mit ihrer Zeit und Energie tun müssen, und sich dann entschließen, nur das zu tun."

Früher wurde nicht zwischen Kunst und Handwerk unterschieden. In der mittelalterlichen Gesellschaft waren Maler und Bildhauer ebenso wie Töpfer und Weber Mitglieder von Handwerksgilden. Jemand „war" ein Maler oder ein Zimmermann – ihre Arbeit, ihre Art zu Leben war der Mittelpunkt ihrer Identität. Sie betrachteten ihren Lebensunterhalt als ein Mittel, ihre Existenz zu zentrieren, um ihre göttliche Quelle zu entdecken und sich mit ihr zu verbinden. „Handwerk" bedeutete einfach, schöne Dinge für den Gebrauch zu schaffen, eine Aufgabe, die die Handwerker als ihren Tribut an das Handwerk selbst, an ihre Gemeinschaft und schließlich ihren Gott verstanden.

Der Handwerker sah sich nicht als jemand, der die Arbeit allein für sich selbst tut. Es war eine gemeinsame Anstrengung, mit gemeinsamen Resultaten. Die Mitglieder der Handwerksgilde signierten ihre Arbeiten nicht, und wenn sie allein arbeiteten, dann weil es für die Aufgabe zweckmäßig war und nicht für persönliche Anerkennung. Die Handwerker arbeiteten nicht in dem Stolz, etwas geschaffen zu haben, sondern mit der Freude am *Schaffen* – etwas anders als in heutiger Zeit, in der das Hauptaugenmerk normalerweise auf dem Produkt liegt und wenig Aufmerksamkeit, wenn überhaupt, dem Schaffensprozeß gewidmet wird. So ist es nicht verwunderlich, daß heutzutage immer mehr Menschen nach einer Arbeit suchen, die mehr als nur finanzielle Bedürfnisse befriedigt. Sie suchen nach einem Lebensunterhalt, der den inneren Hunger stillt – den Hunger, ihre Talente auszudrücken.

Walter Kerr schreibt in *The Decline of Pleasure*: „Wenn ich es in einem einzigen Satz ausdrücken müßte, wäre meine eigene Erklärung für den Zustand unserer Herzen, Köpfe und Nerven: Wir fühlen uns unbestimmt elend, weil wir nur halbe Leben führen, halbherzig, mit nur einer Hälfte unseres Geistes aktiv damit beschäftigt, mit dem Universum um uns herum Kontakt aufzunehmen."

Zu sagen, daß viele Leute sich an ihrem Arbeitsplatz nur halb lebendig fühlen, ist wahrscheinlich eine Untertreibung. In unseren Interviews kam weit häufiger die Klage, daß sie sich „halbtot" fühlen. Sie schlafen heimlich. Sie schlafwandeln durch ihre Tage, halbherzig setzen sie nur die Hälfte ihres Geistes ein, haben aber gleichzeitig schreckliche Angst davor, daß sie möglicherweise die Hälfte ihres einen und einzigen Lebens verschwenden.

Jeder von uns möchte sich einzigartig fühlen. Was die meisten von uns damit meinen, ist, daß wir hoffen, eine uns eigene Besonderheit zu entdecken, die unser Geburtsrecht ist, die kein anderer in genau dieser Weise hat. Ironischerweise haben jedoch die meisten von uns so viel Angst davor, anders zu sein, daß wir unsere Einzigartigkeit jedesmal verstecken, wenn sie ihr häßliches Haupt erhebt. Wir sind so hungrig danach, unsere Talente zu entdecken und auszudrücken, weil wir uns unserer Einzigartigkeit versichern müssen. Wir alle möchten das Gefühl haben, nicht nur ein weiteres Sandkorn am Strand zu sein, sondern daß wir aus einem einzigartigen Grund hier sind.

Wenn es darum geht, unsere Talente anzuerkennen oder unser eigen zu nennen, sind die meisten von uns unheilbar blind. Es wurde uns beigebracht, mit unseren guten Eigenschaften nicht zu prahlen oder diese zu rühmen. Richard Bach bemerkt in seinem Buch *Illusionen*: „Glaube an deine Grenzen, und sie gehören dir!"

Jeder von uns hat einige nach Vortrefflichkeit strebende Ausdrucksformen. Jeder hat Talente, die ihm nicht bewußt sind oder die er herunterspielt. Diese Talente zu entdecken, ist ein Lernprozeß, der in Schritten abläuft, ähnlich dem Lernen von Schwimmen oder Radfahren. Jeder Schritt muß beherrscht werden, bevor man mit dem nächsten Schritt weitermachen kann. Aber wie beim Radfahren gilt: Wenn man es einmal beherrscht, wird man es nie mehr verlernen!

Sie werden Ihre Talente entdecken, indem Sie folgendes prüfen:

- Dinge, bei denen Sie sich nicht erinnern können, diese jemals gelernt zu haben, aber irgendwie wissen, wie man sie macht.
- Dinge, die Sie ausgezeichnet mit wenig Anstrengung machen.
- Dinge, bei denen andere Ihr Geschick schneller erkennen als sie selbst.
- Dinge, die Sie schnell lernen und bei denen es Ihnen Freude macht, mehr darüber zu erfahren.

Natürlich ist der beste Weg, nahe Freunde, Familienmitglieder und Kollegen zu fragen. „Was sind meine Talente?"

Nehmen Sie das Etikett ab. „Du bist ein guter Anwalt" ist keine Beschreibung Ihrer Talente. Bitten Sie sie, statt dessen zu beschreiben, bei was Sie gut sind. „Du bist ein guter Zuhörer!" ist viel besser.

Je klarer Sie Ihre Talente identifiziert haben, um so leichter wird es Ihnen fallen herauszufinden, ob Ihre Arbeit wirklich zu Ihnen paßt. Wenn Ihr Job nur ein Viertel Ihres Könnens fordert, arbeiten Sie wahrscheinlich auch nur mit einem Viertel Ihres Enthusiasmus'. Das Wort „Enthusiasmus" kommt von dem griechischen Wort *entheos* – von Gott „gerufen". So ist es nicht erstaunlich, daß Menschen, die ihre Ohren vor ihrer Berufung verschließen, wenig Enthusiasmus aufbringen für das, was sie tun.

Arbeitswahrheit Nr. 3
Leben/Arbeit umzupacken ist die Fähigkeit, die das Überleben sichert

Die Idee einer Dauerarbeitsstelle gehört der Vergangenheit an. Heutzutage ist Ihr Arbeitsplatz niemals sicher. Die Arbeitswelt befindet sich in ständigem Umbruch. Einst mächtige Unternehmen schwanken am Rande des Abgrunds. Firmen, deren Namen Synonyme für Sicherheit waren, entlassen ihre Leute in Rekordzahlen. Ihr Arbeitsplatz kann jeden Moment und ohne Vorwarnung verschwinden. In der heutigen Zeit wird sich fast jeder zu irgendeinem Zeitpunkt „zwischen den Jobs" befinden.

Es hängt auch nicht davon ab, wie gut Sie Ihre Arbeit tun. Vortrefflichkeit ist kein Schutz. Lösen Sie Probleme kreativ? Leisten Sie ständig einen wertvollen Beitrag? Dies ist nicht länger eine Abwehrmaßnahme gegen die scharfe Konkurrenz, die rasante Technologieveränderung und rücksichtslose Umstrukturierung.

Sie müssen darauf vorbereitet sein, den Rest Ihres Lebens auf Arbeitsuche zu gehen. Niemand schuldet Ihnen einen Job – weder Ihr augenblicklicher Arbeitgeber, Ihre Partei, auch nicht Mutter oder Vater, falls Sie für diese arbeiten. Sie müssen Ihre Zukunft selbst gestalten. Im 21. Jahrhundert wird fast jeder, bis zu den höchsten Berufsrängen, zunehmend gezwungen sein, sich selbst als marktfähige „Talentmappe" zu verpacken.

Da sich das Paradigma der Arbeit von der Produkterstellung zur Dienstleistung verlagert, wird die Arbeit selbst neu definiert. Wir beobachten eine wachsende Notwendigkeit zu lernen und in höheren Ordnungen zu denken und gleichzeitig, in den sich wandelnden Organisationen, ein sich Abstrampeln, um den Halt nicht zu verlieren.

Alle von uns werden im Hinblick auf Arbeitsstrukturen umdenken, umgestalten und umpacken müssen. Viele von uns werden in einem Netzwerk von Organisationen arbeiten und mit ihren Kunden und Zulieferern via Technologie in

Verbindung stehen. Wenn Sie die Literatur verfolgt haben, wird Ihnen dieses Modell unter der Bezeichnung „virtuelle Organisation" geläufig sein – eine Stelle, die sich auf die Hauptkompetenzbereiche beschränkt und alles andere in Auftrag gibt – einschließlich Mittagessen! In der Zukunft wird die Schlüsselfrage für die meisten Menschen nicht mehr lauten: „Wo befinden Sie sich auf der Unternehmensleiter?", sondern: „Was können Sie wie tun?" Somit ist es an der Zeit, daß Sie sich dieselbe Frage stellen: *Was können Sie wie tun?*

Zu häufig definieren wir uns heute über unsere „Arbeitsinstrumente". Wenn uns jemand fragt, was wir machen, sagen wir: „Oh, ich arbeite mit Computern" oder „Ich bediene eine Druckmaschine." Selbst hochausgebildete Berufstätige definieren sich auf diese Weise: „Ich bin Radiologe" oder: „Ich fahre einen Lastwagen." Das Problem ist, daß all diese Apparate in ein paar Jahren überholt sein werden. Wenn Sie also Ihre Karriere auf Arbeitsgeräten aufgebaut haben, werden Sie kein Glück mehr haben – und auch keine Arbeit mehr. Anstatt für Ihre „Werkzeuge" bekannt zu sein, müssen Sie Ihren Ruf auf Ihren tragbaren Talenten aufbauen.

Welches sind Ihre „tragbaren Talente"?

Egal, wo Sie heutzutage arbeiten – in einer großen Aktiengesellschaft, einer kleinen Firma oder am Computer in Ihrem Keller – die Botschaft ist dieselbe: Sie sind auf sich selbst gestellt. Sie müssen sich selbst als eigenständiges Unternehmen betrachten. Sie sind Ihre eigene Aktiengesellschaft, die *„Ich AG"*, und müssen wie jede Aktiengesellschaft bereit sein, einen umfassenden strategischen Wachstumsplan zu entwickeln.

Wenn es uns möglich ist, Flaschen, Dosen und Zeitungen zu recyclen, können wir mit Sicherheit auch „uns selbst recyclen". Um in dieser unbeständigen Arbeitswelt Erfolg haben zu können, müssen wir bereit sein, uns selbst zu recyclen – mit anderen Worten, unser Gepäck umzupacken.

Selbst wenn dies nicht der Fall wäre, wenn also die tägliche Arbeitswelt so stabil und vorhersehbar wie in früheren Jahren wäre, gäbe es noch einen wichtigeren Grund, warum es eine entscheidende Überlebensfertigkeit ist, Leben und Arbeit umzupacken: *Die meisten von uns werden ihrer Arbeit überdrüssig, sobald sie sie beherrschen.*

Fühlen Sie sich ausgebrannt? Eingerostet? Gelangweilt? Vielleicht sind Sie in Ihrer augenblicklichen Arbeit am Ende der Straße angelangt? Jeder Beruf hat sein „Leben" – Zyklen des Lernens, Beherrschens, Stillstands und des Abstiegs. Weil wir ein Gehirn besitzen, brauchen wir eine neue Wachstumsstimulation, Nahrung für den Verstand, den Körper und die Seele. Manche versuchen dies zu ignorieren. Andere schaffen absichtliche Lebenskrisen. Ein Freund von uns behauptet: „Drei Jahre in einem Beruf sind für jeden genug. Danach wird es zur Wiederholung. Die spaßigen Herausforderungen sind bewältigt, die Kreativität ausgedrückt. Die Neugierde schwindet, die Produktivität läßt nach und Betäubung setzt ein!"

George Brett beendete vor kurzem seine Baseball-Karriere. Nach 20 rekordbrechenden Saisonen ließ die Lust nach. Er sagte: „Ich war nicht mehr so erregt, wenn mir etwas Gutes gelang. Ich war nicht mehr so unten, wenn mir etwas daneben ging. Ich war nicht mehr so glücklich, wenn wir gewonnen hatten. Ich fühlte mich nicht mehr so schlecht, wenn wir verloren hatten. Es ist wie eine Achterbahnfahrt. Wenn Sie 162mal Achterbahn gefahren sind, sind Sie bereit für etwas anderes."

Bekommen Sie eine absichtliche Midlife-crisis

Die Midlife-crisis, die wir lieber als das „innere Abenteuer in der Lebensmitte" bezeichnen möchten, gibt uns die Möglichkeit, unser Leben zu überprüfen und die manchmal furchteinflößenden, aber immer befreienden Fragen zu stellen: „Was will ich?", „Was fühle ich?", „Was muß ich jetzt tun, um mit mir selbst ins reine zu kommen?", „Welches sind meine Träume für mich selbst, und welche Ängste haben mich blockiert?"

In einer Berufsberatungspraxis, die vorwiegend von Menschen mittleren Alters besucht wurde, hat Dick in den letzten zwei Jahrzehnten dasselbe Muster immer und immer wieder beobachtet. „Das innere Abenteuer in der Lebensmitte" ist eine innere Wende, eine wunderbare, wenn auch oft schmerzhafte Möglichkeit, uns selbst neu zu gestalten.

Im *Evangelium nach Thomas* heißt es: „Wenn du hervorbringst, was in dir ist, wird das, was du hervorbringst, dich retten. Wenn du nicht hervorbringst, was in dir ist, wird das, was in dir ist, dich zerstören."

Viele Menschen entwickeln neue Arbeitsstile, bringen neue Anschauungen des guten Lebens hervor, neue Definitionen von Erfolg. Erfolg hat in unterschiedlichen Altersstufen und Lebensstadien unterschiedliche Bedeutungen.

Tom DuFresne, ein erfolgreicher Immobilienmakler, der in seinen Vierzigern seine Firma verkauft hat, um einen Verlag für die Entwicklung von Unterrichtsmaterialien für Hochschulstudenten zu gründen, sagte: „Was jetzt für mich zählt, sind Beziehungen und Erfahrungen. Als ich jünger war, hatte ich eine Leidenschaft dafür, Dinge zu erwerben, einen erfolgreichen Lebensstil zu schaffen. Nun bedeutet Erfolg für mich, erfolgreiche Beziehungen und Werte wie diese an meine Kinder weiterzugeben."

Im großen und ganzen sind wir jedoch eine Gesellschaft von gewohnheitsmäßig betäubten Menschen – einsame, gelangweilte, abhängige Menschen, die nur glücklich sind, wenn sie die Zeit totgeschlagen haben, die sie verzweifelt versuchen aufzusparen. Wir sind ständig um unseren Lebensunterhalt besorgt, aber selten um unser Leben. Auf den Wirtschafts- und Finanzmärkten im ganzen Land strampeln sich die Menschen ab, um einen Riesengewinn zu machen, und enden statt dessen mit dem Verlust ihres Lebens.

Der Großteil der Menschen hält nur an seiner Arbeit fest, weil er keine andere Möglichkeit sieht, seinen Lebensunterhalt zu verdienen. Außerdem organisiert und strukturiert die Arbeit das Leben, schafft eine gewisse Routine. Zumindest jedoch zwingen uns die meisten Jobs einen Wochenend-Freizeit-Rhythmus auf – Montagsblues, Mittwoch = die

Hälfte ist geschafft!, Freitag = endlich Wochenende! und regelmäßige Überweisungen auf das Gehaltskonto. Geist und Körper werden so an diesen Rhythmus gewöhnt, daß er ein Teil unserer inneren Uhr wird. Wir vergessen, daß es noch andere Wege gibt, um unsere Zeit zu verbringen oder sie zu sparen, um die Dinge zu tun, die wir gerne tun, und um mit den Menschen zusammenzusein, die wir lieben.

Ein Pfad durch die Wildnis

Psychologen wissen, daß die Kapazität für Wachstum von unserer Fähigkeit abhängt, zu verinnerlichen und Verantwortung zu übernehmen. Wenn wir unser Leben nur als ein Dilemma betrachten, das andere verursacht haben, ein Problem, das „gelöst" werden muß, dann wird sich auch keine Veränderung einstellen. Wenn es uns an Nerven oder an Mut fehlt, kann sich kein Umpacken einstellen.

Umgekehrt, wenn wir das Leben als ein Produkt unserer eigenen Vorstellungskraft, als ein zu entdeckendes Mysterium betrachten, dann bleiben wir flexibel und offen, um jederzeit Neues aufzunehmen. Wenn wir bereit sind, Risiken einzugehen und neuen Herausforderungen entgegenzutreten, können wir uns selbst immer neu erschaffen, um uns den verändernden Umständen unserer sich immer weiter entfaltenden Erfahrung anzupassen. Die Aufforderung des „inneren Abenteuers in der Lebensmitte" ist es, sich bewußt zu werden (unser Gepäck auszupacken), Verantwortung zu übernehmen (unser Gepäck umzupacken) und die Lebensreise zu wagen, zu der wir berufen sind.

Daniel Boorstin dokumentiert in seinem Monumentalwerk *The Discoverers*, daß Geographen und Theologen im Mittelalter die Erkundung neuer Welten für Jahrhunderte verhinderten, weil sie sich weigerten, den Ausdruck „terra incognita" zu verwenden, um Orte auf ihren Karten zu kennzeichnen, an denen noch niemand war. Sie zogen es vor, diese Gebiete einfach ganz wegzulassen. Es erschien ihnen sicherer, die Welt zu begrenzen, als der Tatsache ins Gesicht zu sehen, daß es noch sehr viel unbekanntes Land gab.

Jedes Abenteuer ist immer auch ein „inneres Abenteuer"; wir nennen es *inventure* im Gegensatz zum englischen Begriff für Abenteuer (*adventure*). Um nach neuem Land zu suchen und dahin zu gehen, wo noch nie zuvor jemand war, muß man zuerst eine Reise nach innen unternehmen, eine Reise zu Herz, Verstand und Seele.

Um an den Ort zu reisen, den wir als „das gute Leben" bezeichnen, ist ein ähnliches inneres Abenteuer notwendig. Wir müssen uns einen Überblick über das Land, das wir suchen, verschaffen, uns eine Route ausarbeiten, wie wir dorthin kommen. Dieses innere Abenteuer ist das Gegenteil vom unbewußten Durchspielen von Mustern und Pfaden aus der Vergangenheit, und in diesem Fall ist es der einzige Weg, auf dem wir hoffen können zu finden, was wir suchen.

Das innere Abenteuer erfordert die Bereitschaft, die „terra incognita"-Eigenschaft von etwas, das wir nicht kennen, zu akzeptieren. Innere Abenteurer würdigen das Unbekannte und schätzen die unbekannte Wildnis in ihrem eigenen Geist. Der Naturalist Eliot Porter erklärte: „In der Wildnis steckt die Erhaltung der Welt." Wir betrachten das innere Midlife-Abenteuer als die Erhaltung der Welt in uns. Jeder versucht, vollständiger auszudrücken, wer er ist. Jeder von uns geht seinen einzigartigen Pfad durch die Wildnis. In unserer Verschiedenheit liegt etwas Bedeutungsvolles. Ohne unerforschtes Land, terra incognita, würde der Lebensprozeß viel von seiner Vitalität und Bedeutung verlieren. Das innere Abenteuerleben findet Lebendigkeit an den Grenzen von Entdeckung und Wachstum. Der Sinn des Lebens ist zu wachsen. Die meisten von uns müssen daran arbeiten.

Ein Mann mittleren Alters, der einen unserer Workshops besuchte, hat einige Jahre damit zugebracht, den Übergang von der Entlassung als Personalchef in einem privaten Unternehmen zum Lehrer an einer kleinen aufgeschlossenen Kunstschule zu schaffen. In dieser Zeit durchlief er unterschiedliche Stadien – arbeiten in einer höheren Position,

Annahme eines Halbtagsjobs, Vereinfachung seiner täglichen finanziellen Bedürfnisse.

In diesem Workshop sprach er über seine Zukunft. Er hatte Tränen in den Augen als er sagte: „Wenn manchen Menschen bewußt wird, daß sie bald sterben werden, sagen sie, 'Oh, verdammt!' Ich werde keiner von ihnen sein. Ich gehe das Risiko ein, nun die zweite Hälfte meines Lebens zu gestalten. Ich habe es endlich kapiert – es gibt einen Unterschied zwischen Erfolg und Erfüllung. Ich hatte Erfolg, aber ich war nicht erfüllt. Vielleicht ist Erfolg, das zu bekommen, was man will. Erfüllung jedoch ist, das zu wollen, was man bekommt!"

Das Gefühl, das dieser Mann hatte – das Gefühl, sein inneres Zentrum zu verlieren –, ist jedem vertraut, der mit den Anforderungen von äußerem Erfolg fertig werden mußte, während er versuchte, innere Werte und Bedürfnisse zu befriedigen. Denen, die es dennoch versuchen, kann Kierkegaard vielleicht Trost bieten: „Zu wagen, verursacht Angst; nicht zu wagen, bedeutet sich selbst verlieren."

Den Forscher in uns würdigen

Dick gibt zu, daß „das Leben des inneren Abenteuers in mir immer wieder geweckt wird, wenn ich Afrika besuche. Afrika hilft mir, alle Aspekte meines Lebens zu verstehen und zu verbinden. Es bringt mich dazu, die Augen zu öffnen und zu sehen, wie ich hineinpasse. Ich bin ich selbst."

Jede Kultur würdigt in ein oder der anderen Form den Forscher, der das Wagnis eingeht, der die Welt erlebt, dem Unbekannten entgegentritt und mit den Geschichten seiner Erlebnisse zurückkehrt, um die Gemeinschaft zu bereichern. In der Lebensmitte gewinnt der Entdeckungsprozeß, der oft als Visionssuche bezeichnet wird, eine neue Bedeutung, da er uns zu einem Verständnis unserer Berufung führt.

Das innere Abenteuerleben ist ein Leben ständigen Umpackens. Das innere Abenteuer zu leben (inventuring) bedeutet, daß wir bereit sind, eine Vielzahl von Arbeitsmöglichkeiten auszuprobieren, um eine Vision zu entwickeln, die unsere wirkliche Berufung widerspiegelt. Dies ist kein intellektueller Kopftrip noch eine spirituelle Pilgerreise, nur um ihrer selbst willen. Es bedeutet nicht, sich bei jeder neuen Philosophie, die gerade in Mode ist, einzuklinken. Es ist vielmehr ein Ergebnis von Übung – regelmäßiger, täglicher Übung. Diese Übung kann darin bestehen, daß man sich in der Natur aufhält, meditiert, betet, Musik macht, zeichnet, reist oder einfach Zeit allein verbringt. Dies sind alles Wege, um uns unserer wirklichen Berufung zu öffnen. Durch diese Übung verwirklichen wir letztendlich einen ganz anderen Grad von Lebendigkeit. Wir beginnen, unsere Berufung zu fühlen.

Oliver Wendell Holmes sagte: „Die meisten Menschen steigen ins Grab und tragen ihre Musik immer noch in sich." Viele Menschen steigen nach einem langen Berufsleben ins Grab, ohne jemals herausgefunden zu haben, was sie sein wollten, wenn sie groß sind.

Was möchten Sie sein, wenn Sie groß sind?

John Williamson, ein Harvard-Absolvent, war ein eloquenter Verfechter des lebenslangen Lernens und neuer Unterrichtsmethoden. Als leitender Angestellter der Wilson Learning Corporation legte er sich mit führenden Köpfen bezüglich Veränderung und Führung an. Dick erinnert sich an John:

———◆———

Ich kannte ihn als Freund, als Kollegen und in seinen letzten 18 Monaten als Klienten. Er kämpfte mutig gegen seine Krebserkrankung an, während er sich gleichzeitig seine Zukunft ausmalte. In dieser Zeit kamen mir oft Szenen in den

Kopf, wie er auf einer Rucksacktour mit den Massai in Afrika kommunizierte, so neugierig, so lebendig.

Einen Tag vor seinem Tod sprach er über sein bevorstehendes Verschwinden. Ich saß an seinem Bett und hielt seine Hand. Er lachte und weinte ungehemmt, als er über unsere gemeinsame Arbeit sprach.

Während er aus dem Fenster starrte und versuchte, mit dem einen, noch guten Auge etwas zu sehen, sagte er zu mir: ‚Ich dachte immer, Gott hätte einen Plan für mich, etwas Besonderes in diesem Leben zu tun, aber ich fand nie wirklich heraus, was es war. Ich habe das Gefühl, als ob ich niemals wirklich herausgefunden habe, wer ich sein wollte, wenn ich groß bin.'

Diese Erklärung traf mich zutiefst. Wir weinten zusammen, als er mich zu meiner Arbeit ermutigte. „Bring' sie dazu, es anders zu machen", sagte er, „und laß' nicht locker."

Am nächsten Tag starb er.

———◆———

Johns Worte sind eine Mahnung an uns alle, daß vor allem anderen das antreibende Bedürfnis für jeden von uns ist, „es anders zu machen", überzeugt zu sein, daß unser Leben gezählt hat.

In unseren Workshops sagen wir oft: „Niemand sagte auf seinem Totenbett jemals, daß er gewünscht hätte, mehr Zeit im Büro verbracht zu haben." Im Zusammenhang mit Johns Tod ist diese Aussage noch eindringlicher und zutreffender als jemals zuvor.

Indem wir unsere Berufung finden, egal, worin diese bestehen mag, leisten wir unseren Beitrag, gleichgültig ob groß oder klein, zu unserer Zeit. Wir entdecken und erwecken für uns zum Leben, was John als „Gottes Plan" bezeichnet hat.

Wenn Sie offenbleiben für die Möglichkeiten, die das Leben bietet, sind wir sicher, daß Sie letztendlich Ihre Berufung finden werden. Wenn Sie dann die Flexibilität entwickeln, umzupacken für neue innere Abenteuer, dann werden Sie sicher auch in der Lage sein, Ihrer Berufung zu folgen.

Postkarten-Übung

„Was möchten Sie sein, wenn Sie groß sind?"

Viele von uns verbringen die meiste Zeit ihres Arbeitslebens damit, so zu werden, wie man es von ihnen erwartet. Hier ist eine Möglichkeit für Sie, einen Dialog zu gestalten um die Frage, was Sie wirklich sein wollen.

1. Stellen Sie sich vor, daß Sie eben erst ins Berufsleben starten (und raten Sie mal, was Sie sind!). Versetzen Sie sich in die Lage, entscheiden zu können, was Sie sein wollen. Was wäre das? Wenn Sie alles tun könnten, wie würden Sie Ihren Lebensunterhalt verdienen? Erstellen Sie auf der Vorderseite der Postkarte ein Bild dieser Arbeit.
2. Auf der Rückseite der Karte beschreiben Sie drei Dinge, die Sie tun müßten, damit diese Arbeit Realität würde. Welche Ausbildung bräuchten Sie? Wo müßten Sie hinziehen? Von wem bräuchten Sie Unterstützung?
3. Schicken Sie Ihre Postkarte an einen Dialog-Partner. Treffen Sie sich, um zu diskutieren, wie aus diesem Traum Wirklichkeit werden kann.

Wie kann ich meine Arbeitslast erleichtern?

Wenn du nicht frei sein kannst, sei so frei, wie du kannst.
Emerson

Arbeit funktioniert nicht mehr

Für viele Menschen funktioniert die Arbeit heutzutage nicht mehr. Arbeit und die Art und Weise, wie diese wahrgenommen wird, durchläuft eine größere Umstrukturierung nach der anderen. Angestellte aller Hierarchieebenen in großen sowie kleinen Organisationen wissen nicht mehr, wo sie hingehören oder ob sie überhaupt noch dazugehören.

Natürlich hatten die Menschen schon immer berufsbezogene Probleme. Aber heutzutage sind diese konzentrierter als jemals zuvor.

Arbeiter und Angestellte, die entsprechend der Firmengeschichte ihrer Organisation angenommen hatten, daß diese sich „schon um sie kümmern würde", sind wie gelähmt, wenn Arbeitsrealitäten auftreten, die ihnen den Job kosten und ihr Leben auf den Kopf stellen. Sehr viel mehr Menschen – unsicher über die Pläne des Unternehmens, in der Angst vor Entlassung und globalem Wettbewerb, argwöhnisch gegenüber einer unbeständigen Wirtschaftslage und einer ungewissen Zukunft – sind gezwungen, ihr Arbeitsgepäck umzupacken.

Häufig bekommen wir von Gesprächspartnern zu hören, daß ihre Arbeit, die sie geliebt hätten, zur Schinderei geworden sei oder daß sie aufgrund von Entlassungen doppelt soviel zu tun hätten wie zuvor, aber nur halb so viel Freude daran fänden. Sie sagen, daß sie ständig müde und frustriert seien und die Nase voll hätten, sich jedoch nur ungern darüber beschweren würden (gegenüber jemand anderem in ihrer Organisation), weil sie sich in diesen Tagen bereits glücklich schätzten, überhaupt einen Job zu haben. Weiter erzählen sie uns, daß sie sicher seien, daß es noch etwas anderes gäbe, was sie mit ihren Talenten machen könnten. Aber was? Der „perfekte Job" ist irgendwo da draußen, doch sie wissen nicht, wie er aussieht oder wie sie ihn finden können. Sie fühlen sich in dem Job, den sie haben, gefangen und sitzen fest, wenn es darum geht, sich irgendwo anders umzusehen.

Wir haben eine Antwort für sie. Sie beginnt und endet mit einer Überprüfung dieses geheimnisvollen „perfekten Jobs".

Der perfekte Job?

Viele Menschen haben sich mit einer Arbeit abgefunden, die sie, gelinde gesagt, Tag für Tag, Monat für Monat, Jahr für Jahr unglücklich macht. Wenn sie die Frustration an sich nagen oder den Burnout fühlen, versuchen sie, ihre Angst zu begraben. Sie suchen nach Vernunftgründen: „Hey, zumindest verdiene ich meinen Lebensunterhalt damit! Was kann man heutzutage noch mehr verlangen?" Die Botschaft ist, daß Schinderei tolerierbar ist – so lange sie sich auszahlt.

Unsere Antwort für diese Leute ist wahrscheinlich genau das, was sie *nicht* hören wollen. Erstens, wir glauben, daß alles Geld auf der Welt keine Schinderei tolerierbar macht. Und zweitens, wir sind davon überzeugt, daß Sie sich nicht mit weniger als der Hälfte Ihrer Träume begnügen müssen. Es ist durchaus möglich, die Arbeit zu finden, die Sie wirklich wollen. Dieses Glück ist nicht nur für ein paar wenige reserviert.

Jeder weiß, was der „perfekte Job" ist. Sie erhalten Riesensummen dafür, daß Sie in einem tollen Büro arbeiten, ganz für sich allein, mit uneingeschränkten Reisemöglichkeiten zu wunderschönen Orten und mit sehr viel Freizeit – und niemand schreibt Ihnen vor, was Sie zu tun oder zu lassen haben.

Die Wahrheit ist jedoch, daß diese Art von perfektem Job nicht existiert. Nicht, wenn Sie den „perfekten Job" so definieren, wie es die meisten Menschen tun – als etwas, bei dem es keine Schattenseiten, kein „Latrinenputzen" gibt.

Jede Arbeit hat ihre guten und ihre schlechten Seiten. Es ist schwer, sich irgendeine Tätigkeit vorzustellen, die wirklich die ganze Zeit nur Vergnügen bereitet. Selbst Sportgrößen und Filmstars haben ihre schlechten Tage.

Der „perfekte Job" dreht sich somit eigentlich nicht ums Vergnügen, sondern er spiegelt perfekt die Person, die ihn innehat. Menschen finden, erfinden oder schaffen diese Jobs. Sie machen es, indem sie einen Prozeß durcharbeiten – einen erstaunlich einfachen. Es ist ein Prozeß, der das, was sie sind, mit dem verbindet, was sie tun. Der Prozeß beinhaltet, daß Sie sich Klarheit über Ihre Talente, Leidenschaften und Werte verschaffen, indem Sie in sich selbst hineinblicken. Dabei werden sie entdecken, was Sie am besten können, was Sie interessiert und wo sie ein Arbeitsumfeld finden, das das unterstützt, woran Ihnen am meisten liegt. Diese drei Faktoren verbinden Sie dann, um ein klares Bild der Arbeit zu entwickeln, die das, was Sie sind, verbindet mit dem, was Sie tun.

Wenn wir mit Menschen reden, denen ihre Arbeit Energie verleiht, die wirklich Freude daran haben, können wir feststellen, daß diese keineswegs in „perfekten Jobs" arbeiten, aber sie sind in Situationen, die sie frei gewählt haben. Ob und wann sie ihre berufliche Richtung ändern oder sich zurückziehen, ist schließlich wieder selbstbestimmt. Viele schaffen eine Kombination von Dingen, wenn sie nach einer Lebensqualität streben, die beinhaltet, was Robert Fulghum in *Alles, was Du wirklich wissen mußt, hast Du schon als Kind gelernt* beschreibt: „Ein bißchen lernen und ein bißchen denken und ein bißchen zeichnen und ein bißchen malen und singen und tanzen und spielen und arbeiten, jeden Tag ein bißchen."

Der perfekte Job ist kein Lebensstandard. Es ist ein Geistes- und Seinszustand. Im perfekten Job setzen Sie die Talente, die Ihnen am meisten Freude machen, für ein leidenschaftliches Interesse ein – in einem Umfeld, das zu dem paßt, der Sie sind und was Sie wertschätzen.

Menschen mit sinnerfüllten Lebensstilen

Wir lassen uns von Geschichten von Menschen inspirieren, die anscheinend den perfekten Job haben, deren Talente, Leidenschaften und Werte in einer Linie sind und die regelmäßig ein starkes Gefühl persönlicher Erfüllung empfinden. Wir haben festgestellt, daß sich gemeinsame Fäden durch deren Erzählungen ziehen, und haben diese „sinnerfüllte Lebensstile" genannt.

Hier sind einige dieser gemeinsamen Fäden, die wir in den Geschichten dieser Menschen entdecken konnten:

- Sie haben ein Ziel, das größer ist als die Befriedigung ihrer eigenen Bedürfnisse, Wünsche und Sehnsüchte, ein Gespür dafür, wie ihr Leben und ihre Arbeit sich in den großen Plan der Dinge einfügen.
- Sie haben einen inneren Kompaß, der sie „getreu" ihrem Lebensziel auf Richtung hält.
- Sie haben klare Grenzen für ihre zwei wertvollsten Währungen: Zeit und Geld.
- Sie haben ein Gespür für ihre potentiellen Talente, deren Grenzen sie noch nicht voll erprobt haben.
- Sie zeigen eine bemerkenswerte Anpassungsfähigkeit, wenn sie mit Hindernissen konfrontiert werden, sie hand-

haben diese wie einen selbstverständlichen Bestandteil des Lebens.
- Ihre überschäumende Energie ist ansteckend. Sie schenkt ihnen und den Menschen um sie herum noch mehr Energie.
- Sie haben einen starken spirituellen Kern – ein Gefühl, daß es in ihrem Leben eine höhere Kraft gibt.
- Sie haben ein Gefühl von Leichtigkeit – ein Gefühl, von den Lasten, die sie tragen, nicht belastet zu sein.

Wie können Sie einen sinnerfüllten Lebensstil leben?

Angesichts der Unberechenbarkeit der Wirtschaftslage in der heutigen Zeit können sich nur wenige von uns den Luxus leisten, ihren Job aufzugeben. Trotzdem sind entsprechend dem *Yankelovich Monitor*, einem Jahresüberblick über die Wertvorstellungen der Verbraucher, Amerikaner bereiter als jemals zuvor, einen Berufswechsel zu machen oder Einbußen bei der Bezahlung im Austausch für eine sinnvollere Arbeit in Kauf zu nehmen.

Warum also tun dies nicht mehr von uns? Ist es uns möglich, einen „sinnerfüllten Lebensstil" zu schaffen? Natürlich. Aber dies erfordert Veränderungen, und Veränderungen geschehen gewöhnlicherweise nur aus einem von zwei Gründen. Entweder stecken wir in einer Krise, oder wir erkennen, daß ein anderer Lebensweg uns mehr Erfüllung bietet als der augenblickliche.

Wir alle haben ein tiefes Bedürfnis, einer sinnvollen Beschäftigung nachzugehen und bei unserer Arbeit auch Wertschätzung zu erfahren. Gewissermaßen läßt sich daran der wirkliche Wert der Arbeit messen, eher als am Geld. In *Small is Beautiful* behauptet *E.F. Schumacher*, daß die Arbeit drei wesentliche Funktionen hat: „Menschen die Chance zu geben, ihre Fähigkeiten zu nutzen und zu entwickeln;

ihnen zu ermöglichen, ihre Egozentrik zu überwinden, indem sie mit anderen an einer gemeinsamen Aufgabe mitwirken; und die Güter und Dienstleistungen hervorzubringen, die für eine menschenwürdige Existenz notwendig sind."

Wir müssen nach Möglichkeiten suchen, um diese drei Faktoren in unserer Arbeit zu erfüllen. Die meisten schaffen es recht gut, den dritten Punkt zu bewerkstelligen, wir sind fleißig dabei, Güter und Dienstleistungen hervorzubringen. Aber die meisten von uns können Besseres leisten, wenn es darum geht, zu kooperieren und an einer gemeinsamen Aufgabe mitzuwirken. Wenn wir dies tun, erhalten wir damit wiederum eine der besten Möglichkeiten, um unsere Talente zu entwickeln und zu nutzen.

Wir hören oft von „Entwicklungshelfern", inspirierenden Menschen, die sinnerfüllte Lebensstile gestalten oder entwickeln; Menschen, deren Leben sich um ihre Talente, Passionen und Werte zentriert; Menschen, die, wie George Bernhard Shaw sagte, „von Dingen träumen, die es nie gab und fragen 'Warum nicht?'"

Als wir dieses Buch planten, verschickten wir einen Fragebogen an Freunde und Geschäftskollegen, in dem wir sie um Geschichten von „Entwicklungshelfern" baten – Menschen, die keine Angst davor hatten, zu fragen „Warum nicht?" Wir freuten uns über die Qualität der Antworten, von denen wir einige in den folgenden Abschnitt aufgenommen haben.

Die „Entwicklungshelfer"

Hier folgen nun einige Geschichten von Menschen, die „sinnerfüllte Lebensstile" entdeckt haben.

- Glen Bobo, Marketingberater in einer Versicherung, spricht über Leif Bisbjerg, einen Freund aus Dänemark und hochtalentierten Zimmermann und Bauhandwerker:

„Leif könnte ein höchst erfolgreicher Geschäftsmann sein, aber er hat seit 20 Jahren sein Leben den anderen gewidmet, als Sozialarbeiter. Mit Lebensfreude und Sinn für Humor haben er und seine Frau in einem dänischen Auslandshilfeprogramm in Kenia mitgearbeitet, wo sie in den letzten fünf Jahren ein polytechnisches Jugendzentrum aufgebaut und geleitet haben. Ich würde ihm gerne nacheifern in seinem Lebenshunger und seiner Wahl des Lebensweges, der sich finanziell zwar weniger auszahlt, aber dafür sinnerfüllt ist."

- Linda DeWolf, Angestellte in einem Krankenhaus, nennt Ivor, einen 85jährigen Künstler, mit dem sie schon seit über 20 Jahren befreundet ist: „Er inspiriert mich durch seinen aktiven, stetig wachsenden Geist, der immer bereit ist, etwas Neues dazuzulernen. Er ist ein Abenteurer auf einer spirituellen Reise. Was mich wirklich beeindruckt, ist seine positive Lebenseinstellung und seine Fähigkeit, auch über sich selbst lachen zu können."
- Tom Thiss, Autor und Streß-Management-Experte, sagt: „Ruth Stricker, Gründerin von The Marsh, einem Gleichgewichts- und Fitneßcenter, das eine Erweiterung ihrer Bemühungen ist, sich selbst von ihrem 20jährigen Kampf gegen Lupus zu heilen, wird zur First Lady der Geist-Körper-Integration. Ich bewundere Ruth für ihre unnachgiebige Suche nach alternativen holistischen Heilmethoden und dafür, daß sie anderen zugänglich macht, was ihr geholfen hat."
- Sally LeClaire, Lehrerin und Umweltschützerin, nominiert den mit Ehren ausgezeichneten Football-Spieler Alan Page, inzwischen Richter am Obersten Bundesgericht und Gründer der Page Education Foundation. Sally sagt: „Ich habe große Achtung vor seinen Werten und der Art und Weise, wie er ein gesundes Vorbild für die Jugend aller Hautfarben geworden ist sowie für alle Jugendlichen, die sich um Bildung bemühen. Er lebt seine Vision, ein Mentor für andere zu sein. Indem er geworden ist, was er sich erträumt hat zu werden, ist er ein erfolgreiches Vorbild."

- Fred Kiel, leitender Entwicklungsberater auf internationaler Ebene, betrachtet den Farmer und Schriftsteller Wendel Berry als jemanden, der ein sinnerfülltes Leben führt: „Ich habe diesen Mann nie getroffen, aber mehr als die Hälfte seiner Bücher gelesen, und diese reflektieren seinen Lebenssinn. Ich würde seinem Lebensstil gerne nacheifern; ich glaube, daß er einfach lebt – auf einer kleinen Farm in Kentucky – und einen Großteil seiner Nahrung selbst anbaut, zugleich schreibt er eindringliche und bewegende Essays und Romane, die sich um das uns allen gemeinsame Gut drehen: unser Umgang mit uns selbst, den anderen und dem Land."
- Gloria Jennings, Personalentwicklerin, führt Marian Wright Edelman an, Gründerin des Children's Defense Fund: „Sie ist eine leidenschaftliche Anwältin für die Kinder in diesem Land. Sie hat hart gearbeitet, um die Ausbildung und die Papiere zu bekommen, um das zu tun, was es ihrem Gefühl nach wert ist, ihre Zeit damit zu verbringen. Edelman ist eine wunderschöne Frau, deren Ziel nicht egozentrisch ist, sondern unser aller Leben durch unsere Kinder bereichern wird."
- Larry Christie, Versicherungsagent, nennt seine Frau Jean, Gründerin und Leiterin des Southside Family Nurturing Center, das größte Zentrum für mißbrauchte Kinder im Vorschulalter in Minnesota. Larry sagt: „Wenn ich jeden Tag dem Elend ins Gesicht blicken würde, wie dies Jean tut, und immer noch diese optimistische Einstellung bewahren könnte, wie sie es tut, dann wüßte ich, daß ich zu einer wirklich reifen Person herangewachsen wäre."
- Rollie Larson, pensionierter Eheberater und Autor, nennt ebenfalls seine Frau Doris: „Wir sind seit 46 Jahren verheiratet, und ich bin nach wie vor von ihr fasziniert. Sie läßt alles stehen und liegen, um über ein Problem zu reden, das jemand anderer haben könnte, und sie hört konzentriert mit ihrem Herzen zu. Ich kenne sonst kaum jemanden mit so wenig Ego-Bedürfnissen. Sie führt ein tief geistiges Leben und hat einen starken Glauben, jedoch ist

sie bei nichts dogmatisch. Sie lebt meist mit sich selbst in Frieden und ist der vollkommenste Mensch, den ich je kennengelernt habe."
- Nancy Cosgriff, ehemalige Bankangestellte, nun Beraterin von Führungskräften, schlägt Gloria Steinem, Autorin, aktive Feministin und Sprecherin, als eine ganze und integrierte Persönlichkeit vor, die ausspricht, was sie glaubt und empfindet: „Sie scheint furchtlos und zielstrebig in ihrem Anliegen, den Status der Frauen zu ändern. Sie ist brillant, wortgewandt und schreibt gut, und obwohl umstritten, wird sie respektiert. Außerdem ist sie geistreich und humorvoll."
- Bernie Saunders, Autor und Lernberater, nennt John Holt, Autor und Pädagoge, der sein persönliches und berufliches Leben der Förderung des lebenslangen Lernens gewidmet hat: „Nach Wegen zu suchen, um das Lernen zugänglicher und fruchtbarer zu machen, ist seine Leidenschaft. Er ist bereit, mit Intelligenz und Einfühlungsvermögen den Status quo des Lernens und der Pädagogik in Frage zu stellen. Irgendwie versteht er den natürlichen alltäglichen Genius, der jeden Menschen umgibt."
- Richard „Rocky" Kimball, Erziehungspsychologe und Experte für Lernen durch Erfahrung, wählte Sandy Sanborn, Gründer des Nature Place in der Nähe von Florissant, Colorado: „Für mehr als 50 Jahre war Sandy ein Pionier und Führer in der Umwelterziehungsbewegung (bevor der Begriff überhaupt existierte). Er glaubt fest daran, daß die natürlichen Schätze des Planeten geschützt werden müssen. Er besitzt immer noch die alltägliche Fähigkeit, Ehrfurcht und Freude zu empfinden, wenn er sieht, wie ein Kind etwas lernt, wenn er einen Falken rufen hört, eine Versteinerung untersucht und einen Witz erzählt. In seiner Gegenwart fühlt man, daß einem ein ganzheitliches Leben gegenübersteht."

Einen sinnerfüllten Lebensstil wählen

Was ist Ihr Lebenssinn?
Bevor wir einen sinnerfüllten Lebensstil wählen können, müssen wir zuerst wissen, was wir wollen. Anders ausgedrückt, wenn wir nicht wissen, was wir wollen, wie können wir dann wissen, ob wir es bekommen haben? Aber noch vor dem Wissen, *was* wir wollen, steht die Frage, *warum* wir es wollen. Wissen, warum wir etwas wollen, bedeutet, etwas mehr über unseren Lebenssinn zu erfahren.

Was also ist der „Sinn"? Der Sinn ist Ihr Grund für das Dasein, Ihre Antwort auf die Frage: „Warum stehe ich morgens auf?" Es ist der spirituelle Kern, der uns hilft, die Lebendigkeit in all unseren täglichen Erfahrungen zu finden. Trotzdem ist für die meisten von uns der Sinnaspekt die am schwierigsten zu verstehende Komponente unseres Lebens, weil sie nicht gemessen werden kann und nur schwer zu erkennen ist.

Ein Sinn ist kein Ziel. Ein Ziel ist etwas, das man erreichen kann. Der Sinn wird nie erreicht. Er existiert vor Ihnen und lebt weiter, wenn Sie nicht mehr da sind. Der Sinn ist eine Richtung – wie zum Beispiel Westen. Egal, wie weit Sie nach Westen gehen, es gibt immer noch mehr Westen zu bereisen, und wie eine Richtung hilft Ihnen der Sinn zu wählen, wohin Sie auf Ihrer Route gehen. Der Sinn ist Ihr Leitstern, Ihr persönlicher Kompaß für die Wahrheit. Er sagt Ihnen zu jedem Zeitpunkt, ob Sie Ihr Leben „zielbewußt" leben oder nicht.

Sie nutzen Ihren Sinn, um Ihren Lebensweg festzulegen. Es ist die Lebensqualität, um die Sie sich selbst zentrieren. Ohne ein klares Sinnbewußtsein sind Sie auf die Gnade des wackligen Terrains der äußeren Welt angewiesen. Es ist, als wären Sie auf einem Schiff ohne Ruder irgendwo mitten auf dem Ozean – Sie sind verloren und haben keine Kontrolle. Einen Sinn zu haben, ermöglicht es Ihnen hingegen, Ihre Richtung wiederzufinden und dann Ihren Weg in diese Richtung zu lenken. Dies macht die Fahrt durch die großen

Lebensübergänge (von den kleineren Überraschungen ganz zu schweigen) wesentlich einfacher.

Ihren Lebenssinn entdecken

Ihr Lebenssinn ist nicht etwas, das Sie erfinden müssen, es ist etwas, das Sie entdecken. Ob er Ihnen bewußt ist oder nicht – er existiert bereits. Wenn Sie ihn jedoch benennen, werden Sie wissen, daß Sie es schon immer „gewußt" haben.

Oft ist eine Krise notwendig, damit Menschen ihren Lebenssinn entdecken (oder wiederentdecken). Hier sind einige Fragen, die Sie auf diese Entdeckungsreise – ohne die Notwendigkeit einer Krise – führen können. Nicht nur, daß dies vermutlich ein effektiverer Weg ist, Ihren Sinn zu entdecken, es ist auch sehr wahrscheinlich, daß der Prozeß auf diese Weise etwas schmerzloser vonstatten geht.

Die Fragen ergeben eine Formel, um Ihre Energie für das, was Ihnen am wichtigsten ist, zu revitalisieren. Wir glauben, daß es Ihnen auf diese Weise leichter fallen wird, Wahlen zu treffen, die Ihnen Ihre Last auf dem Wege erleichtern.

Aber seien Sie geduldig. Die Entdeckung des Sinns kann einige Zeit dauern. Wenn Sie jedoch beginnen, „ihn zu fühlen", werden Sie wissen, daß sich das Warten gelohnt hat.

1. *Was sind Ihre Talente?*
   Nennen Sie alle – dies ist nicht der Zeitpunkt für Bescheidenheit. Dann wählen Sie die drei Ihnen am wichtigsten erscheinenden aus und schreiben sie auf. Beschränken Sie sich bei jedem auf ein oder zwei Worte. „Lieben, sich sozial engagieren, lehren, zuhören, gestalten etc." Wenn Sie sich blockiert fühlen, bitten Sie einen Dialog-Partner um Vorschläge.

Dicks Beispiel: „Meine drei wichtigsten Talente sind: meine Fähigkeit zuzuhören, meine Kreativität und deutliches Sprechen."

Daves Beispiel: „Meine drei wichtigsten Talente sind: mein Sinn für Humor, mein Optimismus und mein Einfallsreichtum."

2. *Was sind Ihre Leidenschaften?*
Welches sind die Dinge, nach denen Sie verrückt sind, denen Sie in Ihren Tagträumen nachhängen, für die Sie gerne mehr Zeit hätten, um Energie hineinzulegen? Was muß in der Welt getan werden, wofür Sie gerne Ihre Talente einsetzen würden? Welches sind die Hauptbereiche, in die Sie gerne Ihre Talente investieren würden?

Dicks Beispiel: „Meine Leidenschaft oder mein Fokus liegt auf der Erwachsenenbildung und darin, Menschen zu helfen, ihren Lebenssinn zu entdecken."

Daves Beispiel: „Meine Leidenschaft ist es, Menschen zu helfen, effektiver zu kommunizieren und damit das Verständnis der einzelnen wie auch der Gemeinschaften füreinander zu fördern."

3. *Welche Umgebung fühlt sich für Sie am natürlichsten an? In welchen Arbeits- und Lebenssituationen drücken Sie am liebsten Ihre Talente aus?*
Dicks Beispiel: „Ich drücke meine Talente und mein Interesse am häufigsten in zwanglosen Lernsituationen aus (z.B. Workshops) oder beim Reisen durch Naturlandschaften mit anderen Leuten."

Daves Beispiel: „Ich drücke meine Talente am häufigsten in Einzelbegegnungen aus, entweder mit einer anderen Person oder mit mir selbst."

4. Nun nehmen Sie Ihre Antworten zu den Fragen 1, 2 und 3 und verbinden, was Ihrer Meinung nach die wichtigsten Elemente von jedem sind, um einen vollständigen Satz daraus zu machen. Verwenden Sie das folgende Beispiel von Dick als Leitfaden:

„Mein Lebenssinn ist ..."
(Antwort auf Frage 1):
„... meine Fähigkeit zuzuhören, meine Kreativität und meine deutliche Sprache einzusetzen ..."
(Antwort auf Frage 2):
„... um Menschen zu helfen, ihren Lebenssinn zu finden ..."
(Antwort auf Frage 3):
„... in einer natürlichen Umgebung ..."
Dick sagt: „Über die Jahre hat sich mein Lebenssinn zu einer einfachen Aussage entwickelt, die mich antreibt: 'Menschen zu helfen, ihr innerstes Wesen zu entdecken und auszudrücken.'"

Es ist wichtig, daß Sie Ihre Sinnaussage im Präsens formulieren, um sicherzugehen, daß sie immer aktuell ist. Sie werden wahrscheinlich feststellen, daß Sie auf vielerlei Weise Ihren Sinn bereits leben. Die Wahlen, die Sie Ihr Leben hindurch getroffen haben, haben diesen unterstützt. Es hilft jedoch, vor allem während Lebensveränderungen, Ihre Sinnaussage klar im Kopf zu haben. Auf diese Weise macht der Streß mehr Sinn, und es fällt Ihnen leichter, die Veränderungen mit neuen Einsichten und gesunden Entscheidungen zu verbinden.

Eine letzte Bemerkung: Vielleicht stellen Sie fest, daß Sie mehr als nur einen Lebenssinn verfolgen – mehrere Anliegen haben, die Ihnen sehr wichtig sind. Wenn Sie mit Ihren Fragen fortfahren, werden Sie schließlich einen gemeinsamen Faden finden, der diese verbindet. Deshalb wiederholen Sie die oben aufgeführten Fragen, so oft Sie sich Klarheit über den Sie antreibenden Lebenssinn verschaffen wollen.

Eine Formel für einen sinnerfüllten Lebensstil

> (Talente + Leidenschaften + Umgebung) x Vision =
> **sinnerfüllter Lebensstil**

Ein „sinnerfüllter Lebensstil" ist die Summe aus:

Ihren Talenten
- Fähigkeiten, die auszudrücken Ihnen wirklich Freude macht;
- Fertigkeiten, die Sie natürlich, mühelos und spontan beherrschen;
- Fertigkeiten, die Sie sich nicht erinnern können, gelernt zu haben, weil Sie sie ohne Mühe schon so lange ausführen.

Ihrer Leidenschaft
- Probleme in der Welt, bei denen Sie wirklich das Gefühl haben, daß diese gelöst werden müssen;
- Aufgaben, bei denen Sie sich wünschten, stärker involviert zu sein;
- Bereiche, von denen Sie besessen sind oder über die Sie gern mehr lernen möchten;
- Aktivitäten, die starkes und beständiges Interesse widerspiegeln.

Ihrer bevorzugten Umgebung
- Die ideale Arbeitsumgebung, die es Ihnen am einfachsten machen würde oder in der Sie sich am wohlsten fühlen würden, um Ihre wahren Talente und Leidenschaften auszudrücken;
- Bevorzugter Ort und Stil (die meisten Menschen werden eingestellt, gefeuert, befördert, zurückgestuft oder finden Zufriedenheit auf der Basis ihrer Fähigkeit, sich auf ihre Umgebung einzustellen).

Ihrer Vision
- Wie sehen Sie sich selbst dies alles zusammenfügen?
- Wie sieht Ihr Bild von der erhofften Zukunft aus, und wie bringt Sie das, was Sie jetzt tun, dorthin?
- Wie sieht „erfolgreich sein" im nächsten Jahr oder darüber hinaus aus?

Lebensstil ist eine idealisierte Vision davon, wie wir uns selbst leben und arbeiten sehen. Ein sinnerfüllter Lebensstil spiegelt eine gewaltige Integration von dem wider, wer wir sind und was wir tun. Er trifft Ghandis Ermahnung, „seine eigene Botschaft zu sein". Dies trifft auf Menschen zu, die mit Absicht so sind wie das, was sie tun, und so wie der Ort, wo sie es tun. Ihr Lebensstil paßt zu ihrem idealisierten Selbstbild oder ihrer Vision von sich selbst. Im wahrsten Sinn des Wortes, sie sind einfach, „wer sie sind".

Das Geheimnis vom Erleichtern Ihrer Last

In dem Versuch, Sinn und Balance in ihrem Leben wiederherzustellen, streben viele Menschen heutzutage nach einem harmonischen Gleichgewicht zwischen Arbeit und Freizeit, einer Verbindung zur Gemeinschaft und nach einem Lebensunterhalt, der sie zufrieden macht und gleichzeitig die Grundbedürfnisse von Gesundheit und Wohlbefinden, sowohl auf mentaler als auch physischer Ebene, erfüllt. Diese Suchenden sind bestrebt, ihre Arbeitslast zu erleichtern, um mehr Zeit mit Familie und Freunden verbringen und die einfachen Freuden des Lebens genießen zu können. Sie sprechen von Engagement in der Gemeinde, vom Praktizieren eines umgebungsfreundlichen Lebensstils. Sie fühlen das Bedürfnis, leichter zu werden und zu leben – ganz einfach, ein Leben zu haben.

In *Im Zeitstrudel* erklärt Peter Russell: „Die schwersten Bürden in diesem Leben sind nicht unsere physischen Lasten, sondern unsere mentalen. Wir werden niedergedrückt von unseren Sorgen über die Vergangenheit und unseren Befürchtungen für die Zukunft. Dies ist die Last, die wir tragen, die Müdigkeit, die von unserem ‚Zeiterfülltsein' kommt. Den Geist zu erleuchten bedeutet, ihn von dieser Last zu befreien. Ein erleuchteter Geist ist ein Geist, der nicht länger von Anhängseln niedergedrückt wird, es ist ein Geist, der frei ist."

Dante war 35 Jahre alt und von seinem Leben frustriert, als er die erste Zeile von *Das Inferno* schrieb, die vielleicht die erste Midlife-crisis in der westlichen Literatur beschreibt: „Auf der Hälfte der Lebensreise wurde ich mir bewußt, daß ich in einem dunklen Wald umherirrte, und der richtige Weg zeigte sich nirgendwo."

Wie auch immer es beschrieben wird, die Lebensmitte bleibt die Periode im Leben der Menschen, in der sie sich entscheiden, ihre Last zu erleichtern. Viele Menschen fragen sich: „Sollte ich nicht jetzt endlich jemand sein oder zumindest wissen, was ich mit dem Rest meines Lebens anfangen will?" Unsere Nachforschungen führen uns zu dem Schluß, daß es keine festen Stadien, Übergangspunkte oder vorhersagbaren Midlife-Krisen gibt – das, was mit den Menschen geschieht, ist oft das Ergebnis eines Zufalls, von persönlichen Erfahrungen, finanziellen Umständen und der historischen Periode, in der sie leben. Die Menschen bewegen sich ganz natürlich in Sinnkrisen und Erfolgsphasen hinein und wieder heraus.

Was sich jedoch bei allen einstellt, ist eine differenziertere Akzeptanz der Grenzen und Möglichkeiten des Lebens. Eines von zwei Dingen scheint in der Lebensmitte zu geschehen: Wir erreichen unseren Traum, oder wir tun es nicht. In jedem Fall haben wir ein Problem. Je früher wir akzeptieren, daß das Leben sich nicht so entwickelt, wie wir das ursprünglich geplant haben, um so wichtiger wird die Sinn-Formel. Oft ist es ein bedeutsames Ereignis im Leben – Scheidung, Krankheit, Verlust des Arbeitsplatzes, Weggehen der Kinder (oder Zurückkommen), Tod der Eltern, des Ehepartners oder von Freunden –, das eine grundlegende Änderung des Lebenssinns und der Richtung mit sich bringt. Dies kann zu jedem Zeitpunkt im Leben passieren, am häufigsten scheint dies jedoch zwischen 40 und 50 der Fall zu sein.

Der Schriftsteller und Regisseur Norman Corwin wurde mit 82 Jahren in dem wunderschönen und inspirierenden Buch *The Ageless Spirit* zitiert: „Ich erinnere mich jetzt, daß der schwerste Geburtstag, den ich je erlebt habe, mein 40. war. Er war ein großes Symbol, weil er Lebewohl, Lebewohl, Lebewohl Jugend sagte. Aber ich denke, wenn man dieses Alter durchschritten hat, dann ist es, als hätte man die Schallgrenze durchbrochen."

Manche von uns kommen bereits vor ihrem 40. Lebensjahr absichtlich aus dem Konzept. Wenn wir gefragt werden, was unser Lebenssinn ist, denken wir, von uns wird eine Antwort erwartet, die unser ganzes Leben rechtfertigt, etwas wie sich den Armen in Kalkutta widmen oder die Umweltprobleme lösen. Wenn wir jedoch aufgefordert werden, unsere Talente zu benennen oder Bereiche, zu denen wir uns wiederholt hingezogen fühlen, oder Leidenschaften oder Interessensgebiete, die uns bewegen oder uns Freude schenken, können die meisten von uns prompt antworten. Was wir nicht realisiert haben, ist, daß diese Talente und Interessen Sinnindikatoren sind – sie sind die Kompaßanzeige.

Ein sinnerfüllter Lebensstil ist nichts anderes, als diese Phasen anzuerkennen und sie einzusetzen, um unsere Zeit zu organisieren und unser Leben zu erleuchten. Eine „absichtliche Midlife-crisis" kann als Prozeß betrachtet werden, indem wir uns diese Eingeständnisse machen und diese Organisationsarbeit durchführen. Es geht nicht darum, den Kurs umzudrehen; es ist eher eine Zeit, die Karte zu prüfen, die uns dahin bringt, wo wir hin möchten.

Viele Menschen stellen fest, daß sich ihr Lebenssinn in dem Maße entfaltet, wie sich ihre Interessen und Erfahrungen im Laufe der Zeit ändern. Sie folgen vielleicht einer Sinnrichtung, bis sie diese vollkommen erforscht haben, dann konzentrieren sie sich auf etwas anderes. Neue Perspektiven zu entwickeln oder „die Weisheit, die mit dem Alter kommt" kann ebenfalls die Entdeckung eines neuen Lebenssinns mit sich bringen.

Seinen Lebensunterhalt zu verdienen ist eine Sache. Einen sinnerfüllten Lebensstil zu leben ist eine andere. Wenn Sie Ihren Lebenssinn kennen, ist es einfacher, Zeitlimits zu ziehen und wirkliche Prioritäten zu setzen. Es ist einfacher zu wissen, wohin Sie gehen und wie Sie dorthin kommen. Nicht daß es einfach wäre, seinem Sinn zu folgen. In der Tat scheint es sogar so zu sein, daß je mehr Sie Ihre Verpflichtungen und Bindungen betrachten, desto schwieriger wird es, zielbewußt zu leben.

Wie also stellen Sie es an? Fangen Sie klein an. Entscheiden Sie sich, jeden Tag Ihres Lebens an nur einer zielbewußten Priorität zu arbeiten. Indem Sie dies tun, werden Sie schließlich den „roten Faden" finden, der sich durch Ihr Leben zieht, der Weg, der dahin führt, wo Sie hingehen – Ihren persönlicher Lebenssinn.

In *Die Kraft der Mythen* bezeichnet es Joseph Campbell oft als „seiner Glückseligkeit folgen":

„Wir machen die ganze Zeit Erfahrungen, die uns gelegentlich ein Gefühl, ein bißchen Erkenntnis dafür vermitteln, wo unsere Glückseligkeit liegt. Ergreifen Sie sie. Niemand kann Ihnen sagen, was es sein wird. Sie müssen lernen, Ihre eigenen Tiefen zu erkennen."

Sind Sie bereit, Ihre eigenen Tiefen zu erkennen? Ihrer eigenen Glückseligkeit zu folgen? Sind Sie bereit, Ihren Lebenssinn zu entdecken und sich diesem zu verpflichten?

Postkarten-Übung

Sinnerfüllte Lebensstile

Versuchen Sie, sich vorzustellen, wie die Sinnformel Ihr Leben beeinflussen könnte. Nehmen Sie sich jetzt in diesem Augenblick Zeit, die Formel auszufüllen.

1. Auf die Vorderseite der Postkarte schreiben Sie den Namen oder gestalten ein Bild von jemandem, den Sie kennen und dessen „Lebensstil sinnerfüllt ist".
2. Auf der Kartenrückseite schreiben Sie kurz nieder, was Ihrer Meinung nach die Sinnaussage dieser Person ist. Verwenden Sie die Sinnformel:
   (Talente + Leidenschaften + Umgebung) x Vision,
   um Ihnen zu helfen, diese zu beschreiben.
3. Senden Sie die Postkarte an die Person, die Sie benannt haben. Wenn möglich, sollten Sie sich mit diesem Menschen treffen, um mehr über ihren oder seinen Sinn zu erfahren.

Beziehungsgepäck

Mit wem möchte ich reisen?

*Ich habe nie einen Weggesellen gefunden,
der so gesellig war wie die Einsamkeit.*
Thoreau

Zusammen reisen

Eine der Herausforderungen auf dem Weg zu einer langanhaltenden Beziehung mit jemandem ist es, den „Reisetest" zu machen. Sagen wir einmal, Sie sind mit jemandem schon eine Weile befreundet und an dem Punkt angekommen, wo Sie zusammen eine Reise machen möchten. Wenn Sie über das Erlebnis anschließend mit Ihrem besten Freund reden, sagen Sie vielleicht eines von zwei Dingen:

Entweder: „Es war großartig, Gott sei Dank. Zumindest können wir zusammen reisen."

Oder: „Es war ein Alptraum. Es ist vorbei. Wir können nicht einmal zusammen reisen."

Zusammen zu reisen, ist eine großartige Möglichkeit, sich kennenzulernen – oder sich zu wünschen, man hätte dies nie getan. Kleine Fehler und Schwächen werden aufgebauscht. Einfache Entscheidungen, zum Beispiel wo man zum Essen hingeht, was man anzieht, wie man den Abend verbringt, werden zu großen Lebensentscheidungen. Wenn Sie sich durch diese Entscheidungen mit Ihrem Reisepartner durchnavigieren können, werden Sie sich einander näherfühlen, verbundener. Wenn nicht, werden Sie wahrscheinlich mit dem nächstmöglichen Flug nach Hause wollen.

Es ist dasselbe, wenn auch nicht so augenscheinlich, wenn Sie mit jemandem durchs Leben reisen. Ihre Fähigkeit, Entscheidungen zu treffen, Probleme zu lösen und im allgemeinen erfolgreich zusammen zu reisen, hat viel damit zu tun, wie angenehm die Reise für Sie ist. Glücklicherweise – oder vielleicht unglücklicherweise – haben die meisten Menschen nicht das Gefühl, daß sie ihren Reisepartner pakken schicken, wenn es Schwierigkeiten gibt. Manche haben das Gefühl, daß sie selbst eine Wanderung machen sollten, aber auch dies wird in der Regel nicht als eine freie Wahl angesehen. Viel zu häufig schleppen wir uns mit unserem Partner mühsam fort, unfähig oder nicht willens, die Dinge zu verbessern, und hoffen insgeheim, daß etwas Besseres oder jemand Besserer des Weges kommt und uns die Romanze oder das Abenteuer beschert, die wir vermissen.

Wenn der Erfolg eines Buches wie *Die Brücken am Fluß* irgendein Maßstab ist, dann sehnen sich Millionen Menschen nach einem Seelenfreund, der in ihr Leben tritt und sie emotional mitreißt. Aber wie viele von diesen Millionen sind bereit, ihre emotionalen Verankerungen abzuwerfen, um die höchsten Höhenflüge der Leidenschaft zu erleben? Wie viele sind bereit, sich einem anderen ganz zu zeigen? Wie viele sind bereit, wie wir es ausdrücken, ganz auszupacken? Offensichtlich gibt es Millionen von uns, die nach solch einer Beziehung suchen. Aber viele von uns haben zu viel Angst oder sind zu müde oder was auch immer, um andere sehen zu lassen, was sie mit sich herumtragen. Letztendlich wollen wir die überwältigende Ekstase einer einzigartigen Liebesbeziehung ohne den Schlamassel und die Qualen, die damit verbunden sind, eine solche zu schaffen. Dies ist absolut verständlich, wenn auch nicht sehr realistisch.

Die einfache, wenn auch unglaublich harte und schwer zu akzeptierende Wahrheit ist: Um eine intensive, bedeutungsvolle, ganz lebendige und aufregende Beziehung mit einem anderen Menschen zu haben, müssen wir bereit sein, unser Gepäck auszupacken. Unglücklicherweise wird kein schöner Prinz auf uns zureiten, der uns betört, und mit uns glücklich und zufrieden bis ans Ende unserer Tage leben möchte. Es werden keine reichen und schönen Models erscheinen und uns in ihr Häuschen am Strand einladen.

Um unsere Phantasien zu erleben, müssen wir sie erschaffen. Um die Art von Freundschaften und Liebesbeziehungen zu haben, von denen wir träumen, müssen wir auch der Freund und Liebhaber sein, von dem andere Leute träumen. Der erste Schritt ist somit, sich darüber klarzuwerden, wer wir in unserer Beziehung sind.

Die Wahl Ihrer Mitreisenden

Dave erzählt:

Als ich noch in der Schule war, kam ich fast jeden Tag heulend nach Hause. Es gab dort eine Gruppe von Kindern, die mich ständig schikanierte. An einem Tag schlossen sie sich zu einer Schneeballschlacht gegen mich zusammen. Am nächsten Tag klauten sie meine Hausaufgaben. Ein anderes Mal drückten sie mich auf den Boden und spuckten abwechselnd auf mich.

Schließlich fragte mich meine Mutter, warum ich denn ständig mit ihnen herumhing, wenn sie mich so unglücklich machten.

„Mama, ich muß das tun!" heulte ich. „Sie sind meine *Freunde*!"

Erst Jahre später, als ich Leute traf, die mich wirklich so mochten, wie ich war, wurde mir bewußt, daß diese Kids nicht meine Freunde waren. Aber ich habe durch sie etwas Wesentliches gelernt: Nicht *jeder ist* mein Freund. Und noch wichtiger, ich muß nicht mit Leuten zusammensein, die nicht meine Freunde sind.

Wenn Sie Ihr eigenes Leben betrachten und die Menschen, die Sie umgeben, fragen Sie sich selbst: „Wie viele davon sind meine Freunde?" Wie viele von ihnen sind, wie wir es bezeichnen, „kraftspendende Menschen"?

Kraftspendende Menschen sind die Personen in unserem Leben, die wirklich unsere Seele „füttern", die den tiefsten Teilen unseres Ichs, die genährt werden müssen, Kraft spenden. Sie sind die guten Zuhörer, die wirklich hören, was wir zu sagen haben, die unsere innersten Gedanken und Gefühle auf uns zurückspiegeln, die zuhören, ohne zu werten, deren Augen aufleuchten, wenn sie uns sehen, und deren Gegenwart auch unsere Last erleichtert.

Die kraftspendendsten Menschen sind die, die uns lieben ohne Pläne für unseren Fortschritt zu machen, und die uns erlauben, sie ebenfalls vollständig zurückzulieben. In solchen Beziehungen muß nicht das geringste Anzeichen einer sexuellen oder körperlichen Intimität vorhanden sein. Aber diese engen Beziehungen sind es, die uns ein „Ganzheits"-Gefühl vermitteln. Es sind Freunde und Familienmitglieder, bie denen wir fühlen, daß wir für eine gemeinsame Reise auf unserem Weg vorwärts durch das Leben bestimmt sind.

Die drei Reisen der Intimität

Wonach wir in unseren Beziehungen mit kraftspendenden Menschen suchen, ist ganz einfach Intimität. Als Menschen zum Ausgang des 20. Jahrhunderts haben wir einen mächtigen Hunger nach bedeutungsvollen Beziehungen mit anderen Menschen, aber gleichzeitig eine fast pathologische Unfähigkeit, diese zu schaffen. Viele von uns wissen gar nicht, was Intimität bedeutet.

Die Psychologin Marilyn Mason definiert Intimität als „miteinander verbunden und sich nah sein durch gemeinsame Kontakte bei einer Vielzahl von Aktivitäten, die informell, tief und persönlich sind." Sie sagt, daß dies ein Prozeß ist, nicht statisch, sondern aktiv und wiederkehrend. In anderen Worten, Intimität ist eine Reise.

Darauf eingehend, haben wir drei Arten von Reisen klassifiziert, die kennzeichnend sind für den Weg zu größerer Intimität mit jemand anderem. Diese müssen nicht unbedingt aufeinanderfolgen, noch müssen Sie jede Reise machen, um einen höheren Grad an Vertrautheit zu erreichen.

Wie Marilyn Mason sagt, ist Intimität ein Prozeß. Als ein solcher entwickelt sie sich unser ganzes Leben hindurch weiter. Jede der drei Reisen entwickelt sich mit uns zusammen. Sie finden es vielleicht hilfreich, sie jeweils in Betracht zu ziehen, um festzustellen, ob Sie auf dem richtigen Weg sind, zur richtigen Zeit und mit den Menschen in Ihrem Leben, die Sie wirklich gern haben – oder haben wollen. Die drei Reisen sind:

- Tagesreisen
- Wochenendreisen
- Lebensreisen

Wenn Sie die folgenden Abschnitte durchlesen, sollten Sie sich Notizen machen, wo Sie sich mit Ihren Reisepartnern gerade befinden. Sind Sie auf der richtigen Reise mit den Menschen, mit denen Sie dies sein wollen? Wenn nicht, warum nicht? Wenn ja, wie können Sie die Reise noch schöner machen?

Tagesreisen

Intimität beginnt wie mit einem Zeh im Wasser. Wenn wir jemanden zum ersten Mal treffen, zu dem wir uns hingezogen fühlen, nähern wir uns normalerweise sehr vorsichtig und mit großen Erwartungen, wir gehen wie auf Eierschalen. Die Menschen sind diesbezüglich recht seltsam. Je mehr wir jemanden mögen, um so weniger lassen wir es uns anmerken. Im Gegensatz zu unseren Freunden im Tierreich, die stolz ihre Federn oder anderen Putz zur Schau stellen, um ihre Anziehungskraft zu demonstrieren, verbergen wir oft unsere besten Eigenschaften, wenn wir eine gegenseitige Anziehung – vor allem beim ersten Mal – spüren.

Sie haben dieses Phänomen bestimmt schon bei schulischen Tanzveranstaltungen beobachtet – vielleicht haben Sie es auch an sich selbst erlebt. Die jungen Leute, die sich am stärksten voneinander angezogen fühlen, sind die, die höchstwahrscheinlich nicht zusammenkommen werden. Teenager finden es viel einfacher, sich mit jemandem zu unterhalten, der einfach „ein Freund" ist, als mit jemandem, zu dem man sich romantisch hingezogen fühlt. Wenn wir als Erwachsene darauf zurückblicken, erscheint uns dies erheiternd. Wir lachen darüber, wie albern und ängstlich wir zu dieser Zeit waren.

Aber was mit 16 oder 17 Jahren noch erheiternd ist, ist mit 40 oder 45 ausgesprochen deprimierend, und doch machen viele, wenn nicht sogar die meisten von uns, denselben Fehler ständig wieder, egal, wie alt wir auch werden. Zum Weinen ist jedoch, daß wir diesen Fehler nicht bei einem Fremden machen, den wir über die Tanzfläche hinweg erspäht haben, sondern bei den Menschen in unserem Leben, die wir am besten kennen und am meisten lieben.

Denken Sie darüber nach. Wieviel einfacher ist es, sich gegenüber einem Fremden, dem man im Flugzeug oder in einer Bar begegnet, zu öffnen, als gegenüber dem „ganz gewissen anderen" oder einem engen Geschäftsfreund? Wann haben Sie das letzte Mal jemanden, der Ihnen nahesteht, wirklich nah an sich herangelassen?

Die meisten von uns behandeln ihre engen Beziehungen, als ob wir uns nur auf einer „Tagesreise" mit dem- oder denjenigen befänden. Die Fortsetzung der Reise hängt vom Erfolg jedes einzelnen Tages ab. Wenn die Dinge nicht gut laufen, sind wir weg – wenn nicht wörtlich genommen, dann doch zumindest von einem emotionalen Standpunkt aus. Unsere Koffer sind gepackt für einen schnellen Ausstieg beim ersten Anzeichen von Ärger.

Kommt Ihnen folgende Szene irgendwie bekannt vor: Sie kommen mit Ihrem langjährigen Partner von einer Party nach Hause. Es war ein nervtötender Abend, und Sie sind beide völlig erschöpft. Einer sagt etwas, und bevor es Ihnen recht bewußt wird, sind Sie in den schönsten Streit verwikkelt. Die Anschuldigungen fliegen so schnell, daß keiner von Ihnen beiden sie mehr beantworten kann. Bald fragen Sie sich, warum Sie sich überhaupt mit diesem Menschen eingelassen haben, denken, wieviel reicher und aufregender Ihr Leben sein könnte, wenn Sie nur alleine wären.

Wie kommt es, daß selbst unsere tiefsten Beziehungen auf so brüchigem Untergrund stehen? Wieso scheinen uns selbst die Menschen, die uns am nächsten sind, nur einen Schritt vom anderen Ende des Planeten entfernt? Ist es nicht eigenartig, daß Menschen, die den ganzen Tag, jeden Tag über Monate – sogar Jahre – hinweg miteinander reden können, nur ein paar schlecht gewählte Worte davon entfernt sind, niemals mehr miteinander sprechen zu wollen?

Dennoch, dies *ist* menschlich. Deshalb, wenn es uns ernst damit ist, uns merklich vorwärtszubewegen, müssen wir hier unser Gepäck auspacken. Um überhaupt an den Aufbau und den Erhalt einer bedeutsamen und langanhaltenden Beziehung mit unseren Lieben denken zu können, müssen wir am Anfang beginnen.

An diesem Anfang liegt, was wir als das Konzept für eine Tagesreise bezeichnen. Wie reisen Sie wirklich *mit* jemand anderem für die Dauer von einem Tag, und wie packen Sie aus und um, um dies zu tun?

Ein Tag nach dem anderen

Sie wissen, wie es ist, wenn Sie Menschen kennenlernen, die Sie mögen. Diese können nichts falsch machen. Alle ihre Eigenarten sind entzückend. Die Art, wie sie ihr Messer halten, ihr Musikgeschmack, wie sie Auto fahren, alles ist einfach fabelhaft. Sie können nicht genug von ihnen bekommen. Schließlich, wenn Sie sich besser kennengelernt haben, vertieft sich vielleicht Ihr Verständnis für manche Eigenarten. Sie wissen nun beispielsweise, warum sie das ganze Fleisch kleinschneiden, bevor sie es essen, und können dies deshalb eher annehmen. Auf der anderen Seite kann Vertrautheit aber auch Geringschätzung hervorbringen.

Was also hat sich geändert? Nicht der andere, sondern Sie haben sich geändert. Dies bedeutet, daß wenn Sie die Person, die Sie einmal so gerne hatten, wieder kennenlernen möchten, Sie dies auch tun können. Einen Tagesausflug zu machen ist eine einfache Art und Weise, um damit anzufangen.

Eine Tagesreise eignet sich ebenfalls gut für die Startphase, das heißt, wenn Sie gerade erst jemanden kennengelernt haben und sich unsicher sind, wie weit Sie mit diesem Menschen reisen wollen.

Reiseroute für den Tagesausflug

Wenn wir über den Tagesausflug sprechen, meinen wir nicht nur ein Konzept. Wir reden über eine tatsächliche Reise, mit zu besuchenden Orten, Sehenswürdigkeiten, Dingen, die man tun kann, und Dingen, die man voneinander auf dem Weg lernen kann. Die Grundidee der Tagesreise ist ziemlich einfach. Für einen Tagesausflug einzupacken, bedeutet, darüber nachzudenken, mit welchen Aspekten von Ihnen selbst und Ihrem Partner Sie sich gerne während eines Acht-Stunden-Tages beschäftigen würden.

Um Ihre Reiseroute für den Tagesausflug zu entwerfen, stellen Sie sich die folgenden Fragen:

1. Denken Sie über die Eigenschaften nach, die an Ihnen und für Sie kurzfristig wichtig sind. Ohne welche Ihrer Eigenschaften könnten Sie einen Acht-Stunden-Ausflug nicht überleben?

2. Wenn Sie gerade jemanden getroffen haben, welches sind die ersten drei Dinge über sich selbst, die Sie den anderen gerne mitteilen würden?
3. Welche Eigenschaften sollte jemand haben, mit dem Sie für acht Stunden verreisen? Welche Charakterzüge oder -merkmale ergänzen Ihre eigenen? Was fehlt Ihnen, das jemand anderer vervollständigen könnte?
4. Wenn Sie nur acht Stunden Zeit hätten, um diese mit jemandem zu verbringen, mit wem wäre dies? An welchem Ort? Was würden Sie tun?
5. Entwerfen Sie eine richtige Reiseroute für Ihren Tagestrip. Denken Sie darüber nach, an welche Orte Sie gerne reisen würden, über welche Punkte Sie gerne sprechen und welche Dinge Sie gerne tun würden. Machen Sie es zu einer „offiziellen Reiseroute" mit Zeitangaben und allem, was dazugehört.
6. Tun Sie's! Machen Sie die Tagesreise.

Wochenendreisen

Dies ist der Grad an Intimität, den die meisten Menschen zulassen, auch mit den Menschen, mit denen Sie sich am engsten verbunden fühlen. Der Grad an innerer Verpflichtung, den man empfindet, entspricht etwa dem einer Situation, in der man weiß, daß man ein Wochenende mit jemandem verbringen soll. Wir sind bei bestimmten Dingen bereit, „nett zu sein" oder „miteinander auszukommen". Da wir jedoch dazu tendieren, in der Annahme zu handeln, daß „auch dies vorübergehen wird", sind wir normalerweise nicht willens, irgendwelche wesentlichen Veränderungen an unserem eigenen Verhalten oder an der Situation an sich vorzunehmen, die die Dinge verbessern würden.

Auf einer Wochenendreise haben Sie viel Zeit, um Ideen auszutauschen. Hoffnungen, Träume und Zukunftspläne gehen einem leicht von der Zunge. In diesen 48 oder 72 Stunden können Sie einen Menschen recht gut kennenlernen; Sie können mit ihm über fast alles reden. Aber es ist eben nur reden. Während eines Wochenendes können Sie Ihre Hoffnungen und Träume diskutieren, aber Sie können nicht sehen, wie sich diese realisieren. Sie können Pläne für die Zukunft schmieden, aber Sie können diese nicht umsetzen. Ihre ganze Interaktion hat etwas Theoretisches oder Traumähnliches. Es ist wie ein Sommerlager. Die Dinge können ziemlich intensiv werden, aber es gibt einen festgelegten Endpunkt oder eine Ausstiegsluke, durch deren Existenz alles etwas unrealistisch wird.

Dies ist im wesentlichen das, was wir mit dem Ausdruck „einen Koffer an der Tür haben" meinen. Viele von uns – selbst in den engsten Beziehungen – haben gepackt und sind bereit zu gehen. Wir sind nur einen unerwarteten Anruf von einer alten Liebe, eine Chance, einem geheimnisvollen Fremden zu begegnen, oder einen Lotteriegewinn davon entfernt, unseren Koffer zu nehmen und aus der Tür zu gehen. Dies ist leicht verständlich und macht angesichts der menschlichen Natur auch Sinn. Historisch betrachtet, mußten wir, um zu überleben, äußerst flexibel, anpassungsfähig und bereit sein, uns dem nächst stärkeren, besser aussehenden oder intelligenteren König anzuschließen, der gerade des Weges kam.

Aber hilft uns dies heutzutage noch weiter? Wie viel reicher und erfüllender könnten unsere Beziehungen sein, wenn wir uns stärker verbunden fühlten? Wie wäre es, wenn wir den „Koffer an der Tür" auspacken und wegräumen würden?

Das Konzept des Wochenendausflugs stellt Ihnen ein Mittel zur Verfügung, um über diese Frage nachzudenken, da das, was wir in den „Koffer an der Tür" packen, dasselbe ist, wie das, was wir für eine Wochenendreise mitnehmen. Wenn wir die „Was" und „Warums" unserer Wochenendreise prüfen, können wir deutlicher erkennen, was für uns am wichtigsten ist. Wir bekommen ein besseres Gefühl für das, ohne das wir wirklich nicht leben könnten, was uns am meisten bedeutet, und was uns selbst – wer und was wir sind – am klarsten definiert.

48 Stunden

In dem Eddie-Murphy-Film *48 Stunden* sind zwei Tage viel Zeit, um zwei Leben komplett auf den Kopf zu stellen. Im Verlauf des Films kommen der Star und sein Kripokollege, gespielt von Nick Nolte, zu einer ganz neuen Sichtweise voneinander und schließlich auch von sich selbst. Es gibt viel Gelächter und viele Mißverständnisse (ebenso wie viele Autounfälle) auf ihrem Weg, aber das Ergebnis ist, daß beide Charaktere eine Art Erleuchtung haben, durch die ihr gegenseitiges Verständnis und ihre Wertschätzung füreinander immens zunimmt. In nur zwei Tagen werden sie, im wahrsten Sinne des Wortes, Seelengefährten.

Trotz ihrer anfänglichen Abneigung gegeneinander gehen Sie schließlich ein wirkliches Bündnis ein, eines, das tief und ehrlich ist und mindestens ein oder zwei Fortsetzungen anhält.

Der Punkt ist, wenn Hollywood es kann, können Sie es auch. Das Konzept der Wochenendreise kann Ihnen helfen, tiefere Beziehungen zu Freunden, Familienmitgliedern und Partnern aufzubauen, wiederherzustellen und aufrechtzuerhalten. Und die gute Nachricht ist, Sie müssen sich nicht – im Gegensatz zu Eddie und Nick –, auf eine Autojagd oder eine Schießerei mit bösen Buben einlassen, um dies zu erleben.

Reiseroute für den Wochenendausflug

Ebenso wie die Tagesreise ist auch die Wochenendreise in erster Linie eine innere Reise. Auch wenn Sie vielleicht einen wirklichen Ausflug mit Ihrem Wochenendpartner machen wollen, ist es nicht wesentlich, daß Sie wegfahren und sich irgendwo in die Einsamkeit zurückziehen, um sie zu erleben. Sie müssen sich auch nicht zwei volle Tage Zeit nehmen, um etwas daraus zu gewinnen. (Obwohl es selten eine schlechte Idee ist, für eine Weile wegzufahren.)

Um Ihre Wochenend-Reiseroute auszuarbeiten, stellen Sie sich die folgenden Fragen:

1. Schreiben Sie die Eigenschaften auf, die an Ihnen und für Sie mittelfristig sehr wichtig sind. Ohne welche Ihrer Eigenschaften könnten Sie einen Wochenendausflug nicht überstehen?
2. Wenn Sie 48 Stunden mit jemandem verbrächten, welches wären die ersten drei Dinge über Sie, die Sie diesem Menschen gerne mitteilen würden?
3. Welche Eigenschaften sollte jemand haben, mit dem Sie 48 Stunden verreisen? Welche Charakterzüge oder -merkmale ergänzen Ihre eigenen? Was fehlt Ihnen, das jemand anderer vervollständigen könnte?
4. Wenn Sie nur 48 Stunden Zeit hätten, um sie mit jemandem zu verbringen, mit wem wäre dies? Wo wäre dies? Was würden Sie tun?
5. Erstellen Sie eine wirkliche Route für Ihre Wochenendreise. Schreiben Sie die Orte auf, die Sie gerne besuchen würden, die Punkte, über die Sie gerne reden, und die Dinge, die Sie gerne tun würden. Machen Sie daraus eine „offizielle" Reiseroute mit Zeitangaben und allem, was dazugehört.
6. Tun Sie's! Machen Sie die Wochenendreise.

Lebensreise

Wann immer wir in der Zeitung über ein Paar lesen, das seine goldene Hochzeit feiert, neigen wir dazu, eine Mischung aus Sentimentalität und Ehrfurcht zu empfinden. Es scheint uns liebenswert, daß dieses Paar so lange zusammengeblieben ist, gleichzeitig aber sind wir entsetzt, daß zwei Leute es so lange miteinander aushalten konnten. Wie haben sie die

Veränderungen überstanden? Haben sie es geschafft zu wachsen? Lieben sie einander noch?

Es gibt mit Sicherheit viel Raum für Diskussionen, ob menschliche Wesen dazu „bestimmt" sind, ein lebenslanges Bündnis durch Heirat oder andere gesellschaftliche Verträge einzugehen. Bestimmt ist es nicht jedermanns Lebensstil. Aber bis zu einem gewissen Grad ist es das, wonach wir alle suchen. Menschen wollen diese andauernde, endlose Intimität. Wir alle möchten glücklich leben, bis daß der Tod uns scheidet.

Wie also ist diese Art von Lebensreise mit jemand anderem möglich, vor allem angesichts der flüchtigen Natur der heutigen Gesellschaft und den sich rasch ändernden Bedürfnissen und Erwartungen unserer erwachsenen Zeitgenossen?

Peter Russel sagt, daß Beziehungen das „Yoga" der heutigen westlichen Gesellschaft sind. Yoga wird in diesem Zusammenhang in seinem ursprünglichen Wortsinn verwendet und bedeutet „Arbeit", vor allem spirituelle Arbeit. Russels Kernpunkt ist, daß wir unsere zwischenmenschlichen Beziehungen nutzen können und sollen als eine Art meditatives Yoga, um uns selbst und unsere Gesellschaft zu verbessern.

Wenn wir unsere zwischenmenschlichen Beziehungen in einem lebenslangen Kontext betrachten, kann dies ein Weg sein, um weiterzugehen. Stellen Sie sich vor, wie die Dinge wohl aussähen, wenn wir, anstatt uns an die vage Ahnung zu klammern, daß es da draußen jemanden gibt, der besser zu uns paßt, bereit wären, auszupacken für eine bereits in Gang befindliche Reise. – Egal, wie lang diese dauern oder wie weit sie uns auch führen mag. Angeblich steckt diese Idee hinter der traditionellen Heirat, in der Praxis jedoch klappt es nur in der Hälfte der Fälle. Selbst in Ehen, die zusammenbleiben, sind die Beteiligten oft innerlich schon abgereist. Sie leben zwar zusammen, sind aber weiter voneinander entfernt als viele Paare, die es gewagt haben, sich ihre Verschiedenheiten einzugestehen und sich zu trennen.

Ein großartiger Dialog

Die gemeinsame Lebensreise erfordert nicht, daß die Partner in absoluter Nähe zueinander bleiben. Erfolgreiche Lebensreisen können Menschen zusammen machen, die Meilen, sogar Kontinente entfernt voneinander leben. Da die Lebensreise einen Perspektivenwechsel im Gegensatz zu einem Ortswechsel zum Inhalt hat, muß man nicht an einen entlegenen Ort eilen, um die Beziehung aufrechtzuerhalten. Wir reden hier über die „lange Sicht", so ist es ganz natürlich, wenn Sie und die, mit denen Sie sich auf der Lebensreise befinden, zu manchen Zeiten nicht beisammen sind.

Nietzsche bezeichnete die Ehe als einen „Dialog". Um diesen Dialog in Gang zu halten, müssen sich Partner in jeder langfristigen Beziehung auf eine andauernde „radikale Konversation" einlassen. Sie müssen bereit sein, ihre innersten Gedanken und Gefühle auf die radikalste Weise zu teilen – indem sie gemeinsam ihren Ängsten entgegentreten und ihre Unterschiedlichkeit achten.

Zu oft enden Menschen aneinandergefesselt, anstatt zusammen dem selben Weg zu folgen. Ihre Ideen über das, was gutes Leben ausmacht, stimmen nicht überein, so daß sie ständig übereinander stolpern. Anstatt sich gegenseitig auf der Reise zu unterstützen, stehen sie sich nur im Weg.

Für viele ist das klarste Beispiel für eine Lebensreise die Beziehung, die sie zu ihren Kindern haben. Trotz der vielen Hochs und Tiefs, die das Elternsein mit sich bringt, schaffen es die meisten, mit ihren Kindern eine lebenslange Verbindung aufrechtzuerhalten. Aber dies bedeutet nicht automatischerweise, daß sie das fortführen, was wir als einen *großartigen Dialog* ansehen. Nur Nähe, ohne bleibende Verbundenheit, ist nicht genug.

In manchen Fällen ist die einzige Lebensreise, die jemand erlebt, seine bedingungslose Zuneigung für ein Haustier. In diesem Fall wird die Reise wahrscheinlich nicht ein Menschenleben lang dauern, sondern nur so lange, wie Mietzi oder Hansi oder Rex da sind.

Reiseroute für die Lebensreise

Die Route für Ihre Lebensreise wird zu einer Reflexion Ihrer eigenen tiefsten Empfindungen und der Ihres Reisepartners und davon, wie Sie Ihre langfristige Beziehung sich letzten Endes entfalten sehen. In der Regel ist die Route für eine Lebensreise weniger strikt als für die kürzeren Reisen. Sie läßt sich eher mit den Begriffen Sinn und Richtung beschreiben als mit Bestimmungsort.

Dennoch ist es hilfreich, sich bei der Lebensreise auf dieselbe Art von Dialog einzulassen, wie Sie dies bei den anderen beiden Reisen getan haben.

Die Frage kommt immer wieder auf: *Reisen Sie immer noch zusammen mit Ihrem Lebensreisepartner?* Wenn ja, wie können Sie damit fortfahren? Wenn nein, wie können Sie wieder auf den Weg zurückkommen?

1. Was von sich selbst brauchen Sie am notwendigsten für die lebenslange Reise? Denken Sie über die Eigenschaften nach, die an Ihnen und für Sie für eine Reise wesentlich sind, die ein Leben lang andauern soll.
2. Wenn Sie den Rest Ihres Lebens mit jemandem verbrächten, was wären die drei wichtigsten Dinge, die Sie dem anderen über sich selbst gerne mitteilen würden?
3. Welche Eigenschaften müßte jemand haben, mit dem Sie den Rest Ihres Lebens reisen würden? Welche Charakterzüge ergänzen Ihre eigenen? Was fehlt Ihnen, das jemand anderer vervollständigen könnte?
4. Wenn Sie den Rest Ihres Lebens mit nur einer anderen Person verbringen könnten, mit wem würde dies sein? Wo würde dies sein? Was würden Sie tun?
5. Entwickeln Sie einen echten Plan für Ihre Lebensreise. Schreiben Sie Orte auf, die Sie gern besuchen, Punkte, über die Sie gern sprechen, und Dinge, die Sie gern tun würden. Machen Sie daraus eine „offizielle" Reiseroute, mit Zeitangaben und allem, was dazu gehört.
6. Tun Sie's! Machen Sie die Lebensreise!

Postkarten-Übung

Mitreisende

Über Tages-, Wochenend- und Lebensreisen zu schreiben und nachzudenken ist die eine Sache, sie zu machen, ist eine andere. Die Einsicht und das Verständnis, das Sie gewinnen, wenn Sie wirklich mit jemandem zusammen aufbrechen, wird alles übersteigen, was Sie sich wahrscheinlich für sich selbst ausdenken können.

Hier nun eine Postkarten-Übung. Nutzen Sie sie, um eine Postkarte an jemanden zu schicken, den Sie lieben.

1. Wählen Sie eine der drei in diesem Kapitel beschriebenen Reisen aus. Wenn Sie bereits die Gelegenheit hatten, eine solche zu machen, oder gerade dabei sind, nutzen Sie Ihre Erfahrung, um ein Bild zu gestalten, das diese Reise repräsentiert. Wenn Sie keine echte Gelegenheit zu reisen hatten, nehmen Sie sich fünf oder zehn Minuten Zeit, um zu visualisieren, wie sie aussehen würde. Dann entwerfen Sie ein Bild, das die Stimmung dieser Reise einfängt.
2. Auf der Rückseite der Karte beschreiben Sie die Reise und führen drei Eigenschaften auf, die Sie mitgebracht haben, ebenso wie die, die Ihr Reisepartner mitbringt.
3. Schicken Sie diese Postkarte an diesen Mitreisenden. Treffen Sie sich, um darüber zu reden.
4. Wenn Sie nicht die Möglichkeit haben, eine Lebensreise mit jemand anderem zu machen, unternehmen Sie allein einen Tages- oder Wochenendausflug. Während Sie unterwegs sind, vervollständigen Sie die Vorder-

seite der Postkarte, indem Sie das Bild der Reise gestalten. Dann schreiben Sie auf die Rückseite der Karte für denjenigen, den Sie gerne als Reisepartner hätten, die drei Dinge, die Sie bei diesem Menschen am meisten vermissen. Wenn Sie zurück sind, setzen Sie sich mit ihm in Verbindung und diskutieren dies im Detail.

Wie können wir ganz auspacken?

*Liebe besteht darin, daß zwei Einsame sich schützen
und berühren und einander grüßen.*
  Rainer Maria Rilke

Ein Koffer an der Tür

In unseren Beziehungen mit anderen haben viele einen gepackten Koffer an der Tür stehen. Heimlich – oder auch nicht so heimlich – warten wir auf jemand Besseren. Sollte er oder sie auftauchen, sind wir bereit, zu gehen.

Wir kennen es alle: ein Freund, der seinen Ehering für Ausflüge außerhalb der Stadt ablegt; eine Bekannte, die sich über ihren Ehemann beschwert, aber nie mit ihm darüber spricht, was sie fühlt; Paare, die „getrennte Ferien" als die Lösung all ihrer Probleme betrachten, der wirklichen und eingebildeten. Das Paradoxe daran ist, daß genau dies die Einstellungen und Handlungsweisen sind, die die Menschen davon abhalten, die Art von Beziehungen zu formen, nach denen sie sich sehnen.

Einer unserer Freunde beklagte sich darüber, daß seine Frau kein „reiches Innenleben" habe, so wie er. Folglich fühlte er sich unfähig, sich ihr gegenüber wirklich zu öffnen. Ironischerweise war es gerade seine Unfähigkeit, sich zu öffnen, die ihn davon abhielt, das tiefere Innenleben seiner Frau zu sehen. Was er sich am meisten wünschte auszusprechen war das, was er am meisten gefürchtet hatte, in Worte zu packen.

Diese Art von Kreisläufen nähren sich selbst. Beziehungen zerfallen in Verhaltensmuster, aus denen sich anscheinend keiner der Beteiligten befreien kann. In extremen Fällen führt dies zu einer krankhaften Funktionsstörung. Bei den meisten wird es jedoch zu einer Art Gewohnheit, einer unausgesprochenen Erwartungshaltung, und langsam aber sicher zu untergrabenem Vertrauen. Das Traurigste daran ist, daß es in der Regel unsere tiefsten und kraftvollsten Beziehungen sind, die sich am schwierigsten ändern lassen. Jeder kann sein Gepäck ganz auspacken gegenüber einem Fremden im Flugzeug. Aber wie viele von uns können sich gegenüber dem Ehegatten, dem Partner oder einem engen Geschäftsfreund öffnen?

Zugegeben, dies ist nicht immer der Fall, aber es geschieht doch allzuoft. Schauen Sie sich um – oder in sich hinein –, Sie werden einen tiefen Brunnen der Verzweiflung im Bereich der menschlichen Beziehungen finden. Dies ist eine Arena, in der unsere Hoffnungen und Träume unsere Fähigkeiten übersteigen. Uns wurde die Fähigkeit gegeben, diese überwältigenden Emotionen zu erfahren, aber nicht die Fertigkeit, damit umzugehen. Es ist, als hätten wir die Schlüssel zu emotionalen Ferraris, jedoch hat uns nie jemand gezeigt, wie man damit fährt. Ist es da ein Wunder, daß so viele von uns verunglücken und ausbrennen?

Die Dinge, die wir aus Liebe tun, stellen sich oft als genau die Dinge heraus, die uns dabei im Wege stehen, die Liebe zu erfahren. Dies ist paradox, da die meisten unserer Handlungen auf die eine oder andere Weise von dem elementaren Bedürfnis angetrieben werden, uns mit jemand anderem auf eine tiefe und bedeutsame Art und Weise zu verbinden. Wenn wir jede einzelne unserer Motivationen – Geld verdienen, berühmt werden, die Welt erobern, *was auch immer* – in einen großen Topf werfen und diese herunterkochen würden, bliebe von allem die eine Essenz übrig: wir wollen geliebt werden. Es ist trivial, aber wahr. All unser Herumspringen, all unsere Einfälle, alles von den ersten Worten bis zum letzten Atemzug entspringt derselben Motivation. Deshalb packen wir ständig mehr und mehr in unser Leben, alles in dem verzweifelten Versuch, Freunde, Familie und selbst vollkommen fremde Personen dazu zu bringen, uns zu lieben. Wir müssen genau das Gegenteil tun. *Wir müssen auspacken.* Wir müssen unsere Herzen, unseren Geist und unseren Mund öffnen und in Worte fassen, was wir fühlen. Wir müssen unsere innersten Gedanken, Hoffnungen, Träume und Wünsche mitteilen. Nur wenn wir unsere Angst vor der Selbstentblößung überwinden, können wir wirklich gesehen werden.

Das transparente Ich

Sidney Jourard prophezeite in seinem Klassiker *The Transparent Self*, daß Menschen, die tief lieben, länger leben würden. Nach seiner Theorie könnten wir ein gesünderes, vitaleres Leben mit weniger Krankheiten führen, wenn wir uns einander öffnen würden.

Jourards Hypothese wurde von vielen Langzeitstudien bestätigt, einschließlich einer, an der Dick 1973 selbst mitgearbeitet hat. George Vaillant studierte eine große Gruppe ehemaliger männlicher Harvard-Studenten während der auf den Collegeabschluß folgenden 40 Jahren. Ein Teil der Forschungsarbeit hatte zum Ziel festzustellen, welche Faktoren die gesunden Absolventen von den kränklichen unterschieden. Wer wurde krank, behindert oder ist gestorben?

Vaillant veröffentlichte die erstaunlichen Ergebnisse in seinem Buch *Adaptation to Life*. Es stellte sich heraus, daß die entscheidenden Faktoren weder gesunde Ernährung noch Sport oder allgemeine Fitneß waren. Der einzige und wichtigste Schlüssel zu Gesundheit und Wohlbefinden war die Selbstenthüllung.

Einzelpersonen in Vaillants gesunder Gruppe berichteten, daß es in ihrem Leben mindestens einen kraftspendenden Menschen gab – jemanden, mit dem sie ständig und offen ihre Gedanken und Gefühle austauschen konnten. Bei manchen war dies die Ehefrau, bei anderen (selbst wenn sie verheiratet waren) war es ein Freund oder Arbeitskollege.

Rolli und Doris Larson betonen in ihrem Buch *I Need to Have You Know Me* die Kraft des Zuhörens. Sie sagen, es wäre gar nicht möglich, den nagenden Hunger überzubewerten, den Menschen danach haben, daß man ihnen wirklich zuhört, sie versteht und sie sich sichtbar fühlen läßt.

Die häufigsten Gründe, die Leute anführen, warum sie „einen Koffer an der Tür stehen lassen", sind:

- „Sie ist einfach nicht an dem interessiert, was mir wichtig ist."
- „Er kapiert es einfach nicht; und er hat kein Interesse daran, es zu lernen."
- „Sie hat genug eigene Schwierigkeiten. Ich möchte ihr nicht zur Last fallen."
- „Er ist zu beschäftigt – es bleibt keine Zeit."
- „Sie versucht immer, mich festzunageln."
- „Ich fühle mich um ihn herum unsichtbar."

Dennoch behaupten die Larsons wie auch Sidney Jourard, daß jeder von uns das Potential für eine „mutige Konversation" – Selbstenthüllung – in sich trägt, hundertmal jeden Tag. Sie bekräftigen, ebenso wie Vaillant, den Nutzen eines regelmäßigen vollständigen Auspackens unseres emotionalen Gepäcks.

Gefühle, die „lebendig beerdigt wurden", erheben sich aus dem Grab, um uns mit Krankheit und Leiden heimzusuchen. Wenn wir unser emotionales Gepäck verschlossen halten, verlieren wir den Kontakt zu anderen und zu uns selbst.

Wie machen Sie es also? Wie packen Sie ganz aus?

Das ist eine gute Frage und eine, auf die es keine einfache Antwort gibt. Aber es ist klar, daß wir auf dem richtigen Weg wären, wenn wir zumindest gegenüber einem Menschen ganz auspacken könnten.

Alle Beziehungen zu anderen spiegeln unsere Beziehung zu uns selbst. Bessere Beziehungen zu Freunden und geliebten Menschen zu entwickeln bedeutet, eine bessere Beziehung zu uns selbst zu entwickeln. Um gegenüber anderen auspacken zu können, müssen wir auf Feld eins beginnen – das heißt, unser eigenes Gepäck auspacken.

Gifford Pinchot, Autor und Unternehmensberater von großen amerikanischen Unternehmen, weiß, wie dies ist. Er weiß, daß etwaige und alle positiven Veränderungen – ob nun bei Einzelpersonen oder Firmen – sich von innen nach außen vollziehen. „Ich versuchte erfolgreich zu sein", bekennt er, „aber es hat nicht funktioniert. Zu jener Zeit glaubte ich, ich würde akzeptiert und geliebt, wenn ich etwas Außergewöhnliches täte. Nun weiß ich, daß dies nicht stimmt. Außerdem gibt es einen viel direkteren Weg – wenn Sie sich selbst akzeptieren und andere hineinlassen, dann wird es geschehen."

Gifford hat die Dinge zuvor neu definiert. Zusammen mit seiner Frau und Partnerin Libba prägte er den Begriff und entwickelte das Konzept von „Intrapreneuring" in ihrem Bestseller, der denselben Titel trägt. Außerdem haben sie vier Unternehmen gegründet und geleitet, Reformprojekte an Schulen und in Gemeinden durchgeführt und zahlreiche Patente erhalten.

Gifford gibt zu: „Reisen, beraten und Reden halten drückt mich nieder; ich arbeite immer als ein Außenstehender. Es gibt keine wirkliche Intimität dabei. Manchmal möchte ich mir einfach Zeit nehmen und Freunde und geliebte Menschen besuchen – wie die Massai-Ältesten möchte ich keinen Speer mehr tragen.

Das gute Leben ist für mich, mit Freunden an sinnvollen Dingen zu arbeiten – wo Arbeit und Liebe ineinanderverschmelzen.

Von Libba getrennt zu sein, macht mich nicht unglücklich, aber es fehlt das 'echte Glück'. Zuhause bei ihr zu sein, zusammen zu arbeiten, bringt mir hingegen ein enormes Glücksgefühl."

Gifford und Libba engagieren sich für das Cold Spring Community Conservancy in der Nähe des Gifford Pinchot Nationalparks in Washington. Das Conservancy ist ein Forschungsprojekt, das sie mitbegründet haben, mit dem demonstriert und praktiziert wird, wie natürliche Ressourcen anhaltend genutzt werden können. Noch immer Visionär, ist Giffords Bestreben jetzt, ein neues Bewußtsein von Gemeinschaft zu schaffen. Er möchte sein Leben auf Menschen konzentrieren, die „intrapreneuring" in ihrem täglichen Leben umsetzen – die Verantwortung dafür übernehmen, daß das Leben auf allen Ebenen funktioniert, nicht nur am Arbeitsplatz. Gifford sagt; „Cold Spring ist ein Weg, zusammen auf einen Traum hinzuarbeiten. Wenn ich dort bin, fühle ich eine größere Energie durch mich hindurchfließen. Die Natur ist ein Katalysator, und natürlich gibt es dort außer Menschen noch andere Bewohner."

Er sieht sich selbst dort „schreiben und zeichnen und erfinden und zusammen Dinge bauen in einer von der Natur geleiteten Gemeinschaft. Menschen tauschen dort ihre Geschichten aus, kümmern sich um das Leben des anderen, hören einander intensiv zu und arbeiten gemeinsam an Dingen, die wichtig sind. Dort fühle ich mich auf allen Ebenen verbunden. Ich bin ausgepackt, und es fühlt sich gut an."

Die Reihenfolge von Wer, Was und Wo

An früherer Stelle in diesem Buch diskutierten wir bereits, wie unterschiedlich Menschen die verschiedenen Aspekte des guten Lebens zu unterschiedlichen Zeitpunkten auf unterschiedliche Art und Weise in ihren Lebens-Mittelpunkt rücken. Die einen sind vor allem mit der Arbeit beschäftigt – der „Was?"-Frage. Die anderen richten ihre Aufmerksamkeit auf den Ort – die „Wo?"-Frage. Wieder andere konzentrieren sich auf die Liebe – die „Wer?"-Frage. Gifford Pinchot zum Beispiel hat seinen Fokus von „zuerst die Arbeit" auf „zuerst die Liebe" verlagert.

Wenn Sie also in Ihren Dreißigern in erster Linie auf den Berufsweg ausgerichtet waren, muß das keinesfalls bedeuten, daß zu einem späteren Zeitpunkt in Ihrem Leben nicht

Anliegen in Sachen Liebe oder Ort an die erste Stelle treten. Dieses Bewußtsein hat viel zu tun mit Selbstannahme und Lebenssinn. Es hat ebenfalls eine Menge mit dem Entwickeln und Erhalten von langfristigen, „vollständig ausgepackten" Beziehungen zu tun. Um sich wirklich mit einer anderen Person zu verbinden, müssen Sie verstehen, auf welchem der drei Pfade des guten Lebens diese sich gerade befindet. Sie müssen deren Auspacken und Umpacken in einer Art und Weise unterstützen, die mit deren persönlichen Bedürfnissen und Neigungen übereinstimmt. Und Sie brauchen den Mut, diesem Menschen auch Ihre eigenen Bedürfnisse und Neigungen mitzuteilen.

Mit einem anderen Menschen „ganz ausgepackt" zu sein, bedeutet, Sie haben beide ausgepackt. Wenn einer von Ihnen immer noch einen Koffer an der Tür stehen hat, dann stimmt etwas nicht. Die meisten Menschen in einer unbefriedigenden Beziehung – ob dies nun eine Liebesbeziehung, eine Freundschaft oder eine Geschäftspartnerschaft ist – denken, daß alles funktionieren würde, wenn sie nur die andere Person dazu bewegen könnten, etwas mehr von sich selbst zu zeigen. Tatsächlich aber ist der einzige Trick – und eigentlich ist es überhaupt kein Trick – um zu einer tieferen, bedeutungsvolleren Beziehung zu gelangen, die Selbstenthüllung. Je mehr Sie andere an sich heranlassen können, um so mehr werden sich auch diese Ihnen gegenüber öffnen.

Dies klingt vielleicht etwas obskur, aber es ist eine einfache Lebenswahrheit. Was die Menschen stolpern läßt, ist häufig, daß sie keinen Mut zur Selbstenthüllung haben, kein Vokabular, um zu beschreiben, wer sie sind und wonach sie im Leben suchen. Die Reihenfolge „Wer, Was, Wo" anzuwenden ist ein Weg, um damit zu beginnen. Wenn Sie Ihren Partner wissen lassen, wie Sie die drei Komponenten des guten Lebens vorzugsweise einpacken, kann dies viel dazu beitragen, diesen erkennen zu lassen, wer Sie wirklich sind und welche Art von emotionaler und geistiger Befriedigung Sie benötigen.

Für zwei (oder mehr) einpacken

Denken Sie darüber nach, in welcher Reihenfolge Sie die Komponenten des guten Lebens – Arbeit, Liebe und Ort – zum jetzigen Zeitpunkt in Ihrem Leben anordnen würden. Welche steht an erster Stelle? Welche an zweiter? Welche an dritter?

Wie häufig waren Schwierigkeiten in Ihrer Beziehung den unterschiedlichen Wegen zuzuschreiben, auf denen Sie sich dem guten Leben annäherten? Wie oft führten Sie Gespräche, die so ähnlich wie das folgende verlaufen sind:

Sie: Was möchtest du heute abend machen?
Partner: Wie wär's, wenn wir in dieses neue Restaurant gingen?
Sie: Ich hasse diesen Ort – die Bedienungen sind so unfreundlich!
Partner: Wen kümmert schon die Bedienung, das Essen ist großartig!
Sie: Außerdem ist es am anderen Ende der Stadt. Ich dachte an etwas Gemütlicheres.
Partner: Wenn du keine Lust hast auszugehen, warum hast du mich dann überhaupt gefragt?
Sie: Vergiß es, laß uns einfach zu Hause bleiben.
Partner: Okay, fein, aber ich koche nicht ...

Und so weiter und so weiter. Wenn Sie sich auf das Wo konzentrieren und Ihr Partner sich auf das Was, ist es kein Wunder, wenn Sie nirgendwo zusammen hinkommen. Hier sind Vorschläge, wie Sie einen „großartigen Dialog" entwickeln.

Zuerst der einfache Teil: die Fragen. Sowohl Sie als auch Ihr Partner sollten diese beantworten.

Welche der drei Komponenten des guten Lebens *(Arbeit, Liebe oder Ort)* würden *Sie* in der vorgegebenen Situation an die erste, zweite und dritte Stelle setzen und warum? (Denken Sie an ein, zwei Beispiele, und schreiben Sie sie auf.)

Welche der drei Komponenten des guten Lebens *(Arbeit, Liebe oder Ort)* würde *Ihr Partner* in der gegebenen Situation an die erste, zweite, dritte Stelle setzen? Warum? (Denken Sie an ein Beispiel, und schreiben Sie es auf.)
Nun der schwierigere Teil...
Sie müssen darüber reden. Tauschen Sie aus, was Sie beide über einander aufgeschrieben haben. Stellen Sie fest, wo Ihre Antworten übereinstimmen, und notieren Sie dies. Diskutieren Sie, wo diese nicht übereinstimmen, und versuchen Sie herauszufinden, warum. Verwenden Sie das, was Sie aufgeschrieben haben, als eine Art Straßenkarte für die Fortsetzung Ihres Dialogs. Steuern Sie auf die Orte zu, die am stärksten vernebelt und am kurvenreichsten sind, – dort sind die wirklich interessanten Dinge zu finden.
Nun kommt der schwierigste Teil...
Versuchen Sie *etwas* mit den Informationen, die Sie zusammen entdeckt haben, zu *tun*. Bauen Sie dies auf irgendeiner der gemachten Enthüllungen auf. Hier folgen einige Dinge, die sie ausprobieren können, um etwas von dem, was Sie erfahren haben, in die Praxis umzusetzen – und lassen Sie sich nicht entmutigen, wenn es nicht gleich klappt.

Geben Sie nach.
Verbringen Sie einen Abend zusammen, an dem Sie all Ihre Entscheidungen von der ersten Packpräferenz des anderen bestimmen lassen. Zum Beispiel: Wenn bei Ihrem Partner der *Ort* an erster Stelle steht, konzentrieren Sie sich darauf, eine Umgebung zu schaffen oder aufzusuchen, die mit dessen Gefühlen in Einklang steht.

Tauschen Sie die Plätze.
Nehmen Sie die Rolle des anderen für einen Abend oder länger ein. Finden Sie heraus, wie es sich anfühlt, in den Schuhen Ihres Partners zu stecken. Wenn dies jemand ist, der sich vor allem auf die *Arbeit* konzentriert, während Sie von Natur aus eher vom Faktor *Liebe* angezogen werden, versuchen Sie, die Rollen zu tauschen. Stellen Sie fest, wie es sich anfühlt, wenn Sie all Ihre Aufmerksamkeit Ihrer Ar-

beit widmen. Finden Sie heraus, wie sich Ihr Partner fühlt, wenn Sie dies tun.

Seien Sie der „Packmeister".
Planen Sie zwei Ereignisse. Für jedes Ereignis hat einer von Ihnen der „Packmeister" zu sein. Der Packmeister hat alle Entscheidungen zu treffen, was, wo und mit wem getan wird. Die Idee ist jedoch nicht, daß der Packmeister eifrig ein Ereignis plant, das seine eigenen Vorlieben befriedigt, sondern daß er sich nach Kräften bemüht, ein Ereignis zu gestalten, das bestmöglich auf die Vorlieben des Partners oder der Partnerin zugeschnitten ist.

Machen Sie einen Ausflug...
...einen Tages- oder Wochenendausflug –, um mehr über Ihre individuellen Packpräferenzen zu erfahren. Zum Beispiel: Wenn Sie den Faktor *Ort* zusammen untersuchen möchten, verbringen Sie einen gemeinsamen Tag einfach damit herauszufinden, wo Sie leben (oder leben möchten), und zwar auf eine Art und Weise, die Sie noch nicht ausprobiert haben. Gehen Sie in einen Stadtteil, der Ihnen nicht besonders gut vertraut ist, oder in einen Bezirk, den Sie gar nicht kennen, aber kennenlernen möchten. Machen Sie dasselbe mit Ihrer *Arbeit*. Bitten Sie Ihren Partner, einen Tag (oder zumindest einige Stunden) an Ihrem Arbeitsplatz zu verbringen. Finden Sie heraus, wie sein Verständnis für das, was Sie tun, Ihnen hilft, Ihr Gepäck auszupacken; oder konzentrieren Sie den ganzen Ausflug auf Ihre *Beziehung*. Fahren Sie für ein oder zwei Tage irgendwohin, und tun Sie nichts anderes, als sich besser kennenzulernen.

Postkarten-Übung

Ganz auspacken

Ihr Beziehungsgepäck ganz auszupacken – sich selbst anderen gegenüber zu enthüllen –, fördert sowohl die Gesundheit als auch das Glücklichsein. Wir alle brauchen jemanden – zumindest einen anderen Menschen, mit dem wir unser Gepäck ganz auspacken können.

Wie offen sind Sie? Verwenden Sie die folgende Postkarten-Übung, um Ihre Bereitschaft zu überprüfen, Ihr Gepäck mit anderen auszupacken.

1. Wer kennt Sie genau und versteht, wer Sie wirklich sind?
2. Was würden Sie mit diesem Menschen nicht teilen? Über welche Art von Dingen sind Sie nicht bereit gewesen, mit irgend jemandem zu sprechen?
3. Zeichnen Sie auf die Vorderseite der Postkarte ein Bild oder schreiben den Namen eines Menschen, der wirklich weiß, wer Sie sind, der Sie wahrheitsgetreu sieht.
4. Denken Sie über die unterschiedlichen Wege nach, auf denen dieser Mensch Ihnen erlaubt, „auszupacken". Listen Sie diese auf der Rückseite der Postkarte auf. Beschreiben Sie ein Gespräch, das Sie vor kurzem mit diesem Menschen hatten und das besonders aufbauend für Sie war.
5. Schicken Sie diesem Menschen die Postkarte. Warten Sie ein paar Tage ab, und wenn er sich nicht zuerst bei Ihnen meldet, setzen Sie sich mit ihm in Verbindung, um ein bißchen „gemeinsam auszupacken".

Finden Sie Ihren Platz

Wo in der Welt ist Ihr Zuhause?

Hier ist, wo ich sein sollte.
Isak Dinesen, Jenseits von Afrika

Wo sollte ich sein?

Haben Sie ein Bild davon wo Sie sein sollten? Wo Sie gerne leben würden? Wie stehen die Chancen, dort die Arbeit zu tun, die Sie gerne tun würden und ein angemessenes Einkommen zu erzielen? Was denken Ihr Ehepartner, Lebenspartner und Ihre Familie? Welche Bilder haben diese, von wo sie sein sollten?

Viele von uns haben eine Vision davon, wo wir gerne leben und arbeiten würden. Das Ziel dieses Kapitels ist es, Ihre Vorstellung von diesem Ort zu schärfen. Wo sollten Sie sein? Wo packen Sie aus?

Selbst wenn der Ort, an dem Sie gerade leben, wirklich „das Zuhause" für Sie ist, ist es keine schlechte Idee, einen „Plan B" zu entwickeln – einen weiteren Ort, der in Frage käme, falls sich die Umstände ändern sollten. Es macht Spaß, die Grenzen seiner augenblicklichen Gedanken zu überschreiten und wenigstens von den anderen Möglichkeiten zu träumen. Wenn es sonst nichts nützt, so kann dies Ihnen doch zumindest helfen, das mehr zu schätzen, was Sie haben.

Eine Ortsverbundenheit

Wenn Sie jetzt die Wahl hätten, sich irgendeinen Platz auf der Welt zum Leben auszusuchen, wo würden Sie hingehen? An die italienische Küste? Auf eine friesische Insel? Irgendwo in die Französischen Alpen? In das geschäftige Zentrum von New York City?

Der verstorbene Naturalist und Autor Sigurd Olson unterstrich unser Bedürfnis nach Ortsverbundenheit. Er behauptete, daß der Kontakt mit der Natur ein notwendiger Teil der Existenz ist: „Es ist ein großer Sprung vom Leben in früheren Zeiten in die konzentrierte Zivilisation unserer Städte und Großstädte, und es ist ziemlich hoffnungslos zu glauben, daß wir in der kurzen Zeitspanne von ein oder zwei Generationen aus unseren Anlagen die Liebe zur Natur und zum Einfachen ganz herausreißen könnten. Sie ist immer noch tief in uns verwurzelt, und es wird noch Hunderte oder Tausende von Jahren dauern, bevor wir viel davon verlieren."

Dick hat persönlich bei vielen Menschen Veränderungen beobachtet, die er auf Reisen durch die Wildnis führte. Sie gehen zum Beispiel nach Afrika, um einen Berg zu besteigen wie den Kilimandscharo oder die großen Tierwanderungen zu sehen. Sie kommen zurück und sind fasziniert von Sonnenuntergängen und der Stille, starren in die Glut eines Feuers spät in der Nacht, schlafen unter dem Sternenhimmel, berühren wieder das Elementare.

Das Leben der meisten Menschen ist nicht mehr gebunden an Sonne, Gezeiten oder den Wechsel der Jahreszeiten. In den Augen vieler Zeitgenossen können wir heutzutage jedoch ein Verlangen erkennen, ein Verlangen nach Kontakt mit der Erde – ein Gefühl für unsere Wurzeln, für einen Ort. Unsere Ortsverbundenheit ist so stark mit unserem Entwicklungshintergrund und unseren Traditionen verknüpft, daß sie einfach nicht ignoriert werden kann. Wie Sigurd Olson weiter schreibt, „Wildnis ... ist eine seelische Notwendigkeit, eine Anekdote auf den starken Druck des modernen

Lebens, ein Mittel, um Gelassenheit und Gleichgewicht wiederzugewinnen."

Physiologisch und psychologisch sind wir in unserer wilden Vergangenheit verwurzelt. Aufgrund der Geschwindigkeit, in der sich die Veränderungen vollzogen, hatten wir nicht genug Zeit, um umzuschalten. Das Ergebnis ist, daß wir unsere Vergangenheit anscheinend nicht abschütteln können, egal, wie erfolgreich unser Leben auch sein mag. Ohne eine Form von Kontakt mit der Erde und ihrem einfachen Rhythmus fühlen wir uns ohne Wurzeln. Uns fehlt buchstäblich die Erdung.

Immer irgendwo hingehen, nie irgendwo sein

Zwei Generationen von uns sind im Fernsehzeitalter aufgewachsen. Es ist nicht verwunderlich, daß viele das gute Leben in seiner besten Form als schöne Menschen an schönen Orten betrachten. Aber was tun wir, wenn dies in unserem eigenen Leben nicht so ist? Ganz einfach, wir gehen schneller; oder ziehen um. Natürlich funktioniert das nicht auf lange Sicht. Aber wer in der heutigen Fernseh- und Computerkultur kann schon viel über unsere Zukunft sagen?

Es scheint nie genug Zeit zu geben. Wir haben weniger für uns selbst und weit weniger füreinander. Wir sind ungeduldig mit Menschen, die nachdenklich sind oder langsam reden. Wir fahren schnell, lieben schnell und erwarten unseren McDonald-Hamburger in 15 Sekunden. Ein voller Terminkalender spiegelt unsere Wichtigkeit – Zeit ist Geld. Unsere Wochenenden sind über Wochen im voraus schon verplant. Wir haben kaum Zeit für einen wirklichen Dialog oder einfach, um „Zeit zu verschwenden".

Wir sind besser organisiert, aber weniger spontan, weniger lebendig. Wir sind besser vorbereitet auf die Zukunft, aber weniger fähig, die Gegenwart zu genießen. Wir gehen ständig irgendwohin, sind jedoch nie irgendwo. Wo gehen wir überhaupt hin? Wo ist dort?

Wann werde ich meine Freunde genießen? Wann werde ich zu Hause in meinem Zuhause sein? Wird es in meinem Leben jemals eine Zeit geben, in der ich mich um die Prioritäten meiner Familie kümmern kann?

Diane Herman, frühere Marketingleiterin bei einer großen amerikanischen Firma, nun freiberufliche Marktforschungs- und Marketingplanungsberaterin, erinnert sich an das erregende Gefühl, das sie früher bei neuen Ideen sowie bei Kunst und Musik hatte. „Ich fühlte mich intelligent und sehr lebendig," sagt sie, „dann habe ich es verloren. Ich habe meine Seele in meiner ersten Ehe verloren. Glücklicherweise habe ich es geschafft, umzupacken und wieder auf den Weg zurückzukommen. Meine Seele fand ich jedoch wieder, indem ich für die Gesetzgebung von Dingen arbeitete, die mich leidenschaftlich interessierten."

Heute, mit 46 Jahren, fühlt sich Diane stärker in die Gemeinschaft integriert durch ihr Engagement für Kunst, Politik und für die Schule ihrer Tochter. „Ich fühle mich irgendwie verantwortlich für diese Gemeinde. Ein Gefühl, das ich bei Pillsbury nicht hatte. Ich fühlte mich schuldig, wenn ich ging, um eine Schulveranstaltung zu besuchen. Ich hatte keine Zeit, ehrenamtlich mitzuarbeiten oder zu den Vorführungen meiner Kinder zu gehen." Sie erinnert sich an ein Treffen, das kürzlich an der Schule ihrer Tochter statt fand, bei dem ein Newsletter ausgearbeitet werden sollte. Sie lacht: „Es saßen acht Frauen um den Tisch; sechs hatten Magister-Abschluß und lebten in derselben Situation, mit der auch ich zu kämpfen habe. Es war tröstlich zu wissen, daß ich nicht allein bin."

Als sie ihre Firma verließ, um mehr Zeit für ihre Leidenschaften zu haben, sagt sie, war ihre größte Herausforderung, eine neue Definition von Erfolg zu schaffen. „Als ich Vollzeit arbeitete, war ich erfolgreich, aber innerlich blieb nichts übrig. Ich fühlte mich hohl. Eine Weile war mir der Glanz des Erfolges wichtig, aber dann verlor er seinen Reiz."

Wir konnten in unseren Interviews beobachten, daß Menschen wie Diane, die eine größere Erfüllung gefunden haben, für sich selbst eine Ortsverbundenheit geschaffen haben. Sie haben gelernt, ihre „private Welt" zu ordnen. Sie verstehen, daß es darauf ankommt in sich selbst erfolgreich zu sein. Sie haben erfahren, daß kein äußerer Erfolg inneres Versagen wiedergutmachen kann.

Der höchste „Erfolgstest" ist der *Integritätstest*: *Halten Sie die kleinen Versprechen, die Sie sich selbst geben?*

Dick traf Dan Peterson vor einigen Jahren auf einer seiner Afrika-Safaris. Dan hatte zwei Jahre Auszeit von seiner kieferorthopädischen Praxis in der Nähe von San Diego genommen. Nach zahn- und kieferorthopädischen Studien, seinem Pensum bei der Air Force und 20 Jahren in einer kieferorthopädischen Gemeinschaftspraxis sagte er: „Ich hatte das Gefühl, ich mußte etwas anderes tun. Ich starb von innen heraus. Mein Partner und ich hatten unseren idealen Gesamtplan geschaffen, indem jeder sechs Monate arbeitete und dann sechs Monate frei hatte. Dies funktionierte 18 Jahre lang großartig. Ich hatte alles, außer einer Sache – inneren Frieden. Also ging ich."

Dan verlagerte seine Aufmerksamkeit von zahnärztlicher Arbeit auf geistige Arbeit – an sich selbst. Er ist dabei, neue und tiefere Beziehungen mit „Menschen zu schaffen, die sich dazu verpflichtet haben, aufzuwachen und sich selbst weiterzuentwickeln."

Er arbeitet nun „angenehme" zwei bis drei Tage in der Woche in seiner umgepackten Rolle als ganzheitlicher Kieferorthopäde. Er wurde ein gewissenhafter Student der Zusammenhänge zwischen Körper und Seele und unternimmt innovative Ansätze, um Gesichts-, Kiefer- und Zahnverletzungen sowie Entwicklungsstörungen zu heilen. Er sagt: „Die Menschen kommen zu mir, damit ich sie berate, und ich höre immer mit der Arbeit auf, um mit ihnen zu reden. Sie können nicht glauben, daß ich mir soviel Zeit für sie nehme. Indem ich meine Bedürfnisse auf ein Minimum beschränke, habe ich die Zeit, in höherem Maße präsent zu sein für meine Patienten."

Dans Büro, das an seine Wohnung angrenzt und einen Blick auf den Pazifischen Ozean bietet, ist eine geistig gesunde Oase für seine Klienten. Das Büro selbst spiegelt Dans Ortsverbundenheit und seinen natürlichen Weg, Menschen zu helfen, sich selbst zu heilen, wider. Der kleine, einfache Holzbau, der aus dem Grünen in Richtung des heranrollenden Ozeans herausragt, bietet einen scharfen Kontrast zu dem sachlichen Licht und den Gerätschaften, die die meisten Zahnarztpatienten von einer Behandlung so lange wie möglich fernhalten.

Dans Klienten verändern sich sichtlich, während sie dem Ozean zuhören und Dan ihnen zuhört. Er ist ein Arbeitskünstler, und sein Kunstwerk ist seine gerade entstehende ganzheitliche Praxis, verknüpft mit seiner immer tiefer werdenden Ortsverbundenheit.

Wo werden Sie leben?

Unsere Vision vom guten Leben diktiert uns, „wo" wir leben und „wie" wir leben. Wir kaufen nicht nur ein Haus, wir kaufen auch die ganze Umgebung – die Nachbarn, die öffentlichen Dienstleistungen, das Klima, die Steuern und die Politik. All dies steht in einer wechselseitigen Beziehung mit unseren Werten und beeinflußt, ob oder ob nicht unser Zuhause zu einem nährenden Ort der Inspiration wird, der uns erlaubt, die Fülle unseres Seins auszudrücken. Aufgrund dessen und weiterer Gründe ist es angebracht, ernsthaft darüber nachzudenken, wo wir leben werden.

Im Laufe unseres Lebens erfinden wir uns immer wieder aufs neue. Den Ort zu wechseln, kann ein großer Bestandteil davon sein, indem es uns in mehr als nur einer Weise eine neue Aussicht bietet. Helen Nearing schreibt in *Ein gutes Leben – ein würdiger Abgang*: „Wenn eine Tür zufällt, öffnet sich eine andere ... in ein anderes Zimmer, einen anderen Zeitraum, in andere Ereignisse. Es gibt viele Türen zu öffnen und zu schließen im Laufe unseres Lebens. Manche lassen wir angelehnt, wo wir hoffen und vorhaben zurückzukehren. Einige Türen werden mit Entschlossenheit zugeschlagen – 'Das nicht mehr!' Andere werden mit Bedauern leise zugemacht – 'Es war schön, aber es ist vorbei.' Eine Abreise zieht eine Ankunft an einem anderen Ort nach sich. Eine Tür zu schließen bedeutet neue Aussichten und Wagnisse, neue Möglichkeiten und neue Anreize."

Wie sieht es bei Ihnen aus? Sind Sie bereit, eine Tür zu schließen, oder sind Sie glücklich und zufrieden, wo Sie jetzt leben? Was sind Sie bereit aufzugeben für neue Aussichten, Wagnisse und Absichten?

Wenn Sie einen neuen Wohnort in Erwägung ziehen, ist es ratsam zu überprüfen, welches Ideal eines zukünftigen Lebensstils Ihnen vorschwebt, und Ihre Gedanken mit Ihren Vertrauten zu vergleichen, bevor Sie viel weitergehen. Andernfalls stellt man, nachdem man an einen neuen Ort gezogen ist, oft fest, daß man nicht das bekommen hat, was man eigentlich wollte. Das Ziel dieser Übung ist, Ihnen zu helfen, einige Bezugsgrößen zu entwickeln.

Übung: Wo werden Sie leben?

Um herauszufinden, wie Ihr augenblicklicher oder zukünftiger Lebensort zu Ihren Wünschen paßt, bewerten Sie jeden Faktor mit einer Zahl von 1 bis 7, 7 ist die höchste Wertung. Ziehen Sie zwei unterschiedliche Orte in Erwägung. Ort A ist, wo Sie jetzt sind. Für Ort B wählen Sie Orte, an denen Sie gern leben würden. Denken Sie an Orte, die Sie selbst entdeckt haben oder über die Sie etwas durch Ihre Arbeit oder Urlaube erfahren haben oder an Gegenden, die Sie aufgrund Ihrer besonderen Interessen faszinieren. Bei jeder Kategorie tragen Sie eine Zahl von 1 bis 7 ein, je nachdem, wie gut sie zu Ihrer Vision des guten Lebens paßt. (1 bedeutet: paßt nicht; 7 bedeutet: paßt perfekt).

Schlüsselmerkmale für den Faktor: Ort des guten Lebens	Sie selbst		Partner	
	A	B	A	B
Klima: Jahreszeiten, Sonnentage vs. Regentage, Temperatur, Luftqualität etc.				
Umgebung: Gebirgsnähe, Berge, Seen, Wüste, Meer, Flüsse, offenes Land, Bäume, Tiere etc.				
Immobilien: Architektur, Auswahlmöglichkeiten, Qualität, Kosten/Wert, Grundstücke				
Medizinischer Service: Versorgungsqualität in dem Gebiet, präventive und besondere Bedürfnisse				
Beförderungsmittel: Notwendigkeit zu Pendeln, öffentliche Verkehrsmittel, Flugplatz leicht erreichbar etc.				
Lebenshaltungskosten: Unkosten, Steuern, Kosten für „Lebensqualität"				
Kultur: Vielfalt von Veranstaltungen, Auswahl an Einzelhandelsgeschäften, Vielfalt, kulturelle Möglichkeiten etc.				
Gemeinde: Lebenstempo, Geistesverwandtschaft, Charakter der Gegend, Zugehörigkeitsgefühl, Bevölkerungsdichte, Verwandte etc.				
Persönliche Sicherheit: öffentliche Dienstleistungen, Kriminalitätsrate, Gefühl von Sicherheit etc.				
Bildung: öffentliche/private Schulen, Zugang zu Hochschulen, Universitäten, Aktivitäten des lebenslangen Lernens etc.				
Religion und Politik: Religions- und Rassentoleranz, Vielfalt möglicher religiöser Erfahrungen, politisches Klima etc.				
Erholung und Freizeit: Sport- und Erholungsmöglichkeiten, Nachtleben, Restaurants, Hobbys, besondere Interessen etc.				
Berufliche Alternativen: Arbeitsmarkt, Aufstiegsmöglichkeiten bzw. Wechsel möglich, lokale Wirtschaftslage, Firmenservice etc.				
Möglichkeiten für Familie und/oder Partner: Möglichkeiten für Ihre Familie oder den Partner, Angebote der Gemeinde etc.				
Gesamt:				

Die zweite Spalte ist für die Wertung des Dialog-Partners gedacht. Lassen Sie ihn diese Spalte ausfüllen, und sprechen Sie anschließend über die Ergebnisse. Um das ganze noch etwas interessanter zu machen, geben Sie Ihrem Dialog-Partner eine Kopie der Tabelle. Jeder von Ihnen sollte beide Spalten ausfüllen. Die anschließende Diskussion wird dann wahrscheinlich doppelt so interessant werden.

Bewertung

80 und mehr: Dieser Ort paßt zu Ihrer Definition des guten Lebens. Genießen Sie Ihr Glück! (Oder denken Sie darüber nach, zu packen und dorthin zu ziehen.)

65 bis 79: Diesem Ort fehlen Bestandteile des guten Lebens. Forschen Sie nach Wegen, diesen Ort lebenswerter zu machen.

50 bis 64: Dieser Ort ist annehmbar, um dort zu leben auf der Grundlage Ihrer Vision des guten Lebens. Aber was ist Ihr Plan B?

35 bis 50: Dieser Ort paßt nicht zu Ihrer Vision des guten Lebens. Legen Sie Ihren Zeitplan und Ihre Prioritäten fest, um Veränderungen vorzunehmen.

unter 35: Dieser Ort paßt äußerst schlecht zu Ihrer Vision des guten Lebens. Es scheint so, als wäre es Zeit umzuziehen, und zwar bald.

Nachdem Sie diese Übung gemacht haben, beantworten Sie die folgenden Fragen mit Ihrem Dialog-Partner.

- Bin ich, wo ich gerne sein möchte?
- Kenne ich einen Ort, an dem ich lieber wäre?
- Was macht aus einem Ort, „den Platz" für mich?
- Wie kann ich den Ort, an dem ich mich befinde, mehr zu dem Ort machen, an dem ich gerne wäre?
- Sollte ich bleiben, oder sollte ich gehen?

Sehen Sie sich um, bevor Sie aufbrechen

Wenn Sie sich nach all dem entschieden haben, daß Sie umziehen wollen, gibt es noch ein paar weise Worte hinzuzufügen, die auf Erfahrungen von vielen anderen basieren, die denselben Weg schon vor Ihnen gegangen sind. Es ist aus einer Reihe von Gründen klüger, „sich umzusehen, bevor man geht". Hier sind einige Möglichkeiten, um Ihren zukünftigen Wohnort auszukundschaften, bevor Sie tatsächlich dorthin ziehen.

1. *Finden Sie jemanden, der die Arbeit ausübt, die Sie tun möchten.*
   Dies ist Ihre Schlüsselquelle. Fragen Sie jeden, den Sie kennen oder mit dem Sie in Kontakt kommen, ob ihm jemand bekannt ist, der an diesem Ort dieselbe Art von Arbeit wie Sie ausübt. Persönliche Gespräche können Ihnen ein „Gefühl für die Arbeit" an diesem Ort vermitteln sowie die wegweisenden Informationen geben, die Sie brauchen, um eine Entscheidung zu treffen. Die kritische Frage ist wahrscheinlich „Kann ich dort ein ausreichendes Einkommen erzielen?" Finden Sie heraus, ob die Sie motivierenden Talente in der Gemeinde oder in der unmittelbaren Nähe gefragt sind. Gibt es eine Möglichkeit, den lokalen Arbeitsmarkt zu prüfen, bevor Sie sich ganz festlegen? Können Sie ein Praktikum machen? Wenn Sie Ihr Arbeitsgebiet wechseln oder ein neues Geschäft eröffnen wollen, reden Sie mit Experten in Ihrem Bereich darüber. Wenn Sie diesen wahrheitsgemäß sagen, worum es Ihnen geht, werden Ihnen die meisten das sagen, was Sie wissen möchten. Seien Sie offen und ehrlich über Ihre Absichten, selbst wenn Sie eine mögliche Konkurrenz für Ihren Gesprächspartner sein sollten. Die Schlüsselfrage, die Sie sich selbst stellen sollten, ist: „Was habe ich diesem Ort zu geben?"

2. *Schreiben Sie an die örtliche Industrie- und Handelskammer mit der Bitte um Empfehlungen.*
   Nennen Sie die Schlüsselfaktoren des Ortes, über die Sie etwas wissen möchten. Fragen Sie um Rat, ob die Gemeinde zur Verfügung stellt, was Sie suchen.
3. *Abonnieren Sie die lokale Tageszeitung des Ortes, an dem Sie interessiert sind.*
   Sie bekommen ein umfassendes Gefühl für die Gegend, da sich das Blatt an die dort Ansässigen wendet und über sie berichtet. Könnten Sie sich vorstellen, einer von ihnen zu sein?
4. *Wochenendausflug*
   Machen Sie einen Wochenendausflug an den Ort, der Sie interessiert. Entspannen Sie sich und genießen Sie es. Dies muß nicht ein „Entscheidungswochenende" sein. Sie möchten sich viele Plätze am Ort ansehen. Probieren Sie alles aus – Restaurants, Erholungsmöglichkeiten, Lernangebote. Sprechen Sie mit den Ortsansässigen, stellen Sie Hunderte von Fragen.
5. *Machen Sie einen längeren Urlaub.*
   Machen Sie einen zweiten Besuch. Je länger Sie bleiben können, um so besser wird Ihr Gefühl für den Ort. Betrachten Sie sich als einen zukünftigen Vermögenswert für den Ort – jemand, der der Gemeinde einen Wert hinzufügen kann. Prüfen Sie die Immobilienangebote. Bitten Sie lokale Immobilienmakler, Sie herumzuführen. Machen Sie eine Liste mit Fragen, die Sie bezüglich des lokalen Wohnungsmarktes haben. Fahren Sie herum, um ein umfassendes Bild davon zu bekommen, was zu verkaufen und was in der Gemeinde zu vermieten ist. Sprechen Sie mit Menschen in der Nachbarschaft und stellen Sie ihnen alle Fragen, die Ihnen einfallen.

Postkarten-Übung

„Wo werden Sie leben?"

Nachdem Sie nun über die Frage „Wo werden Sie leben?" nachgedacht haben, müssen Sie sich auf die Faktoren konzentrieren, die für Sie am wesentlichsten sind. Diese Übung hilft Ihnen herauszufinden, welche Punkte auf Ihrer Liste am wichtigsten sind.

Versuchen Sie, sich ein geistiges Bild des Ortes zu schaffen, an dem Sie leben möchten. Je deutlicher Sie sich diesen Ort vorstellen können, um so einfacher wird es sein, damit zu arbeiten.

1. Stellen Sie sich vor, wie Sie Ihren Ideal-Ort besuchen – egal, ob es sich um Ihren jetzigen Wohnort oder um Plan B handelt. Gestalten Sie auf der Vorderseite der Karte ein Bild, das die Schlüsselelemente des Ortes darstellt.
2. Auf die Rückseite der Postkarte schreiben Sie eine kurze Notiz für Ihren Dialog-Partner, die erklärt, warum Sie diesen Ort so sehr lieben.

   Zum Beispiel: „Ich verdiene meinen Lebensunterhalt immer noch als Lehrer, arbeite aber nur als Teilzeitvertretung. Ich habe meine eigene Beratungsfirma eröffnet, in der ich Eltern und Schülern helfe, sich für eine passende Schule zu entscheiden. Ich kann viele Tage mit meiner Frau verbringen. Wir machen mindestens an einem Wochenende im Monat eine Rucksacktour. Wir besitzen genug Land, um unsere Hunde und Katzen in einer gesunden Umgebung halten zu können. Ich treibe

regelmäßig Sport, weil ich einen ausgeglichenen Lebensstil führe. Ich habe viel mehr Zeit und Energie, um abends wirklich zu lesen, ohne daß ich über meinen Büchern einschlafe."
3. Schicken Sie die Postkarte ab, und nachdem Ihr Partner diese erhalten hat, diskutieren Sie die Übung „Wo werden Sie leben?" gemeinsam. Testen Sie, ob Sie immer noch in gleicher Weise über diesen Ort denken, nachdem Sie mit Menschen geredet haben, deren Meinungen Sie achten.

10 Wo packen Sie aus?

*Leben, die auf Haben beruhen, sind weniger frei,
als Leben, die entweder auf Tun oder Sein beruhen.*
William James

Wie läuft's?

Haben Sie Zeit zu antworten, oder fühlen Sie sich, wie viele Menschen heutzutage, zu gestreßt, um richtig denken zu können, geschweige denn, um antworten zu können?

Der Wecker klingelt um 5.30 Uhr. Nach der dritten automatischen Alarmwiederholung torkeln Sie unter die Dusche, bereits hinter Ihrem Zeitplan zurückliegend. Sie werfen ein paar Kleider über, schlingen Ihr Frühstück hinunter und stürmen aus der Tür. Auf dem Weg zum Büro gibt es weder Frieden noch Ruhe – wenn Sie nicht auf der Hetzjagd durch den Verkehr bereits per Handy telefonieren, eilen Ihre Gedanken voraus zu Anrufen, die Sie sofort erledigen müssen, sobald Sie im Büro ankommen. Aufträge, Fristen und Besprechungen drücken von allen Seiten auf Sie ein. Ihre „Zu-tun-Liste" sieht aus wie der Flughafenzeitplan – nur muß in Ihrem Fall alles pünktlich erledigt sein. Es wird behauptet, daß der durchschnittliche Angestellte nicht mehr als sechs aufeinanderfolgende Minuten hat, um sich auf eine Aufgabe zu konzentrieren. Dies hört sich in Ihren Ohren wie der reine Luxus an. Sie müssen immer mindestens zwei Dinge gleichzeitig bewältigen, um nicht hoffnungslos zurückzufallen. „Sie fragen mich, wie es geht? Das kann ich Ihnen sagen! Es läuft!"

Wann hatten Sie das letzte Mal Zeit, sich zu entspannen, langsam zu machen und ganz auszupacken, und wo auf der Welt war es Ihnen möglich, dies zu tun? Wann haben Sie sich zum letzten Mal gefragt „Wie geht's?" und wohin haben Sie sich zurückgezogen, um die Antwort zu hören?

Paradoxerweise ist es so, daß je mehr wir unsere „Markierungen" in der Welt hinterlassen, desto weniger „gehört" uns wirklich von der Welt. Während wir Fertigkeiten und finanzielle Ressourcen aufbauen, die uns Türen öffnen, ziehen wir andere hinter uns zu, bis der Raum, den wir haben, ganz verschwunden ist. Wir stopfen unsere Tage so voll, daß wir keinen Platz mehr haben, um auszupacken – selbst wenn wir die Zeit hätten, dies zu tun. Und noch paradoxer ist, je mehr es notwendig wäre, daß wir auspacken, um so weniger sind wir dazu in der Lage.

Das Streben nach dem guten Leben ist ein Produkt von täglichen Terminplänen und nächtlichen Träumen, aber um es wirklich leben zu können, müssen Sie einen Ort finden jenseits der täglichen Terminpläne und außerhalb der Träume, einen Ort, wo die Zeit stillzustehen scheint und Sie in ihr stillstehen können.

Wir entwickeln unsere Vision des guten Lebens, indem wir darüber sprechen, indem wir ihm durch Dialoge und Gespräche eine Form verleihen. Aber um die Realität dieser Vision wirklich erfahren zu können, müssen wir von Zeit zu Zeit Urlaub von den Worten machen. Wir müssen aufhören zu reden und zuhören – zuhören, was unsere Herzen, unsere Körper und die Welt um uns herum sagt. Um dies zu tun, müssen wir einen „Horchposten" finden, irgendwo auf dem Weg. Frederic Lehrman sagt in *The Secret Landscape,* daß ein Horchposten dort ist, „wo die Stimmen der Erde deutlicher gehört werden können". Gehen Sie zu diesen Orten und hören Sie zu. Wenn Sie sie einmal gehört haben, werden sie Sie überall erreichen können."

Wohin gehen Sie, damit die Stimmen der Erde Sie erreichen können? Wo ist Ihr Horchposten?

„Horchposten"

Sigurd Olson schreibt in seinem Buch *Listening Point*: „Ich nannte diesen Ort Horchposten, denn nur, wenn man beginnt zuzuhören, nur wenn man bewußt und still ist, können die Dinge gesehen und gehört werden. Jeder hat irgendwo seinen Horchposten."

Wo ist Ihr „Horchposten"? Wo sind Ihre Orte der Stille, wo das Universum mit Ehrfurcht betrachtet werden kann?

Larry Christie, ein erfolgreicher Versicherungsagent, bricht jeden Freitagmittag zu seinem Horchposten auf. Die fünfstündige Fahrt zu seinem Blockhaus am Tait Lake in Nord-Minnesota wurde selbst zu einem Ritual. Während der Fahrt hört er sich Kassetten mit Lyrik und klassischer Literatur an. Larry sagt über seine Blockhütte: „Sie ist mein geistiges Refugium, wo das gute Leben vorherrscht. Meine Frau Jean und ich betrachten sie als unser 'Zuhause'. Wir lesen, schreiben Tagebuch, hören klassische Musik und unternehmen lange Spaziergänge mit unserem Hund."

„Ich liebe wirklich mein Leben im Alter von nun 60 Jahren", sagt er: „Ich habe das Gefühl, daß ich lange Zeit gesät habe, und nun bin ich dabei zu ernten. Heute widme ich der Liebe und dem Ort mehr Aufmerksamkeit als der Arbeit. Ich setze mich selbst weniger unter Druck. Ich weiß, daß ich mich nie ganz zur Ruhe setzen werde, aber ich werde mein Arbeitspensum bald auf drei Tage in der Woche reduzieren, so daß ich noch mehr stille Zeit in der Hütte verbringen kann. Sie ist der Ort, der meine Seele wirklich öffnet."

Einer von Dicks Rückzugspunkten ist seine 110 Jahre alte Blockhütte am Rande des Chequamegon Nationalparks, einem Gebiet von über hundert Millionen Morgen Wald, Seen und Flüssen, die die „Great Divide"-Landschaft von Nordwest-Wisconsin bilden. Dick erklärt:

Wenn ich dort oben bin, ist mein Schritt langsam und bedächtig, wie der der Jahreszeiten um mich herum. Ich habe kein Telefon und keine Elektrizität. Die Abende werden erwärmt von den romantischen Schatten des Holzofens und der Kerosinlampen. In den letzten zehn Jahren habe ich diese Hütte als einen meiner Horchposten benutzt, um zu schreiben und mich zu regenerieren.

———◆———

Zu unterschiedlichen Zeiten in unserem Leben sehnen wir uns alle nach einem Horchposten – einem Platz, an dem wir auspacken und ganz wir selbst sein können. Aber nur wenige handeln entsprechend dieser Sehnsucht. Einer, der aufhörte, auf den Rhythmus eines anderen Trommlers zu hören, war Henry Thoreau. Er erklärte, warum er allein in den Wäldern bei Walden Pond lebte: „Ich zog in die Wälder, um bewußt zu leben, um mich nur mit den wesentlichen Dingen des Lebens auseinanderzusetzen. Und ich wollte sehen, ob ich nicht das lernen konnte, was das Leben zu lehren hatte, anstatt in der Stunde des Todes zu entdecken, daß ich nicht gelebt hatte."

Dick gibt zu, daß seine Motivationsgründe ähnlicher Natur sind:

———◆———

Nach dem Schreiben ziehe ich oft meine Wanderstiefel an und gehe los in die Wälder. Manchmal wird mein Spaziergang von einem Hirsch oder einem Schwarzbären, der den Weg heruntertrottet, unterbrochen. Auf diesen Wanderungen geht mir oft durch den Sinn, daß die lebendigsten Menschen, die ich kenne, sich alle etwas Zeit nehmen, um still zu sein. Sie wissen, wie sie in den meisten Situationen, in denen sie sich wiederfinden, präsent sein können, weil sie sich die Zeit nehmen, sich selbst zuzuhören.

———◆———

1933 entschied sich Admiral Richard E. Byrd, die sieben dunklen Wintermonate der Antarktis allein auf einer Wetterstation tief im Inneren des Kontinents zu verbringen. „Ich wollte von einer erfüllenden Philosophie profitieren", sagte er. Er entdeckte „die pure Erregung der Stille." Während dieser Zeit schrieb er: „Es gab Momente, in denen ich mich lebendiger fühlte als jemals zuvor in meinem Leben." Byrd realisierte, daß „die Hälfte des Durcheinanders in der Welt daher rührt, daß wir nicht wissen, wie wenig wir eigentlich brauchen."

Natürlich müssen Sie sich nicht in die Antarktis absondern, um den Klang der Stille zu hören. Dave findet seinen Horchposten im Herzen der Stadt:

———◆———

Vor allem in Sommernächten setze ich mich gern auf mein Rad und fahre durch die Stadt. Ich empfinde ein unheimlich starkes Gefühl von Freiheit, wenn ich das Leben um mich herum beobachten kann, aber nicht gleichzeitig im Verkehr feststecke oder auf überfüllten Gehwegen oder in verrauchten Bars. Ich höre auf das Geräusch des Windes, der mir um den Helm fegt und sich mit Gesprächsfetzen vermischt, die ich beim Vorbeifahren aufschnappe. Die fortwährende Collage von Bildern, die an meinem Gesichtsfeld vorbeiziehen, weitet meinen Geist. Meine beste kreative Arbeit leiste ich, wenn ich in der Nachtluft allein bin; allein mit mir, meinem Fahrrad und der halben Million Geschichten, die in der nackten Stadt herumschwirren.

———◆———

Der Managementberater Tom Thiss empfindet eine Ortsverbundenheit, wenn er aufwühlende Prosa liest, auf einem historischen Punkt oder an einem wunderschönen Naturschauplatz steht, sich eine Beethoven-Symphonie anhört oder eine stimulierende Idee diskutiert. Er sagt: „Ich habe meine fünf Monate alte Enkelin zum ersten Mal alleine gefüttert, und es war die friedvollste Sache der Welt. Wen würde das nicht rühren? Wenn ich heute an irgendeinem Platz völlig präsent bin, erwarte ich Wunder."

Bis vor kurzem zog Tom – wie viele von uns – sein Bewußtsein für das gute Leben aus dem Lebensstil, den er um sich herum errichtet hatte. Es war ein Lebensstil mit wenig, wenn überhaupt, Raum für Reflexionspausen. Bei ihm war eine wirkliche Krise notwendig, um innezuhalten und darüber nachzudenken, ob dies wirklich der Ort war, an dem er sein wollte.

„Ich war so gefangen in dem, was ich zu tun hatte, was andere von mir erwarteten, daß ich meine Vision nicht an die erste Stelle setzte. Irgendwo auf dem Weg verlor ich mein Gefühl für das, was ich im Innersten sein wollte. Dann entdeckte ich, daß ich Prostatakrebs hatte. Plötzlich verlor die Zeit jegliche Relevanz. Die 'Qualität des Augenblicks' wurde meine neue Definition des guten Lebens.

Im Heilungsprozeß muß man Herz, Kopf und Körper in eine Linie bringen. Ich wünschte, ich hätte dies früher in meinem Leben gewußt, da nun alles an Fülle zunimmt – alles ist qualitativ reicher. Ich kann die Farbe eines Weihnachtssterns mit Ehrfurcht bewundern. Diese Präsenz finden Sie bei Kindern, bei einfachen Leuten oder vielleicht auch in primitiveren Gesellschaften, wo das Leben, wie Thoreau sagt, 'näher am Knochen ist'."

Tom verbringt nun täglich zwei Stunden mit Yoga, Meditation und Reflexion. Er sagt: „Dies ist meine höchste Priorität. Ich organisiere meinen täglichen Zeitplan sorgfältig und halte routinemäßig inne, um zuzuhören und zu fragen, ob meine beabsichtigten Aktivitäten verstärken, was ich wertschätze. Ich versuche, meinen Kalender so einzurichten, daß er meinen Lebenssinn unterstützt. Es ist nicht einfach für mich, zielbewußt zu bleiben, auf meine intuitiven Botschaften zu hören. Meine Routine unterstützt mein Gefühl für Ordnung und Schönheit und letztendlich mein Bewußtsein für meinen Platz im Universum."

Urlaub von den Worten

Der erwachsene Durchschnittsamerikaner spricht etwa 5000 Worte täglich, und das gleiche gilt für einen Durchschnittseuropäer. Je erfolgreicher wir werden, um so mehr reden wir in der Regel. Die Worte sprudeln aus uns heraus, oft mit großer Heftigkeit. Wir haben so viel zu sagen, es bleibt keine Zeit, um zuzuhören – nicht jemand anderem und sicherlich nicht uns selbst.

Aus diesem Grund kann ein 24-Stunden-Mini-Urlaub von den Worten an Ihrem bevorzugten „Horchposten" so wichtig sein. Ein Urlaub von Worten bietet eine einzigartige Möglichkeit, Selbsterneuerung zu erfahren. Es ist eine Gelegenheit, alles für eine kurze Zeit auszupacken, selbst angesichts erdrückender Geschäftigkeit. Es ist eine Chance, einen neuen Grund dafür zu finden – oder einen alten wiederzuentdecken –, warum wir morgens aufstehen.

Ein 24stündiger Rückzug an Ihren Horchposten erlaubt es der Wahrheit, sich wieder in Ihr Leben zu schleichen. Er gibt Ihnen die Möglichkeit, sich selbst zu fragen: „Was versucht die Situation, in der ich mich gerade befinde, oder der Mensch, mit dem ich zusammen bin, mich zu lehren?" und vor allem gibt er Ihnen den Raum, den Sie brauchen, um die Antwort wirklich zu hören.

Im folgenden Abschnitt sind zwölf Punkte aufgeführt, über die Sie an Ihrem Horchposten nachdenken können. Einige davon sind Ideen, die schon an anderer Stelle in diesem Buch angeregt wurden. Über andere Punkte haben wir in unseren eigenen Reflexionsperioden nachgedacht. In jedem Fall möchten wir Sie darin bestärken, sich an Ihrem Horchposten Zeit zu nehmen, um Urlaub von den Worten zu machen und über einen oder mehrere der hier aufgeführten Punkte nachzudenken. Sie müssen darüber mit niemandem reden – einfach nur zuhören.

Reflexionen zum Umpacken

1. *Entdecken Sie Ihre versteckten Talente wieder.*
Der Quell des Lebens ist das Erschaffen. Talente sind der kreative Kern Ihres Lebens. Was erschaffen Sie? Drücken Sie Ihre Talente vollständig aus? Wenn nicht, wie können Sie dies tun?
2. *Fordern Sie Ihren Lebenssinn zurück.*
Talente entwickeln sich am besten, wenn sie mit einem Sinn verschmelzen. Wenn Sie Ihre Talente für etwas einsetzen, woran Sie wirklich glauben, fühlen Sie sich viel energiegeladener, stärker engagiert und enthusiastischer bei allem, was Sie tun. Haben Sie Ihren Sinn zurückgefordert? Wenn nicht, was können Sie tun, um ihn zu besitzen?
3. *Entdecken Sie Ihren Beruf neu.*
Zufriedenheit führt immer zu Unzufriedenheit. Die meisten Dinge, die man ständig wiederholt, werden mechanisch. Selbst die Dinge, die wir am meisten lieben, werden schal, wenn wir sie nicht regelmäßig erneuern. Entdecken Sie regelmäßig Ihre Arbeit neu? Halten Sie ständig nach neuen Problemen Ausschau, die gelöst werden müssen, nach neuen Aufgaben, auf die Sie sich mit Begeisterung stürzen können? Wie können Sie Ihren Beruf neu erfinden, so daß Sie jeden Morgen (oder zumindest die meisten Morgen) aufstehen und gespannt sind auf das, was vor Ihnen liegt?
4. *Wählen Sie Ihren persönlichen Verwaltungsrat neu.*
Die meisten von uns können ihre Erfolge auf den Kardinalsbeistand von anderen Menschen zurückverfolgen. Welches sind die wichtigen Beziehungen, die Sie auf Ihrem Weg gestützt haben? Welches sind die Menschen in Ihrem Leben, auf deren Ratschläge und Hinweise Sie sich verlassen haben? Betrachten Sie diese als Ihren persönlichen Verwaltungsrat. Stellen Sie sich vor, wie Sie sich mit diesen Menschen zu einer Verwaltungsratsitzung treffen. Sie sitzen alle um den Tisch. Wer

würde am Kopf sitzen? Sind Sie es? Wenn Sie jetzt dort sitzen würden, welche Besprechungspunkte würden Sie einbringen? Wie möchten Sie, daß die anderen reagieren, und nach welcher Art von Unterstützung suchen Sie?

5. *Lernen Sie dazu.*

Wenn das Tempo, in dem Sie lernen, nicht gleich schnell oder schneller ist als das Tempo, in dem sich heutzutage die Veränderungen vollziehen, werden Sie bald „überholt" sein. Ebenso wie eine erfolgreiche Firma müssen Sie sich ernsthaft für Forschung und Entwicklung engagieren. Forschen Sie nach neuen Möglichkeiten, und entwickeln Sie neue Fertigkeiten. Lernen bringt Lebendigkeit. Was lernen Sie mit Begeisterung? Wie können Sie immer wieder Ihre eigenes Wachstum steigern?

6. *Packen Sie Ihr Beziehungsgepäck um.*

Viele von uns haben, selbst in unseren tiefsten, persönlichsten Beziehungen, einen zum Teil gepackten Koffer an der Tür stehen. Betrachten Sie die wichtigsten Beziehungen in Ihrem Leben. Führen Sie mit den Menschen, die Sie lieben, „radikale Konversationen"? Fühlt es sich so an, als ob Sie einen „großartigen Dialog" entwickelt haben? Die Nummer eins aller Beziehungsprobleme ist unterdrückte Kommunikation. Wie können Sie mit den Menschen, die Sie lieben, ganz auspacken und die Tür für eine tiefere, bedeutungsvollere Kommunikation öffnen?

7. *Setzen Sie neue zeitliche Grenzen.*

Nehmen Sie Ihren Kalender und Ihr Scheckheft zur Hand. Prüfen Sie, wie Sie zwei Ihrer wertvollsten Währungen ausgeben – Ihre Zeit und Ihr Geld. Sind Sie damit zufrieden, wo Ihre Zeit und Ihr Geld hingehen? Wann haben Sie sich zum letzten Mal vor dem Schlafengehen gesagt, „dies war ein lohnender Tag?" Sagen Sie konsequent „Nein" zu den weniger wichtigen Dingen in Ihrem Leben und „Ja" zu Ihren wirklichen Prioritäten?

8. *Schreiben Sie Ihre eigene Vision des guten Lebens um.*
Die selbsterfüllende Prophezeiung ist die sicherste von allen – wenn Sie es erträumen können, können Sie es auch tun. Hüten Sie sich davor, irgendwann in der Zukunft aufzuwachen und feststellen zu müssen, daß Sie die Vision des guten Lebens von jemand anderem gelebt haben. Blicken Sie nach vorne. Träumen Sie ein wenig. Wie sieht Erfolg für Sie wirklich aus? Es ist der 31. Dezember 1999, 23.59 Uhr. Das neue Jahrtausend bricht an. Wo sind Sie? Mit wem sind Sie zusammen? Welcher Arbeit gehen Sie nach? Haben Sie ein (Lebens-)Ziel?
9. *Erneuern Sie sich täglich selbst.*
Sind Sie stets dabei, irgendwo hinzugehen und nie irgendwo zu sein? Leiden Sie an der „Hetz-Krankheit", die in unserer heutigen Gesellschaft so häufig ist? Wenn Ihr Gehirn ständig mit den Geräuschen und dem Geschnatter des modernen Lebens erfüllt ist, dann zeigen Sie bereits die Symptome. Wenn sich Ihr Herz und Ihr Geist taub anfühlen, dann wissen Sie, daß Sie diese Krankheit haben. Das Gegenmittel: Regelmäßige Auszeiten, Mini-Urlaube, Termine mit sich selbst. Bereits 15 Minuten täglich können Wunder bewirken. Sind Sie regelmäßig zu einer bestimmten Zeit und an einem bestimmten Ort allein, um sich täglich selbst zu erneuern?
10. *Finden Sie Ihr Lächeln wieder.*
Der Durchschnittsmensch lächelt 15mal am Tag. Scheint Ihnen dies viel oder wenig? Haben Sie trotzdem Spaß? Erfahren Sie wirkliche Freude? Spaß und Freude sind zwei unterschiedliche Dinge. Spaß ist ein äußerer Ausdruck, Freude ist ein inneres Glühen. Freude entspringt aus einer Harmonie zwischen Ort, Liebe, Arbeit und Lebenssinn. Fühlen Sie mehr oder weniger Freude in Ihrem Leben als letztes Jahr um dieselbe Zeit? Warum oder warum nicht?

Postkarten-Übung

Horchposten

Nachdem Sie eine gewisse Zeit allein an Ihrem Horchposten verbracht haben – oder zumindest daran gedacht haben, diese dort zu verbringen –, lohnt es sich zu überlegen, wen Sie bei Ihrem nächsten Besuch miteinbeziehen könnten. Hier ist eine Postkarten-Übung, die Ihnen helfen wird, dies zu tun.
Welches ist Ihr Horchposten?
Stellen Sie sich vor, Sie könnten für ein Wochenende an jeden „Horchposten" in der Welt reisen, um einen weisen Menschen über das gute Leben zu befragen.

1. Auf der Vorderseite der Postkarte gestalten oder befestigen Sie ein Bild von dem Ort, an den Sie reisen würden, um zu schreiben und zu reflektieren, – einen Ort, an dem Sie über das große Bild Ihres Lebens nachsinnen können.
2. Auf die Rückseite der Postkarte schreiben Sie die wichtigsten Fragen zum guten Leben, zu denen Sie gerne den Ratschlag eines weisen Menschen hätten.
3. Adressieren Sie die Postkarte an den Menschen, von dem Sie am liebsten einen Rat hätten. Dieser Mensch kann Ihnen bekannt oder unbekannt sein, er kann leben oder bereits verstorben, berühmt oder unbekannt sein.
4. Senden Sie die Postkarte an einen Dialog-Partner, und diskutieren Sie Ihren „Horchposten" mit ihm. Wo befindet sich dieser? Wie oft suchen Sie diesen auf? Über welche Fragen des guten Lebens denken Sie nach und wie?

Packen Sie Ihr Gepäck um

Was möchte ich mit mir tragen?

Buddha hinterließ eine Straßenkarte,
Jesus hinterließ eine Straßenkarte,
Krishna hinterließ eine Straßenkarte,
Rand McNally hinterließ eine Straßenkarte.
Aber bereisen mußt du die Straße immer noch selbst.
Stephen Levine

Wie wenig, wieviel?

An vielen Punkten unserer Reise durchs Leben müssen wir entscheiden, was wir mitnehmen und was wir zurücklassen möchten, und wenn wir uns einmal entschieden haben, wie wir es tragen wollen.

Die Entscheidung zentriert sich oft um die drei Bereiche von Arbeit, Beziehungen und Ort, über die wir gesprochen haben. Wieviel Arbeit? Wieviele Beziehungen? Wieviel Besitz und Bindungen an unseren Ort?

Wenn wir zu viel tragen, werden wir so stark niedergedrückt von Arbeit, Menschen und Besitz, daß wir erschöpft sind, bevor wir unseren Bestimmungsort erreicht haben. Wenn wir zu wenig mitnehmen, sind wir einsam und verletzlich und haben nur eine geringe Chance, unsere Ziele zu erreichen. Unsere einzige Hoffnung auf Erfolg ist, uns zuerst darüber klarzuwerden, was wir brauchen, und dann herauszufinden, welches der beste Weg ist, die Last zu tragen.

Deshalb müssen wir uns selbst ein paar Fragen stellen. Erstens, ganz allgemein: „Wieviel ist genug?" und zweitens, in bezug auf jedes einzelne Gepäckstück: „Was möchte ich wirklich mit mir tragen?"

Wir müssen ebenfalls anerkennen, daß, egal wie gut wir auch planen, sich unsere Bedürfnisse auf dem Weg ändern werden. Viele Dinge, die wir vor der Reise auf dem Bett ausgebreitet hatten, erscheinen uns weit weniger wichtig, wenn wir einmal unterwegs sind. Durch Erfahrung finden wir heraus, was wirklich wesentlich ist und wieviel wir bequem tragen können. Das Ergebnis ist, daß wir oft unterwegs unsere Last erleichtern müssen – nicht nur physisch, sondern auch psychisch. Bei jedem Schritt, den wir bergauf steigen, müssen wir uns selbst fragen: „Was brauchen wir *wirklich*?"

Dick erinnert sich an ein Erlebnis, das genau darin bestand.

Ich war in Afrika und führte auf einer meiner Inventure-Expeditionen zwölf Rucksackreisende den Kilimandscharo hoch. Als wir uns mit 50 Pfund Gewicht auf dem Rücken durch die Wolken hocharbeiteten, war es kein Wunder, daß wir an den Punkt kamen, die Frage zu diskutieren: „Was tragen wir mit uns? Was brauchen wir wirklich?"

Wir fragten uns laut, welche Momente und welche Situationen uns die meiste Freude geschenkt hatten. Bei den meisten der Gruppe waren dies große Ereignisse, wie Hochzeit, Geburt eines Kindes, Beförderung etc.

Ich hatte jedoch mit dieser Frage zu kämpfen, drehte sie während unseres Aufstiegs immer und immer wieder in meinem Kopf herum. Zuerst dachte ich an berufliche Höhenflüge – Bücher schreiben, Programme entwerfen, wichtige Reden halten – aber das traf es nicht ganz. In der Regel war ich in diesen Situationen weniger glücklich als vielmehr besorgt, wie sie meine Karriere, meinen Erfolg oder meinen Geldbeutel beeinflussen würden.

Am Abend, als wir in 4.500 m Höhe unser Camp aufgeschlagen hatten, formulierten wir die Frage anders: „Wann haben Sie sich das letzte Mal wirklich lebendig gefühlt?"

Angesichts der Tatsache, daß sich die meisten von uns aufgrund der Höhe und der Erschöpfung halbtot fühlten, schien dies eine recht ironische Fragestellung zu sein. Noch ironischer war jedoch der blendende Blick auf das Offensichtliche, den ich plötzlich hatte.

„Ich erinnere mich genau an das letzte Mal," platzte ich heraus, „Jetzt! Das ist es. Ich habe mich nie so lebendig gefühlt!"

Es ging nicht nur darum, den Berg zu besteigen oder den Gipfel zu erreichen oder ein Safari-Erlebnis zu haben. Zusammen dort oben zu sein, mit niemandem, der uns helfen konnte, außer uns selbst, gab mir das Gefühl, lebendig zu sein, so lebendig, wie sich eine Seele nur fühlen konnte. Ich fühlte mich an der Grenze!

Diesem Gefühl von Lebendigsein nachzujagen ist es, worum es im Leben – und in der Midlife-crisis – geht. Es spielt keine Rolle, woher diese Lebendigkeit kommt. Das Gefühl kann dem Erforschen unserer Grenzen in einer Vielzahl von Bereichen entspringen: Geist, Körper, Emotionen oder Seele.

Einer der Gründe, warum Menschen alt werden – ihre Lebendigkeit verlieren – ist, daß sie von all ihrem Krimskrams niedergedrückt werden. Richard Gregg nannte es „freiwillige Einfachheit, das Vermeiden von äußerem Wirrwarr, von vielen Besitztümern, die irrelevant für den Hauptsinn des Lebens sind."

Dave schildert seine eigene Sichtweise.

Nach dem College ging ich direkt auf die Highschool und brach nach drei Wochen wieder ab. Ich packte viel zuviel von dem, was ich besaß, in einen Rucksack und ging los, um quer durch Kanada zu trampen, von Toronto nach Vancouver. Am ersten Tag saß ich am Ufer des Ontario-Sees und schrieb in mein Tagebuch: „Zum ersten Mal in meinem Leben habe ich keine Angst vor dem Tod oder irgend etwas anderem. Ich mache, was ich will, und deshalb könnte ich, obwohl ich es natürlich nicht will, ohne Bedauern sterben. Ich lebe vollständiger als jemals zuvor." Nun frage ich mich, wie oft habe ich dieses Gefühl noch?

———◆———

Die Antwort beginnt mit einer einfachen Bestandsaufnahme, die wir als Umpack-Inventur bezeichnen.

Die Umpack-Inventur

Sie tun dies jeden Tag. Inventur zu machen bedeutet einfach, sich selbst zu fragen: „Was habe ich?" Durchs Haus zu rasen und nach den Autoschlüsseln zu suchen, ist eine Art von Inventur. Ihren Wandschrank nach einer letzten Bluse oder einem sauberen Shirt, das Sie anziehen könnten, zu durchstöbern, eine andere.

Egal, welche Formen es annimmt, Inventur zu machen ist eine Aktivität, bei der wir alle etwas lernen können. Wann sind Sie das letzte Mal umgezogen? Als Sie Kiste um Kiste eingepackt haben, waren Sie da erstaunt, wieviel Zeug Sie angesammelt hatten während der Zeit in diesem Haus? Haben Sie sich gewünscht, Sie hätten lieber schon früher einmal ausgemistet und aussortiert? Dave erinnert sich, wie sein Besitzstand angewachsen ist:

———◆———

Bei meinem ersten bedeutenden Umzug (nach der Highschool von Pittsburgh nach San Francisco) konnte ich alles, was ich besaß, in einem sehr großen Rucksack verstauen. Fünf Jahre später, als ich nach Los Angeles zog, nahm ich drei Koffer mit ins Flugzeug. Vier Jahre danach, als ich nach Santa Fé, New-Mexico, umgesiedelt bin, füllten meine Besitztümer den ganzen Rücksitz meines Autos. In Santa Fé habe ich geheiratet, und als meine Frau Jennifer und ich einige Jahre später nach Minnesota umgezogen sind, benötigten wir einen kleinen Transporter. Bei unserem letzten Umzug, das war vor fünf Jahren, brauchten wir einen richtig großen Möbelwagen und drei sehr starke junge Männer, um unsere weltlichen Güter zu transportieren.

Nicht alles in dieser Ansammlung ist sinnlos, aber auch nicht alles ist sinnvoll. Bei Ihrer Inventur geht es einfach darum zu prüfen, was da ist. Deshalb möchten wir Sie ermutigen, nun eine kurze Bestandsaufnahme Ihrer Dinge zu machen. Nehmen Sie sich 15 oder 20 Minuten Zeit, um mental oder physisch durch Ihr Leben zu wandern. Betrachten Sie alle Dinge, die Sie mittragen. Öffnen Sie alle Wandschränke. Wieviel von dem, was Sie angehäuft haben, ist sinnvoll? In anderen Worten, wieviel davon hilft Ihnen, dahin zu kommen, wo Sie hingehen, und wieviel belastet Sie nur?

Die meisten Menschen empfinden dies als eine unglaublich befreiende Erfahrung. Unsere Freunde Richard und Susie Peterson machten vor kurzem eine Umpack-Inventur, bei der sie alles in ihrem Leben neu bewerteten – mit Ausnahme ihrer tiefen Liebe und ihrer gegenseitigen Verbundenheit. Alles andere konnte wegfallen – Ort, Arbeit etc. –, aber die gegenseitige Verbundenheit mußte bleiben.

Indem sie ihre Habseligkeiten durchgingen und diese in Gruppen einteilten – behalten, weggeben, auf den Speicher –, bekamen die beiden eine erstaunliche, neue Perspektive. Sie fühlten im wahrsten Sinne des Wortes ein neues Gefühl von Leichtigkeit in ihrem Leben – ein Gefühl von Lebendigkeit, das unter den Verpflichtungen begraben lag, die mit all dem, was sie getragen hatten, verbunden waren.

Wenn Sie Ihren Bestand durchgehen, hilft es Ihnen vielleicht, die Dinge ebenfalls einzuteilen:

- Dinge, ohne die Sie *nicht leben können*.
  Dies ist die Fundament-Kategorie. In Richards und Susies Fall war es deren tiefe und beständige Bindung aneinander.

- Dinge, ohne die Sie *nicht leben möchten*.
  Dies sind die Dinge, die Sie behalten möchten. Die Dinge, die zu Ihrer Wertschätzung des Lebens beitragen. Die Dinge, die Sie in Ihrem Zuhause, um sich herum haben möchten.
- Dinge, bei denen Sie sich *nicht sicher sind*.
  Dies sind Dinge, die Sie noch nicht bereit sind loszuwerden, die Sie aber auch nicht zur Hand haben müssen. Für Richard und Susie waren dies die Dinge, die sie auf den Speicher brachten.
- Dinge, die Sie *loswerden wollen*.
  Dies sind Dinge, die ihre Nützlichkeit für Sie überdauert haben oder die Sie nicht länger schön finden oder die Sie einfach nicht wollen – Dinge, die Sie belasten. Finden Sie heraus, wieviel inneren Auftrieb Sie fühlen, wenn Sie diese weggeben.

Eine letzte Anmerkung zu Ihrer Inventur: Wie immer möchten wir Sie ermutigen, mit Ihrem Dialog-Partner über Ihre Gedanken und Schlußfolgerungen zu sprechen. Das Feedback Ihres Partners wird Ihnen eine unschätzbare Hilfe sein, um Entscheidungen zu fällen und Bewertungen vorzunehmen. Und sprechen Sie die Dinge auch wirklich mit Ihrem (Ehe-)Partner durch, bevor Sie etwas loswerden!

Man weiß nie. Etwas, das Sie gerne loswerden wollen, könnte sich als das Glücks-Bowling-Shirt oder das kaputte Lieblingsspielzeug von jemand anderem herausstellen.

Wie kommen Sie dahin, wo Sie hingehen?

Es gibt viele Wege (selbst für Menschen mit bescheidenen Mitteln), um der Falle, zu viel oder zu viel vom Falschen zu haben, zu entkommen. Alle beinhalten, Entscheidungen zu fällen – Entscheidungen darüber, was wesentlich ist, auf was es wirklich ankommt. Es ist in jedem Fall möglich, fast so zu leben, wie sie es jetzt tun, und dennoch viel glücklicher zu sein.

Es läuft alles darauf hinaus, wie Sie zwei Fragen beantworten: „Wieviel ist genug?" und „Was möchte ich wirklich tragen?"

Indem sie diese zwei Fragen beantworten, treffen viele Menschen die Wahl, einen „sinnerfüllten Lebensstil" zu leben. In der Tat stellen viele fest, daß die Auseinandersetzung mit diesen zwei Fragen der Schlüssel zur Verbesserung ihrer Lebensqualität ist. Diese zwei Fragen zu beantworten ist ein wichtiger Schritt, um Ihren Lebens- und Arbeitsstil ins Gleichgewicht zu bringen. Es kann ebenfalls ein Ticket zur persönlichen Erfüllung sein – zu einem Leben, das einfacher, weniger durcheinander und doch reich an Sinn und Bedeutung ist.

Umpacken: Die Reisecheckliste II

Wir kommen nun zu dem Teil, wo alles geschehen soll – Ihr Gepäck umpacken. Das ist es! Also, was nun?

Vielleicht fühlen Sie sich wie Dustin Hoffman als Benjamin in dem Film *Die Reifeprüfung*, der, nachdem er endlich dort angekommen ist, wohin er sein ganzes junges Leben lang gestrebt hat, keine Ahnung hat, wohin er gehen will. Der Geschäftspartner seines Vaters ermahnt ihn, ins Plastikgeschäft einzusteigen, aber dies bietet weder Trost noch Richtung. Der einzige Ort, an dem sich Benjamin wirklich sicher aufgehoben fühlt, ist am Grunde des Swimmingpools seiner Familie – sicher eingeschlossen im Taucheranzug und mit Tauchermaske.

Unglücklicherweise können wir Ihnen auf die Frage „Was nun?" keine so simple Antwort bieten wie „Plastik". Wir können Sie jedoch daran erinnern, daß Sie bereits viele Male zuvor darüber nachgedacht haben. Obwohl Sie jetzt wahrscheinlich ein besseres Verständnis dafür haben, was

Umpacken bedeutet, sollten Sie sich daran erinnern, daß dies nicht das erste Mal ist, daß Sie es tun.

Jedesmal wenn Sie umgezogen oder auf eine neue Schule gegangen sind, eine neue Arbeitsstelle angetreten oder sich in jemand anderen verliebt haben, sogar wenn Sie in den Urlaub gefahren sind, haben Sie gewissermaßen umgepackt. Sie haben die Dinge in Erwägung gezogen, die für Sie am wichtigsten sind, haben darüber nachgedacht, wie diese in das vor Ihnen liegende Leben hineinpassen, und Sie haben die entsprechenden Entscheidungen gefällt. Sie haben ausgewählt, einige Dinge beiseite gelassen, neue Fertigkeiten für die vor Ihnen liegende Reise erlernt und sind aufgebrochen. Da Sie nun nicht einfach nur hier sind, sondern auch noch unterwegs sind und dies lesen, haben Sie es offensichtlich erfolgreich getan – auch wenn vielleicht nicht bis zu dem Grad, wie Sie dies gerne hätten.

An anderer Stelle in diesem Buch haben Sie Hilfsmittel wie die *Reisechecksliste* verwendet, um mit dem Umpacken anzufangen. All dies hat Sie auf den jetzigen Prozeß vorbereitet. Der Unterschied ist, daß Sie nun einen Rahmen für Ihr Umpacken haben, ein Modell dafür, wo die Dinge hingehören, und eine bessere Vorstellung davon, wie Sie diese ordnen. Wir hoffen, daß das Umpacken sich nun für Sie anfühlt, als würden Sie jedes Teil in einer passenden, wohlgeformten Ausschnittstelle in dem nach Ihren Bedürfnissen angefertigten Koffer anordnen.

Was die Menschen häufig davon abhält, sich auf einen Prozeß wie diesen einzulassen, wird als „Zeteophobia" bezeichnet. Zeteophobia ist die Angst davor auszuwählen. Dieses Gefühl stoppt so viele von uns auf ihrem Weg – die Angst, daß die Entscheidung einfach zu groß ist, um getroffen zu werden. Wir haben das Gefühl, daß wir „jetzt" entscheiden müssen, wie wir den „Rest unseres Lebens" verbringen werden. Wir betrachten die Lebens-/Arbeits-Entscheidungen als so wichtig – so entscheidend und erdrückend –, daß wir es nicht ertragen können, diesen ins Gesicht zu sehen. Deshalb vermeiden wir das Umpacken bis zum letztmöglichen Augenblick – oder bis es zu spät ist.

Häufig geschieht es, daß wir angesichts solcher Entscheidungen, angesichts deren Wichtigkeit, wie gelähmt sind. Das Gewicht zukünftiger Möglichkeiten zerquetscht uns, und wir enden außerstande, überhaupt noch eine Entscheidung zu fällen. Sie können Ihre Zeteophobia jedoch überwinden, indem Sie im Kopf behalten, daß die Entscheidungen, die Sie treffen, noch nicht die endgültige Fassung sind. Denken Sie daran, daß das Umpacken ein Prozeß ist, der sich von der Wiege bis zum Grab hinzieht. Es ist mehr als wahrscheinlich, daß Sie eines Tages, in nicht allzu ferner Zukunft, wieder umpacken müssen, egal, was Sie heute einpacken.

Es sind keine Roots

Wenn Sie in den Prozeß des Umpackens eintreten, stellt sich vielleicht eine gewisse Bestürzung ein, und Sie fragen sich, auf was in aller Welt Sie sich da nur eingelassen haben. Vielleicht ist das Leben, das Sie immer wollten, in Wirklichkeit nicht das Leben, das Sie tatsächlich wollen. Vielleicht sind die Dinge gut, so wie sie sind. Vielleicht sind Sie für eine Veränderung noch nicht bereit.

Entspannen Sie sich. Egal, wie Sie sich entscheiden, zu welchen Schlüssen Sie auch kommen, „es sind keine Roots-Schuhe."

Keine „Roots"? In den 70er Jahren kaufte ein Freund von uns, Chad Worcester, ein Paar „Roots". Vielleicht erinnern Sie sich noch an diesen Schuhtyp. Diese Schuhe hatten weiche Seitenränder und ihr Merkmal war eine Vertiefung für die Ferse, die es einem ermöglichen sollte, natürlicher zu gehen als in herkömmlichen Schuhen. Die Werbung zeigte einen Fußabdruck im Sand, was verdeutlichen sollte, wie beim Gehen die Ferse natürlich absinkt.

Roots waren nicht gerade die attraktivsten Schuhe, aber für einen Sommer lang waren sie ein unbedingtes „Muß".

Chad kaufte sich ein Paar und zog sie gleich auf dem Gehsteig an. Er schaute runter zu seinen Füßen und dachte, wie komisch doch seine Schuhe aussahen. Er spazierte ein wenig damit herum und bemerkte, wie seltsam sie sich anfühlten. Es wurde ihm bewußt, daß er sich an die Form und an das Gefühl wirklich erst gewöhnen mußte. Als er sich umdrehte, fiel sein Blick nochmals auf den Werbeslogan des Schuhgeschäfts: „Roots, das letzte Paar Schuhe, das Sie jemals besitzen werden."

Für Chad war diese Vorstellung zuviel. Er war noch nicht bereit dafür, daß dieses Paar seinen letzten Schuhe sein sollten. Deshalb ging er geradewegs zurück und tauschte seine Roots gegen ein Paar Freizeitschuhe ein.

Behalten Sie immer im Hinterkopf, daß egal, wie Sie auch umpacken, es nicht die letzte Gelegenheit ist, die Sie haben werden, um dies zu tun. Welche Entscheidung auch immer Sie treffen, es ist nicht Ihre letzte!

Was Sie nicht tun müssen

Wir möchten nochmals anmerken, daß Umpacken kein mysteriöser Prozeß ist, für den Sie keine Erfahrung haben. Vergessen Sie nicht, Sie haben das alles schon früher getan.

Umpacken kann eine Art Sport sein, aber es ist kein einsamer Prozeß. Aus diesem Grund bestärken wir Sie immer wieder, mit einem Dialog-Partner umzupacken oder regelmäßig rückzufragen, wenn Sie dies tun. Den Prozeß mit einem anderen Menschen in Worte zu fassen erlaubt es Ihnen, Ihre Theorien und Ideen zu überprüfen, bevor Sie diese in die Praxis umsetzen. Es ist weniger wahrscheinlich, daß Sie etwas unüberlegt riskieren (was nicht immer ein Fehler, aber auch nicht immer das Richtige ist), wenn Sie die Dinge zuerst mit jemand anderem durchsprechen. Um umzupacken, *müssen* Sie *keinesfalls*:

- den Prozeß allein, ohne die Hilfe oder Unterstützung von jemand anderem eingehen,
- einen Berggipfel ersteigen und die Einheit allen Seins zu Rate ziehen,
- all Ihre weltliche Habe verkaufen und wieder bei Null anfangen,
- ihren Beruf aufgeben,
- der Friedenstruppe beitreten,
- von Ihrem jetzigen Wohnort wegziehen,
- sich scheiden lassen oder heiraten,
- alle Probleme der Welt lösen (oder all Ihre eigenen),
- den ganzen Prozeß in einer einzigen Sitzung zu Ende bringen,
- Angst haben, Schlußfolgerungen, zu denen Sie gekommen sind, wieder zu ändern,
- Angst haben, sich zu verändern.

Einige Beispiele für das Umpacken

Es gibt so viele Wege für das Umpacken wie es Menschen gibt. Wenn Sie sich auf den Prozeß einlassen, werden Sie herausfinden, was bei Ihnen funktioniert und was nicht, und dementsprechend umpacken. Um Ihnen dabei zu helfen und Ihnen zu zeigen, daß Ihre eigenen Erfahrungen, egal, wie ungewöhnlich diese sein mögen, nicht merkwürdiger sind als die Erfahrungen anderer Menschen, haben wir hier einige Beispiele für das Umpacken aufgenommen. Entnehmen Sie daraus, was Sie können, und wenden Sie dies, wenn möglich, auf Ihre eigenen Erfahrungen an. Oder nehmen Sie diese Beispiele einfach als Beweis dafür, daß auch Sie können, was andere fertigbringen.

Dave

Im Frühjahr 1991 hatte ich eine Offenbarung. Aus Jux (oder vielleicht war es der Anfang einer bevorstehenden Midlifecrisis) hatte ich mich entschlossen, an der Universität von Minnesota einen Einführungskurs in Philosophie zu belegen. Dies war mein erstes Zusammentreffen mit der „wirklichen" akademischen Welt, seitdem ich meine Studentenlaufbahn in den späten 70er Jahren abgebrochen hatte. Es war ein wunderschöner Aprilabend, aber ich war gefangen in einem kleinen Klassenzimmer ganz hinten in der Ecke einer alten Halle auf dem Campus der Twin Cities. Um mich herum ließen sich meine Kommilitonen, alle zehn bis 15 Jahre jünger als ich, auf ihre Stühle plumpsen oder starrten ungerührt aus dem Fenster, als ob sie mit ihrem bloßen Willen die Sonne dazu bewegen könnten, mit dem Untergehen noch zwei Stunden zu warten, bis der Unterricht vorbei wäre, so daß noch Zeit bliebe, um Rollerblades oder Skateboard zu fahren. Vorne im Raum stand der Dozent, ein graduierter Student, und erklärte die Feinheiten von David Humes theologischer Erörterungen in *Dialogs Concerning Natural Religion*.

Plötzlich erschien es mir, als wäre ich nach Hause gekommen.

Wie wir bereits erwähnt haben, kommt das Wort „Vokation" vom lateinischen *vocare*, herbeirufen, einberufen. Die Stimme meines Dozenten rief mich nach Hause zurück, zu meiner wahren Vokation, meiner ursprünglichen Berufung – dem Studium der Philosophie.

So begann ein Umpacken, das beinhaltete, daß ich meinen 20 Jahre alten Traum wiederaufnahm, ein mir entsprechendes Studium zu suchen und zu finden. Ich kann nicht behaupten, daß das Studium immer einfach war oder überhaupt besonders faszinierend. Die Erfordernisse einer freiberuflichen Tätigkeit mit der notwendigen Lektüre von esoterisch-philosophischen Texten in Einklang zu bringen war nicht immer gerade amüsant. Aber es war das, was ich tun mußte. Ich setzte ein Semester aus, als ich das Gefühl hatte, daß mir die Dinge über den Kopf wuchsen, aber ich stellte fest, daß ich mich nicht vollständig fühlte. Ich hatte das Gefühl, daß ich von meinem Weg abgekommen war – das heißt nicht, daß ich immer gewußt habe, wo sich dieser befindet.

Was ich jedoch entdeckt habe und was auch dieses Buch vor Augen führt ist, daß ich endlich zu dem Menschen werde, der ich immer war. Den Großteil meines Lebens versuchte ich, jemand zu sein. In den letzten Jahren habe ich nun schließlich gelernt, daß die wirkliche Kunst darin besteht, daß ich selbst der Welt den Menschen enthülle, der ich wirklich bin.

Das Umpacken, mit dem ich mich die letzten Jahre beschäftigt habe, beinhaltete mehrere Wahlmöglichkeiten:

- weniger Zeit auf Arbeiten zu verwenden, für die ich bezahlt werde, so daß ich mehr Zeit für Arbeiten zur Verfügung habe, die ich für mein mentales und emotionales Wohlbefinden benötige,
- mit weniger „Dingen" auszukommen, um die Erfahrungen zu machen – schulische als auch andere – die ich wollte,
- lernen, zu anderen „Nein" zu sagen, um „Ja" zu mir selbst zu sagen,
- die bestehenden Beziehungen in meinem Leben zu vertiefen, anstatt meinen Kreis um neue Beziehungen zu erweitern,
- Schönheit und Zufriedenheit im Inneren zu finden, anstatt immer das nächstbeste Ding da draußen zu suchen,
- die Geduld, auf lange Sicht zu lernen.

Ich betrachte inzwischen die Umpackerfahrungen, die ich gemacht habe und immer noch mache, als eine Art Segen, und ich habe versucht, meine Dankbarkeit für diesen Segen durch meine täglichen Aktivitäten in der Welt auszudrücken; dazu gehört natürlich auch das Schreiben dieses Buches mit Dick. Drei Themen von Dankbarkeit haben sich herauskristallisiert:

- Ehre die Gabe.
- Nimm das Geschenk an.
- Teile das Glück.

Mit „Ehre die Gabe" meine ich, daß ich die einmaligen Gaben und Talente würdigen möchte, mit denen ich geboren wurde – mit den vollständigen Ausdrucksmöglichkeiten ihres Potentials. Mit „Nimm das Geschenk an", meine ich, daß ich offen bin für neue Möglichkeiten und die gerne annehmen werde, die sich mir bieten. Mit „Teile das Glück" meine ich einfach, daß ich eine ernsthafte Verpflichtung fühle zurückzugeben, anderen meinen Beitrag zum gemeinsamen Menschsein anzubieten. Ich glaube, daß der augenblickliche Weg, den ich begonnen habe, mir die beste – in der Tat, die einzige – Möglichkeit bietet, um diese Prinzipien zu manifestieren; es ist der einzig wirkliche Weg, um meiner wahre Berufung zu folgen.

Wer behauptet nun, man könne nie mehr nach Hause zurückkehren?

Terry Hanford

Vor einigen Jahren gab ein befreundeter Arzt, Dr. Terry Hanford, seine Praxis in Minneapolis auf, um mit seiner Frau nach Rumänien zu ziehen und dort eine Klinik zu eröffnen. Für ihn war dieser Umzug, trotz unzähliger logistischer Probleme, genau das Richtige. Er liebt Rumänien und die Rumänen. Er ist bei seiner Frau und erfüllt sich einen Lebenstraum, indem er eng mit ihr zusammenarbeitet, und er tut die Arbeit, die ihn erfüllt – selbst wenn er damit nur einen Bruchteil von dem verdient, was er in seinem Heimatland bekommen hat.

Terry machte einen sehr tiefgehenden Umpackprozeß durch – viel tiefgehender, als die meisten von uns dies jemals wollen oder brauchen. Es war nicht leicht, und er brauchte mehr als fünf Jahre, um alles zu arrangieren. Er wartete, bis seine beiden Kinder aufs College gingen. Dann half er ihnen finanziell, so daß sie ihre Ausbildung bezahlen konnten. Er gründete eine Partnerschaft mit einem anderen Arzt, der langsam aber sicher seine Praxis übernehmen sollte. Indem er mit seiner Kirche zusammenarbeitete, knüpfte Terry die richtigen Verbindungen im Ausland. Er kämpfte sich durch die bürokratischen Hürden hindurch, um die notwendigen Genehmigungen zu erhalten. Das letzte Jahr vor seinem Umzug pendelte er ständig zwischen den USA und Rumänien hin und her, oft zweimal im Monat.

Es gab Zeiten, zu denen Terry fast aufgegeben hätte. Er zog ernsthaft in Erwägung, die Idee zu verwerfen und sich nach Mexiko zurückzuziehen. Aber seine Vision vom guten Leben ließ ihn durchhalten. Schließlich schaffte er es, ein Gebäude in Rumänien zu erwerben und mit dem Aufbau der Klinik zu beginnen. Je stärker seine Bindungen in diesem Land wurden, um so mehr ließ er seine Bindungen in den USA los. Schließlich zahlte sich die fünfjährige Arbeit aus, und er und seine Frau zogen nach Rumänien.

Verwenden Sie Reisecheckliste II für das Umpacken

Wir haben Ihnen bereits die Reisecheckliste vorgestellt als Entscheidungshilfe bei der Frage, was wirklich zählt und was nicht. Hier ist sie noch einmal abgedruckt, um Ihnen bei der Einschätzung Ihres Umpackens zu helfen.

Die Punkte auf der *Reisecheckliste* sind immer noch die, die notwendig sind für eine erfolgreiche und erfüllende Reise. Wenn Sie sich jedoch mit dem Umpacken beschäftigen, kann es sein, daß sich die Gestalt eines bestimmten Punktes verändert. Möglicherweise hatten Sie vor dem Umpacken das Gefühl, daß Ihnen „Reisechecks" fehlen würden.

Die Reisecheckliste II:
12 wesentliche Punkte für das Umpacken

Punkt	Habe ich	Brauche ich
Ausweis	☐	☐
Sinnbewußtsein – einen Grund für die Reise.		
Abenteuergeist	☐	☐
Bereitschaft, meinen Geist herumwandern zu lassen, meine eigene Reiseroute zu planen.		
Karte	☐	☐
Ein Gefühl für die Richtung meiner Reise.		
Tickets	☐	☐
Talente oder Zeugnisse, um neue Orte und Möglichkeiten zu erforschen.		
Reiseschecks	☐	☐
Genug Geld, um die Reise zu genießen.		
Reisepartner	☐	☐
Menschen, mit denen ich das Erlebnis teilen kann.		
Reiseführer	☐	☐
Wichtige Quellen für Ratschläge auf dem Weg.		
Gepäck	☐	☐
Meiner Reise angemessene Gepäckart und -größe.		
Handgepäck	☐	☐
Dinge, die ich zur Hand haben muß, um die Reise angenehm zu machen – Bücher, Lerninstrumente und Humor.		
Kulturbeutel	☐	☐
Energie und Vitalität, um die Reise zu genießen.		
Reisetagebuch	☐	☐
Reisetips und Schlüssellektionen, die ich auf früheren Reisen gelernt habe.		
Adreßbuch	☐	☐
Kontakte mit wichtigen Menschen in meinem Leben.		

Nach dem Umpacken erscheint es Ihnen vielleicht so, als ob Sie genügend Reiseschecks zur Hand hätten. Andererseits hatten Sie vielleicht vor dem Umpacken das Gefühl, den Punkt „Reisepaß" erledigt zu haben. Nach dem Umpakken kann es sein, daß Ihnen dasselbe Maß an Sinn nicht ausreichend erscheint, um Sie dahin zu bringen, wo Sie hin möchten. Auf jeden Fall kann Ihnen die *Reisecheckliste* helfen zu entscheiden, was Sie im Moment haben und was Sie im Moment für die vor Ihnen liegende Reise brauchen.

Wir möchten Sie ermutigen, diese Gelegenheit zu nutzen, um mit einem Dialogpartner zu arbeiten und die *Reisecheckliste* auszufüllen. Versuchen Sie herauszufinden, welche Gestalt jeder einzelne Punkt annimmt und ob sich dieser von Ihrer früheren Checkliste unterscheidet. Vergleichen Sie bei jedem Punkt die jetzige Situation mit der früheren. Stellen Sie sich zu jedem die Frage, die Koyie Dick stellte: „Macht all dies dich glücklich?" Wenn ja, fühlen Sie sich wohl mit dem Umpacken, das Sie vollzogen haben? Wenn nicht, welche Veränderungen können Sie vornehmen?

Behalten Sie die zwei Fragen im Gedächtnis, die den Prozeß aktivieren: „Wieviel ist genug?" und „Was möchte ich wirklich tragen?"

Vergessen Sie nicht, egal, wie Sie sich entscheiden, es sind immer noch keine Roots.

Umpack-Fehlersuche

Ungeachtet Ihrer Gefühle gegenüber Computern (und Computer-Programmierern) muß etwas zu der Art und Weise gesagt werden, wie Software in der Regel entwickelt wird. Anstatt darauf zu beharren, daß alles an einem Programm schon beim ersten Mal perfekt ist, schreiben die meisten Software-Ingenieure ihre Programme mit jeder Version um. Wenn sie ihr Programm zum ersten Mal zusammensetzen, wissen sie, daß es so oder so nicht richtig sein wird. Anstatt sich also mit jedem Detail abzuquälen, versuchen sie, eine Version fertigzustellen, die sie dann wieder überprüfen und modifizieren können.

Gleichermaßen wird gesagt, daß „Schreiben Umschreiben ist". Der Prozeß, ein Buch zu schreiben, beinhaltet viele Veränderungen. In der Regel ist der erste Entwurf weit von dem entfernt, was letztendlich herauskommt. Dieses Buch zum Beispiel wurde ein dutzendmal umgeschrieben. Während der zwei Jahre, die wir daran gearbeitet haben, wurde es zu unserem Hobby, uns zu treffen und unseren Entwurf und das Inhaltsverzeichnis neu anzuordnen. (Wer behauptet da, Autoren wüßten nicht, wie man sich amüsiert?)

Warum sollte dies im Leben anders sein? Warum sollten Sie Ihr Umpacken schon beim ersten Mal richtig machen? Warum sollten Sie Entscheidungen fällen, ohne diese auszutesten, um zu sehen, ob sie funktionieren, und diese zu überarbeiten, wenn sie es nicht tun.

Die Antwort ist, *Sie sollten nicht!*

In den vorangegangenen Kapiteln haben wir Möglichkeiten diskutiert, um einen Ort, eine Arbeit oder eine Beziehung zu testen, bevor man sich vollends darauf einläßt. Wir möchten Sie ermutigen, hier dieselben Grundsätze anzuwenden.

Wie fühlen Sie sich, wenn Sie umgepackt haben? Paßt das, was Sie gewählt haben, zu Ihnen? Bringt es Sie in die Richtung, in die Sie gehen möchten?

Im nächsten Kapitel *Wie halte ich die Last im Gleichgewicht?* betrachten wir einige Möglichkeiten, wie Sie bei einer gründlichen Fehlersuche vorgehen können. Jetzt sagen wir jedoch:

- Versuchen Sie es.
- Finden Sie heraus, wie es sich anfühlt.
- Machen Sie Korrekturen.
- Wiederholen Sie so oft wie möglich.

Wenn Sie dann bereit sind weiterzugehen, tun Sie's.

Postkarten-Übung

Reisecheckliste „Das brauche ich"

Wenn Sie die Reisecheckliste II ausgefüllt haben, finden Sie vielleicht die folgende Postkarten-Übung hilfreich.

1. Überprüfen Sie Ihre Reisecheckliste II. Sind Sie sicher, daß Sie alle zwölf Punkte haben? Oder gibt es da ein oder zwei, die Sie noch brauchen?
2. Wählen Sie die eine Sache, die Sie am notwendigsten brauchen. Gestalten Sie auf der Vorderseite der Postkarte ein Bild davon.
3. Auf der Rückseite der Postkarte erklären Sie, warum Sie diese Sache benötigen und *ganz genau,* wieviel davon Sie brauchen. Seien Sie präzise. Zum Beispiel: Wenn es sich um „Reiseschecks" handelt, beschreiben Sie ganz genau, wieviel Geld Sie brauchen, für welchen Zeitraum und bis wann.
4. Schicken Sie die Postkarte an Ihren Dialog-Partner. Setzen Sie sich zusammen, um über Strategien zu sprechen, wie Sie genau das bekommen können, was Sie für die bevorstehende Reise benötigen.

12. Wie halte ich die Last im Gleichgewicht?

Der Gipfel des Erfolges ist der Luxus, sich selbst die Zeit zu geben, um das zu tun, was man tun will.
Leontyne Price

Schnellere Taktgeschwindigkeiten

In einem Essay mit dem Titel *Feminism, the Body and the Machine* erklärte Wendell Berry, warum er trotz der Ermahnungen seiner Freunde und Kollegen keinen Computer kaufen wird, um schneller, leichter und mehr zu schreiben: „Möchte ich denn schneller, leichter und mehr schreiben? Nein. Meine Maßstäbe sind nicht Tempo, Bequemlichkeit und Quantität. Ich habe bereits viel zuviele Beweise hinterlassen, daß ich – mit einem Stift – zu schnell, zu leicht und zuviel geschrieben habe. Ich wäre gerne ein besserer Schriftsteller, und dafür brauche ich die Hilfe anderer Menschen und nicht einer Maschine."

Die meisten von uns, vor allem vor dem Hintergrund der heutigen Geschäftswelt, neigen dazu, Berry als jemanden zu betrachten, der an einer unheilbaren Technikphobie leidet, hoffnungslos hinter dem Schritt der Zeit zurückliegend. Auf dem heutigen Hightech-Marktplatz, wo die Maßstäbe für Qualität „schneller", „leichter" und „mehr" lauten, bestimmen Geschwindigkeit, einfache Handhabung und Output den Tagesablauf.

Aber was gewinnen wir wirklich, wenn wir diese als unsere höchsten Standards festsetzen? Erhalten wir durch das

Komprimieren der Zeit wirklich mehr Zeit, die wir so verbringen können, wie wir es gerne möchten? Erhalten wir, indem wir uns Anstrengungen ersparen, mehr Energie für unsere eigenen Interessen? Bekommen wir durch die Maximierung unsere Ergebnisse wirklich alles, was wir wollen?

Wenn es um Computer geht, hegen wir in der Regel keine Zweifel daran, daß schneller besser ist. Ein 486-Chip ist besser als ein 386-Chip, weil er eine schnellere Datenverarbeitung bietet. Ein Pentium® ist noch besser, weil er noch schneller ist. Wenn wir Geld in Computer stecken, kaufen wir buchstäblich Zeit – je schneller eine Maschine läuft, um so mehr haben wir dafür zu bezahlen.

Je schneller die Technik wird, um so mehr beeilen wir uns, mit ihr Schritt zu halten. Ein Bleistift oder Füller bewegt sich nicht schneller als die Hand, die ihn hält. Unsere „Turbo-PCs" zerkauen mehr Daten im Bruchteil einer Sekunde als jeder Mensch in einem ganzen Tag. Wer ist hier der Schwanz, und wessen Hund wedelt mit wem?

Ironischerweise reden wir bei Computern von „Taktgeschwindigkeiten". Wir möchten Computerchips mit immer schnelleren Taktgeschwindigkeiten, die in immer schnelleren Frequenzen schwingen. Ist dies eine Metapher für unser heutiges Leben?

Die Frage lautet – wie Wendell Berry sie gestellt hat: „Ist schneller wirklich besser?" Und die Antwort, der wir zustimmen würden, lautet: „Nicht unbedingt."

Sterben für Termine

Die meisten von uns werden in ihrem Arbeitsleben von Terminen angetrieben. Termine für die Produktfreigabe. Termine für die Steuererklärung. Letzte Mahnungen. Wir können das Ganze nicht stoppen, oder? Was also ist die Alternative?

In Charlie Chaplins Klassiker *Modern Times* ist der kleine Tramp ein Fließbandarbeiter. Sein Boß läßt das Band immer schneller laufen, bis der kleine Tramp schließlich überschnappt, auf das Fließband gezogen und selbst zu einem Teil der Maschine wird. Geschieht dies nicht vielen von uns? Scheinen wir nicht mit den Kräften, die uns antreiben, zu verschmelzen?

Aber es gibt Hoffnung. Als der kleine Tramp in die Maschine gezogen wird, betritt er plötzlich eine fast idyllische Landschaft. Dort, im Inneren der Räder und Zähne des Fließbands, spielt liebliche Musik. Das Band schiebt ihn wieder nach draußen, und er beginnt, auf dem Fußboden der Fabrik herumzutanzen. Er ist befreit von seiner Knechtschaft, leichter als Luft und frei. Und wenn Chaplins Figur dieses Gefühl von Befreiung unter dem Zeitdruck der modernen Welt empfinden kann, dann können wir es auch.

Es beginnt mit einem Bild – dem Bild eines Stundenglases. Die meisten von uns leben ihr Leben, als befänden sie sich oben in diesem Stundenglas. Wir hetzen herum und versuchen, unsere Sandburgen zu bauen, aber so sehr wir uns auch beeilen, der Sand läuft aus. Je länger wir warten, um so weniger Sand bleibt uns übrig; jede Minute, die vergeht, wird immer wertvoller und zwanghafter.

Wir können unsere Denkweise jedoch ändern. Wir können uns vorstellen, daß wir im unteren Teil des Stundenglases leben. Auf diese Weise kommt jede verstreichende Minute zu unserem Reichtum hinzu – zu unserer Erfahrung – zu unserer Fähigkeit, jedes Schloß, das wir wollen, zu bauen.

Thoreau erzählt die Geschichte eines Künstlers in der Stadt Kouroo, der aufbricht, um den perfekten Stab zu schaffen. In dem Verständnis, daß an einer perfekten Arbeit die Zeit vorübergeht, sagt er zu sich selbst: „Er soll in jeder Beziehung vollkommen sein, selbst wenn ich nichts anderes mehr in meinem Leben tue." In seinem fortwährenden Streben nach Perfektion überschreitet der Künstler die Zeitgrenze. Bis er das perfekte Holz für seinen Stab gefunden und dies perfekt geformt hat, sind Äonen vergangen, die keine Spuren an ihm oder an seiner Arbeit hinterlassen haben. Als er seinem perfekten Stab den letzten Schliff gibt, erkennt er, daß der Zeitsprung, den er einst gemacht hatte, nichts als Illusion war. Indem er die Vollkommenheit geschaffen hat, ist er in eine Sphäre eingedrungen, die die Zeit nicht berühren kann.

Wenn wir uns in unserem eigenen Leben die Vollkommenheit der Gegenwart erleben lassen, tun wir dasselbe. Wenn wir nicht erschöpft sind von dem, was geschehen ist, oder uns Sorgen über das machen, was kommen wird, betreten wir eine Sphäre außerhalb – oder passender – innerhalb der Zeit. Dann wissen wir, daß wir das richtige Schritttempo gefunden haben. Wir sind nicht vor uns selbst noch hinter uns. Das ist es, was die Last im Gleichgewicht zu halten bedeutet.

Indem wir die vier Elemente des guten Lebens im Gleichgewicht halten, verlagern wir unsere Perspektive vom oberen Teil des Stundenglases zum unteren. Wie sich herausstellt, ist es nämlich nicht so, daß die meisten von uns zu wenig Zeit hätten, sondern *nicht genug von der Art Zeit, die wir haben wollen.*

Wenn Sie wissen, wie Sie Ihre Zeit verbringen wollen - mit Arbeit, Liebe, Ort oder Ihrem (Lebens-)Sinn – und diese entsprechend aufteilen können, werden Sie sich nicht so gefangen fühlen. Sie werden sich von den Anforderungen Ihres Zeitplans weniger niedergedrückt fühlen und mehr Kontrolle über Ihre Richtung haben. Wenn Sie finden, daß Sie nicht genug Zeit haben, können Sie grundsätzlich zwei Dinge tun:

- Ihr Einkommen erhöhen, um mehr „Zeit zu kaufen".
- Ihr Leben vereinfachen, um mehr „Zeit zu besitzen".

Duane Elgin hebt in *Voluntary Simplicity* hervor: „Wir alle wissen, wo unser Leben unnötig kompliziert ist. Uns allen sind die Zerstreuung, das Durcheinander und die Ansprüche schmerzlich bewußt, die auf unser Leben drücken und unsere Reise durch die Welt so beschwerlich und unangenehm machen. Mit der Einfachheit zu leben bedeutet, unser Leben zu entlasten – in direkteren, anspruchsloseren und unbelasteteren Beziehungen zu allen Aspekten unseres Lebens zu stehen: Konsum, Arbeit, Lernen, Beziehungen usw."

Einfachheit ist kein statischer Zustand, den man besitzen kann. Es ist ein Prozeß, der gelebt werden muß, immer und immer wieder, unser ganzes Leben hindurch, und der sich ständig ändert und verlagert, jedesmal wenn Sie fragen: „Wieviel ist genug?"

Keine Langeweile, keine Auszeiten

In der Lebensmitte fühlen sich viele von uns gefangen. In unseren späten 30er Jahren oder frühen 40er Jahren sind fast alle von uns auf irgendeinem Gebiet Spezialisten geworden – im Beruf, Elternsein, was auch immer. Da unsere Spezialisierung unsere Zeit verbrauchte und immer noch verbraucht, werden die unterentwickelten Teile unseres Selbst offensichtlicher.

Carl Jung hob hervor, daß wir mit 40 oder 50 Jahren zwangsläufig das Gefühl bekommen, daß unser Leben aus dem Gleichgewicht geraten ist, nur weil wir unsere Zeit überschätzt und Teile von selbst vernachlässigt haben. Unser „unentdecktes Selbst" verlangt danach, entdeckt zu werden.

Einige von uns fühlen sich von ihrem Erfolg betrogen. Unsere heimlichen Gedanken enthüllen einen Konflikt zwischen „auf dem jetzigen Weg bleiben" oder nach einem noch „nicht gegangenen Weg suchen" – einer neuen Lebensrichtung. Wir fühlen uns verwirrt und unfähig, eine Lösung zu finden. Wir gehen durch unsere Tage und blicken auf unser Leben in dem Bewußtsein, daß wir mit geborgter Zeit leben. Aber wir sind nicht in der Lage, eine Pause zu machen und Veränderungen vorzunehmen.

In unseren Seminaren und Vorträgen kommen die Menschen immer wieder mit denselben Problemen zu uns. Sie sagen Dinge wie: „Ich fühle mich gefangen, zu Tode gelangweilt von dem, was ich tue. Ich weiß nicht, wie ich in meinem jetzigen Beruf weitermachen soll, aber ich kann ihn (oder will ihn aus finanziellen Gründen) nicht aufgeben."

„Meine Karriere ist zu einem Stillstand gekommen. Ich muß weitergehen und meine unentwickelten Talente erproben." „Ich muß einige meiner Lebensträume verwirklichen – wie zum Beispiel den Kilimandscharo besteigen!" Sie sagen auch: „Ich wünschte mir, mein Job gäbe mir mehr Flexibilität. Wie kann ich eine Pause machen?"

Wir ermutigen diese Fragesteller wie Walter Mitty, James Thurbers berühmter „Auszeiter", zu sein. Die Botschaft von *The Secret Life of Walter Mitty* ist nicht so sehr die Komik von Mittys mentalen Auszeiten, sondern daß er nach jedem seiner Abenteuer in sein altes Leben zurückkehrt – mit neuer Energie und neuer Perspektive.

Die vielen Jahre, in denen wir Menschen bei ihren Midlife-Geschichten zugehört haben, überzeugten uns davon, wie sehr wir nach kleinen Auszeiten hungern, und wie gut es tut, sich diese zu nehmen.

Zufriedenheit führt immer zu Unzufriedenheit; das ist die menschliche Natur, ob es Ihnen gefällt oder nicht. Es ist sehr schwierig, eine Leidenschaft für etwas aufrechtzuerhalten, mit dem Sie schon seit vielen Jahren zu tun haben – ob dies nun eine Arbeit, eine Beziehung oder eine Gemeinschaft ist. Erfolg wird immer zur Routine und mechanisch; aus diesem Grund wird eine Sache überhaupt erst zum Erfolg. Deshalb müssen Sie sich selbst neu erfinden. Sie müssen von etwas Neuem träumen, um die alten ursprünglichen Gefühle von Lebendigkeit wieder zu revitalisieren.

Wenn die Überraschung aus dem Leben schwindet, schwindet das Leben aus dem Leben. Sie haben nicht länger das Gefühl, etwas Neues erleben zu können, das Sie morgens mit einem Lächeln aufstehen läßt. Auszeiten sind absichtliche Weckrufe. Sie geben uns dieses neue Gefühl von Überraschung und Geheimnis im Hinblick auf das, was das Heute bringen wird.

Dick sagt, daß es Richard Bolles, Autor des Bestsellers *What Color Is Your Parachute?*, war, der ihn als erster herausforderte, seine Ansichten über das Pausemachen in Frage zu stellen. In einer Unterhaltung beim Abendessen konfrontierte Richard ihn mit dem Irrsinn, die Arbeit in unsere mittleren Lebensjahre hineinzupressen. Er fragte Dick: „Warum schneidest du dir nicht schon einige Brocken deines Ruhestandes unterwegs raus, anstatt alles bis zu deinen letzten Lebensjahren aufzusparen?"

Dick entschied, Bolles' Ratschlag ernst zu nehmen. Seit 1974 hat er sich ein Ziel gesetzt und macht im Durchschnitt 16 Wochen Pause im Jahr. Teile davon verwendet er für das Schreiben und Nachdenken, andere Teile für Reisen nach Afrika. Dick sagt:

———— ◆ ————

Wenn es nicht für Afrika gewesen wäre, bin ich nicht sicher, ob ich all die Jahre in diesem Geschäft durchgehalten hätte. Die Pausen, die ich jedes Jahr dort mache, liefern mir einen Kontext, ein Mittel, die zwei getrennten Teile in mir zu einem Ganzen zusammenzufügen. Wenn ich zurückkehre, höre ich nie auf, an die Bilder zu denken, nicht für einen Tag. Selbst wenn dies nicht in meinem Bewußtsein abläuft, kann ich es irgendwo fühlen. Es ist immer da.

———— ◆ ————

In seinem Buch *The Three Boxes of Life and How to Get Out of Them* hat Bolles später auch neue Wege vorgeschlagen, um unsere Lebensstile und Arbeitsstile umzugestalten. Er schreibt, daß sich das Leben traditionell gesehen aus Ausbildung, Arbeit und Ruhestand zusammensetzte.

Da die Menschen heutzutage jedoch länger leben und in der Regel wohlhabender sind als ihre Vorfahren, wird ein neues Lebensstilmodell benötigt. Anstatt daß wir die „Ruhestands-Kiste" als etwas betrachten, das mit viel Glück etwa 20 Jahre andauert und an die „Arbeits-Kiste" anhängen, die etwa 30 Jahre gedauert hat, können wir die drei Kisten ausrangieren und ein neues Modell erschaffen, das flexibler und fließender ist und mehr den augenblicklichen Realitäten entspricht.

Dennoch finden es die meisten Menschen schwer, den Mut aufzubringen, um dem traditionellen Modell Lebewohl zu sagen und es loszulassen. Der Weg von der Kindheit bis ins Alter ist für viele von uns immer noch eine gerade Linie. Die Kräfte der Trägheit und des Geldes lassen uns weiterhin in eine Richtung gehen, mit wenig Raum für Pausen, Umgruppierungen, Umwege oder Auszeiten.

Einhauchen, bevor man aushaucht

Auszeit. Was ist das? Welchem Zweck dient sie? Welche Kraft bringt sie in Ihr Leben?
    Fast jeder möchte eine Auszeit. Fast jeder braucht sie letztendlich. Wir reden nicht nur über einen freien Nachmittag, wir reden über eine wirkliche Pause – eine spirituelle Pause im wahrsten Sinne des Wortes. Die Wurzel des Wortes „spirituell" bedeutet „Leben einhauchen". Wir können somit sagen, daß eine Auszeit die Möglichkeit ist zurückzutreten, tief Atem zu holen und unserem Leben wieder Leben einzuhauchen. Es ist das Bestreben, das Leben einzuhauchen, bevor man es wieder aushaucht.
    Elisabeth Kübler-Ross hat die Begründung für Auszeiten so eloquent wie kaum jemand anderer formuliert: „Es ist die Verleugnung des Todes, die im besonderen dafür verantwortlich ist, daß Menschen ein leeres, sinnloses Leben leben; wenn man lebt, als würde man ewig leben, wird es zu einfach, die Dinge zu verschieben, von denen man weiß, daß man sie tun muß. Man lebt sein Leben in Vorbereitung auf Morgen oder in der Erinnerung an Gestern, und in der Zwischenzeit geht jedes Heute verloren."
    Wir werden von der Zeit verzehrt. Eine zunehmende Anzahl von Menschen fühlt sich müde und überlastet. Wir leben in einem permanenten Erschöpfungszustand. Egal, wie wir unseren Lebensunterhalt verdienen, wir alle haben eine gemeinsame Angst – daß unsere Stunde schlägt, wenn wir gerade nicht hinsehen und uns unerfüllt zurückläßt – es ist keine Zeit mehr übrig, um uns selbst zu verwirklichen.

Wie würde Ihr Leben aussehen, wenn Sie eine Auszeit nehmen würden? Würden Ihre Familie und Ihre Freunde Sie unterstützen, oder würden sie Ihnen Geschichten von anderen erzählen, die vom geraden Weg abgewichen und ohne einen Pfennig in der Arbeitslosigkeit gelandet sind?

Das Denken in „Auszeiten" oder in „Sabbaticals", wie man es auch nennt, bringt einen tiefgehenden Lebensstilwandel mit sich, einen, den die Welt reif ist zu akzeptieren. Die Menschen wissen, daß es noch einen besseren Weg geben muß, sie können nur nicht genau sagen, worin dieser besteht. Wichtig ist jedoch, daß wir als Kultur angefangen haben zu realisieren, daß es nicht nur einen, sondern viele Wege durch die Zeit gibt. Je genauer wir betrachten, wie wir leben, um so stärker fällt uns auf, daß uns die alten Zeitbarrieren nicht länger dienlich sind und beseitigt werden können.

Wege durch die Zeit

Bei den Auszeiten gibt es keinen Einheitsgrößen-Plan. Durch das Auspacken und Umpacken werden Sie schließlich Ihren eigenen Weg durch die Zeit finden – unterwegs wird das gute Leben für Sie immer deutlicher werden.

Selbst die Geschäftswelt beginnt zu realisieren, daß Veränderungen notwendig sind. Unternehmen werden sich bewußt, daß sie, um wettbewerbsfähig zu bleiben, ihre Auffassung von Zeit und deren Beziehung zu Produktivität und Erfüllung ändern müssen. Die wirtschaftlichen und sozialen Folgen einer ausgebrannten oder unerfüllten Arbeiterschaft sind enorm.

Bowen H. „Buzz" McCoy war der erste Teilnehmer an einem sechsmonatigen Sabbatical-Programm, das die Investmentbank von Morgan Stanley einführte. Er schrieb einen Artikel über seine Erfahrungen für die Harvard Business Review mit dem Titel *Die Parabel des Sadhu*: „Nach drei Monaten in Nepal verbrachte ich drei Monate an der Stanford Business School und am Zentrum für Ethik und Sozialpolitik an der Graduate Theological Union in Berkeley. Diese sechs Monate Arbeitspause gaben mir die Zeit, eine 20jährige Geschäftserfahrung zu assimilieren. Meine Gedanken drehten sich oft um die Bedeutung von Führungspositionen in jeder Organisation."

Während seiner Auszeit entdeckte McCoy, daß „es immer Zeit gibt" – eine Ansicht, die von einem anderen bekannten Verfechter dieses Prinzips, Lamar Alexander, ehemaliger Rektor der Universität von Tennessee, geteilt wird. In seinem Buch *Six Months Off: An American Family's Australian Adventure* beschreibt er seinen sechsmonatigen Abstand von der Politik. Den Anstoß für dieses Buch gab seine Frau, als sie sagte: „Wir müssen hier raus ... vielleicht für eine lange Zeit, nicht einfach ein normaler Urlaub, und soweit wir können. Wir müssen als Familie wieder zusammenfinden, und du mußt dir überlegen, was du mit dem Rest deines Lebens anfangen willst."

Sie fanden ein Haus in Sydney, Australien. Die Kinder gingen zur Schule, und Lamar begann mit dem Versuch, „nichts zu tun". Er las Bücher, die er in 20 Jahren nicht gelesen hatte, unternahm lange Spaziergänge, dachte über seine Vision nach, brach Muster auf, denen er jahrelang gefolgt war.

Was hat er gelernt? Nach zwei Monaten engen Zusammenlebens sagte er: „Ich glaube, wir haben uns immer geliebt, aber wir haben gelernt, uns noch lieber zu mögen ... Ich nehme an, daß wir in zehn Jahren hierauf zurückblicken werden; wir erinnern uns an die Krokodile, die verschneiten Berge, aber das Wesentlichste wird sein, daß wir einander wichtig genug waren, um uns die Zeit dafür zu nehmen, solange wir es noch konnten."

Es muß nicht Nepal oder Australien sein; es müssen nicht sechs, nicht einmal zwei Monate sein. Es muß jedoch ein „Wechsel in diesem Spiel" sein – ein Aufbrechen und Einreißen Ihrer gewohnten Muster. Wir glauben, daß die folgenden Beispiele eine gute Idee davon vermitteln, was wir meinen.

Sally LeClaire

Sally LeClaire widmet sich vollkommen ihrer Arbeit. Jeden Tag kommt sie erschöpft nach Hause und hat immer noch Anrufe und Computerarbeit zu erledigen. Am Ende einer Arbeitswoche fällt sie buchstäblich ins Wochenende und braucht verzweifelt eine Ruhepause vor dem nächsten Montagmorgen.

Ein zwanghafter Workaholic? Nein! Sally ist eine begabte Lehrerin von begabten und talentierten Schülern. Sie weiß, daß die Fähigkeit, in höheren Ordnungen zu denken, ebenso wie das Talent zur kreativen Problemlösung in der heutigen Welt wesentlich sind. Sie hat sich verpflichtet, jedem ihrer Schüler dabei zu helfen, seinen Lernfunken zu zünden. Sie glaubt, daß jeder talentiert ist, weil jeder etwas Einmaliges auszudrücken hat – einschließlich ihr selbst. Aber selbst für sie sind Auszeiten entscheidend, um ihre Begeisterungsfähigkeit aufrechtzuerhalten.

„Ich bin immer noch ziemlich high", sagte Sally, als sie nach 22 Jahren Lehrtätigkeit über ihre sechsmonatige Auszeit berichtete. „Ich habe festgestellt, daß ich aufgrund der Pause mehr Energie und einen besseren Blick für die Dinge habe. Sie half mir, neue Kompetenzen zu entwickeln, an denen mir viel lag."

Sally nutzte die sechs Monate, um sich selbst zu regenerieren und ihre Dissertation über Erfahrungslernen fertigzustellen. Um ihrer eigenen Bildung eine auf Erfahrung beruhende Komponente zu geben, bereiste sie einen Monat lang Tansania mit dem Rucksack und machte Feldbeobachtungen.

In ihrer Dissertation faßt sie den Nutzen dieser Auszeit zusammen: „Wenn mein Leben eine heroische Suche ist, eine Reise, auf der ich meinen Sinn entdecke, wie kann dann mein Leben ein Ausdruck dessen sein, was für mich wichtig ist? Wie kann ich ein Vorbild meines Anliegens für planetarische Artenvielfalt sein? Durch meine Erfahrungen in Afrika ... habe ich meine persönlichen und beruflichen Verpflichtungen, der Bedrohung der Tierwelt entgegenzutreten, weiter geklärt."

Sie fährt fort und sagt: „Ich suche immer nach neuen Lernerfahrungen. Ich hoffe, es gibt eine Reinkarnation", fügt sie lachend hinzu, „weil ich beim nächsten Mal eine andere berufliche Laufbahn ausprobieren würde. Ich würde wahrscheinlich eine Zeitlang unterrichten ... dann würde ich mich niederlassen und Naturforscherin werden."

Vor einigen Jahren legte Sally eine einjährige Pause ein, um in Mount Shasta, Kalifornien, zu leben. Es war das erste Mal seit ihrem sechsten Lebensjahr, daß sie nicht jeden Tag zur Schule ging. Sie erklärt: „Ich hatte ein starkes intuitives Gefühl, daß ich eine große Veränderung brauchte. Meine Mutter war vor kurzem gestorben, und dies war ein aufrüttelnder Weckanruf für mich. Ich fühlte mich so allein und trotzdem frei – als ob ich eine unbeschränkte Auswahl in meinem Leben hätte. Ich war mehr zu jemandem geworden, der die Wahl treffen konnte, und betrachtete mein Leben durch eine neue Brille. In Mount Shasta erledigte ich wichtige ‚innere Angelegenheiten', ich wurde von den neuen Menschen, die ich traf, inspiriert. Sie schienen viele der Werte bewußt zu leben, die ich schätzte. Es war eine großartige Gelegenheit, neu zu entdecken, was ich wirklich wollte, und was ich wirklich wollte, war, zu meinen Wurzeln zurückzufinden.

Meine starke Ortsverbundenheit zog mich zurück nach Minnesota – vor allem in das St. Croix River Valley. Wie eine Brieftaube führte mich der Instinkt. Ich fühlte, daß ich hier hingehörte."

Wenn sie es nicht verlassen hätte, hätte sie nie herausgefunden, wo ihr Zuhause war.

Louis Armstrong definierte Jazz, als er sagte: „Ich weiß es, wenn ich es höre, aber ich kann Ihnen nicht sagen, was es ist." Auf dieselbe Weise wissen Menschen wie Sally, wann eine Pause notwendig ist, sie fühlen es, selbst wenn sie nicht genau sagen können, wie sie es tun werden. Eine Pause gibt ihnen Zeit, sich über ihre Gefühle klarzuwerden und ihre innere Musik zu hören.

Sally faßt dies zusammen, indem sie sagt: „Wenn man einmal eine solche Auszeit erlebt hat, möchte man zurückgehen und es noch einmal tun. Jedesmal danach war ich wochenlang auf einem emotionalen Hoch. Als ich später darüber nachgedacht habe, wurde mir bewußt, daß dieses Gefühl von der täglichen Freiheit kam, die mir eine fast ständige Stimulation von neuen Erfahrungen, neuen Herausforderungen erlaubte."

Valerie Goodwin

In Dicks Broschüre für seine „Inventure-Expeditionen" in Afrika heißt es: „Wenn sie zum ersten Mal nach Afrika reisen, haben die meisten Menschen nur eine sehr vage Vorstellung von dem, was sie erwarten, ob nun vom Ort oder von den Menschen. Wenn sie wieder heimkehren, wissen sie, daß etwas sie berührt hat. Irgendwie verändert es einfach ihr Leben. Nur wenige Orte auf der Erde können eine so totale Wildnis und eine so tiefe Ruhe bieten."

Valerie Goodwin feierte ihren 44. Geburtstag auf einer solchen Selbsterfahrungs-Expedition an einem prasselnden Akazienholz-Lagerfeuer in einem abgelegenen Teil von Tansania. Die dreiwöchige Auszeit vermittelte Valerie eine Lektion im „Leben an der Grenze" zwischen dem Bekannten und Unbekannten. Sie wurde daran erinnert, daß ihre Leidenschaft, ihr Feuer, ihr Geist an dieser Grenze auflodern und daß diese zu einem letzten traurigen Funken verglühen, wenn sie auf das sichere Territorium des Bekannten und Genehmigten zurückkehrt. Nach dieser Erfahrung schrieb sie an Dick: „Wenn man feststellt, daß man sich leicht und natürlich in eine Reihe von Gegebenheiten einfügt, zeigen sich alle Orte, an denen man sich nie wohl gefühlt hat, sehr deutlich. Ich habe so lange mit diesen Versammlungen gutgekleideter Eltern an den Schulen der Kinder und mit den Geschäftsversammlungen gekämpft, bei denen sich die Erfolgreichen treffen, um zu denken und zu spielen. Aber ich habe nicht erkannt, daß es sich um eine Unbehaglichkeit des Ortes gehandelt hat und daß ich an einen anderen Ort passen könnte, als ob ich dafür geschaffen wäre. Ich habe immer geglaubt, daß etwas mit mir nicht in Ordnung sei. Es ist irgendwie eine Erleichterung, denken zu können, daß es vielleicht der Rahmen ist, der nicht so richtig zu mir paßt. Nicht daß ich diesem Hintergrund eines Großteils meines Lebens den Rücken kehren könnte, aber er hat nicht länger die Macht, mir das geheime Vergnügen und die stille Stärke zu rauben, die aus der Erinnerung an die Orte kommt, wo mein Leben leuchtet."

Ihre eigene Auszeit

Die Menschen, über die Sie eben gelesen haben, wählten eine Auszeit. Andere sind gezwungen, eine Pause für Umschulungen oder den Start in eine neue berufliche Laufbahn einzulegen. Angesichts der Millionen Menschen, die regelmäßig in die Arbeitswelt ein- und wieder austreten, wird das Aussetzen und Neuanfangen zu einer maßgeblichen Überlebensfertigkeit. „Veraltete Berufe" zwingen immer mehr Menschen wieder zurück auf die Schulbank, um sich weiterzubilden, den Umgang mit neuer Technik zu erlernen oder umzuschulen. Lebenslanges Lernen im Gegensatz zu „einmal im Leben lernen" wird zur Norm. Einzelpersonen und Unternehmen erproben alle möglichen Alternativen – Teilzeitarbeit, Teilzeitruhestand, Job-Sharing, Zeitkonten, flexible Arbeitszeiten, flexible Arbeitsorte, Ruhestand auf Probe, Verträge mit flexibler Jahresarbeitszeit, projektorientiertes Arbeiten, Telearbeit und Sabbaticals. Alle möglichen Arten von Auszeiten treten für immer mehr Menschen als reale Möglichkeiten in Erscheinung. Manchen Unternehmen erscheint es sogar notwendig, Auszeiten als Teil ihres Vergütungspaketes anzubieten, um für den Besten und Klügsten attraktiv genug zu sein. Sollten Sie dasselbe nicht auch für sich selbst tun?

Ein gutgelebter Tag

Zu irgendeinem Zeitpunkt entscheiden Sie vielleicht, ein Stück Ihrer Lebenszeit zu nehmen, um eine Auszeit zu entdecken oder zu erfahren – neue Orte, neue Beziehungen, neue Arbeit oder ein neues Gefühl für den Sinn. Vielleicht enden Sie damit, daß Sie „an dem Ort leben, wo Sie hingehören, mit den Menschen, die Sie lieben, und die Arbeit tun, die Sie erfüllt, mit einem Ziel vor Augen."

Als wir mit anderen Menschen über ihre Auszeiten sprachen, haben uns viele gesagt, daß die Vorstellung davon ihnen anfangs unmöglich erschien. Nun, nachdem sie mit einer neuen Lebensperspektive daraus zurückgekehrt sind, fragten sie sich, warum sie so lange damit gewartet hatten. Sally LeClaire sagte, daß jeder Tag ihres Sabbaticals sich wie ein „gutgelebter Tag" anfühlte.

Wie oft gehen *Sie* abends zu Bett und sagen „Heute war ein Tag, an dem ich gut gelebt habe"?

Postkarten-Übung

Auszeit

Während wir an diesem Buch arbeiteten, waren wir immer wieder erstaunt, wie viele Menschen wir getroffen haben, vor allem Erwachsene in der Lebensmitte, die offen über Auszeiten nachdachten, dafür sparten oder diese bereits nahmen. Versuchen Sie, sich vorzustellen, wie eine Auszeit Ihr Leben beeinflussen könnte. Was würden Sie für sich selbst wählen? Nehmen Sie jetzt eine Auszeit, um Ihre Gedanken niederzuschreiben.

1. Ihnen wird ein dreimonatiges Sabbatical genehmigt. Die einzige Bedingung ist, daß Sie in den nächsten 15 Minuten entscheiden, wie Sie die Zeit verbringen werden. Wenn Sie sich nicht entscheiden können, fällt die Bewilligung einer anderen Person zu. Entwerfen Sie auf der Vorderseite der Postkarte ein Bild des Ortes, wo Sie diese Zeit verbringen werden (Ort), mit wem Sie sie verbringen werden (Liebe) und was Sie in dieser Zeit tun werden (Arbeit).
2. Auf der Rückseite der Karte vermerken Sie den Zweck Ihres Sabbaticals. Geben Sie an, warum Sie denken, daß dies Ihnen gewährt werden sollte.
3. Schicken Sie Ihre Postkarte an einen Dialog-Partner. Warten Sie auf Antwort. Wenn Sie nach etwa einer Woche noch nichts von ihm gehört haben, rufen Sie ihn an und fragen, was er denkt. Diskutieren Sie die Realisierbarkeit einer wirklichen Auszeit.

Die Freiheit des Weges

13 Was, wenn ich mich verliere?

Du mußt zuerst auf dem Weg sein,
bevor du ihn verlassen und durch die Wildnis gehen kannst.
Gary Snyder

Verloren im Wald

Dave erinnert sich, wie es sich anfühlt, wenn man sich verlaufen hat:

———◆———

Als ich ein kleiner Junge war und meine Mutter volljammerte, daß ich nichts zu tun hätte, war ihre Standardantwort: „Geh und verlauf' dich im Wald." Natürlich machte sie nur Spaß; sie hätte nie angenommen, daß ihr einziger Sohn ihren Ratschlag wörtlich nehmen könnte. Aber eines Tages tat ich es.

Ich ging morgens um zehn Uhr von zu Hause los und marschierte geradewegs in den Wald, der an unsere Wohnsiedlung angrenzte. In weniger als drei Stunden hatte ich mich hoffnungslos verlaufen. Ich hatte keine Ahnung, wo unser Haus lag und absolut kein Gefühl für die Richtung des Weges, der zurückführen könnte.

Ich lief im Kreis, ging immer wieder dieselben Wege entlang. Ich erinnere mich, daß ich an einem bestimmten Strauch Blaubeeren etwa sechsmal vorbeigekommen bin, aus einem halben Dutzend unterschiedlicher Richtungen. Ich hatte das Gefühl, dazu verdammt zu sein, bis in alle Ewigkeit weitergehen zu müssen. Obwohl die Chance, daß ich in diesen fünf oder sechs Quadratkilometern domestizierten Waldes für immer verschwinden könnte, sehr gering war, erschien es meinem sieben Jahre alten Gehirn wie das Ende. Ich würde nie mehr entkommen. Sie würden nur noch meine Gebeine finden, das Fleisch sauber abgenagt von Waschbären und Würmern.

Nach einer weiteren Stunde verzweifelten Suchens kam ich schließlich auf eine Lichtung, die zu einer erhöht gelegenen Weide führte. Ich rannte hoch und stand plötzlich einem Pferd gegenüber. Erschreckt und gleichzeitig erleichtert, brach ich in Tränen aus. Durch mein lautes Weinen wurde der Eigentümer des Pferdes auf mich aufmerksam. Er war ein freundlicher, älterer Herr, dem die Hobbyfarm gehörte, auf der ich mich nun befand. Er beruhigte mich, trocknete meine Tränen und nahm mich mit ins Haus, so daß ich meine Mutter anrufen konnte.

Ich erinnere mich noch genau an die Küche – das dämmerige Licht, der Duft von Gebackenem, die Wärme des heißen Ofens. Es stand ein großer Holztisch darin, wie man ihn in allen Bauernhäusern vermutet. Seine Frau im geblümten Hauskleid, die aussah, als käme sie direkt aus der Farmersfrauenabteilung eines Fernsehsenders, gab mir frischgebackene Plätzchen soviel ich verspeisen konnte.

Als meine Mutter schließlich auftauchte, wollte ich nicht mehr gehen. Erst nachdem mich meine Gastgeber eingeladen hatten, jederzeit wiederzukommen, ging ich dann doch mit. Auf dem Heimweg fragte mich meine Mutter im Wagen, warum in Himmels Namen ich es für nötig befunden hätte, ihre Worte für bare Münze zu nehmen und mich tatsächlich im Wald zu verlaufen.

Natürlich sagte ich, daß ich mich nicht verlaufen hätte, daß ich nie verloren gewesen wäre und daß mein Abenteuer von Anfang an geplant gewesen wäre. Meine Mutter lächelte nur und fuhr weiter.

Die Lektion dieser Geschichte ist, daß wir es manchmal nicht glauben, wenn wir uns verlaufen haben; aber auch, wenn wir glauben, uns verlaufen zu haben, stimmt es nicht immer.

Wenn Sie Ihr Gepäck umpacken und den nächsten Teil Ihrer Lebensreise anpacken, fühlen Sie sich vielleicht oft verloren. Wenn ja, ist es der Mühe wert, sich einen Moment Zeit zu nehmen und darüber nachzudenken, ob Sie es wirklich sind oder ob Sie nur Ihre Schritte im Wald zurückverfolgen auf dem Weg zu etwas Neuem. Auf der anderen Seite ist es auch wichtig, wenn Sie sich besonders sicher fühlen, um sich zu blicken, um herauszufinden, wo Sie sich gerade befinden. Vielleicht entdecken Sie, daß Sie tiefer im Wald sind, als Sie denken – und dies muß nicht schlecht sein. Schließlich besteht immer die Chance, daß ein paar Plätzchen ganz in der Nähe sind.

Sich verloren fühlen

Was bedeutet es überhaupt, sich verlaufen zu haben? Wie können Sie sich verlaufen, wenn Sie nicht wissen, wo Sie hingehen? Das Positive daran ist, daß Sie zumindest eine vage Vorstellung von Ihrem Zielort haben müssen, wenn Sie glauben, sich verlaufen zu haben.

Nehmen wir an, Sie haben den Prozeß des Umpackens durchgemacht. Sie haben erkannt, was wirklich Bedeutung für Sie hat, und Sie haben in Ihrem Leben Veränderungen vorgenommen, um mehr von dem, was Ihnen wichtig ist, in Ihr Leben hineinzupacken. Trotzdem sind Sie in einer Situation, die sich nicht richtig für Sie anfühlt. Sie wissen nicht, warum Sie hier sind oder was Sie tun oder warum Sie es tun. Sie denken zurück, wie die Dinge waren, bevor Sie die Veränderungen gemacht haben, und erinnern sich, wie gut Sie es doch hatten. Sie fragen sich, warum Sie überhaupt auf diese Umpacken-Botschaft gehört haben.

Aber ist der unbekannte Dämon nicht schlimmer als der bekannte? Ist es nicht besser, etwas versucht und versagt zu haben, als sich den Rest Ihres Lebens fragen zu müssen, wie es gewesen wäre, wenn Sie es versucht hätten. Möchten Sie nicht lieber enden, wie Bernhard Shaw es ausdrückte, „total erschöpft, bevor Sie auf den Müllhaufen geworfen werden"?

In unseren Interviews mit 60-, 70- und 80jährigen Menschen kam ein gemeinsames Thema zum Vorschein. Die meisten Menschen blicken nicht zurück auf ihr Leben und fürchten sich vor dem Tod. Die Nummer eins unter den Ängsten dieser älteren Menschen ist, daß ihr Leben bedeutungslos war – daß sie nicht so vollständig wie möglich gelebt haben, nicht genug Chancen wahrgenommen haben, „nicht genug Purpurrot getragen haben".

In dem Film *Grumpy Old Men* sagt Jack Lemmons 94jähriger Vater zu ihm, daß das einzige, was man in seinem Leben bereuen wird, die Risiken sind, die man nicht eingegangen ist. Wenn Sie sich verlaufen haben, haben Sie zumindest das Risiko auf sich genommen, oder nicht?

Wenn Sie erkennen, daß Sie sich verlaufen haben, ist das sehr gut. Aber vielleicht haben Sie sich verlaufen, ohne es zu wissen. Sie haben schon lange nicht mehr angehalten, um herauszufinden, wo Sie sich eigentlich befinden. Vielleicht haben Sie sich verlaufen und wissen es bloß nicht.

Das Gefühl, sich verlaufen zu haben, ist der notwendige erste Schritt, um sich selbst zu finden. Wenn Sie sich verlaufen haben, sind Sie zumindest auf Ihrem Weg – selbst wenn es sich nicht so anfühlen sollte.

Die Angst vor Verlust und der Verlust der Angst

Bis zu einem gewissen Grad ist jede Angst, die Angst vor dem Unbekannten. Wenn wir an das Umpacken denken und uns selbst die Frage stellen „Was, wenn ich mich verlaufe?", drücken wir damit unsere Befürchtungen bezüglich des Unbekannten aus, Befürchtungen wie:

- Wer werde ich sein, wenn ich nicht der bin, der ich jetzt bin?
- Werde ich immer noch ein liebenswertes menschliches Wesen sein, wenn ich dies nicht tue, dies nicht habe oder fahre?
- Ist dies wirklich das, was ich will?
- Was, wenn ich „es" nicht finden kann?
- Was, wenn ich es versuche und versage? Werde ich eine weitere Chance bekommen?
- Was, wenn ich es versuche und erfolgreich bin? Muß ich meinen Erfolg wiederholen?

Leider gibt es tatsächlich keinen Weg, eine Antwort auf diese Fragen zu finden, außer durch Erfahrung. Um unsere Angst vor dem Unbekannten zu überwinden, müssen wir es kennenlernen. Wir müssen, in Linda Jadwins Worten, „im Moor schwimmen." Dies zu tun ist mit Sicherheit angsteinflößend, aber es ist der einzige Weg, diese Angst jemals zu verlieren. Dave erzählt:

———◆———

Als ich ein kleiner Junge war, lag ich nachts in meinem Bett und starrte auf den geschlossenen Vorhang meines Schlafzimmerfensters, verängstigt von der Vorstellung, daß hinter dem Vorhang ein gehässiges außerirdisches Wesen auf mich lauerte. Ich wagte nicht, den Vorhang zu öffnen, aus Furcht, in sein schreckliches, grünes, graubehaartes Gesicht mit den vielen Augen zu blicken. So lag ich nur stocksteif da und steigerte mich immer mehr in diesen Schreckenszustand hinein. Schließlich war ich so gelähmt vor Angst, daß ich nichts anderes mehr tun konnte, als leise vor mich hin zu wimmern und zu hoffen, daß mich meine Eltern vor dem Fernseher hörten. Es war nicht viel später – wahrscheinlich, als ich etwa 14 Jahre war und damit anfing, mein Schlafzimmerfenster offen zu lassen, so daß meine Freunde sich nachts hereinschleichen konnten oder ich hinaus – als es mir endlich aufging, wie ich meine Angst überwinden konnte. Es wurde mir bewußt, daß ich nicht mit ihr leben mußte. Ich konnte die Angst jederzeit vertreiben, wenn sie aufkam, einfach, indem ich den Vorhang zurückzog.

Dasselbe gilt für das Umpacken. Wenn uns die Vorstellung davon erschreckend erscheint (und dafür gibt es genug Gründe), ist es das beste, einfach anzufangen. Es ist der einzige sichere Weg, die Angst zu vertreiben. Aber wird es einfacher, wenn wir dies wissen? Wahrscheinlich nicht. Mit Sicherheit nicht für Albert Brooks in der herrlichen schwarzen Komödie *Lost in America*. In dem Film geben er und seine Frau ihren erfolgreichen Mittelstands-Lebensstil auf, um in einem Wohnmobil durchs Land zu ziehen. Sie fahren los zu der Musik von Steppenwolfs *Born to be Wild*.

Albert und seine Frau müssen jedoch bald erkennen, daß für sie die Freiheit der Straße überhaupt nicht das ist, was so gepriesen wird, und nachdem sie die Familien-Notgroschen in Las Vegas verspielt haben, bleibt ihnen keine andere Wahl, als ganz von vorne zu beginnen. Er bekommt einen Job als Schülerlotse, und sie nimmt eine Stelle als Verkäuferin in einer Imbißbude an. Das Ergebnis ist, daß sie innerhalb von ein paar Wochen in ihre Stadt zurückgekehrt sind und wieder in ihren alten Berufen arbeiten – mit erheblich geringerem Einkommen. Aber zumindest haben sie nicht so geendet, daß sie mit 60 Jahren immer noch davon träumen, auszubrechen.

Was tun, wenn Sie sich verlaufen haben

Eine Freundin von uns, Sarah Carter, entschloß sich, ihre Karriere als Maschinenbauingenieurin aufzugeben, um wieder an die Universität zurückzukehren und Architektur zu studieren. Zwei Wochen nach der Einschreibung meinte sie, einen schrecklichen Fehler gemacht zu haben. Sie vermißte ihr Zuhause, ihre Arbeit, ihre Freunde – alles. Wir reden über das Sich-verloren-Fühlen. In nur zwei Wochen wurde aus einer erfolgreichen Geschäftsfrau und Wohnungsbesitzerin eine verarmte Studentin, die in einem Kellerappartement lebte.

Da Sarah jedoch ein begabter Naturmensch ist, tat sie, was jeder begabte Naturmensch in einer solchen Situation tun würde. Sie geriet nicht in Panik. Sie machte keine überhasteten Schritte. Sie rannte nicht herum und suchte nach einem Ausweg. Statt dessen hat sie einfach abgewartet. Sie sparte ihre Energie und gruppierte um. Sie erinnerte sich daran, innezuhalten und zuzuhören.

Vor allem beobachtete Sarah. Sie beobachtete die Situation um sie herum. Sie betrachtete ihre Reaktion darauf. Sie versuchte, zur Wurzel ihrer Angst vorzudringen, um herauszufinden, woher diese kam. Sie gab sich die Zeit herauszufinden, welche Alternativen sie hatte. Was konnte sie ändern? Was nicht? Was war es wert, daran festzuhalten? Was konnte sie ebensogut aufgeben?

Letztendlich brauchte Sarah sechs Monate – und einige lange Wochenenden –, um sich selbst zu finden. Aber sie hat sich gefunden. Sie schloß ihr Architekturstudium ab und gründete schließlich eine eigene Firma. Wenn sie ausgeflippt wäre und das Studium geschmissen hätte, bevor sie richtig damit begonnen hatte, wäre dies nie geschehen. Anstelle zu fühlen – wie sie es heute tut –, daß sie ihre Berufung gefunden hat, hätte sie sich in ihrem früheren Leben als Ingenieurin verlorener gefühlt als jemals zuvor.

Das Problem bei vielen von uns ist, daß wir zu ungeduldig sind.

Deshalb ist es wohl das beste, nichts zu tun, wenn Sie sich nach dem Umpacken verloren fühlen oder sich über das Verlorensein Sorgen machen. Warten Sie ab. Sehen Sie sich um. Prüfen Sie, wie Sie sich fühlen. Und vergessen Sie nicht zu atmen.

Andere verlorene Seelen

Der Dichter Rumi schrieb einmal: „Was habe ich jemals durch den Tod verloren?" Rumis Botschaft ist, daß er jedesmal, wenn er stirbt und wiedergeboren wird, eine Weiterentwicklung erkennt. Für Hunderttausende von Jahren war er ein Mineral, für weitere Hunderttausende eine Pflanze, dann ein Tier und schließlich ein menschliches Wesen. Sie müssen nicht an Reinkarnation glauben, um zu fühlen, daß dies einen Sinn ergibt.

Jedesmal, wenn Sie etwas aufgeben, jedesmal, wenn Sie umpacken – selbst wenn es nicht wie geplant verläuft – kommt es zu einer Weiterentwicklung. Solange Sie Ihre Augen, Ohren und Ihr Herz geöffnet halten, gibt es etwas zu lernen.

Michael Levy, ein Software-Ingenieur, teilte mit uns seine Philosophie in bezug auf Veränderungen in Liebesbeziehungen und Arbeit: „Wissen Sie, was *das Schlimmste* ist, wenn man einen Job verliert oder mit einem Partner bricht?" fragt er. „Sie bekommen beim nächsten Mal immer einen *besseren!*"

Dies scheint uns der Wahrheit zu entsprechen. Häufig halten es Menschen in quälenden Situationen länger aus, als sie dies müßten. Sie haben Angst loszulassen, weil sie nicht wissen, was als nächstes kommt – wenn etwas kommt. Sind sie jedoch aus dieser Situation draußen, öffnet sich eine vollkommen neue Welt. Befreit vom Gepäck alter Muster sind sie in der Lage, eine Vielzahl neuer Möglichkeiten zu erkennen. Ihr Selbstwertgefühl schießt in die Höhe. Das Ergebnis ist, daß sie immer mehr und bessere Reaktionen anziehen, und dieser Prozeß nährt sich selbst, indem sich immer mehr reichhaltigere Möglichkeiten eröffnen.

Es ist eine bittersüße Wahrheit, jedoch beobachten wir dies immer wieder bei älteren Menschen, die vor kurzem ihren Ehepartner verloren haben. In der Periode direkt nach dem Tod fühlen sie sich verloren und verängstigt und neigen dazu, viel Zeit mit sich selbst zu verbringen, sie fallen in Winterschlaf und gruppieren um. Aber nach etwa einem Jahr erblühen sie wieder. Sie nehmen Kunstunterricht, leisten ehrenamtliche Arbeit, bereisen die Welt. Sie sehen gesünder, glücklicher und lebendiger aus als Jahre zuvor. Für manche ist „das Schlimmste" am Verlieren des Partners, daß sie eine zweite Chance bekommen, sich selbst zu finden.

Die verlorene (Re-)Generation

Mit keiner unserer Geschichten von Menschen, die sich selbst gefunden haben, als sie dachten, sie wären verloren, wollen wir das abwerten, was Sie vielleicht bei Ihrem eigenen Umpack-Abenteuer empfinden.

Im Gegenteil, unsere Hoffnung ist es, Sie wissen zu lassen, daß Sie nicht allein sind. Wenn sie den Umpack-Prozeß durchlaufen, erfahren die meisten Menschen eine wichtige Periode der Anpassung. Sie ändern nicht von einem Tag zum nächsten radikal ihr Leben. Sie müssen sich selbst Zeit geben, um sich an die Veränderungen zu gewöhnen, um sich mit dem, was neu und anders ist, wohlzufühlen. Sie wissen, wie es ist, wenn Sie eine Reisetasche umpacken – die Dinge sinken auf den Boden. Es dauert eine Weile, bis sich die Beulen glätten und die Dinge aufhören herumzurasseln. Dasselbe gilt für Ihr Leben. Es braucht Zeit, bis sich neue Perspektiven und Ordnungen natürlich anfühlen – Sie können nichts dagegen tun. Die Zeit ist eines der Dinge im Leben, die man nicht drängen kann.

Hier folgen einige Beispiele von Aktivitäten, die Ihnen helfen können, wenn Sie sich irgendwie verloren fühlen.

1. *Führen Sie Tagebuch.*
Täglich (oder fast täglich) über Ihre Gedanken, Gefühle, Beobachtungen und Sorgen etc. Tagebuch zu führen ist ein ausgezeichneter Weg, um mit sich selbst in Verbindung zu bleiben. *Was* Sie schreiben ist nicht so wichtig, aber *daß* Sie schreiben ist wichtig. Die stille Zeit, die Sie damit verbringen (irgendwo ab 15 Minuten aufwärts) ist eine Gelegenheit, um sich selbst zu sammeln, um sich selbst daran zu erinnern, wer Sie sind und warum Sie die Umpackentscheidungen getroffen haben, die Sie getroffen haben. Es ist ebenso ein guter Weg, um Dampf abzulassen. Auch wenn Sie selbst nicht die Vorzüge des Tagebuchschreibens erkennen, werden Ihre Freunde und Familienmitglieder sicherlich davon profitieren.

2. *Machen Sie einen Ausflug in den Erfolg.*
Wenn Sie sich verloren fühlen, versuchen Sie einfach, so zu tun, als wüßten Sie genau, wo Sie sind. Machen Sie eine Probe der authentischen Erfolgserfahrung. Wenn Sie Schwierigkeiten haben, sich anzupassen, versuchen Sie sich vorzustellen, daß Sie bereits angekommen sind. Versetzen Sie sich in die Zukunft – eine Zukunft, in der Sie vollkommen umgepackt haben und sich mit allem, was Sie gewählt haben, wohl fühlen. Nehmen Sie sich einen Tag oder Nachmittag, um alle Zweifel beiseite zu schieben. Entschließen Sie sich, alle Ängste bezüglich Ihrer Zukunft aus Ihren Gedanken zu verbannen. Erproben Sie die Geisteshaltung eines Ureinwohners der emotionalen und physischen Landschaft, in der Sie sich befinden. Finden Sie heraus, ob nicht einige Ihre Zweifel einfach verschwinden, indem Sie sie ignorieren.

3. *Machen Sie einen Ausflug in die Zeit vor dem Umpacken.*
Wenn Sie sich wirklich verloren fühlen, ist es vielleicht hilfreich, auf das zurückzublicken, was Sie zurückge-

lassen haben. Wir neigen alle dazu, uns nur an die guten Zeiten der Vergangenheit zu erinnern. Deshalb kann es hilfreich sein, diese noch einmal zu besuchen, und sich ins Gedächtnis zurückzurufen, was nicht so großartig war. Wenn Sie zum Beispiel eine Arbeitsstelle aufgegeben haben und sich danach zurücksehnen, rufen Sie einige ehemalige Kollegen an und vereinbaren Sie einen Besuch. Eine Stunde auf dem Boden, auf dem Sie früher herumstapften, wird Sie wahrscheinlich hinlänglich daran erinnern, warum Sie dort nicht länger herumstapfen.

4. *Lassen Sie einen Freund oder ein Familienmitglied einen Spiegel hochhalten.*
Niemand sagt, daß dies einfach ist, aber es kann sehr effektiv sein, daß jemand, dem Sie vertrauen, Ihnen Feedback gibt. Bitten Sie Ihren Freund, sich vorzustellen, daß er Sie ist, und daß er sich selbst beschreibt. Machen Sie sich Notizen und unterbrechen Sie nicht. Finden Sie heraus, ob Sie dadurch nicht einen besseren Eindruck bekommen, wer Sie sind und eine klarere Vorstellung, wie andere Sie sehen.

5. *Konzentrieren Sie sich auf eine, und nur eine Sache.*
Oft ist der Grund, warum wir uns verloren und niedergeschlagen fühlen, daß wir versuchen, zuviel zu tun. Deshalb ist es eine gute Idee, sich für eine Weile nur auf eine Sache zu konzentrieren. Anstatt zu versuchen, alle Komponenten Ihres frisch umgepackten Lebens gleichzeitig zu jonglieren, konzentrieren Sie sich nur auf eine. Nehmen wir zum Beispiel an, daß Ihr Umpakken eine neue Arbeitsstelle, ein neues Zuhause sowie neue Freunde beinhaltet und Sie versuchen, mit all diesen Variablen gleichzeitig zurechtzukommen. Nehmen Sie nur eine und nehmen Sie sich ein paar Wochen nur für diese eine Zeit. Machen Sie sich keine Sorgen, wenn die anderen etwas zu kurz kommen – lassen Sie sie! Wenn Sie in diesem einen Bereich Ihres Lebens festen Fuß gefaßt haben, können Sie Ihre Aufmerksamkeit auf andere Bereiche lenken. Wenn Sie aber versu-

chen, alles auf einmal zu machen, kann es sein, daß Sie nie etwas endgültig geregelt haben.

6. *Strengen Sie sich an.*
Wir sagen es nicht gerne, aber vielleicht sind Sie einfach zu faul. Vielleicht fühlen Sie sich verloren, weil Sie nicht hart genug versucht haben, sich zu finden. Vielleicht haben Sie nicht mit so vielen Leuten geredet, wie Sie dies hätten tun können, und nicht so viele Ratschläge bekommen, wie Sie brauchen. Kann sein, daß Sie Ihre Fühler nicht nach allen verfügbaren Möglichkeiten ausgestreckt haben. Vielleicht erfahren Sie gerade das, was Läufer durchleben, kurz bevor Sie „die Schallmauer durchbrechen". Jetzt im Moment sind Sie erschöpft, aber mit nur etwas mehr Mühe werden Sie durchbrechen und das Gefühl haben, daß Sie für immer weiterlaufen können.

7. *Gehen Sie hinaus, gehen Sie hinein.*
Gehen Sie „hinaus" und reden Sie mit den Leuten. Zapfen Sie deren Gehirn nach mehr Informationen, mehr Tips, mehr Ratschlägen und Techniken an, um Türen zu öffnen, die Ihnen noch verschlossen sind. Gehen Sie „hinein" und hören Sie auf sich selbst. Blättern Sie nochmals zurück zu Übungen, die Sie schon an früherer Stelle in diesem Buch gemacht haben, zu Dialogen, die Sie mit anderen geführt, und zu Gesprächen, die Sie mit sich selbst hatten.

8. *Machen Sie eine Pause.*
Einer der häufigsten Fehler von Menschen, die sich verlaufen haben, ist, daß sie ständig im Kreis gehen. Wenn Sie sich verloren fühlen, kann es sein, daß Sie mehr Energie als notwendig verschwenden. Vielleicht arbeiten Sie zu hart. Anstatt viel Energie einzusetzen, um sich mit dem bloßen Willen aus der Situation, in der Sie sich befinden, zu befreien, sollten Sie versuchen, mit der Erfahrung zu schwimmen. Anstatt sich zu bemühen, alles selbst voranzutreiben, lassen Sie sich mittreiben.

Auch dies wird vorübergehen

Wie der Komiker im Varieté sagte: „Auch dies wird vorübergehen ... wie ein Nierenstein! Langsam und schmerzhaft!"

Aber es ist wahr. Nichts – außer vielleicht Styroporchips – hält für ewig. Egal, wie verloren Sie sich fühlen, es wird eine Zeit kommen, wo sich die Dinge ändern. Es kann natürlich auch sein, daß es damit endet, daß Sie sich noch verlorener fühlen als zuvor. Es bestehen jedoch gute Chancen, daß Sie sich am Ende zu Hause fühlen werden, vielleicht mehr als jemals zuvor.

Das Leben ist nichts anderes als ein dynamischer Prozeß. Es ist unmöglich, daß es irgendwie gelingt, das Glück zu finden und einzufangen, da – sobald man es hat – es dahinzuschwinden beginnt. Dies ist im Endeffekt, um was es beim Umpacken geht – es ist ein System, um Ihnen bei der fortwährenden Suche nach dem Glück zu helfen. Egal, welche Form dieses System annimmt, es muß von innen kommen.

Im 17. Jahrhundert beschäftigte sich der Philosoph Benedict de Spinoza mit seinem eigenen Midlife-Umpacken. Er fing an, indem er über die Anstrengungen nachdachte, die man unternommen hatte, um das zu bekommen, was die meisten Menschen als das höchste zu erreichende Gut betrachteten – Reichtümer, Ruhm und Sinnesfreuden. Spinoza kam zu dem Schluß, daß diese zwar eine gewisse Anziehungskraft auf ihn hatten, ihm aber niemals das authentische Glücksgefühl verschaffen konnten, nach dem er suchte. Er machte eine großartige Entdeckung, die er etwa wie folgt ausdrückte: „Glücklich- oder Unglücklichsein hängt gänzlich von der Qualität des Objekts unserer Liebe ab." Wenn wir flüchtige Reize und kurzlebige Werte lieben, wird auch unser Glück ebenso flüchtig und kurzlebig sein. Wenn wir aber danach streben, unsere Liebe an beständige Werte zu knüpfen, wird auch unser Glück anhaltend sein.

Spinoza legte für sein weiteres Leben drei Prinzipien nieder, um sich auf seine andauernde Suche nach dem, was wirklich wichtig für ihn war, einlassen zu können. Kurzgefaßt, sind dies die folgenden:

- Sich an jeden üblichen Brauch halten, der uns nicht an der Erreichung unseres Zieles hindert.
- Uns Vergnügungen nur in dem Maße hingeben, als sie notwendig sind, um unsere Gesundheit zu erhalten.
- Uns bemühen, genügend Geld oder Waren zu erwerben, um unser Leben und unsere Gesundheit aufrechtzuerhalten, und solchen allgemeinen Bräuchen zu folgen, die mit unserem Ziel in Einklang stehen.

Etwa 300 Jahre später geben wir so ziemlich dieselben Ratschläge:

- Werden Sie sich darüber klar, was wichtig ist und was nicht.
- Investieren Sie Ihre Zeit und Energie, in die Dinge, die es sind.
- Packen Sie Ihren Rucksack mit den Dingen, die es „Ihnen ermöglichen, zielbewußt zu leben", und lassen Sie die beiseite, die dies nicht tun.

Dies beweist, daß sich die Dinge um so mehr gleich bleiben, je mehr sie sich ändern.

Ein Beispiel für das Verlorensein: „Wird es nichts Besseres mehr geben?"

Das Schreiben dieses Buches war ein fortwährender Dialog, der mehr als zwei Jahre andauerte. In dieser Zeit führten wir endlose Diskussionen, tauschten unzählige Geschichten und Anekdoten aus. Durch unsere Gespräche haben wir uns wirklich kennengelernt. Die Worte und Ratschläge, die wir wechselten, hatten eine unauslöschliche Auswirkung auf unser beider Leben. Dave erklärt, daß dies in seiner Beziehung zu Dick kein vollkommen neues Phänomen ist:

Dick ist mindestens dreimal in meinem Leben in kritischen Augenblicken aufgetaucht und hat eine entscheidende Veränderung bewirkt. Interessant ist, daß zu allen drei Zeitpunkten die Dinge bei mir besonders gut gelaufen sind – bis Dick kam und alles durchrüttelte.

Das erste Mal passierte dies 1987, als ich der Haupt-Texter einer Schulungsfirma in Santa Fé, New Mexico, war. Eigentlich hatte ich alles. Ich war frisch verheiratet, meine Arbeit lief großartig, und ich lebte auf einer vier Hektar großen Ranch in einem der schönsten Teile des Landes, wenn nicht der Welt. Dick kam in unsere Firma und hielt ein Seminar zum Inhalt seines früheren Buches *The Inventureres*. Seine Botschaft war Selbstprüfung und Selbstentdekkung. Zu diesem Zeitpunkt fühlte ich, daß ich rein nach dem Werbeslogan „Es wird nichts Besseres mehr geben" lebte. Dick inspirierte mich, diese Aussage zu einer Frage umzuformulieren. Drei Monate später hatte ich gekündigt, und meine Frau Jennifer und ich waren auf dem Weg nach Paris, um den Traum vom „im Exil lebenden Schriftsteller-Künstler Ernest Hemingway" zu leben. Die daraus resultierenden Erfahrungen waren vielleicht nicht gerade der Inhalt von erfolgreichen Werbekampagnen, aber sie änderten mit Sicherheit mein Leben zum Besseren – selbst wenn ich im vorhinein dies nicht für möglich gehalten hätte.

Etwa drei Jahre danach lebte ich in Los Angeles und arbeitete als leitender Angestellter für eine Hightech-Firma, die sich mit der Entwicklung einer faszinierenden neuen Multi-Media-Technik beschäftigte. Auf die Einladung eines Bekannten hin, mit dem ich einmal zusammengearbeitet hatte, war ich einfach aus Spaß nach Minnesota geflogen. Er versuchte, mich als Schreiber für eine neue Firma zu gewinnen, in die er frisch eingetreten war. Ich hatte wirklich nicht die Absicht, Los Angeles zu verlassen. Das Leben an der Küste war einfach phantastisch. Ich machte mehr Geld als jemals zuvor und wurde eine wichtige Figur in einer aufstrebenden Technologie. Auf meinem Rückweg lief ich Dick in die Arme, den ich einige Jahre nicht gesehen hatte. Wir waren für denselben Rückflug nach L.A. gebucht. Obwohl ich es normalerweise hasse, mich während eines Fluges auf etwas anderes als ein Buch einzulassen, machte ich dieses Mal eine Ausnahme. Dick und ich redeten sehr viel. Ich erzählte ihm, wie gut die Dinge bei mir liefen und wie fasziniert ich war von den technischen Möglichkeiten, die vor uns lagen. Ich erwähnte kurz das Angebot aus Minneapolis und fragte ihn – im Hinblick auf das, was ich ihm über L.A. erzählt hatte – was er dachte. Seine Antwort saß.

„Möchtest du für deine Arbeitsinstrumente oder deine Talente bekannt werden?" fragte er.

Zwei Monate später lebten meine Frau und ich wieder im mittleren Westen. Ich hatte die Entscheidung gefällt, einem Weg zu folgen, dem mein Talent – das Schreiben und nicht meine Arbeitsinstrumente – diese neue (und inzwischen schon wieder veraltete) Technik – zugrunde lagen.

Das dritte Mal, als Dick mich zwang, meine Reise neu zu bewerten, war ein paar Jahre später, als ich für die Firma arbeitete, für die ich aus L.A. weggezogen war. Wieder war dies zu einer Zeit, als mein Leben – scheinbar – kaum noch besser laufen konnte. Das Unternehmen, für das ich tätig war, hatte meiner Abteilung fast unbegrenzte Freiheiten eingeräumt. Aufgrund einer Reihe von Umstrukturierungen hatten wir wirklich keine Verpflichtungen mehr. Trotzdem wollten sie uns behalten. Im Grunde konnten wir tun, was wir wollten, und bekamen immer noch unseren Gehaltsscheck. Meine Kollegen und ich spielten viel 'Zimmer-Basketball', hatten viele vorzügliche Mittagessen und – wenn sich der Geist in uns regte – leisteten auch ziemlich gute Arbeit. Konnte es noch besser kommen? Ich hatte meine Zweifel.

Dick und ich trafen uns eines Nachmittags auf einen Drink und vertieften uns in ein Gespräch. Ich berichtete ihm von meiner einmaligen Situation und erwartete natürlich, daß er meine Freude über meinen Erfolg teilen würde. Er hörte mir aufmerksam zu und erzählte mir dann eine Geschichte über seine Arbeit mit den Massai in Afrika und wie begeistert er war, ihnen beim Aufbau einer Schule helfen zu können. Ich verglich seinen Grad der Begeisterung mit meinem eigenen. Die Schwierigkeiten, in die er verstrickt war, und die Zufriedenheit, die er daraus zog, diese Stück für Stück zu überwinden, ließen meine blasierte Selbstzufriedenheit seicht und sinnlos erscheinen.

Am nächsten Tag reichte ich meine Kündigung ein und bereitete mich darauf vor, mich selbständig zu machen. Es war nicht immer leicht, aber es hat mir mit Sicherheit ein Gefühl von Lebendigkeit vermittelt, das ich noch nie zuvor hatte. Als Freiberufler spürte ich wirklich, daß ich meine Talente mit einer gewissen Leidenschaftlichkeit einsetzen konnte und meistens mit Menschen zu tun hatte, an denen mir etwas lag, und dies an dem Ort (in der Regel mein Büro zu Hause), an den ich hingehörte. Konnte es noch besser kommen? Vor zwei Jahren bezweifelte ich dies.

Als Dick mich fragte, ob ich an diesem Buchprojekt mit ihm zusammenarbeiten wolle, hätte ich mich wahrscheinlich in acht nehmen sollen. Als ich mich auf das Gespräch mit ihm einließ, stellte ich wieder alles in Frage, von dem ich dachte, daß ich es habe – alles, das anscheinend nicht besser sein konnte.

Wie sich herausstellte, passierte alles noch einmal, und meine Mitarbeit an diesem Buch ist zu einem Großteil ein Zeugnis dafür, wie der *Umpack*-Prozeß funktioniert. Durch die Arbeit daran wurde ich gezwungen, Umpack-Konzepte und Fragen über mein eigenes Leben einzusetzen. Um eine Integrität dessen zu gewährleisten, über was wir schrieben, mußte ich mich selbst mit diesen Fragen beschäftigen – auf einer persönlichen und emotionalen Ebene. Ich mußte absichtlich meine eigene Midlife-crisis bekommen und für meine eigene, vor mir liegende Reise umpacken.

Was hat dies mit sich gebracht? Ganz einfach, ich mußte meine Worte in die Tat umsetzen. Ich mußte den Inhalt dieses Buches auf mein eigenes Leben anwenden. Ich mußte beurteilen, was ich in den Begriffen von Arbeit, Liebe und Ort mir mir trug.

Ich stellte fest, daß meinem Leben – vor allem im Hinblick auf die Arbeit – eine gewisse Leidenschaftlichkeit fehlte. Abgesehen von der Arbeit an diesem Buch (in die ich unglaublich viel Leidenschaft steckte), hatte ich wirklich keine gehabt. Mit dem freiberuflichen Schreiben für Geschäftskunden zahlte ich meine Rechnungen, aber es erfüllte nicht mein tieferes Bedürfnis, der Welt aufrichtig etwas zurückzugeben – selbst wenn ich nicht sicher bin, was dieses „etwas" ist.

An früherer Stelle habe ich geschrieben, daß durch das Umpacken meine Leidenschaft für die Philosophie neu entfacht wurde. Mein inneres Engagement für diese Disziplin inspirierte mich dazu, mich für einen Studienplatz zu bewerben und zu meiner großen Freude (und Bestürzung) wurde ich angenommen.

Als wir die letzten Korrekturen für dieses Buches abschlossen, plante ich, mein Leben als freiberuflicher Texter aufzugeben und mich auf die Suche nach der Erfüllung meines Lebenstraumes zu machen – dem Doktor der Philosophie. Die Hochschule rückt bedrohlich näher mit allen dazugehörenden Herausforderungen – vor allem für jemanden, der zwei Jahrzehnte älter ist als seine Kommilitonen.

Habe ich Angst davor, verloren zu gehen? Da können Sie sicher sein! Aber noch erschreckender war die Aussicht, diese Gelegenheit nicht wahrgenommen zu haben und mich für den Rest meines Lebens fragen zu müssen, was wäre gewesen, wenn ...

Ich habe keine Vorstellung davon, wie die Dinge laufen werden, was ich mit dem Titel machen werde, wenn ich ihn bekomme, oder ob ich es überhaupt durch das erste Semester schaffe. Ich weiß jedoch, daß mich die Aussicht auf Veränderung in Erregung versetzt und daß ich gespannt bin auf die vor mir liegende Reise.

Kann es noch besser kommen? Ich weiß es nicht, aber solange ich diese Gespräche mit Dick weiterführe, werde ich es sicher herausfinden.

Postkarten-Übung

Sich verloren fühlen

Wenn Sie sich verloren fühlen, kann Ihnen diese Postkarte vielleicht helfen.

- Suchen Sie einen ruhigen Platz und nehmen Sie sich einige Minuten Zeit, um sich dort hinzusetzen und sich zu sammeln.
- Schließen Sie Ihre Augen und denken Sie über Ihre Vision des guten Lebens nach. Betrachten Sie alle Hindernisse – Menschen, Gefühle, Probleme etc. –, die Sie davon abhalten, dahin zu kommen, wo Sie sein möchten. Wählen Sie das Hindernis, das Ihnen am größten erscheint. Zeichnen Sie ein Bild dieses Hindernisses auf die Vorderseite der Postkarte.
- Schreiben Sie auf, welche Art von Unterstützung Ihrer Meinung nach helfen würde, um an diesem Hindernis vorbeizukommen.
- Schicken Sie Ihre Postkarte an einen Dialog-Partner, der Ihnen helfen kann, dieses Hindernis zu überwinden. Warten Sie auf seine Antwort. Wenn Sie nach einer Woche noch nichts von ihm gehört haben, rufen Sie an und fragen, was er denkt.

14
Was, wenn ich mich nicht verliere?

*Ich lerne lieber von einem Vogel, wie man singt,
als daß ich tausend Sterne lehre, wie man tanzt.*
                                    Unbekannt

Zwei amerikanische Träume

Es gibt zwei amerikanische Träume, und sie scheinen diametral entgegengesetzt zueinander zu verlaufen. Der erste handelt von Unabhängigkeit, persönlicher Freiheit und der Verlockung neuer Grenzen. Der zweite dreht sich um Sicherheit, Geborgenheit und einem Häuschen am Stadtrand. Der erste ist der Traum von Jack Kerouac und Amelia Earhart. Der zweite ist der Traum von Frank Capra und Donna Reed.

Beide Versionen des Traumes haben eine starke Anziehungskraft. Beide sind tief verwurzelt in unserer nationalen Psyche. Zusammen sind sie beide der Kuchen, den wir haben und auch essen wollen.

Die meisten von uns bewegen sich ständig zwischen diesen beiden Träumen hin und her. Im einen Moment ist alles, was wir wollen, der Himmel über uns und ein ruhiger Platz, der uns Schutz bietet. Im nächsten haben wir das Gefühl, diesen Himmel durch das Sonnendach einer nagelneuen eigenen Limousine betrachten zu müssen. Millionen von Anzeigen für Tausende von Produkten erzählen uns, daß wir alles haben *können*. Aber die Tatsache ist, daß die meisten von uns gar nicht wissen, was wir *wollen*!

Dies ist der Grund, warum so wenige Menschen – sogar die erfolgreichsten unter uns – sich selbst als erfolgreich beschreiben. Wenn Sie Gäste zum Thema *Der Lebensstil der Reichen und Berühmten* interviewen würden, könnten Sie feststellen, daß für einen großen Prozentsatz von ihnen Erfolg etwas ist, das weit in der Zukunft liegt. Die meisten sehnen sich und suchen noch danach.

Haben Sie schon einmal von einer Gruppe mit dem Namen „Doughnuts" gehört? Sie besteht aus Kindern äußerst erfolgreicher Eltern, die alle Vorteile hatten, die immer „alles hatten". Sie nennen sich selbst die „Doughnuts", weil sie alle viel „Dough" = Zaster haben, aber total „nuts" = verrückt sind. Die äußeren Zeichen des Erfolges wägen nicht das Versagen auf, das sie innerlich empfinden. Das Zentrum des „Doughnut" ist leer.

Über Jahre hinweg haben wir Menschen gebeten, das gute Leben zu definieren. Egal, wieviel sie auch verdienen, sagen die meisten, wenn sie nur doppelt soviel hätten wie im Moment, wäre alles in Ordnung. Dann hätten sie das Versprechen der Unabhängigkeitserklärung erfüllt – Leben, Freiheit und das Streben nach Glück. Wenn sie jedoch dieses neue Niveau erreicht haben, sind sie immer noch nicht erfüllt. Es stellt sich heraus, daß sie die ganze Zeit nach *Unglücklichsein* gestrebt haben.

Schließlich fällt alles wieder auf eine Frage zurück, nämlich wie das gute Leben definiert wird. Worin besteht es für Sie? *Freiheit oder Sicherheit?*

In Isak Dinesens Klassiker *Jenseits von Afrika* führen Karen Blixen und Denys Finch-Hatten ein Gespräch, indem die Spannung zwischen Freiheit und Sicherheit deutlich wird, zwischen dem Wunsch, sich niederzulassen und zu heiraten und der Sehnsucht nach der Freiheit des Weges.

Karen konfrontiert Denys damit, daß sie weiß, daß er nicht immer auf Safari geht, wenn er weggeht. Er gesteht dies ein, besteht aber darauf, daß er sie damit nicht verletzen will. Sie erwidert, daß es sie trotzdem verletzt, worauf er antwortet: „Karen, ich bin mit dir zusammen, weil ich mit dir zusammensein will. Ich möchte nicht die Vorstellung eines anderen leben, wie man zu leben hat. Bitte mich nicht, dies zu tun. Ich möchte nicht eines Tages feststellen müssen, daß ich am Ende des Lebens eines anderen stehe. Ich bin bereit, für mein Leben zu bezahlen, manchmal einsam zu sein, allein zu sterben, wenn es sein muß. Ich glaube, das ist fair."

Karen antwortet, daß dies überhaupt nicht fair sei, weil er durch sein Handeln sie ebenfalls auffordere, zu bezahlen.

Dies ist ein Großteil des Kampfes, den wir ausfechten, wenn es darum geht, die Fragen von Freiheit und Sicherheit zu lösen. Keiner von uns lebt in einem Vakuum. Unsere Handlungen und Einstellungen stehen immer im Zusammenhang mit Handlungen und Einstellung von anderen. Im Gegensatz zu Denys Finch-Hatten haben wir nicht so ohne weiteres die Möglichkeit, einfach wegzugehen – ob nun auf Safari oder anderswohin. Gleichzeitig charakterisiert Finch-Hatten jedoch, wonach viele von uns in ihrem Leben streben. Wir suchen nach einem Weg, der uns die Gewähr bietet, nicht irgendwann das Leben eines anderen zu leben. Wir suchen nach neuen Zielen, neuen Abenteuern, neuen Orten, wo wir uns – zumindest für kurze Zeit – verloren fühlen können.

Leben: Das letzte Neuland

Star Trek hat sich vollkommen geirrt – nicht das Weltall ist das letzte Neuland. Es ist das Leben. Albert Schweitzer schrieb: „Jeder Anfang auf einem neuen Weg ist ein Wagnis, das nur unter ungewöhnlichen Umständen vernünftig und erfolgversprechend erscheint."

Neuland sind die Orte, wo wir uns verlieren können, die Orte, die wir noch nicht mit Zäunen oder geraden Straßen eingerahmt haben. Dies sind die Orte, die einmal so groß waren wie ein ganzer Kontinent; oder noch größer – so groß wie unsere Vorstellungskraft. Neuland symbolisiert nicht einfach neue Orte, sondern auch das vollständige *Erleben* dieser Orte. Eine der wirklichen Freuden beim Bereisen neuer Wege ist das Gefühl von Freiheit und Unabhängigkeit. Haben Sie schon einmal bemerkt, wieviel offener Sie in einer neuen Stadt sind, wenn Sie wissen, daß Sie dort niemals leben werden? Weil niemand Sie kennt, können Sie jeder sein, der Sie sein möchten – oder wer auch immer Sie wirklich sind.

Als menschliche Wesen sind wir von Natur aus Problemlöser. Wir benötigen neue Herausforderungen, die uns in Gang halten. Der Gewinn von Neuland ist somit nicht nur symbolisch, sondern auch praktisch. Es dient dem Erhalt unseres Wesens *und* unseres Körpers – Nahrung auf unserer Suche nach Ganzheit und Heiligkeit.

Wie Denys Finch-Hatten fühlt auch unser Freund Richard „Rocky" Kimball, daß eine Safari nicht einfach nur eine Safari ist, sondern eine spirituelle und moralische Suche – eine heilige Notwendigkeit. Rocky drückt es folgendermaßen aus: „Wenn unser Leben auf dem Spiel steht, knüpfen wir Bande, die wir zu keiner anderen Zeit haben. Auf einer Trekking-Tour durch die Wildnis ist alles einfacher, sauberer und tiefer."

Rocky erklärt, warum er und Dick sich auf die Chance stürzten, Neuland auf einer Safari ins Herz von Tansania zu erforschen: „Keiner von uns könnte lange den offenen Straßen fernbleiben. Ich glaube, wir beide lieben den Staub. Dort draußen ist das Lernen viel realer als in den Konferenzräumen der Hotels, in denen wir oft zusammen Seminare halten."

Es ist, wie Wendell Berry sagt: „Lösungen sind wahrscheinlich die scheuesten Kreaturen überhaupt: Sie zeigen sich nur sehr zögerlich unter künstlichem Licht und betreten nie klimatisierte Räume."

Zurück zum Rhythmus

Hier ist Dicks Geschichte, wie er, Rocky und ihr Freund und Eigentümer von Dorobo Safaris, David Peterson, einige dieser verstohlenen Lösungen draußen im Neuland gefunden haben:

---◆---

„Das ist es", sagt David Peterson zu Rocky und mir und deutet nach vorne. „Das Yaida Valley, wo die Hadzas sind."

Seit einigen Jahren redet David davon, „zum Rhythmus zurückzukehren" – mit den Hadza zu reisen und deren traditionelle Lebensweise des Jagens und Sammelns zu erlernen.

Er sagt, daß er schon seit langem von diesem wilden Land angezogen wird, einem Gebiet, das auf der Karte „erst noch in gerade Linien aufgeteilt werden muß." Er hat recht! Weniger als eine halbe Meile von der Straße entfernt enden abrupt die letzten Zeichen der Zivilisation, und Afrika – das wirkliche Afrika – fängt an. Dies bedeutet endlose Dornenbüsche, holperige Wege und in diesem Fall einen steilen Abstieg in das Yaida-Tal – *und einen noch steileren Abstieg zurück zum Rhythmus.*

Als wir unseren Weg über die Grenze einer sich verändernden Welt in eine wilde, prähistorisch wirkende Landschaft machen, spüren wir buchstäblich, wie wir in die Vergangenheit zurückversetzt werden.

Die Ureinwohner von Tansania waren Jäger und Sammler, die dieses Gebiet vor etwa 3.000 bis 5.000 Jahren bewohnten. Einige ihrer Schutzhütten, Steinwerkzeuge und Waffen haben überlebt. Ebenso wie die Hadza, von denen angenommen wird, daß sie die letzten Nachfahren dieses frühen Volkes sind.

„Wo ist die Cola-Flasche?" flüstert mir Rocky zu; dieselben Worte gehen auch mir in diesem Augenblick durch den Kopf. Dieser Ort und die Menschen, die wir treffen, sehen aus, als kämen sie direkt aus dem Film *Die Götter müssen verrückt sein.*

Unsere drei Hadza-Führer sind in Tuch gekleidet, das dieselbe Farbe wie die ausgedörrte Erde hat, auf der sie stehen. Jeder trägt einen Bogen, der etwa so groß ist wie er selbst. Und jeder spricht mit einer Intensität, die mindestens genauso bedrohlich erscheint wie die giftigen Pfeile in seinem Köcher.

Vielleicht liegt es an ihrer verhältnismäßig starken Isolation und Abwehrhaltung Fremden gegenüber, daß die Hadza ein so beträchtliches Maß an Selbstbewußtsein entwickelt haben. So zurückhaltend sie auch sind, scheinen sie sich wirklich darüber zu freuen, uns in ihrem Dorf willkommen zu heißen und uns die alte Weise des Jagens und Sammelns zeigen zu können.

Mir wird schlagartig bewußt, daß dies kein typischer Urlaub werden wird. Ein Urlaub ist laut Lexikon „eine Pause *von* etwas". Dies jedoch ist eine Reise *in* etwas *hinein* – etwas, das Rocky als „Das Land, von dem ich nichts weiß" bezeichnet. Es ist eine seltene Gelegenheit, sich auf neue Wege zu wagen, sich ohne das Sicherheitsnetz interpretierter Erfahrungen zu bewegen. Es ist eine Gelegenheit, nach der ich wirklich gehungert habe.

Rocky sagt, daß er – wenn er von dem „Land, das er kennt" in das „Land, von dem er nichts weiß" hinübertritt – die Geisteshaltung eines Anfängers annehmen muß; er muß vorurteilslos sein und sich auf Situationen einlassen mit dem Eingeständnis, daß er überhaupt nichts weiß. Er versucht, die Menschen um sich herum weder als seltsam noch als fremd zu betrachten, sondern einfach nur als Menschen – als sein Volk.

Wir brauchen nicht mehr als eine Stunde, um vollkommen in „Das Land, von dem ich nichts weiß" hinüberzutreten und zurück zu dem Rhythmus zu kommen, nach dem ich suchte, wo Zeitpläne in Vergessenheit geraten und sich die Erfahrung rein anfühlt.

Wir folgen den Hadza-Führern, als sie sich geräuschlos durch den Busch bewegen, verschwinden und dann wie Geister plötzlich wieder vor uns auftauchen. Zu sehen, wie sie sich anpirschen, ist eine Offenbarung. Hier sind die ursprünglichen Jäger und Sammler vollständig im Einklang mit ihrer natürlichen Umgebung. Ihre Bewegungen sind so leicht, daß ein trockener Zweig unter ihren Füßen nur selten knackst. Dornen halten sie kaum auf, und wenn Rocky, David und ich uns hoffnungslos in diesen „Warte-mal"-Büschen verfangen haben, befreien uns unsere Führer mit einer schnellen, sanften Handbewegung, bevor sich die Stacheln tief in uns einhaken können.

Plötzlich stoppt Maroba, der kleinste der Männer, und fixiert einen riesigen, etwa 20 Meter entfernten Affenbrotbaum. Wir hören das Trällern eines Vogels, und Maroba trällert zurück. Er deutet auf einen kleinen grauen Vogel, etwa von der Größe eines Rotkehlchens, der von Ast zu Ast flattert.

„Er möchte uns den Honig zeigen, den süßen Honig, den wir so gerne mögen", sagt Maroba. „Er ist der Honig-Führer – ein Freund der Hadza."

Die nächste halbe Stunde eilen wir dem Vogel nach, der von Baum zu Baum fliegt und uns den Weg weist. Von Zeit zu Zeit hält er an und wartet, wie ein Hund, der um seinen Herrn besorgt ist, und pfeift, damit wir uns beeilen. Maroba, dessen Gesicht von Freude erfüllt ist, pfeift zurück.

Schließlich läßt sich der Vogel auf einem großen Akazienbaum nieder, zu dem er uns mit einem fröhlichen, erwartungsvollen Lied hindirigiert. Maroba mustert den Baum einen kurzen Augenblick lang und macht schnell ausfindig, wo sich das Bienenvolk und so natürlich auch der Honig befinden. Er sammelt einen Haufen trockenes Gras und setzt es in Brand, indem er einen Feuerstab zwischen seinen Händen reibt. Als das Gras brennt, nimmt er den Klumpen und steckt ihn in ein Loch in dem Baum, um die Bienen auszuräuchern. Mich fasziniert, wie er es vermeidet, gestochen zu werden. Immer wieder greift er behutsam in das Loch – bis zu seiner Schulter – und zieht einige Handvoll Honigwaben, Wachs und Larven heraus. Die ersten paar Ladungen steckt er in seinen Mund. Den Rest teilt er mit seinen Gefährten und uns. Für den Honigführer, der oben im Baum geduldig darauf wartet, bis er an der Reihe ist, läßt er eine ausreichende Portion übrig.

Den ganzen Morgen wiederholt sich dasselbe Schauspiel immer und immer wieder. Neue Honigführer tauchen plötzlich auf und geleiten uns auf weitere wilde Schatzsuchen. Später jedoch, in der ansteigenden Hitze der afrikanischen Sonne, scheinen unsere drei Hadza-Führer ihren Weg zu verlieren. Einer von ihnen läuft ständig im Zickzack davon, offensichtlich auf der Suche nach Markierungspunkten irgendwelcher Art. Ich bin erstaunt, daß sie ihren Weg zu uns zurück finden, einfach so aus dem Busch heraus, und ich glaube, wenn *sie* sich verlaufen haben, dann haben wir uns *wirklich* verlaufen, und es braucht mehr als einen Honigführer, um uns den Weg zurück nach Hause zu weisen.

Daß wir alle großen Durst haben, macht die Sache noch schlimmer. Nichts außer einem Frühstück aus Honig und Bienenlarven, um den Gaumen auszutrocknen. Und soweit dies Rocky, David und ich beurteilen können, ist dieses Land so ausgedörrt wie wir. Aber die Hadza versichern uns, daß es in der Nähe einen Fluß gibt, der sogar während der Trockenzeit Wasser führt.

Gerade als ich mir wünsche, daß ein „Wasserführer" auftaucht, führen uns die Hadza hinunter zum Fluß – einige Pfützen Wasser im glühendheißen Sand, die aussehen, als hätten sie in der vorigen Nacht einer Herde Zebras als Wasserlöcher gedient. Wie die Hadza diese kleine Oase gefunden haben, weiß ich nicht, aber ich bin zu sehr damit beschäftigt, mich zu erfrischen, um Fragen zu stellen.

Rocky, dem aufgrund der Hitze und zu vieler Portionen Honig und Bienenlarven die Puste ausgeht, läßt sich in den Schatten einiger Bäume am Flußufer fallen. Mitten im Nirgendwo an sein Bündel gelehnt, zitiert er halb im Ernst eines seiner Lieblingsgedichte, „Verloren" von David Wagoner:

Steh' still. Die Bäume vor und die Büsche neben dir
Haben sich nicht verlaufen. Wo immer du bist,
es heißt Hier,
Und du mußt es behandeln wie einen mächtigen
Fremden,
Mußt um Erlaubnis fragen, ihn kennenzulernen und
bekannt zu werden.
Der Wald atmet. Höre zu. Er antwortet:
Ich habe diesen Ort um dich geschaffen.
Wenn du ihn verläßt, kommst du vielleicht zurück
und sagst Hier.
Keine zwei Bäume sind für den Raben gleich.
Keine zwei Zweige sind für den Zaunkönig gleich.
Wenn das, was ein Baum oder Busch tut, für dich keinen
Sinn ergibt,
dann hast du dich mit Sicherheit verlaufen.
Der Wald weiß,
wo du bist. Du mußt ihn dich finden lassen.

Das Geheimnis des Lebens

Rückblickend wird Dick bewußt, daß sie sich mit den Hadza nie verlaufen hatten – was heißen soll, daß sie sich die ganze Zeit verlaufen hatten. Aber im Gegensatz zu den meisten von uns wußten die Hadza, wie man stillsteht und zuhört, damit die Bäume sie finden konnten. Durch ihre Bereitschaft, das Unbekannte als einen mächtigen Fremden zu behandeln und es in ihrem Leben willkommen zu heißen, zeigten sie ihre Kenntnis des wirklichen Geheimnisses des Lebens: *Der Prozeß ist alles.*

Die Hadza wußten, wie sie gleichzeitig das Leben geschehen machen und es geschehen lassen konnten. Egal, was sie taten, sie taten es mit ihrem ganzen Selbst – vollkommen präsent im Augenblick. Indem sie sich freudig in einem fließenden Zustand durch die rauhe Umgebung bewegten, konzentrierten sie sich auf eine Sache und wirklich nur eine Sache zu einer Zeit. Aber indem sie dies taten, öffnete sich ihnen die ganze Welt. Dick erinnert sich, wie sich dies anfühlte:

———◆———

Noch nie bin ich mit so wenig gereist, und dennoch habe ich mich noch nie so sicher, so lebendig gefühlt! Die meiste Zeit gehe ich mit genug Dingen auf Trekkingtour, um alle Eventualitäten abzudecken; dieses Mal gingen wir einfach los in den Busch und begannen zu leben. Manchmal habe ich das Gefühl, daß mein Leben noch nicht begonnen hat – daß ich auf genau den richtigen Zeitpunkt warte, um wirklich damit anzufangen. Bei den Hadza wurde mir bewußt, daß die Zukunft immer eine Enttäuschung sein wird, wenn ich nicht lerne, wie Maroba alles zu sehen.

———◆———

Was ist überhaupt so schlimm daran, verloren zu sein?

Als die Hadza ihre Spur im Wald verloren hatten, gerieten sie nicht in Panik. Sie unternahmen keine verzweifelten Aktivitäten, um herauszufinden wo sie waren und wo sie als nächstes hingehen sollten. Statt dessen setzten sie ihre Sinne ein. Sie hörten zu. Sie schauten. Sie ließen sich selbst die Erfahrung erfahren.

In der heutigen, sich radikal verändernden Welt fühlen wir uns alle von Zeit zu Zeit verloren – oder vielleicht auch die meiste Zeit. Wir versuchen ständig, unsere Schritte zurückzuverfolgen an einen Ort, der sich vertraut anfühlt, einen Ort an dem wir unsere Orientierung finden können. Aber diese Orte sind für immer verschwunden. Mehr als jemals zuvor *ist* das Verlorensein der vertraute Ort. Deshalb müssen wir wie die Hazda einen Weg finden, um diese Erfahrung machen zu können, zu einem Weg zu uns selbst zu finden.

Dies erfordert Mut und Akzeptanz – Mut, um dem Neuen entgegenzutreten, und Akzeptanz, daß es für uns erforderlich ist, zu lernen. Dies ist der Unterschied zwischen der Einstellung eines Touristen und der eines Abenteurers. Der Tourist besucht nur das Leben und hakt die Sehenswürdigkeiten auf einer Liste ab. Der Abenteurer erlebt das Leben, indem er mit Herz und Verstand vollkommen darin eintaucht. Letztendlich handelt es sich bei diesem Unterschied um die Bereitschaft, verlorenzugehen. Ein Eintrag in Dicks Afrika-Tagebuch am Abend nach dem Tag mit den Hadza macht dies deutlich:

———◆———

Verloren zu sein in Afrika ist unglaublich wichtig für mich. Ich erfahre so viel über mich selbst – nicht alles ist angenehm – und das ist es, womit ich in Verbindung bleiben muß. Das letzte Jahr habe ich mehr Zeit damit verbracht, für das Leben zu werben als es zu leben. Hier und heute wird mir bewußt, daß ich es müde bin, ein Gefühl von Hoffnung zu vermitteln und die Erwartungen der anderen an mich zu erfüllen. Heute habe ich das Leben nicht erklärt, sondern es gelebt, und es fühlte sich großartig an.

Es scheint, daß ich am glücklichsten hier draußen bin, wo das Leben am wenigsten komplex ist. Wo das Leben am einfachsten ist, wird mir bewußt, daß alles, was zählt, Liebe (Beziehungen, die ich habe, mit Andy, Greta, Sally und denen um mich herum), eine Ortsverbundenheit (mit der Erde verbunden sein) und Arbeit (die Arbeit tun, die ich liebe) ist. Darüber hinaus ist alles nur Instandhaltung.

———◆———

Das Geheimnis des Lebens

Wir reisten mit den Hadza.
Wir berührten unsere uralten Wurzeln.
Wir gingen zurück zum Rhythmus, wo die Natur immer noch führt.
Wir lernten stillzustehen.
Wir lernten zuzuhören.
Wir lernten dem Honigführer zu folgen.
Wir hatten uns nicht verlaufen.
Wir lernten das Geheimnis des Lebens:
Der Prozeß ist alles.

———◆———

Der Prozeß ist alles

Mit je mehr Menschen wir sprechen, um so klarer wird uns, daß wir Reisende sind. Amerikaner ziehen im Durchschnitt elfmal in ihrem Leben um (Europäer dagegen deutlich weniger). Jedes Jahr wechseln etwa 43 Millionen von uns – ein Fünftel der Bevölkerung – ihren Wohnort. Angesichts der Tatsache, wie oft wir umziehen, könnte man den Eindruck gewinnen, daß dies etwas ist, dem wir mit Freude und Erwartung entgegensehen. Aber eigentlich ist es für die meisten von uns genau das Gegenteil.

Umzüge an andere Orte sind das drittbelastendste Ereignis im Leben eines Menschen – gleich nach dem Tod eines geliebten Menschen und der Scheidung. Ein großer Teil dieses Streßes entsteht, weil wir dazu neigen, das ganze Ereignis vor uns selbst ablaufen zu lassen. Wir hetzen voran, außer Atem, strampeln uns ab, um einen neuen Zielort zu erreichen, wo wir vielleicht, nur vielleicht, etwas finden werden, das uns auf irgendeine Weise dafür entlohnt – vielleicht das gute Leben, dem wir nachjagen.

Ironischerweise würden jedoch die meisten von uns gerne an der Reise Gefallen finden. Wir würden die Reise gerne mit offenen und lebendigen Sinnen erleben. Aber aus irgendeinem Grund funktioniert es in der Regel nicht auf diese Weise. Die meisten Menschen genießen den Prozeß nicht – egal, ob es sich um einen Umzug in einen anderen Landes- oder Stadtteil handelt. All die Mühe, die hineingesteckt wird, zahlt sich nicht aus. Man bekommt zu wenig zurück für das, was man investiert hat.

Menschen, die die Kunst des Reisens beherrschen, ist jedoch bewußt, daß es nicht darum geht, etwas hineinzustecken, um etwas herauszubekommen. Es geht um einen andauernden Prozeß, in dem die Mühe und die Entlohnung eins sind. Natürlich ändert sich die Route auf dem Weg, und wir ändern uns mit ihr. Wir packen ständig aus und um. Wir müssen dies tun, um die Reise zu erleben. Wenn wir nur für den Zielort leben, für irgendeinen erhofften Erfolg in einer fernen Zukunft, werden wir die Reise ganz verpassen. Dick gesteht ein, daß er dies alles kennt:

———◆———

Vor ein paar Jahren hielt ich eine Rede vor einer Gruppe von Versicherungsagenten in Maui. Mir fiel auf, daß viele Zuhörer T-Shirts mit der Aufschrift „Ich überlebte die Straße nach Hana" trugen. Ich fragte einige Leute, was es damit auf sich hätte, und sie erzählten mir, wie unglaublich schön es in Hana wäre, mit seinen Sieben Heiligen Wasserbecken, der Möglichkeit, Wale zu beobachten und – was für mich, der ich aus Minnesota stamme, von großem Interesse war – dem Grab von Charles Lindbergh an der Spitze von Maui.

Nach meiner Rede hatte ich noch einige Stunden Zeit bis zum Rückflug. Nachdem ich auf einer Karte nachgesehen hatte, um sicher zu sein, daß mir die Zeit für diesen Ausflug reichen würde, fuhr ich mit meinem Mietwagen in Richtung Hana. Nach 13 von 54 Serpentinen, aus denen die „Straße zur Hölle" besteht, fuhr ich an den Straßenrand, öffnete die Wagentür und übergab mich.

Ich hatte nicht nur die Straße nach Hana „nicht überlebt", ich kam nicht einmal in die Nähe davon! Als ich jedoch umkehrte, um in Richtung Flughafen zu fahren, war ich entschlossen, zurückzukommen.

Ich erzählte meiner 15jährigen Tochter Greta die Geschichte von Hana, und sie war ebenfalls begeistert von der Aussicht, einmal dorthin zu fahren: Etwa eineinhalb Jahre später ergab sich die Gelegenheit von selbst – bei einem Urlaub mit Greta auf Hawaii. Wir hängten zwei Extra-Tage an, so daß wir noch Zeit für Maui und Hana hatten. Den ganzen Flug über redeten wir davon, wie großartig es sein würde – die Sieben Heiligen Wasserbecken, die Wale, das Abenteuer, die Straße nach Hana zu überleben.

Schließlich kam der Tag. Wir gingen los und mieteten uns ein Cabrio. Mit großer Vorfreude machten wir uns auf in Richtung unseres Zieles. Ich sagte zu Greta, daß das Abenteuer unseres Lebens vor uns läge, und es nicht einmal allzu lange dauern würde. Wir würden rechtzeitig zurück sein, um den Nachmittag am Strand verbringen zu können, so daß sie noch etwas an ihrer Bräune arbeiten konnte.

An der sechsten Serpentine auf der Straße nach Hana fing es an zu regnen. Wir zogen das Verdeck zu und stellten fest, daß der Leihwagen keine Klimaanlage hatte. Aufgrund dessen wurde es notwendig, schneller zu fahren – sowohl, um die Luftzufuhr in Gang zu halten, als auch, um so schnell wie möglich aus diesem heißen, stickigen Wagen herauszukommen.

An der 25. Serpentine beschwörte mich Greta anzuhalten. „Mir ist schlecht", heulte sie. „Warum machen wir das? Ich könnte am Strand liegen!"

Ich versicherte ihr, daß sie Hana lieben würde, daß es nicht mehr allzuweit wäre, und ich versprach, das letzte Stück des Weges so schnell wie möglich zu fahren. Ich drückte das Gaspedal soweit ich konnte durch.

Schließlich kamen wir nach Hana – müde, hungrig und schlechtgelaunt. Alles, was wir finden konnten, um uns zu erfrischen, war ein alter Holzverschlag, in dem sich ein Chinaladen befand. Wir fuhren auf den Parkplatz neben weitere „Überlebende" und entdeckten, daß es in der Nähe keine Toiletten gab. Greta und ich sahen uns schweigend an. Währenddessen hörten wir zufällig die begeisterten Gespräche anderer Reisender mit an. „Habt ihr gesehen, wie diese Wale gesprungen sind?" „Ja, aber diese botanischen Gärten! Wie aus einer anderen Welt!" „Stimmt, aber das Herrlichste war dieser Weg und diese unglaublich schöne Aussicht."

Nach einer langen Weile brach Greta die Spannung. „Papa", sagte sie, „ich glaube, wir haben die Reise verpaßt."

Nach einer kurzen Besichtigung von Hana, das so ziemlich aussah wie jedes andere kleine, schöne Städtchen auf Hawaii, fuhren wir langsam, mit offenem Verdeck, zurück zum Strand. Die Fahrt war wundervoll. Uns wurde bewußt, daß es auf der Fahrt nach Hana nicht um Hana geht, sondern um „den Weg" dorthin. Es ist nicht das Ziel, es ist der Weg selbst.

Gretas Bemerkung, „Ich glaube, wir haben die Reise verpaßt" hat sich als treffende Metapher erwiesen, um zu beschreiben, wie viele Menschen ihr Leben leben. Wir verwenden diese immer in Reden, Gesprächen und Seminaren – und die Leute scheinen sofort zu verstehen, was wir damit meinen. Wir ermutigen sie – ebenso wie wir Sie jetzt ermutigen -, den Rest der Reise eher wie Dick und Greta auf ihrem Rückweg zu machen – mit offenem Verdeck. Überleben Sie nicht nur die Reise, leben Sie sie! Genießen Sie das Erlebnis entlang des Weges. Erinnern Sie sich daran, was die Hadza uns gelehrt haben:

Der Prozeß ist alles.

Epilog

Muß Erfolg so schwer wiegen?

Der Weise reist, um sich selbst zu entdecken.
James Russel Lowell

Leben Sie leidenschaftlich für das Heute und zielbewußt für das Morgen

———◆———

„Jambo Dick! Habari gani?"

Koyie grüßt mich auf Swahili und fragt, was es Neues gibt. Wir stehen im Mittelpunkt seines *Kraal*, umgeben von etwa hundert lärmenden Tieren – Rinder, Esel und Ziegen. Koyie sieht aus, als wäre er wirklich zu Hause, aber ich bewege mich nervös hin und her. Ich fühle mich bedrängt von den Tieren und ihrem Geruch. Selbst in der kühlen Abendluft ist er erdrückend.

Koyies Leben kreist um seine Tiere. Dies ist verständlich, da sie ihn mit fast allem versorgen, was er zum Leben benötigt. Ihre Milch ist Teil der täglichen Nahrung; ihre Häute dienen als Grundmaterial für die Kleidung; ihr Blut kann als Notration verwendet werden. Selbst der Dung wird als Brennstoff und Baumaterial eingesetzt – nichts wird verschwendet.

Koyie und ich stehen im Halbdunkel und reden über Rinder. Er erzählt mir von der engen Beziehung, die zwischen ihm und seinen Tieren besteht. Er kennt jedes seiner Tiere am Gebrüll, an der Färbung und beim Namen, den er ihm gegeben hat.

Zwei von Koyies Kindern kommen angelaufen und beugen ihre Köpfe, damit ich sie zur Begrüßung mit meiner Hand berühre. Dies ist die Achtungsbezeigung gegenüber einem *mzee* – einem Ältesten, was zu meinem Trost für Personen ab 30 Jahren gilt.

Koyie führt mich zu der *Boma* seiner ersten von drei Frauen. Von außen gleicht diese *Boma* einem langen, ovalen, braunen Brotleib. Der gewundene Eingang ist ein dunkler Tunnel, um den Regen abzuhalten und Fliegen daran zu hindern, ihren Weg in den kühlen, nach Rauch riechenden Wohnraum zu finden.

Auf einer kleinen Feuerstelle aus drei Steinen brennen zwei Holzscheite, um Licht und eine gleichbleibende Temperatur zu bieten. Auf jeder Seite befinden sich zwei Schlafbuchten, kunstfertig hergestellt aus eng zusammengewobenen Zweigen, die mit Häuten überzogen sind. Eine Schlafbucht ist für den Ehemann und seine Frau, die andere für Kinder oder Gäste.

„*Takwenya*" – Koyies Frau, eine kleine Person mit großen leuchtenden Augen und feinen Zügen, grüßt mich zurückhaltend mit dem traditionellen Massai-Gruß. Sie stillt weiter ihr Kind, während sie einen frischen Schub Honigbier umrührt.

Honigbier ist das traditionelle Massai-Getränk für die Ältesten und Gäste bei rituellen Zeremonien. Die Herstellung kann bis zu drei Wochen dauern. Die goldene Flüssigkeit wird in einer riesigen, runden Kalebasse zubereitet und in die Nähe des Feuers gestellt, um unter der Aufsicht eines erfahrenen Braumeisters, wie Koyies Frau, zur Gärung zu kommen.

Die offensichtliche Vollkommenheit dieser Szene beeindruckt mich tief. Es erscheint mir, als ob hier, in dieser einfachen *Boma*, Koyie alles hätte – eine Ortsverbundenheit, Liebe, erfüllende Arbeit und einen Lebenssinn.

Obwohl seine Welt klein ist, sind Koyies Anliegen groß. Selbst jetzt ist er damit beschäftigt, die Zukunft für sein Volk und ihren Kampf für ihre eigene Vision des guten Lebens zu gestalten. Als ein wirklicher Visionär kann Koyie die kommenden Herausforderungen sehen. Die Massai, wie Menschen überall auf der Erde, befinden sich mitten in einem radikalen Wandel – einem Wandel, bei dem die Jungen den Ältesten über den Kopf wachsen, ungeduldig sind zu entdecken, was die moderne Welt zu bieten hat. Deshalb beeindruckt mich seine Fähigkeit doppelt, ein Gefühl sanfter Gelassenheit inmitten des sich aufbauenden Sturms zu bewahren.

Als er mir ein Honigbier anbietet, fragt mich Koyie: „Nun Dick, welche Art guten Lebens suchen diese Menschen, die mit dir reisen? Je mehr Menschen du zu meinem Dorf bringst, um so deutlicher wird es, daß sie nach etwas suchen. Zu Beginn deiner Touren scheinen all diese Leute, all diese erfolgreichen Leute, mit schweren Gewichten zu kämpfen. *Deshalb frage ich dich, warum muß Erfolg so schwer wiegen?*"

Ich antworte, daß all diese Menschen meiner Meinung nach ihre eigene Vision des guten Lebens suchen. Dann frage ich ihn, was er denkt. Er stellt sein Honigbier ab und nimmt das neue Tagebuch und den Stift zur Hand, die ich ihm als Geschenk mitgebracht habe. Er schreibt schnell, aber sehr deutlich in sorgfältigen Zügen. Er zeigt mir, was er in Maa, der Massai-Sprache, geschrieben hat: *Meetay oidpa, oitumura ake-etay.*

„Dies ist ein altes Massai-Sprichwort, eine Definition des guten Lebens", erklärt Koyie. „Es bedeutet etwa: Lebe leidenschaftlich für das Heute und zielbewußt für das Morgen. Es bedeutet, daß du nur jetzt genießen kannst, egal, wie reich du bist. Alles wird bald zu Ende sein."

Er versucht, es noch deutlicher zu machen: „Es bedeutet, die Fähigkeit, heute glücklich zu sein, ist der wirkliche Beweis für Erfolg. Dies erscheint dir vielleicht sehr einfach, Dick, aber für mich bedeutet das gute Leben, alles zu würdigen, worin ich bereits Erfolg habe – meine Gesundheit, meine Rinder, Kinder, guter Regen. Was hat es für einen Nutzen, sich darüber Sorgen zu machen, ob ich nächste Woche genügend Milch haben werde, wenn ich die Milch heute nicht genießen kann? Macht das Sinn?"

Ich nippe an meinem Honigbier und überlege, wie er so perfekt erfassen konnte, was ich die ganze Zeit versucht habe zu sagen. Aber so ist es immer mit Koyie. Wenn ich mit ihm zusammen bin, die Sprache nur holprig spreche, mich fühle wie ein schüchterner Student, komme ich irgendwie in Kontakt mit mir selbst und enthülle Teile meines Selbst, die normalerweise anderen verborgen bleiben – und mir auch. Ich erlebe all die grundsätzlichen menschlichen Verletzbarkeiten, Gefühle der Inkompetenz und das tiefliegende Bedürfnis nach Bestätigung. Aber irgendwie läßt mich Koyie fühlen, was wir alle tief in unserm Inneren wissen – daß unser wahrer Wert mehr ist als das, was wir tun, wieviel wir verdienen oder wie viele Dinge wir besitzen – es ist einfach, wer wir sind.

„Also, Dick, was denkst du? Das Beste, was ich dir und deinen Freunden anbieten kann, ist, leidenschaftlich für das Heute zu leben und zielbewußt für das Morgen. Hilft dir das?"

Als ich Koyie an diesem Abend verlasse, bleiben seine Worte und sein Bild in meinem Kopf, und sie ermutigen mich, erneuern meinen Glauben an die menschliche Natur. Ich sehe das Bild von Koyie, dem Massai Ältesten, wir er in seine Decke gehüllt in den endlosen Horizont blickt. Koyie lebt wirklich auf der Grenze – auf der äußeren Grenze des Morgen und doch gleichzeitig auf der inneren Grenze des Heute.

Er lebt leidenschaftlich für das Heute und zielbewußt für das Morgen."

Weisheit kennt keine Grenzen

Komplexer Wandel ist heute die dominierende Erfahrung aller Menschen, überall. Die Welt stürzt auf uns ein, egal, wo in der Welt wir zu Hause sind. Einzelpersonen und Gesellschaften auf dem ganzen Globus stehen den gleichen Herausforderungen und Fragen gegenüber. Wir alle müssen uns den Veränderungen anpassen oder werden von ihnen verschlungen.

Die Hoffnung, die in all dem steckt, ist, daß wir voneinander lernen werden. Die Weisheit der alten und neuen Welt kann unsere Erfahrung lenken und uns helfen, zusammen weiterzukommen. Für diese Weisheit gibt es keine Grenzen, wenn wir nur offen sind, sie zu empfangen.

Zu lernen, unser persönliches und gemeinsames Schicksal zu formen und umzuformen – unser Gepäck zu packen und umzupacken – ist die Hauptlektion unserer Zeit. Aber es ist eine Lektion, die wir alle lernen können, indem wir leidenschaftlich für das Heute und zielbewußt für das Morgen leben. Indem wir dies tun, erleichtern wir unsere Last für den Rest unseres Lebens. Wir lassen endlich los und leben!

Lebe, was dich glücklich macht

Richard J. Leider

Lebe, was dich glücklich macht

Weltbild

Für Sally, Andrew und Greta.

Titel der amerikanischen Originalausgabe *The Power of Purpose*.
Erschienen bei Berrett-Koehler Publishers, Inc., San Francisco

Genehmigte Lizenzausgabe für Verlagsgruppe
Weltbild GmbH, Steinerne Furt, 86167 Augsburg
Copyright © der deutschen Übersetzung und Ausgabe 1999
by mvg-Verlag im verlag moderne industrie AG, München
Umschlaggestaltung: Mario Lehmann, Augsburg
Umschlagmotiv: ve:mev und photodisc
Übersetzung aus dem Englischen: Bettina Blank
Gesamtherstellung: Clausen & Bosse GmbH,
Birkstraße 10, 25917 Leck

Printed in Germany

ISBN 3-8289-1967-7

2005   2004
Die letzte Jahreszahl gibt die aktuelle Lizenzausgabe an.

Alle Rechte vorbehalten.

Einkaufen im Internet: *www.weltbild.de*

Inhalt

Dank 7

Einführung – Die Suche nach dem Sinn 9

Teil 1: Der Sinn der Sinnsuche 13

    1   Haben Sie Ihre Berufung verpaßt? 15
    2   Sich vom Leben befragen lassen 21
    3   Der eigentliche Sinn 27
    4   Der Ruf aus dem Innern 37

Teil 2: Leben Sie Ihr wahres Ich 51

    5   Warum stehen Sie Montag morgens auf? 53
    6   Die Sinnspirale 59
    7   Wie lebendig bin ich? – Ein Fragebogen 69
    8   Das Rustout-Syndrom 79

Teil 3: Arbeiten mit Sinn 85

    9   Hören Sie Ihre Berufung? 87
   10   Tägliche Bedeutung und tägliches Brot 93
   11   Finde ich Sinn in meiner Arbeit? – Ein
         Fragebogen 99
   12   Esprit de Core™ 105

Teil 4: Wege zur Sinnfindung 115

   13   Leben Sie von innen nach außen? 117
   14   Entdecken Sie Ihre Begabungen 123
   15   Entdecken, was Sie bewegt 129
   16   Das Alleinsein entdecken 139

Epilog: Das Sinnzeitalter 145
Anhang: Leitfaden für Sinnfindungsgruppen 149

Literaturempfehlungen 153
Die Fortsetzung der Sinnsuche 157
Über den Autor 158

Dank

Viele Menschen haben mir bei meiner Sinnsuche geholfen, einige dienten als Fallbeispiele in diesem Buch – ihnen allen gilt mein Dank. Außerdem danke ich den lebenserfahrenen, spirituellen Lehrern und meinen Kollegen von der Inventure Group, von deren weiser Einsicht ich profitieren durfte.

Steve Piersante, Pat Anderson und ihrem sinnerfüllten Team bei Berrett-Koehler möchte ich von Herzen für ihre Vision und Unterstützung danken, die dieses Projekt ermöglichten. Diese Leute sind der Traum jedes Autoren, ihr tagtäglicher Beitrag zu einer Arbeitswelt mit mehr Sinn ist unschätzbar.

Dick Bolles übte einen gewaltigen Einfluß auf mein Leben, meine Karriere, mein Schreiben sowie auf meine Perspektive zum Sinnthema aus. Für seine Inspiration schulde ich ihm ewigen Dank.

Meiner Frau Sally und meinen Kindern Andrew und Greta danke ich voll Liebe und Zuneigung dafür, meinen Lebenssinn im Zusammensein mit ihnen jeden Tag neu entdecken zu können.

Einführung

Die Suche nach dem Sinn

Sinn.
Ihr Ziel.
Ihr Daseinsgrund.
Der Grund, weshalb Sie morgens aufstehen.
Wir alle brauchen einen Grund, morgens aufzustehen.

Von diesem Grund handelt dieses Buch. Es soll Ihnen helfen, Ihren persönlichen Lebenssinn zu finden. Für jedes Leben gibt es eine naturgegebene Daseinserklärung, einen Grund, weshalb Sie auf der Welt sind. Von der Geburt bis zum Tod befinden wir uns auf der Suche nach einem tieferen Sinn. Manche finden ihn nie. Doch unsere Welt ist erst komplett, wenn wir unseren Lebenssinn entschlüsselt haben.

Unter Lebenssinn verstehe ich die tiefste Ebene in uns – den Kern, die Essenz unseres Wesens –, die uns vermittelt, wer wir sind, woher wir kommen und wohin wir steuern. Er ist die fundamentale Qualität, mit der wir unser Leben gestalten. Er ist Energiequelle und Richtungweiser zugleich.

Nichts prägt unser Leben so sehr wie die Fragen, die wir uns über die Jahre stellen oder zu stellen weigern. Die Frage nach dem Sinn ist keine, die wir einmal beantworten – und schon sind wir aus dem Schneider. Sie meldet sich zuverlässig etwa alle zehn Jahre zu Wort. Mit jeder neuen Dekade und wann immer wir uns an einem Scheideweg oder in einer Übergangsphase befinden, stellen wir uns Fragen wie diese:

- Wer bin ich?
- Wozu bin ich auf dieser Welt?
- Was stelle ich mit meinem Leben an?

Von allen Fragen sind diese drei am schwierigsten zu beantworten, denn sie betreffen den Sinn, die größere Aufgabe in unserem Leben.

Dieses Buch richtet sich an alle, die sich mit diesen oder ähnlichen Fragen befassen:

- Ich glaube, ich habe meine Berufung im Leben verpaßt. Was kann ich tun?
- Ich bin in den besten Jahren und beruflich erfolgreich. Soll das alles gewesen sein? Was kommt jetzt?
- Ich habe mich spirituell weiterentwickelt. Wie kann ich mein spirituelles Wachstum in meiner Arbeit nutzen?
- Ich befinde mich an einem wichtigen Scheideweg (Trennung vom Partner, Verlust der Arbeit, Pensionierung, bestandenes Diplom, Tod eines geliebten Menschen, Krankheit). Wie kann ich Sinn und eine neue Richtung in mein Leben bringen?
- Materiellen Erfolg habe ich genug. Wie finde ich wahre Erfüllung?

Dieses Buch entstand anhand von Gesprächen mit älteren Menschen (ab 65 Jahre) über essentielle Lebensfragen und der Verknüpfung ihrer praktischen Erfahrungen mit meinen Studien im Bereich Psychologie und Erwachsenenberatung. Meine wichtigste Frage an einen Querschnitt von älteren Erwachsenen lautete: „Wenn Sie Ihr Leben nochmal leben könnten, was würden Sie heute anders machen?" Drei Antworten zogen sich wie ein roter Faden durch alle Gespräche. Die Befragten meinten unisono, wenn sie ihr Leben nochmal leben könnten, würden sie:

- Mehr nachdenken.
- Mutiger sein.
- Sich früher über ihren Lebenssinn klar werden.

Aus den Kommentaren schloß ich, daß die menschliche Seele von Natur aus mit einem tieferen Sinn ausgestattet ist. Meinen Beobachtungen zufolge hat jeder Mensch das natürliche Verlangen und die Fähigkeit, positiv zu dieser Welt beizutragen. Jeder scheint auf die eine oder andere Art Spuren hinterlassen zu wollen. Dabei ist der Lebenssinn etwas hochgradig Individuelles. Zwar können wir von anderen lernen, wie sie ihren Sinn leben, aber übernehmen können wir ihn nicht. Wir müssen unseren eigenen Lebenssinn finden.

Dieses Buch baut auf dem Buch *Laß endlich los und lebe* auf, das 1998 bei mvg erschien. Es bereichert und vertieft das Thema aufgrund der eingehenden Gespräche, die ich über zehn Jahre hinweg mit Sinnsuchenden aller Altersklassen geführt habe. Durch ihren Input konnte ich viele praktische Fallbeispiele integrieren. Viele Menschen wollten damals wissen, wie sie mein Buch in Kursen, Seminaren und Gruppensitzungen verwenden können – hier bietet der Anhang eine Orientierung. Ich schrieb das vorliegende Buch aus meiner gereiften persönlichen Überzeugung heraus, daß jedes Individuum in unserer spirituellen Welt als Abbild Gottes mit einzigartigen Begabungen und der Aufgabe bedacht wurde, diese Begabungen einzusetzen, um unsere Welt voranzubringen. Wir alle tragen einen Sinn in uns, der nur darauf wartet, entdeckt zu werden. Wenn wir uns für unser Innerstes öffnen, werden wir ihn finden. Und sobald wir ihn gefunden haben, müssen wir uns bemühen, ihn zu leben, auch wenn das auf den ersten Blick unmöglich erscheint.

Lebenssinn hängt eng mit Intuition zusammen. Intuition ist jene leise Stimme, die uns unserem Sinn näherbringt. Sie ist unser sechster Sinn – ein Gespür für das nicht Faßbare, das sich über die bewußte Wahrnehmung und Vernunft erhebt. Manchmal können wir nicht erklären, warum wir etwas wissen – wir wissen es einfach. Wer seinen Sinn finden will, muß auf seine intuitiven Kräfte vertrauen.

Der Schlüssel besteht darin, die Bedürfnisse der Welt mit unseren besonderen Fähigkeiten in einem Beruf – unserer Berufung – zu verbinden. Diese Berufung ist unser Vehikel, mit dessen Hilfe wir aktiv zu unserer Welt beitragen, wie auch immer diese Welt definiert ist. Dieses Buch enthält viele

Geschichten von Menschen, die ihrer persönlichen Berufung gefolgt sind.

Der Sinn weist uns die Richtung. Ohne Sinn kommen wir früher oder später vom Weg ab, und in Alltag und Arbeit bleibt uns das wahre Glück versagt. Ehe wir uns nicht mit unserem Lebenssinn versöhnt haben, können wir keine tiefe Befriedigung erreichen – weder beruflich noch privat.

Dieser sinnerfüllte Lebensstil muß täglich geübt werden. Er erfordert Engagement und die Konsequenz, an jedem neuen Arbeitstag die Frage zu stellen: „Warum stehe ich morgens auf?" Die Weisheit, diese einfache Frage immer wieder zu stellen, und der Mut, sie ehrlich zu beantworten, sind der Dreh- und Angelpunkt für sinngesteuertes Arbeiten und Leben.

Über den Lebenssinn erschließt sich uns eine höhere Spiritualität, die unser Dasein berührt und bewegt. Das ist der Ausgangspunkt für meine Arbeit, die anderen Menschen hilft, ihre Berufung zu finden. In unserer pluralistischen Gesellschaft mag nicht jeder diesem Ansatz zustimmen, und das ist in Ordnung so. Denn es ist nicht meine Absicht, eine Konfession oder Religion zu propagieren. Ich möchte meine Arbeit nicht als Instrument gebrauchen, das Menschen, deren Glauben anders ist als meiner, ausschließt. Sie ist vielmehr der Grund, weshalb ich die unzähligen Unterschiede zwischen uns Menschen aus ganzem Herzen akzeptiere. Eben wegen meines Ansatzes – oder meiner Berufung, wenn man so will – bin ich der Überzeugung, daß alle Menschen einen spirituellen Daseinsgrund haben und unsere Welt nicht eher komplett ist, bis jeder einzelne seinen tieferen Sinn entdeckt hat.

Entdecken auch Sie Ihre Berufung! Ich hoffe, daß dieses Buch als Katalysator wirkt, der Ihnen die Augen für Ihren Lebenssinn öffnet.

Richard J. Leider

Minneapolis, Minnesota

Teil 1

Der Sinn der Sinnsuche

1 Haben Sie Ihre Berufung verpaßt?

*Das ist die wahre Freude im Leben: einem höheren Sinn
zu dienen, den man als solchen schätzt; sich gründlich
geschunden zu haben, bevor man zum
alten Eisen geworfen wird; eine Form der Naturgewalt
zu verkörpern statt eine aufgeregte, selbstsüchtige kleine
Anhäufung von Achs und Wehs, die sich empört, weil die Welt
nicht alles versucht, sie glücklich zu machen.*

George Bernard Shaw

Inspirierende Worte von George Bernard Shaw, doch wie einfach wäre es, sie als belanglos für uns abzutun. Dabei möchten die meisten nur zu gern sicher sein, daß unser Leben und Tun auf Erden einen Sinn macht.

Die Suche nach unserer Identität ist tief in uns verwurzelt, doch oft dämmern wir in einer Art Dornröschenschlaf dahin, bis Krisenereignisse wie Krankheit, Tod, Scheidung oder Jobverlust diesen jäh beenden. Unser Leben nehmen wir so lange als selbstverständlich, bis eine Krise uns wachrüttelt und uns zwingt zu fragen: „Wer bin ich?", „Was soll ich auf dieser Welt?" oder „Was fange ich mit meinem Leben an?" Krisen halten uns den Spiegel vor. In ihnen offenbart sich unser Lebenssinn, denn sie konfrontieren uns mit den großen Fragen.

Zugegeben, es ist schwierig, in der Betriebsamkeit des Alltags den tieferen Sinn zu spüren. Doch das ist der erste Schritt. Wir müssen immer wieder fragen: „Worum geht es mir eigentlich?"

Eine der fundamentalen Voraussetzungen, um wahre Freude im Leben zu finden, ist die Erkenntnis des tieferen

Sinns. Menschen, die sich jeden Tag mit jeder Faser lebendig und präsent fühlen, haben eins gemeinsam: Sie kennen ihren Sinn. Wir müssen uns in unserem Innern unserer Identität sicher sein können. Wir brauchen einen Beleg, um an unseren guten Charakter glauben zu können und an unsere Fähigkeit, kontinuierlich zu reifen. Uns über unsere größere Aufgabe klarzuwerden erfüllt das menschliche Grundbedürfnis, einem Sinn zu dienen, der von uns selbst als ein höherer geschätzt wird.

Rollie Larson, 75, war früher Psychologe und ist der Inbegriff der „wahren Freude im Leben", wie George Bernard Shaw sie verstand. Er lebt in Harmonie zwischen Körper, Geist und Seele, seine ungehemmte Neugierde und Lust am Leben sieht man normalerweise nur bei Kindern.

Rollie behauptet: „Ich habe meine Aufgabe erkannt, ohne groß darüber nachzudenken, es war eine natürliche Entwicklung. Mein Sinn im Leben ist, meinen Weg zu finden und anderen zu helfen, den ihren zu finden." Für Rollie ist dieser Sinn die Quelle wahrer Freude. Er ist der Grund, weshalb er morgens aufsteht. Rollie sagt: „Anderen zu helfen, ihren Weg zu finden, ist für mich zum wichtigsten Lebensinhalt geworden. Anteilnahme, Zuhören, Zuneigung spenden – in der Arbeit mit anderen Menschen erlebe ich so etwas wie eine spirituelle Qualität. Ich bete jeden Abend, daß ich am nächsten Tag dem Leben eines Ratsuchenden eine positive Wende geben kann." Rollie fährt fort: „Lebenssinn hat für mich letztlich mit Beziehungen zu tun. Was zwischen mir und anderen abläuft – daraus schöpfe ich wahre Freude. Ich habe 17 verschiedene Jobs ausprobiert, bevor ich herausfand, daß ich zur Arbeit mit Menschen berufen bin!"

Als junger Mann im Zweiten Weltkrieg war Rollie von dem Wunsch getrieben, gesund und unversehrt heimzukehren, irgendwann zu heiraten und eine Familie zu gründen.

In der Marine erzählte sein bester Freund ihm von der Möglichkeit, als Berater für Schüler zu arbeiten. „Diese Perspektive öffnete mir die Tür zu einer völlig neuen Welt", erinnert sich Rollie: „Wie eine Blütenknospe, die aufgeht. In meine Beratertätigkeit wuchs ich langsam hinein, aber die Knospe öffnete sich schlagartig."

Rollies lange Karriere als renommierter Berater verlief vielseitig: Er rief ein schulisches Beratungszentrum ins Leben, trainierte Führungskräfte, gründete mit seiner Frau Doris eine Privatpraxis und veröffentlichte mehrere Bücher. Rollies besonderes Talent liegt in seinen Qualitäten als Zuhörer. Sein Credo „Höre heute jemandem zu!" haben die vielen hundert Menschen, denen er im Laufe der Jahre geholfen hat, nicht vergessen. Er rät seinen Kunden: „Wenn Sie 17 Jobs durchprobieren müssen, um Ihre Berufung zu finden, tun Sie's! Erkunden Sie andere Möglichkeiten auf Ihrem Interessengebiet. Ihre Arbeit muß Sie mit Spannung und Leidenschaft erfüllen."

In Rollie vereinen sich der frische Geist und die Neugierde eines Kindes mit der Reife und Weisheit des Alters. Er hat seinen Sinn gefunden.

Für David Shapiro kam und kommt die Sinnsuche einem anhaltenden Abenteuer gleich, das ihn von dem verzweifelten Versuch, ein anderer zu sein, zum natürlichen, unverkrampften Bekenntnis zu sich selbst führte.

Die ersten 30 Jahre seines Lebens plagte er sich damit, zu kopieren, was er für die Lebensphilosophie von ihm bewunderter Autoren wie Woody Allen, F. Scott Fitzgerald und anderen hielt. Dieses Bemühen gab zwar Anlaß zu manchen interessanten (sowie peinlichen) Episoden, brachte aber auch eine Menge Probleme mit sich.

David rekapituliert: „Ich stand immer irgendwie neben mir. Unablässig maß ich mich an einem (von mir künstlich konstruierten) Ideal und fällte Lebensentscheidungen, die, wäre ich mir meiner eigenen Berufung stärker bewußt gewesen, authentischer für mein wahres Ich gestanden hätten. Woody hatte das College nicht zu Ende gebracht, ich auch nicht. Scott hatte in Pariser Cafés seinem Weltschmerz gefrönt, also machte ich es genauso."

Das Ganze war eine Farce, in der David unmöglich siegen konnte. Natürlich würde er nie mit seinen Helden mithalten können. So gelang es ihm nie richtig, seine Philosophie zu leben, denn sie war nicht seine eigene. Irgendwann vollzog sich in David ein fast unmerklicher Wandel. Er sagt: „Ich rechnete nicht länger anhand der biographischen Daten in den Klappentexten nach, ob die Autoren, als sie ihre Bücher schrieben, jünger oder älter waren als ich. Und ich hörte sogar auf, mir Gedanken zu machen, ob meine Garderobe wohl dem Kleidungsstil der von mir kopierten Idole entsprach."

Obwohl sich das Ergebnis von Davids Sinnsuche nur wenig auf seinen Alltag auswirkte, war der Effekt doch hochgradig befreiend für ihn und verlieh ihm ungekannte Power. Oder wie David es ausdrückte: „Ich versuchte nicht mehr, nach dem Vorbild von jemand anderem zu leben, sondern nur noch nach dem, was ich für mich persönlich als Sinn entdeckt hatte."

Heute formuliert David seinen Lebenssinn so: „Anderen helfen, mit sich selbst und ihren Mitmenschen so aufrichtig und mutig wie möglich zu kommunizieren." David entdeckt seine Berufung in seiner Tätigkeit als Berater und Verfasser (mein Co-Autor!) von erfolgreichen Büchern wie *Laß endlich los und lebe!* neu. Sein Lebenssinn ist das Leuchtfeuer, das seinen Pfad erhellt. Inzwischen, so fügt er hinzu, leuchtet das Feuer nicht länger aus der Ferne: „Das Licht kommt jetzt aus meinem Innern."

Andrew Greeley, der in Phillip Bermans Buch *The Courage of Conviction* zitiert wird, sagt:

Mir scheint, als gäbe es letztlich nur zwei Alternativen: Macbeths Annahme, das Leben sei eine von einem Narren erzählte Posse – lärmend, hektisch und ohne Bedeutung, und Pierre Teilhards Theorie: „Es ist etwas im Gange im Universum – etwas, das nach Reifung und Geburt aussieht." Entweder gibt es einen größeren Plan und Sinn – und dieser Plan und Sinn ließen sich am treffendsten mit „Leben" und „Liebe" umschreiben – oder aber wir leben in einem grausamen, willkürlichen und trügerischen Kosmos, in dem unser Leben nicht mehr ist als ein flüchtiger Ausbruch aus dem Dunkel der Vergessenheit.

Sinn ist das Stichwort, nach dem wir unser Leben und unsere Arbeit ausrichten müssen. Nur so können wir unserem Dasein Bedeutung verleihen. Rollie Larson und David Shapiro haben ihr Leben auf dem Ansatz aufgebaut: „Es ist etwas im Gange im Universum – etwas, das nach Reifung und Geburt aussieht."

Sinn ist der Glaube an etwas Heiliges, das in uns präsent ist, und die Wahl einer Tätigkeit, die dieser Präsenz entspricht. Sinn definiert unseren Beitrag zur Welt und kann sich in Familie, Gemeinschaft, Beziehungen, Arbeit und spirituellen Aktivitäten ausdrücken. Das Leben gibt uns zurück, was wir ihm geben, und inzwischen reift unser Verständnis, was es heißt, unseren Sinn, unsere größere Aufgabe zu erkennen.

Werfen Sie einen Blick in die Zukunft. Was meinen Sie, wie alt Sie werden? Stellen Sie sich vor, Sie hätten dieses Alter erreicht und blickten auf Ihr Leben zurück. Was würden Sie sich als Ihr Vermächtnis wünschen? Und wie können Sie Ihre übrigen Lebensjahre nutzen, damit Sie später ohne Reue Rückschau halten können?

Sich vom Leben befragen lassen

*Wenn wir unseren Kindern von unserem Leben erzählen,
lassen wir die Vergangenheit gern so klingen,
als sei sie einem festen Plan gefolgt.
Dabei ist es unwahrscheinlich, daß unsere Kinder,
haben sie erst ihre Ziele definiert, auf alle Zeiten
glücklich leben werden. Statt dessen müssen sie sich
immer wieder neu erfinden und an die gewandelten
Gegebenheiten anpassen.*

Mary Catherine Bateson

Victor Frankl empfiehlt: „Lassen Sie sich vom Leben befragen!" Die Offenheit, sich vom Leben befragen zu lassen, ist eine Methode, dem Sinn auf die Spur zu kommen, herauszufinden, wer wir sind. Wie Frankl sagt, befragen die meisten von uns das Leben – statt umgekehrt. Wir fragen: Was hat das Leben für mich getan? Werden die Dinge heute so laufen, wie ich es mir vorstelle? Was steckt da für mich drin? Dabei wird uns mehr Weisheit zuteil, wenn wir die Frage umkehren und uns vom Leben befragen lassen.

In einer Krise gelingt es uns oft, uns von den Sorgen des täglichen Überlebens freizumachen und vom Leben befragen zu lassen. Krisen haben den Vorteil, banale Konflikte, Kontrollsüchte etc. zurückzudrängen und uns vor Augen zu führen, wie kurz das Leben doch ist und wie kostbar jede Sekunde. Aber warum auf eine Krise warten?

Die Krebstherapeuten Carl und Stephanie Simonton erteilen ihren Patienten folgenden Rat:

Sie müssen die Bremse ziehen und Ihre Prioritäten und Werte neu überdenken. Sie müssen bereit sein, ganz Sie selbst zu sein und nicht die Person, für die andere Sie halten, weil Sie fürchten, nur so würden Sie geliebt. Unehrlichkeit können Sie sich nicht länger leisten. Sie sind an einem Punkt angelangt, wo Sie, wenn Sie wirklich leben wollen, nur noch Sie selbst sein dürfen.

Kann es einen besseren Rat geben? Wann immer wir mit einer Krise konfrontiert sind, an Krebs erkranken oder ein unabwendbares Schicksal erleiden, ist das unsere Chance, unserer höchsten Berufung, unserem tiefen Sinn Ausdruck zu verleihen. Worauf es ankommt, ist die Einstellung, mit der wir der Krise begegnen.

Unser Lebenssinn wird uns nicht auf dem Silbertablett serviert – wir müssen ihn uns erarbeiten. Nur wenn wir überzeugt sind, daß unser Leben einen Sinn hat, können wir diesen auch spüren. Wir finden Sinn, indem wir sagen: Ja, ich bin wichtig. Er kommt aus unserem Innern, nur wir selbst wissen, ob er in uns vorhanden ist. Nur wir wissen, ob es etwas in unserem Leben gibt, das uns motiviert, morgens aufzustehen. Ein Sinn ist so gut wie der andere. Wann immer wir unsere Fähigkeiten und Talente für etwas einsetzen, an das wir glauben, leben wir unseren Sinn. Ein Beispiel ist Terry Fox. Der Kanadier mußte seinen Sinn früh im Leben finden. Zwei Tage nach seinem 18. Geburtstag teilten die Ärzte ihm mit, er habe einen bösartigen Tumor im rechten Knie. Das Bein mußte amputiert werden, um eine Ausbreitung des Krebses zu verhindern. Mit einem Schlag war Terrys Leben zum zerbrechlichen Gut geworden. Trotz des Schocks und der Radikalität, mit der sich sein Blatt gewendet hatte, gab er sich nicht dem Selbstmitleid hin.

In der Enge seines Krankenhauszimmers entdeckte Terry seinen Sinn – seinen persönlichen Lebensgrund.

Krisensituationen zwingen viele, sich über den Grund ihrer Existenz Gedanken zu machen. Aber Terry Fox rät: „Machen Sie es nicht wie ich – warten Sie nicht, bis Sie ein Bein verlieren oder schwer erkranken –, bevor Sie sich die

Zeit nehmen zu ergründen, wozu Sie auf der Welt sind. Fangen Sie schon heute an. Jeder kann das."

Zwei Wochen später begann Terrys Chemotherapie. Die Krebsklinik und die Behandlungen machten ihm die schmerzliche Tatsache bewußt, daß fast die Hälfte aller Betroffenen den Krebs nicht überlebt. Sein Leben war nicht länger selbstverständlich. Terry beschloß, etwas für andere Menschen zu tun. Er überlegte, was ihm wirklich am Herzen lag, ihn tief berührte, und entdeckte allmählich seinen neuen Sinn im Leben. Er wollte in einem Marathonlauf quer durch Kanada 1 Million Dollar für die Krebsforschung sammeln. Das Geld würde er der Kanadischen Krebshilfe zukommen lassen.

Nach drei Fünfteln der Strecke mußte Terry Fox aus dem Marathon of Hope aussteigen. Sein neu entdeckter Sinn hatte dem ehemals durchschnittlichen Sportler die Kraft gegeben, fünf Monate lang jeden Tag einen Marathon zu laufen – mit Prothese! Ans Ziel kam er nicht. Der Krebs hatte in seine Lungen gestreut.

Bis zu seinem Tod ein Jahr später hatte er mehrere Millionen Dollar an Spenden gesammelt und Hunderttausenden Mut gemacht.

Auch auf mein Leben nahm Terry Fox Einfluß. Ich sah ihn „in Ausübung seiner Mission" in Ontario. Damals campte ich am Ufer des Lake Superior, als ich Terry Fox in der Nähe der Thunder Bay begegnete. Von den roten Lichtern eines Highway-Patrol-Wagens und dem „Marathon of Hope"-Mobil flankiert, lief Terry Fox – mit einem Ausdruck in den Augen, der sich mir für immer ins Gedächtnis brannte. Ein Blick, in dem die geballte Kraft seines Sinns lag. Diese zufällige Begegnung war das Saatkorn, das mich zu diesem Buch veranlaßte.

Sein unvergeßlicher Blick forderte mich zu der Frage heraus: „Was will ich mit meinem Leben anfangen?"

Schon als Kind hatte ich mich sehr für die Motivationsgründe von Menschen interessiert. Ich war überzeugt, daß es mehr im Leben gab, wußte aber nicht, wonach ich suchen sollte. Durch ihre glühenden Versprechungen animiert, las ich sämtliche Lebenshilfebücher, die ich auftreiben konnte. Überall hieß es: „Der erste Schritt besteht darin, Ihre Ziele im Leben zu definieren." Guten Mutes setzte ich mich mit einem Stift in der Hand hin, um meine Ziele aufzuschreiben. Mir fielen keine ein!

Die Lebenshilfebücher hatten suggeriert, ich bräuchte klar definierte Ziele (zum Beispiel erfolgreich sein, soundsoviel Geld verdienen). Aber keines dieser Ziele berührte mich. Ich war unfähig, die klare Leidenschaft eines Terry Fox zu entwickeln, die meine Ziele bedeutsam machen würde. Allmählich fragte ich mich, ob etwas mit mir nicht stimmte.

Jedesmal, wenn ich mich einem Ziel verschrieb, war ich viel erfolgreicher als erhofft – trotzdem brachten die Resultate mir nicht die in den Büchern versprochene Befriedigung. In keinem der Ziele fand ich etwas, das es wert gewesen wäre, der Mittelpunkt meines Leben zu werden. Heute war mir dieses Ziel wichtig, morgen ein anderes. Wirkliche Leidenschaft empfand ich so gut wie nie. Ich wollte für etwas Größeres arbeiten, nicht nur für Geld.

Durch Terry Fox wurde ich angeregt, meine Situation erneut zu reflektieren. Mir wurde allmählich klar, daß ich einen tieferen Sinn als Richtschnur für meine Arbeit brauchte – einen Sinn, der über den reinen Broterwerb hinausging. Ich begann, eine neue Vision für meine Arbeit zu entwerfen, statt meine Arbeit nach meinen egogesteuerten Zielen zu richten; und allmählich entdeckte ich, wonach ich viele Jahre gesucht hatte.

Terry Fox symbolisiert die Gewißheiten, nach denen wir uns sehnen – daß es einen Sinn im Leben gibt, unser Dasein hier von Bedeutung ist und daß das, was wir tun, eine Rolle spielt. Ein Mensch kann mit purer Entschlossenheit eine scheinbar mittelmäßige Idee zu einem riesigen Erfolg transformieren. Hinter jeder großen Tat steckt mindestens ein Individuum, das von der Motivation getrieben ist, einzigartig zu sein. Diesen Sinn finden wir nur in unserem Innern.

Früher war mir bei der Beschreibung von Menschen wie Terry Fox, die ihren Sinn kennen, nie wohl zumute. Ich wollte kein unrealistisches, zielorientiertes Ideal darstellen. Lebenssinn hatte ich immer mit Zielen gleichgesetzt.

Terry Fox änderte all das. Er verkörperte die wahre Freude, die ich für mein Leben anstrebte. Mein Gott, war dieser Mann lebendig! Nicht unsere Ziele verleihen uns Lebendigkeit, sondern der Sinn, der ihnen zugrunde liegt. Menschen, die ihren Sinn kennen, lernen, ihre Aufmerksamkeit weg von sich auf andere zu lenken. Sie haben gelernt, sich vom Leben befragen zu lassen.

3
Der eigentliche Sinn

Gott schuf den Menschen, weil er Geschichten mochte.

Isak Dinesen

Das Leben dreht sich um Fragen. Nichts prägt unser Leben so sehr wie die Fragen, die wir stellen oder bewußt nicht stellen. An jedem Neujahrstag und ungefähr alle zehn Jahre erforsche ich mein Inneres auf der Suche nach frischen Fragen. Und jedesmal komme ich auf die jahrtausendealten Grundfragen zurück, die am schwierigsten zu beantworten sind: „Wer bin ich?", „Was soll ich auf dieser Welt?" und „Was stelle ich mit meinem Leben an?"

Wenn Gott Geschichten mochte, wie Isak Dinesen behauptet, wie klingt dann Ihre Geschichte? Wie beantworten Sie die drei essentiellen Fragen? Der Unterschied in der Qualität unserer Leben liegt oft in den unterschiedlichen Fragen, die unsere Geschichten schreiben. Und ohne jede einzelne unserer Geschichten wäre die Geschichte des Universums nicht vollständig.

Mary Foleys Geschichte war zu Ende, bevor sie sie fertig schreiben konnte. Mary glaubte zutiefst an menschliche Potentiale, und sie glaubte an sich selbst. Ihre Berufung: „Das Leben von Frauen und Kindern positiv zu beeinflussen." Anderen Frauen in ihrer Branche als Mentorin unter die Arme zu greifen – das liebte sie am meisten. Indem sie junge Berufseinsteigerinnen in ihren Träumen bestärkte, entdeckte Mary ihre Talente und Passionen und konnte ihre eigenen Sorgen und Fragen kommunizieren.

Mary wollte oft wissen, was andere Leute lasen, erzählte,

was sie las, und empfahl oder verschenkte häufig Bücher. Nachdem sie auf eine frühere Ausgabe dieses Buchs gestoßen war, verschenkte sie es oft. Mit aufrichtigem Interesse widmete sie sich den Fragen der Menschen um sie herum, vor allem, wenn sie das Sinnthema betrafen.

Als Managerin in einem großen Produktionsbetrieb gehörte Mary zu den wenigen Mentoren, die konsequent höchste Erwartungen an ihre Schützlinge stellten und sie ermunterten, nicht eher aufzugeben, bis sie ihr ganzes Potential verwirklicht hatten. „Just do it!" war ihr Leitsatz, der andere lehrte, vor keiner noch so schwierigen Herausforderung zurückzuschrecken.

Mary wurde auf tragische Weise ermordet, ihr kreatives Licht jäh erstickt. Was für ein Verlust! Ihre so uneigensüchtige Nächstenliebe hinterläßt eine klaffende Lücke. Alle, die sich mit Sinnfragen beschäftigen, profitierten von ihrem großartigen Beitrag, nicht nur was ihre Tätigkeit als Mentorin anging, sondern vor allem, weil sie ein lebendiges Beispiel für die Essenz des Sinns verkörperte.

Zur Erläuterung dieser Essenz müssen wir eine jahrtausendealte Grundannahme betrachten, die von jeder Generation neu überprüft wird. In seinem Werk *Study of History* (Band III) faßt der Historiker Arnold Toynbee diese Annahme so zusammen:

Diese religiösen Führer [Jesus, Buddha, Laotse, Franz von Assisi] hatten unterschiedliche Auffassungen über die Beschaffenheit des Universums, des spirituellen Lebens und der ultimativen spirituellen Realität. Doch in ihrer ethischen Diktion stimmten sie überein. Alle waren einig, daß das Streben nach materiellem Reichtum ein falsches Ziel darstellt. ... Alle hielten Selbstlosigkeit und Liebe zu anderen Menschen für den Schlüssel zu humanitärem Glück und Erfolg.

Fast alle Religionen und spirituellen Lehren glauben an eine Essenz als zentralen Teil in uns selbst. Die meisten sprechen von Gott, manche von Höherer Instanz, Seele, Heiligtum,

Geist oder Essenz, die den Kern unseres Wesens ausmachen. Menschen, die mit Sinn leben und arbeiten, bringen diese Essenz unaufhörlich zum Ausdruck.

Mary half vielen jungen Frauen, ihre Essenz auszudrücken. Sie leistete ihren Beitrag zur Schöpfung jener Art Welt, von der sie träumte. Eine Organisation namens „The Friends of Mary Foley" engagiert sich für die Wachhaltung von Marys besonderer Essenz. Jedes Jahr seit ihrem tragischen Tod vor über zehn Jahren trifft sich eine Gruppe von Freunden an ihrem Geburtstag, um ihre Verdienste zu feiern. Alljährlich werden Spenden und Mittel zur Unterstützung von Projekten verfügbar gemacht, die ihrem Vermächtnis würdig sind. Einer ihrer Freunde sagte: „Marys Leben war von mehr Sinn erfüllt, als ich es bei irgendeinem Menschen je erlebt habe."
Marys Schwester Kathy kommentiert: „Ich habe meine Kinder anders erzogen, und ich lebe jeweils für den Tag. Mary hat mir beigebracht, die Kreativität meiner Kinder maximal zu fördern, sie anzuregen, Dinge auszuprobieren, die sie normal nicht tun würden. Es vergeht kein Tag, an dem ich nicht an Mary denke, und dann bemühe ich mich, die Menschen so zu sehen, wie sie sind, und nicht, wie sie sein sollen. Marys Tod hat mir die Augen für das Leben geöffnet." Wenn es Ihnen genauso geht, bleibt Marys Sinn – ihre Mission – in diesem Buch lebendig. Wir wissen nicht, wieviel Inspiration die Menschen morgen aus unserem Handeln heute ziehen können.

Jeder von uns ist früher oder später mit seiner Geschichte konfrontiert. Dann müssen wir unsere Rolle auf diesem Planeten, unseren Daseinsgrund definieren. Oft holt uns unsere Geschichte in kritischen Lebensphasen ein, wenn die Standardantworten auf die großen Fragen uns nicht länger zufriedenstellen.

Die Frage „Welches ist meine Geschichte?" interessiert viele mit steigendem Alter. Immer mehr Menschen leben im ständigen Bewußtsein um die großen Fragen. Viele meiner Freunde, Kollegen und Klienten, die sich vor Jahren gescheut hätten, ihre Geschichten preiszugeben, sprechen heute offen über spirituelle Reisen, Befriedigung in der Arbeit und Erfüllung im Privatleben. Was mich betrifft, so gewinnt meine Antwort auf die Frage auch nach vielen Jahren noch permanent an Reife und Tiefe. Mein Leben ist eine Geschichte der Fragen, Einsichten und der immer stärkeren Integration meiner Persönlichkeit in meine Arbeit.

Mit Anfang 20 – ich hatte gerade mein erstes Examen in Schulpsychologie gemacht – saß mir die Wehrdienstbehörde im Nacken und drängte mich, mein Studium zu beenden und meiner Wehrpflicht nachzukommen. Bemüht, eine Lösung zu finden, mit der ich leben konnte, meldete ich mich bei einer Reserveeinheit für die psychologische Betreuung von Soldaten. Mit dem Diplom in der Tasche ging ich von Colorado zurück nach Minnesota. Gleichzeitig mit dem Umzug mußte ich meine Familie unterstützen. Während meiner Jobsuche entdeckte ich Human Resources als Betätigungsfeld. Ich ging zu einem Fortune-100-Unternehmen und arbeitete unter einem großartigen Mentor in verschiedenen Positionen. Als ich nach zwei Jahren den Bereich Mitarbeiterförderung übernahm, gab mir das die Chance, Nachwuchskräfte, die unsicher waren, welchen Karriereweg sie einschlagen sollten, gezielt zu coachen.

Ich wußte aus meinem Psychologiestudium von vielen effektiven Methoden, wie man Leuten bei der Klärung ihrer beruflichen Neigungen helfen konnte. Allerdings existierten in den späten 60er Jahren kaum Literatur oder Programme zum Thema. So begann ich, eigene Ideen, Übungen und Programme zu entwickeln, die ich in meiner Freizeit testete. Es dauerte nicht lange, bis mein Name bekannt wurde und ich eine Warteliste führen mußte!

Weil meine Familie weiter wuchs und ich mehr Geld brauchte, bewarb ich mich bei einer großen Bank-Holdinggesellschaft mit umfangreicheren Human-Resources-Aufgaben. In meiner Arbeits- und Freizeit baute ich meine Fähigkeiten als Karriere-Coach aus. Noch immer war ich mit meinem Spezialgebiet ziemlich allein.

Ein zufälliges Treffen mit Richard Bolles, dem Autor des Klassikers *What Color Is Your Parachute?*, stachelte meinen Ehrgeiz an und bestätigte die Karriere-Coaching-Philosophie, an der ich systematisch bastelte.

Noch vor Erscheinen durfte ich Dicks Buch lesen, das über 25 Jahre ein Bestseller blieb.

Dick, früher episkopalischer Prediger, unterstützte mich in meiner intuitiven Überzeugung, daß jedes Individuum nach dem Abbild Gottes geschaffen und daher wertvoll und reich an Begabungen sei. Er half mir beim Aufstellen eines Glaubenssatzes, für den ich unendlich dankbar bin: „Die Fähigkeiten, die jedem von uns mitgegeben sind, und der Dienst an anderen Menschen sind unsere Mission im Leben." Dick weckte mein Interesse, mehr über das Sinnthema zu lesen – eine Leidenschaft, die mir bis zum heutigen Tag als Triebkraft für meine Arbeit erhalten blieb.

Nicht nur Dick Bolles, auch Sigurd Olson fachte meine Begeisterung für das Sinnthema an, über das ich gern Bücher schreiben wollte. Natürlich hatte ich Vorbilder und Idole unter den einschlägigen Autoren, und zu denen gehörte Sigurd Olson.

Sigurd war Philosoph, Freidenker und glühender Umweltschützer, der über Natur und Spiritualität schrieb. Seine Bücher, die speziell die Sinnerfahrung in der freien Natur betonten, berührten mich zutiefst und wurden zu meinen ständigen Begleitern.

Ich korrespondierte mehrere Jahre mit Sigurd, der zur Inspiration für meine Sinnsuche und mein Schreiben wurde. Über sein eigenes Verhältnis zum Schreiben sagte er in seinem Buch *Open Horizons*: „Wenn ich nicht schrieb, fühlte ich mich oft bedrückt. Nichts schien mir Sinn oder Bedeutung zu haben." Als Therapie empfahl er, wieder zu schreiben. Sobald er wieder zu schreiben begann, fühlte er sich euphorisch und brannte vor Leidenschaft. Wann immer ich deprimiert oder mein Schreiben blockiert war, wurde ich durch Sigurd animiert, wieder zum Papier zu greifen und meiner Leidenschaft Ausdruck zu geben.

In der gleichen Zeit bekam ich ein Stipendium für die Bush Foundation. Zumal es damals nur wenige Trainingsprogramme für Karriere-Coaching gab, konzipierte ich daraufhin als Teil meiner Tätigkeit für die Harvard Business School ein neuartiges Stipendienprogramm. Meine Studien hatten mir die Wichtigkeit und Notwendigkeit von unternehmensintegriertem Karriere-Coaching vor Augen geführt.

Danach wurde ich Vollzeit-Karriere-Coach. Ich hatte das Talent und die nötige Ausbildung. Als erstes gründete ich eine One-to-one-Beratungspraxis, die sehr erfolgreich lief. Dann gab ich Workshops, schrieb an einem ersten Buch mit, hielt Vorträge und leitete Selbstfindungs-Camps in der Wildnis.

Mein auf Umwegen entdeckter Lebenssinn bestand von nun an darin, anderen zu helfen, ihren Sinn zu finden. Mein Sinn heißt: „Anderen Menschen helfen, ihren Sinn zu finden und ihrer Berufung zu Lebzeiten Ausdruck zu verleihen." Diese Aufgabe bewegt mich, läßt mich morgens voll Freude auf meine Arbeit aufwachen und erfüllt mein Bedürfnis nach einer tiefen Verbindung mit dem Leben anderer Menschen, das durch meinen Rat eine positive Wende bekommt.

Als Psychologiestudent stellte ich meinen Professoren regelmäßig die Frage: „Welchen Sinn hat das Leben?" Carl Rogers, der Begründer der gleichnamigen personenbezogenen Psychotherapie, half mir bei ihrer Beantwortung. Sein Verhaltensmodell basierte auf einem Konzept, das er „Kongruenz" nannte. Um unseren Sinn zu leben, so seine Theorie, müßten wir Menschen auf drei Ebenen kongruent sein. Die Kernebene, unsere Essenz, müßte mit der mittleren Ebene, dem, wofür wir uns halten, kongruent sein – und die äußere Ebene, das tatsächliche Verhalten, das wir anderen gegenüber an den Tag legen, mit unserem Innern übereinstimmen.

Laut Rogers bedeutet Kongruenz, von innen nach außen zu leben, „unser Innerstes nach außen zu kehren" – uns unserer Essenz bewußt zu sein und sie zu leben. Seine Theorie hatte großen Einfluß auf mich.

Vor, während und nach dem Studium – ja schon als Kind – gab es für mich kaum Aufregenderes, als anderen zuzuhören, wenn sie ihre Geschichte erzählten. Daher ergab es sich ganz natürlich, daß ich meinen Sinn darin fand, den roten Faden – oder Sinn – in diesen Lebensgeschichten aufzuspüren und den Erzählern die Augen für ihn zu öffnen. Dieses Buch beruht sowohl auf meiner eigenen Geschichte als auch auf den Geschichten anderer, die mir in den letzten zehn Jahren hundertfach zu Ohren kamen. Es ist eine Zusammenfassung meiner Einsichten zum Thema Lebenssinn. Ich habe vier Maximen formuliert, die ich kurz vorstellen möchte. Um Ihren Sinn im Leben zu finden, müssen Sie:

- Von innen nach außen leben.
- Ihre Begabungen entdecken.
- Herausfinden, was Sie bewegt.
- Das Alleinsein entdecken.

Von innen nach außen leben

Ich habe dieses Buch als jemand geschrieben, dessen Sinnsuche nie aufgehört hat. Ich habe gelernt – und wurde durch weise Lehrer und ältere Menschen darauf aufmerksam –, daß jeder von uns mit einem Sinn geboren wird. Wir leben in einem Universum voll Sinn, in dem jeder noch so winzige Organismus eine bestimmte Funktion erfüllt. Ein tragender Teil unseres Reifeprozesses und die Lektion, die wir im Leben zu lernen haben, ist, unser Inneres nach außen zu kehren, um zu erkennen, daß unser Sinn bereits in uns existiert.

Jedes Leben hat einen natürlichen, eingebauten Daseinsgrund. Die Legitimation besteht darin, einen positiven Beitrag zur Welt zu leisten. Sinn ist der positiv-schöpferische Geist, der uns von innen nach außen durchströmt. Er ist jene tiefe, mysteriöse Ebene – unsere Essenz –, auf der wir intuitiv spüren, wer wir sind, woher wir kommen und wohin wir gehen.

Dieser Sinn muß in der Essenz jedes Individuums angelegt sein – sonst würden wir nicht in unseren tiefsten Momenten fragen: „Wer bin ich?", „Was soll ich auf dieser Welt?", „Was fange ich mit meinem Leben an?" Unser Leben wird geprägt durch die Innen-Außen-Fragen, die wir in unseren tiefsten Momenten stellen oder bewußt nicht stellen.

Ihre Begabungen entdecken

Sinn hilft uns, unserem Leben größere Bedeutung zu verleihen. Er nährt drei grundlegende spirituelle Bedürfnisse:

- Uns tief mit dem kreativen Geist des Lebens zu verbinden.
- Unsere Begabungen zu erkennen und aktiv auszudrücken.
- Zu wissen, daß unser Leben wichtig ist.

Es ist unsere Aufgabe, die speziellen Begabungen, die uns geschenkt wurden, aufzuspüren und zu entscheiden, in welche Berufung wir sie investieren wollen. Wenn wir mit Sinn arbeiten, vereinen wir die Bedürfnisse der Welt – was uns bewegt – mit unseren speziellen Talenten in einem Beruf oder einer Berufung.

Was bewegt Sie?

Sinn ist die bewußte Entscheidung, was, wo und wie wir positiv zu unserer Welt beisteuern wollen. Er ist das Thema, die Qualität, die Leidenschaft, auf der wir unser Leben gründen. Sobald wir unsere Begabungen erkannt haben und was uns bewegt, nimmt unsere Welt eine völlig neue Dimension an. Unser Leben bekommt spirituelle Bedeutung.

Unsere Welt ist nicht eher komplett, bis nicht jeder von uns weiß, was ihn bewegt. Niemand außer uns selbst kann diesen Ruf der Leidenschaft hören. Jeder muß ihn für sich hören und danach handeln. Damit das gelingt, benötigen wir ein positives Umfeld, das zu bewußtem Hinhören und zu Ehrlichkeit anregt.

Das Alleinsein entdecken

In unseren Fragen offenbart sich unser Sinn. Um unsere Berufung zu entdecken, müssen wir das Alleinsein üben. Regelmäßige Perioden der Stille und Kontemplation fördern unsere Sinnsuche.

Auf der Reise, die zu unserem Sinn führt, gibt es keine Abkürzungen. Jeder hat die Möglichkeit, sein Tempo zu drosseln, innezuhalten, um sich für seine Berufung zu öffnen. Doch die wenigsten gönnen sich heute Phasen der Besinnung. Statt dessen sind wir gehetzte Gipfelstürmer: Unermüdlich und außer Atem klettern wir immer höher den Berg hinauf, voll Sehnsucht nach einem Plateau, wo wir Rast machen und die Aussicht genießen können. Viele wünschen sich nichts mehr als eine Verschnaufpause, die sie den Aufstieg intensiver erleben und mehr Freude an ihm finden läßt.

Berge üben seit jeher eine Faszination auf uns aus. Sie sind Metaphern für unsere Geschichten. In *Mount Analogue* beschreibt René Daumal die Essenz des Sinns:

In der mythischen Tradition ist der Berg das Bindeglied zwischen Himmel und Erde. Sein einsamer Gipfel ragt in die Ewigkeit hinein, seine vielen Ausläufer münden ins Reich der Sterblichen. So kann sich der Mensch dem Göttlichen nähern und Göttliches sich dem Menschen offenbaren.

Viele entdecken ihren Sinn, indem sie sich bewußt mit dem Göttlichen in der Natur verbinden. Wir erklimmen einen Berggipfel, um dort wohltuende Einsamkeit zu erleben. In der Natur liegt das Geheimnis von Ewigkeit, das uns fragt: „Wer bist du?", „Wozu bist du auf dieser Welt?" oder „Was willst du mit deinem Leben anfangen?"

Sinn ist nicht nur ein gedankliches Konzept, sondern ein praktisches Phänomen. Wenn wir nicht Frieden mit unserem Sinn schließen, finden wir niemals wahre Freude in unserer Arbeit oder Zufriedenheit mit dem, was wir haben.

Verwenden Sie folgenden Leitsatz, um Ihren Lebenssinn

zu erforschen: „Mein Sinn im Leben ist, meine Begabungen aufzuspüren, zu erkennen, was mich bewegt, und meine Begabungen und Leidenschaften aktiv in die Welt zu bringen." Nehmen Sie einen Stift und ein Blatt Papier und entwerfen Sie eine Rohversion Ihrer Sinndefinition: „Mein Sinn im Leben ist...". Dann formulieren Sie klar in ein oder zwei Sätzen, welches Ihrer Ansicht nach Ihr Sinn ist oder sein könnte.

Wenn Sie Ihre Berufung noch nicht ganz greifen können, nehmen Sie sich Segmente vor, zum Beispiel einen Tag, und schreiben Sie: „Mein Sinn für den nächsten Tag meines Lebens ist ..."

Lassen Sie sich Zeit, aber hören Sie nicht eher auf, bis Sie einen Sinn gefunden haben, der Sie – wenigstens für den Moment – bewegt. Die Essenz des Sinns, zusammengefaßt in den vier Maximen, wird uns durch das ganze Buch hindurch immer wieder beschäftigen.

4 Der Ruf aus dem Innern

Wir Arbeitende sind in dieser Zeit aufgerufen, unsere Tätigkeit neu zu überdenken: wie wir sie tun, wem sie nutzt oder schadet, was wir tun und was wir möglicherweise tun würden, wenn wir uns von unserer jetzigen Arbeit trennen und einem inneren Ruf folgen würden.

Matthew Fox

Wenn wir gerufen werden, wo wem kommt dann der Ruf? Mir begegnen heute viele Leute, die sich von ihrer Arbeit trennen und neue Wege gehen. Sie hören ihren Ruf.

Der Ruf aus dem Innern ist Ausdruck unserer Essenz, unseres Kerns, des Geists der Welt – eine mysteriöse Stimme, die uns auffordert, unsere Begabungen positiv zu nutzen.

Um ihm zu folgen, müssen wir unseren Sinn als Innen-Außen-Prozeß begreifen, der uns hilft:

- Struktur in unser Leben zu bringen.
- Unserem Leben Bedeutung zu geben.
- Unserem Herzen zu folgen.
- Unsere Berufung zu klären.

Sinn ist unsere tiefste Dimension – die Essenz –, auf der wir intuitiv spüren, wer wir sind, woher wir kommen und wohin wir gehen.

Sinn ist kein Ding. Er ist kein statischer Zustand, den wir konservieren können. Sinn ist eine fließende Dynamik von Fragen, die wir wieder und wieder stellen. Er ist ein Prozeß, den wir jeden Tag von neuem durchleben – ein

Prozeß des Zuhörens und Gestaltens unserer Lebensgeschichten.

Die Versuchung, die Sinnfrage zu ignorieren, ist groß, zumal sich dieses Versäumnis meist erst in Krisensituationen oder gegen Lebensende bemerkbar macht. Und so verwenden wir einen Großteil unserer Energie darauf, ständig in Bewegung zu sein, unseren Lebensunterhalt zu verdienen, einen Lifestyle zu kultivieren.

Doch wenn wir an der Oberfläche unserer Geschäftigkeit kratzen, was finden wir darunter?

Wer Erfolg als Selbstzweck anstrebt, wird zwangsläufig scheitern. Unsere Überflußgesellschaft rüstet viele mit den nötigen Erfolgsinstrumenten aus, und trotzdem wird ihnen keine wahre Freude, kein Sinn im Leben zuteil.

Nur durch das Engagement für etwas Größeres, das über das Erfolgsziel hinausgeht, bekommt unser Leben Bedeutung. Was ist es, wofür wir uns engagieren wollen? Wenn wir Erfolg haben, wie werden wir ihn nutzen?

Die Sinnsuche öffnet uns die Augen für unsere Berufung. Diese angemessene Beziehung zur Arbeit nennen die Buddhisten „Eins-Sein" und die Christen „Verwalteramt". Dr. Albert Schweitzer bezeichnete sie als „Ehrfurcht vor dem Leben". An einem Spätnachmittag im September 1915 saß Schweitzer an Deck eines kleinen Dampfboots, das den Ogowe hinauf zu seinem Tropenhospital nach Lambarene in Gabun fuhr. Vorsichtig bahnte sich das Boot seinen Weg durch eine Herde Nilpferde. Als Schweitzer den Kapitän beobachtete, wie sehr er sich mühte, ja keines der Tiere zu verletzen, gelangte er zu einer profunden Einsicht: Der Kapitän repräsentierte für ihn das höchste Ideal – die Ehrfurcht vor dem Leben anderer Kreaturen. Jahrelang hatte der Missionarsarzt nach der Schlüsselethik in der modernen Welt gesucht. Er fand sie in Afrika: „Ehrfurcht vor dem Leben".

Schweitzer war der Auffassung, daß mehr Menschen im Herzen idealistisch sind, als es den Anschein hat. Er sagte:

Genau wie die Wasser der Flüsse, die wir sehen, wenig sind im Vergleich zu dem, was unter der Erde fließt, so ist der Idealismus, der in kurzen Momenten sichtbar wird, gering, gemessen an dem, was Männer und Frauen in ihrem Herzen tragen und selten oder nie herauslassen. Das Gefesselte zu entfesseln, die unterirdischen Wasser an die Oberfläche zu holen: Die Menschheit wartet voll Sehnsucht auf etwas, das dieses vermag.

Es ist eine seltsame Eigenart, die uns unseren Idealismus unterdrücken läßt. Gelegenheiten, einem inneren Ruf zu folgen, gibt es mehr als genug. Damit wir ihm folgen können, müssen wir Sinn als einen Prozeß begreifen, der uns hilft, Struktur in unser Leben zu bringen, ihm Bedeutung zu verleihen, unserem Herzen zu folgen und unsere Berufung zu entdecken.

Struktur in unser Leben bringen

Viele von uns sehnen sich nach einem größeren Sinnzusammenhang in ihrem Leben. Sinn kann als ordnendes Prinzip für unsere Zeit, unsere Talente und unser Geld dienen. Besonders effektiv sind Menschen, die ihren Alltag gut im Griff haben, ohne ihr langfristiges Ziel, die Vision, den Sinn, auf den sie ihr Leben gründen wollen, aus den Augen zu verlieren.

Unseren Sinn zu finden, impliziert nicht selten eine Neuausrichtung unserer Arbeit, damit wir unsere Talente und unser Potential voll entfalten können. Er wirkt wie ein Magnet für unsere Zeit und unsere Energien.

Wenn uns etwas tief bewegt, verliert vieles, das wir vorher für wichtig hielten, an Bedeutung. Sämtliche Lebensbereiche werden neu geordnet. Wir beginnen, Irrelevantes zu eliminieren, Ballast abzuwerfen. Eine Simplifizierung findet statt, indem wir uns auf das Wesentliche beschränken. Wir haben es nicht länger nötig, etwas anderes vorzugeben, als was wir sind. Was wirklich wichtig ist, kann um so klarer zutage treten.

In seinem Buch *Voluntary Simplicity* zitiert Duane Elgin den Schöpfer des Begriffs *freiwillige Einfachheit*, Richard Gregg, wie folgt:

Freiwillige Einfachheit beschreibt einen inneren und äußeren Zustand. Sie bedeutet Zielstrebigkeit, Ernsthaftigkeit und Aufrichtigkeit im Innern sowie den Verzicht auf überflüssige Äußerlichkeiten, viele Besitztümer, die irrelevant sind für den übergeordneten Sinn im Leben. Sie meint ein Ordnen und Lenken unserer Energien und Wünsche, die partielle Zurückhaltung in manchen Bereichen als Voraussetzung für um so mehr Vitalität in anderen Bereichen. Sie bringt eine sinnerfüllte Struktur in unser Leben.

Diesen Weg zur Einfachheit geht Richard Peterson seit über 20 Jahren. Der frühere Präsident von Vail Associates und später von der Durango Ski Corporation hatte es zu seiner Aufgabe erkoren, Freude in das Leben anderer Menschen zu bringen. Unterdessen gelang ihm die Rückbesinnung auf seine eigene Lebensfreude. Heute führt Richard ein einfaches, aber abwechslungsreiches Leben, indem er als Teilzeit-Finanzchef für eine kleine aufstrebende Firma und nebenbei als freiberuflicher Finanzberater tätig ist sowie im Aufsichtsrat mehrerer Non-Profit-Organisationen sitzt.

In seiner Zeit als Führungskraft hatte Richard keine Zeit, nach einem inneren Ruf zu horchen. Sein Leben war angefüllt mit „Machen" – Zuhören hatte da keinen Platz. Und auch danach fiel es ihm nicht leicht, den „Mach-Zwang" abzustreifen. Er erinnert sich: „Meine größte Herausforderung bestand darin, mein Leben zu vereinfachen, um mich wieder präsent zu fühlen. Es war ein hartes Stück Arbeit, meine Berufung zu finden."

Richard erzählt weiter: „Die Natur ist meine spirituelle Lehrerin. Es begann damit, daß ich meinen Rucksack umschnallte und zum ersten Mal seit langem eine Verbindung mit etwas Größerem spürte. Im Kontakt mit der Natur wurde mir klar, daß alles Lebendige – Hunde, Gärten, Menschen – in einem gewaltigen Netz miteinander verwoben ist."

Richard sieht seinen Sinn heute so: „Mein spirituelles Wachstum und das anderer Menschen nähren; Liebe und Dankbarkeit für alles, was ich bin, demonstrieren, indem ich Mitmenschen, Tieren oder Pflanzen jeden Tag eine gute Tat zukommen lasse; und die Interaktion mit der Natur fördern, wenn ich anderen helfe, eine gesunde Beziehung zu Geld und materiellen Gütern zu entwickeln."

Wir können unsere kostbare Zeit und Energie nur dann klug einsetzen, wenn wir unseren Sinn kennen und ihn zum Maßstab für eine Strukturierung unseres Lebens nehmen.

Unserem Leben Bedeutung geben

Einem inneren Ruf zu folgen bedeutet: Eine Sache (ein Ziel, ein Interesse, ein Problem, eine Idee) übt eine so große Anziehung auf uns aus, daß sie uns veranlaßt, uns für sie einzusetzen; sie ist wichtig genug, um unser Tun zu bestimmen und unserem Leben Bedeutung zu geben.

Benjamin Jackson lief bei einem lokalen 10-Kilometer-Lauf mit, an dem auch einige Rollstuhlfahrer teilnahmen. Als er sich nachher mit ihnen unterhielt, brachte ihm das die Probleme zu Bewußtsein, mit denen diese Leute im Alltag kämpfen. Daraufhin überprüfte er sein College und den Arbeitsplatz seiner Mutter auf Rollstuhltauglichkeit. Er schrieb Briefe und versuchte, die Schulleitung zur Bereitstellung von Mitteln zu bewegen, die behinderten Schülern Erleichterung verschaffen würden. Nach Abschluß seines Architekturstudiums berät Ben heute Konzerne, wie sie ihre Gebäude behindertengerechter gestalten können.

Über den Sinn lernen wir zu verstehen, was im Leben relevant ist, wofür wir leben, wer wir sind und worum sich unser Alltag dreht. Unsere Welt wird plausibel. Unser Leben ist dann bedeutungsvoll, wenn wir es im Bewußtsein der großen Fragen leben. Dann spüren wir einen Anker, eine Kontinuität, die uns die verschiedenen Alltagssituationen leichter bewältigen läßt. Diese ganzheitliche Ausrichtung erlaubt uns,

Streß besser zu meistern, und wird durch die Überwindung von Schwierigkeiten sogar noch gestärkt.

Sinn erhöht die Sensibilität für unser Selbst, so wie ein Künstler sich selbst am nächsten ist, wenn er im schöpferischen Akt versinkt. Sich in einer Sache, die einen zutiefst interessiert, zu verlieren, hat mit Selbstlosigkeit, aber auch mit großer Selbstnähe zu tun.

Wir kommen als Sinnsucher auf die Welt. Wir brauchen Sinn, um gesund zu bleiben und zu überleben. Wer dies bezweifelt, braucht sich nur die Krankheits- und Sterberaten derer anzusehen, die ihren Sinn verloren oder aufgegeben haben. Menschen, die in den Ruhestand treten, ohne eine sinnvolle Beschäftigung zu haben, erkranken und sterben eher als jemand, der ein Hobby oder eine Aufgabe besitzt. `

Warum ist das so? Arbeit gibt unserem Leben Bedeutung. Sie ist eine Triebfeder, der Grund, weshalb wir morgens aufstehen. Für die Energie, die wir in unsere Arbeit investieren, werden wir auf wunderbare Weise durch ein reicheres, zufriedeneres und sinnvolleres Leben entlohnt.

Als 60 Studenten einer amerikanischen Universität nach dem Grund für ihren Selbstmordversuch gefragt wurden, sagten 85 Prozent, das Leben schien ihnen „keine Bedeutung" mehr zu haben – und das, obwohl 93 Prozent dieser Studenten, die keinen Sinn in ihrem Leben sahen, sozial aktiv waren, gute Noten und ein intaktes Verhältnis zu ihren Eltern hatten! Victor Frankl sagt:

Und das geschieht mitten in Überflußgesellschaft und Wohlfahrtsstaat! Zu lange haben wir einen Traum geträumt, aus dem wir jetzt aufwachen: den Traum, daß wir nur den sozialen und wirtschaftlichen Status der Menschen verbessern zu brauchen, damit alles okay und jeder glücklich ist.

Die Wahrheit sieht anders aus. An die Stelle des Überlebenskampfes ist die Frage getreten: Überleben – wofür? Immer mehr Menschen haben heute die nötigen Mittel zum Leben, aber es fehlt ihnen der Sinn.

Tiefe und anhaltende Befriedigung können wir nur erleben, wenn wir Selbstachtung besitzen. Selbstachtung wiederum können wir nur haben, wenn unser Leben ein ernsthafter Versuch ist, unseren nobelsten und bleibendsten Qualitäten Ausdruck zu verleihen. Sinn ist eine unverzichtbare Voraussetzung für ein befriedigendes Dasein.

Wenn wir unserem inneren Ruf folgen, entdecken und kreieren wir Bedeutung für unser Leben. Und indem wir mit Sinn handeln, leben wir diese Bedeutung. Wir realisieren, worum es in unserem Leben geht, welchen Weg wir einschlagen sollen.

Unserem Herzen folgen

Wenn ein Sinn wichtig genug ist, unserem Leben Bedeutung und Richtung zu geben, muß er auch im Einklang mit unserem Herzen stehen, damit wir unsere besonderen Begabungen in die Welt bringen. Indem wir einem inneren Ruf folgen, lernen wir unsere Stärken und Schwächen besser kennen und empfinden Stolz, wenn es uns gelingt, unsere Stärken erfolgreich einzusetzen.

Sinn befähigt uns zur Vervollkommnung, so wie Künstler in Ausübung ihrer Kunst Teile ihrer Persönlichkeit vervollkommnen. Durch unsere Begabungen wird Sinn nicht nur sichtbar, sondern lebendig. Er ist nichts Vorgefertigtes, sondern wird durch unser Handeln gestaltet und offensichtlich.

Sinn bedeutetet, unsere Begabungen für etwas einzusetzen, das uns tief bewegt. Indem wir uns und unsere Zeit Menschen und Aufgaben widmen, die unser Selbstwertgefühl erhöhen, investieren wir unsere Begabungen in eine Person oder Sache, an die wir glauben.

Mitten in ihrem hektischen Berufsalltag als Führungskraft einer Einzelhandelsgesellschaft hielt Susan Boren eines Tages inne, um aufzurechnen, wieviel Zeit ihr Job in Anspruch nahm. Wie viele von uns, die sich diese Frage stellen, fand sie schnell heraus, daß es sich um den Großteil ihrer Wachstunden handelte. Sie folgerte, daß sie zuviel Zeit ihres Lebens in eine Arbeit steckte, die ihr nicht wirklich Spaß machte, um die Zeit und kreativen Freiräume für sich selbst zu bekommen, nach denen sie sich vehement sehnte. Susan begann, nach einem Weg zu suchen, der ihr Herz und ihre Seele wieder stärker in ihre Arbeit einbinden würde. Je mehr ihre Reise nach innen ging, um so lauter meldeten sich neue Antworten. Susan sagt: „In mir tönt ein Trommelrhythmus in Vorfreude auf den Tanz. Meine neue Energie für die Arbeit braucht ein Ventil – einen Platz zum Tanzen!"

Veränderungen, noch dazu drastische, denen wir unsere Arbeit unterziehen, wirken als Zerreißprobe. Einem Ruf aus dem Innern zu folgen, setzt Beziehungen einer großen Belastung aus. Susan bestätigt: „Ich mußte harte Entscheidungen treffen, jene, die meine Werte nicht teilten, hinter mir lassen, und mir neue Leute suchen, die das taten."

Tiefgreifende Veränderungen konfrontieren uns in selten erlebter Brisanz mit Selbstzweifeln und Unsicherheiten, da wir ja die Identität unserer Vergangenheit abstreifen und die Gestaltung unserer Zukunft riskieren. Susan erzählt: „In meinem früheren Leben konnte ich Probleme kriegen, wenn ich die Wahrheit sagte. Heute habe ich ein Problem, wenn ich sie nicht sage! Das war das befreiendste Erlebnis im letzten Jahr. Die Wahrheit zu sagen verleiht enorme Energie."

Susan ist dabei herauszufinden, welche Aufgabe ihr am Herzen liegt, und Schritte zu ihrer Umsetzung zu erwägen. Sie sagt: „Ich werde kein neues Medikament entdecken und auch keine neue Rakete konstruieren, aber ich kann Leuten zeigen, wie sie besser zusammenarbeiten. Heute liegt mein Sinn darin, Tag für Tag – in Beziehungen, im Beruf, in der Natur, in der Welt – meinen Sinn zu leben, auf eine Weise, die meiner Persönlichkeit entspricht ... und meinen besonderen Talenten, mit denen ich mein eigenes sowie das Wachstum anderer und den Erfolg von Unternehmen vorantreibe."

Wir können einer Sache nicht gewaltsam mehr Bedeutung aufzwingen, als sie hat, ebensowenig können wir uns zur Leidenschaft für eine Person oder Aufgabe zwingen. Wir müssen den Versuch wagen, unsere Begabungen in die Waagschale zu werfen, um unseren Sinn zu finden.

Vor vielen Jahren wollte Rolf, ein enger Freund, von mir wissen: „Findest du Freude in deiner Arbeit?" Er hatte das Tao Te Ching gelesen, in dem es heißt: „In der Arbeit tue, was dir Freude macht." Die gleiche Frage hatte ich mir selbst schon gestellt, aber meine Antwort bequemerweise nicht gehört oder geleugnet.

Meinem Freund antwortete ich: „Mein Job ist okay. Ich glaube, damit einen Beitrag zu leisten, etwas Wertvolles zu tun. Aber nein, das Gefühl echter Freude habe ich nicht. Eher kommt es mir vor, als warte ich darauf, daß etwas geschieht – etwas, das mich in die eine oder andere Richtung zieht!"

Diese prompte Antwort überraschte mich. Arbeit hatte ich nie mit Freude assoziiert – Arbeit war Arbeit. Ich dachte intensiver über die Frage meines Freundes nach. Allmählich wurde mir bewußt: Wenn ich zwar Wertvolles leistete, aber trotzdem keine Freude darin fand, konnte irgend etwas nicht stimmen. Vielleicht gab es ja bessere Einsatzmöglichkeiten für meine Begabungen.

Ich wollte der Sache auf den Grund gehen und stieß dabei auf eine falsche Grundannahme: „Arbeit ist Arbeit, nicht Spiel oder Freude." Die Auseinandersetzung mit dieser Annahme, nach der ich immer gelebt hatte, trat eine Lawine an Einsichten über die Rolle der Arbeit in meinem Leben los.

Diese intensive Reflexion und die daraus gewonnenen Einsichten dienten als Grundlage für meinen Entschluß, mein Arbeitsleben radikal umzukrempeln.

Mein neues Credo lautete: „Wir haben das natürliche Verlangen und tiefe Bedürfnis nach Freude in unserer Arbeit." Aktionen, zu denen uns der Ruf aus dem Innern treibt, sind keine Last, die uns auferlegt wird. Sinn bedeutet Wachstum: Wir werden uns selbst gegenüber ehrlicher und gewinnen mehr Freude an unseren Begabungen.

Ehrlich ist die Erkenntnis, daß meine Begabungen keinen Überlegenheitsstatus haben. Ob meine Begabungen besser sind als deine, spielt keine Rolle; worauf es ankommt, ist, daß wir beide wichtige Begabungen besitzen, die wir mit der Welt teilen sollen.

Wer echten Sinn in seinem Leben gefunden hat, ist über die Arroganz erhaben, die ein Talent für größer oder besser hält als das andere. Ich bin in der Lage, mich ohne Selbstbeweihräucherung zu präsentieren, habe es nicht mehr nötig, mich anders zu geben, als ich bin. Keine Maske mehr, hinter der ich mich verstecke. Mein Sinn wird offensichtlich. Die Kluft zwischen meinem Handeln und meinen wahren Gefühlen ist verschwunden. Ich höre meinen Ruf aus dem Innern.

Ihre Berufung klären

Ihre Arbeit ödet Sie an? Es fehlt Ihnen an Energie und Vitalität im Alltag?

Diese Symptome entstehen, wenn unsere Arbeit nicht unseren Talenten und Neigungen entspricht – wenn sie uns nicht bewegt.

Nicht nur viele Individuen, auch viele Unternehmen und Nationen scheinen in einer Phase der Sinnverwirrung zu stecken, ihre Vision und Richtung verloren zu haben. Viele Menschen, so hat es den Anschein, warten auf eine Leitfigur oder ein Ereignis, die sie mit einer neuen Vision versorgen. Unsicherheit und wachsende Unruhe haben eine neue Bereitschaft erzeugt, in neuen Dimensionen zu denken, ernsthaft zu hinterfragen, was das Leben bedeutet und wohin es uns führen will. Um so wichtiger scheint es gerade in dieser Zeit und unter diesen Umständen zu sein, daß wir unseren Sinn finden und Kraft aus ihm schöpfen.

Die Sinnsuche erhält durch eine Vielfalt an sozialen Problemen besondere Dringlichkeit. Das Gespenst einer weltweiten Zunahme terroristischer Aktivitäten, Nationen, die einen fairen Anteil am Wohlstand der Welt einklagen, die Aussicht einer selbstverschuldeten Zerstörung unseres Planeten durch Umweltgifte, wachsende Politikverdrossenheit, die chronischen Finanzmiseren vieler Großstädte, der Wandel von der Industrie- zur Informationsgesellschaft und die kritische Haltung gegenüber den Anführern fast aller größeren Institutionen sind der Treibstoff für unsere Sinnsuche. Dies ist nur eine kleine Auswahl an Themen, die eine Rückbesinnung auf den Sinn als adäquate Antwort auf eine bedrückende Lage nahelegen. Die Bedürfnisse von uns Individuen sind die gleichen wie die unserer Organisationen, unserer Gesellschaft und unseres Planeten.

Dem Aktivisten geht es um seine Sache, dem Schriftsteller um seine Idee, den Eltern um ihr Kind, der Führungskraft um ihren Betrieb usw. Sinn bedeutet, daß jeder von uns seinem inneren Ruf folgt. Er bedeutet, im Angesicht von Fragen zu leben wie: „Verdiene ich meinen Lebensunterhalt mit einer Arbeit, die mir am Herzen liegt?" und „Ist mein Leben wichtig?"

Wenn jeder von uns seinem inneren Ruf folgt, so ist das der Schlüssel zum Überleben im 21. Jahrhundert. Wie leicht ist es zu sagen, daß wir uns eine saubere Umwelt wünschen, und wieviel schwerer, uns im Alltag entsprechend zu verhalten! Es ist ungleich schwieriger, aber auch lohnenswerter, unsere Prinzipien mit dazu passenden Aktionen zu untermauern. Es gibt viele Mechanismen, die uns veranlassen, aktiv zu werden. Der Trick besteht darin, eine Sache zu finden, die uns bewegt, und die Rolle, für die unsere besonderen Talenten uns prädestinieren.

Dan Peterson wurde sich erstmals eines inneren Rufs bewußt, als er sich nach seinem Studium als Kieferorthopäde niederließ. In der Retrospektive sagt Dan: „Ich war von einer nicht näher erklärten Absicht getrieben, genügend Geld und genügend Zeit im Leben zu haben, um meine Abenteuerlust zu stillen. Die eine Hälfte des Jahres wollte ich arbeiten, in der anderen frei sein zum Experimentieren."

So machte Dan es 22 Jahre lang. Dann hängte er seine erfolgreiche Privatpraxis an den Nagel, um seiner Berufung zu folgen und „Ganzheitliches Heilen" zu studieren. Er erinnert sich: „Etwas rief mich, das so gewaltig war, daß ich bereit war, fast alles dafür aufzugeben. Es war die Frage: Wie ist Selbstheilung möglich?"

Er gab seine Praxis auf und fing eine neue Ausbildung an, in der er sich mit der Verbindung von Körper, Verstand und Seele beschäftigte. Seiner Ansicht nach ist die Eliminierung von Gewohnheiten und Blockaden, die unser Wachstum hemmen, wesentlich für ein optimales Funktionieren unserer Selbstheilungsprozesse.

Heute formuliert Dan seinen Sinn so: „Ein Umfeld zu schaffen, in dem Selbstheilungsprozesse ablaufen können." Seine Berufung ist die gleiche wie vor 15 Jahren, nur in neuer Form. In Workshops gibt Dan Tips für Unternehmen, die umwälzende Veränderungen planen. Dabei betrachtet er das Unternehmen als Körper, dessen Krisenherde er offenlegt, um so ein der Selbstheilung zuträgliches Umfeld zu schaffen.

Ein gesundes Umfeld – glaubt Dan – sieht für Menschen nicht anders aus als für Unternehmen, wichtige Attribute seien „freie Meinungsäußerung, Sinn, Mitgefühl und Balance." „Gesundheitspflege für die Menschlichkeit" lautet der Überbegriff für die konstante Erweiterung seines persönlichen Sinns.

Sinn klärt unsere Berufung. Er gibt unserer Arbeit Bedeutung, damit wir wissen, warum wir morgens aufstehen. Sinn ist der Klebstoff, der die verschiedenen Aspekte unserer Arbeit zusammenhält. Er verleiht ihr die Bündelung der Energie. Er dient als innerer Ratgeber, der uns adäquat auf Ereignisse, Personen, Orte und Gegebenheiten reagieren läßt.

Sinn ist die Leidenschaft, die unser Arbeitsleben prägt. Wenn wir uns zum Konzept des Sinns bekannt haben, wissen wir nie, wann eine bestimmte Situation oder ein Bedürfnis uns zur Aktion ruft. Sinn trifft uns oft überraschend – eine ruhige, leise, kreative Stimme, die im Trubel eines von Hektik bestimmten Lebensstils nur allzu leicht überhört wird.

Unsere Welt ist voller Stimmen, die wir ignorieren, weil wir nicht auf sie achten oder uns außerstande fühlen zu handeln, würden wir sie hören. Die Welt, die wir hören, ist die Welt, die wir hören wollen.

Sämtliche Organisationen und Gemeinschaften bieten ihren Mitgliedern vielfältige Gelegenheiten zur Sinnfindung.

Sinnsucher müssen sensibel sein für Bedürfnisse und Sehnsüchte und sie an Ort und Stelle beantworten.

Victor Hugo schrieb: „Nichts auf der Welt ist so mächtig wie eine Idee, deren Zeit gekommen ist." Und doch haben wir offenbar ein merkwürdiges Verhältnis zu unseren Ideen! Oft sind Ideen das einzige, was wir zu kompromittieren bereit sind.

Ein Monopol für kreative Ideen hat nie existiert, doch die Zahl derer, die sich von einer Idee mitreißen lassen und bereit sind, für sie zu kämpfen, ist in der Tat gering.

Die glücklichsten Menschen sind diejenigen, die ihre Berufung gefunden haben – eine Mission, die sie bewegt und ihr Dasein mit Leidenschaft, Vitalität und Wachstum erfüllt. Menschen, die, wie Matthew Fox es ausdrückte, „einem inneren Ruf folgen".

Teil 2

Leben Sie Ihr wahres Ich

5 Warum stehen Sie Montag morgens auf?

*Sinn ist eine lebenslange, sehr enge Verpflichtung
an eine zwingende Erwartung.*

Frederic Hudson & Pamela McLean

Viele Menschen behaupten, sie hätten keine Zeit, um sich ausreichend um ihr Leben und ihre Karriere zu kümmern. Und ehe sie's sich versehen, haben sie recht damit! So schnell hat man alle Hände voll zu tun, sein Leben zu leben, daß man gar nicht merkt, wie einem die Zeit zwischen den Fingern zerrinnt.

Eines der auffälligsten Merkmale unserer Gesellschaft ist, daß viele Menschen rund um die Uhr beschäftigt sind, viele, viele Dinge zu tun, und das oft mit verblüffender Intensität. Wer genauer hinsieht, bemerkt, daß die pausenlose Betriebsamkeit im Grunde nichts anderes ist als ein Kampf ums Überleben und um Anerkennung. Wir stellen eine Menge an, nur um eine Antwort auf die Frage zu haben: „Warum stehe ich morgens auf?" Immer in Aktion zu sein ist eine Methode, unseren Selbstwert bestätigt zu bekommen, und zugleich ein Statussymbol. Aber es ist auch eine sehr nervöse Art zu leben, weil wir permanent nach Anerkennung von außen heischen und uns am Ende doch der Frage stellen müssen: „Was will ich mit meinem Leben anfangen?"

Neuerdings geben viele von uns öffentlich zu, was wir im stillen seit langem wissen: Der Umstand, die Pubertät und junge Erwachsenenphase gut bewältigt zu haben, ist keine Garantie, daß wir auch kommende Berufs- und Lebensjahre ohne Probleme meistern werden. Wir ändern uns: Prioritäten und Werte verschieben sich; unser Selbstbewußtsein wächst, weicht Zweifeln, nimmt wieder zu; Beziehungen entwickeln sich; Karrieren und Lebensstile werden statisch oder nehmen neue Bedeutung an. Eingebunden in einen komplexen Lebenszyklus, wachsen oder stagnieren wir, haben Erfolg oder Mißerfolg.

Vor einiger Zeit registrierte der Psychologe Fred Kiel, daß ihn die Leidenschaft für seine Arbeit allmählich verließ. Mit 56 fing er an, sich zu fragen, warum er Montag morgens aufstand und in die Praxis ging. Auch seinen anstrengenden Reisekalender begann er zu hinterfragen. Er sagte: „Plötzlich war ich erpicht darauf, daß alle Teile meines Lebens ein zusammenhängendes Ganzes bildeten."

Seine Reise zur Ganzheit begann im Alter von drei Jahren. Er blickt zurück: „Ich erinnere mich, daß ich als kleiner Junge die menschliche Natur rätselhaft fand – besonders mich selbst. Auf verschiedene Weise versuchte ich ständig, Antworten von meinen Eltern und anderen Autoritätspersonen zu bekommen. Meine Eltern liebten mich und meinten es gut, aber die großen Fragen besprachen sie nie mit mir."

Auf der Suche nach Antworten wendete Fred sich bald der Wissenschaft zu – dem „Gott unserer modernen Welt". Weg vom Herzen hin zum Kopf: Zwei Jahrzehnte lang versuchte er, in Biologie und Psychologie Bedeutung zu finden. Am Ende hatte er die Nase voll von der mühsamen Suche und kam zu dem Schluß, daß „finanzielle Unabhängigkeit die einzige Sicherheit im Leben ist".

Doch das war nur ein kurzes Intermezzo. Der finanzielle Erfolg brachte ihm weder Bedeutung noch wahre Unabhängigkeit.

In den letzten Jahren hat er sich auf das Zuhören verlegt – gegenüber seinen Klienten und Freunden, seiner Frau und seinen Kindern. „Aber vor allem", erzählt er, „höre ich meinem Herzen zu, ruhigen Stimmen, die beim Meditieren, Beten oder Spazierengehen zu mir sprechen. Ich habe gelernt, an den ungewöhnlichsten Plätzen nach Antworten und Rat zu suchen."

Fred beschäftigte sich mit der Kultur der Amischen und entwickelte eine Faszination für sie. Entscheidungen fällen die Amische nach strengen Regeln. Um akzeptiert zu werden, muß eine Änderung oder moderne Erfindung erst den Älteren vorgeführt und demonstriert werden, inwiefern sie das Familien- und Gemeinschaftsleben fördert. Und sie darf der Natur nicht schaden, denn die Amische sehen sich als Verwalter unserer Erde.

Die Auseinandersetzung mit ihrer Kultur und Besuche bei den Amischen haben Fred geholfen, „die Zwiebel zu schälen und zum Herzen vorzudringen", genauer gesagt: zu seinem Herzen! Seither orientiert Fred sein Leben an ihren Werten. Sein Verhalten soll positiv auf das Familien- und Gemeinschaftsleben bei sich selbst und anderen wirken und die Umwelt unbeschadet lassen.

Mit den neuen Werten erhöhten sich auch die Ansprüche, die Fred an seinen Beruf stellt. Montag morgens aufzustehen, um viel Geld als Psychologe zu verdienen, reicht ihm heute nicht mehr. Er erklärt: „Ich möchte zwar immer noch Geld verdienen, aber meine Arbeit soll auch einen Sinn haben. Ich will, daß mein berufliches Verhalten meinen Werten gerecht wird. Ich will Klienten, die in Harmonie mit meinem Sinn sind."

Fred definiert seinen Sinn so: „In allen Beziehungen die Kraft zu sein, die anderen Menschen in Herzensdingen hilft." Wer geerdet ist und aus dem Herzen lebt, so seine Ansicht, trifft automatisch Entscheidungen, die Familie, Gemeinschaft und Umwelt förderlich sind.

Wie die Amische hat Fred eine spirituelle Basis für seine persönliche Berufung, die er so auf den Punkt bringt: „Ich möchte mein restliches Leben dem Dienst an Gott widmen, so wie ich ihn verstehe." Nach 56 Jahren Sinnreise schließt er Frieden mit vielen Rätseln des Lebens. Seine Bilanz: „Ich muß die menschliche Natur nicht besser verstehen, als ich es schon tue, und ich glaube, ich verstehe sie nicht viel besser als damals mit drei Jahren."

Jeder von uns, einfach weil wir Menschen sind, fragt hin und wieder: „Was soll ich auf der Erde?" Die meisten spirituellen Lehren – Buddhismus, Hinduismus, Judentum, Christentum, Islam – setzen sich mit dieser Frage auseinander. Unser wahres Selbst zu finden kostet Mühe. Wenn wir von einem falschen Selbst ausgehen – die Maske der Betriebsamkeit und Suche nach Anerkennung nie ablegen –, springen wir von einer Illusion zur nächsten und erlangen niemals vollkommene Zufriedenheit.

Wir müssen anfangen, unsere Illusionen zu demaskieren. Wir müssen herausfinden, welcher Teil unserer Betriebsamkeit durch kulturellen Konsens (sprich: die akzeptierte Norm) determiniert und welcher durch wahren Sinn motiviert ist.

Oft wissen wir nicht, warum wir uns unwohl oder unzufrieden fühlen – wie Zugpassagiere, die weder eine Ahnung haben, wo sich ihr Zug momentan befindet, noch wohin er fährt. Häufig überraschen uns Zielort und Zwischenstops – trotzdem bleiben wir sitzen. Unseren Sinn zu klären erfordert oft, daß wir unseren Zielort oder die Reiseroute ändern, uns auf unerwartete Aufenthalte und Umwege vorbereiten. Wenn wir nicht wollen, müssen wir nicht ewig auf demselben Gleis bleiben; es gibt überall im Leben Schalter, die wir jederzeit umlegen können.

Von denen, die die Energie und den Mut aufbringen, der Frage „Warum stehe ich Montag morgens auf?" ins Auge zu sehen, hoffen viele, noch mehr Betriebsamkeit werde ihren Hunger stillen, und so setzen sie ihren Trott einfach fort. Ihr Leben ist eine Warteschleife. Sie warten auf einen Menschen oder ein Ereignis, der/das ihnen den Weg zeigen soll. Vielleicht warten sie auf ihren inneren Ruf.

Am besten beginnt man die Sinnsuche mit der mutigen Frage: „Warum stehe ich Montag morgens auf?" Die Auseinandersetzung mit dieser Frage ist ebenso schwierig wie unausweichlich. Im Idealfall sollte kein Tag vergehen, an dem wir uns nicht auf unsere spirituelle Qualität besinnen. Am Ende hören wir dann unsere tiefste Berufung, nach der wir uns so sehr sehnen.

Wir müssen uns über unsere elementaren Bedürfnisse im Leben klarwerden. Elementare Bedürfnisse sind Dinge, ohne die wir nicht überleben können. Nachdem diese erfüllt sind, wenden wir uns unseren Sehnsüchten zu. Sehnsüchte bereichern unser Leben. In ihnen spiegelt sich oft unser Sinn.

Der Psychologe Abraham Maslow schuf eine Hierarchie menschlicher Bedürfnisse und behauptete, unsere elementarsten Bedürfnisse müßten erfüllt sein, bevor wir uns der nächsten Ebene – den emotionalen Wünschen – zuwenden können. Erst die Erfüllung der physischen Bedürfnisse nach Luft, Nahrung, einem Dach über dem Kopf etc. setze die Energien frei, die wir bräuchten, um uns um die nächste Ebene kümmern zu können. Auch Gandhi sagte: „Selbst Gott kann nicht zu einem hungrigen Mann sprechen, außer über Brot."

Auf der nächsten Hierarchieebene, so Maslows Theorie, muß unser tägliches Leben ein Minimum an Sicherheit aufweisen. Sicherheit und Geborgenheit sind Termini, die jeder unterschiedlich definiert. Worum es geht, ist die fundamentale Gewißheit, daß unser Leben und unsere Arbeit auf einer soliden Grundlage ruhen.

Das Bedürfnis nach Zuneigung und Freundschaft folgt auf der nächsten Ebene. Wir alle brauchen Liebe – irgendein Zeichen der Anerkennung, das uns zeigt, daß wir etwas wert sind, daß jemand sich um uns sorgt. Fehlt es in unserem Leben an Liebe, nimmt unser Selbstwertgefühl Schaden. Wenn wir uns in der Arbeit und im Leben für Dinge engagieren, die wir für wertvoll halten, weil sie zum Wohle der Gesellschaft beitragen, steigert das unsere Selbstachtung; vergeuden wir jedoch unsere kostbare Zeit mit Aktivitäten, die wir als „wertlos" einstufen, sinkt unser Selbstwertgefühl.

Maslow konstatiert: „Selbst wenn alle diese Bedürfnisse befriedigt sind, können wir oft (wenn nicht immer) damit rechnen, daß sich schon bald eine neue Unzufriedenheit und Unruhe regt, es sei denn, das Individuum tut, wofür es geschaffen ist. Ein Musiker muß musizieren, ein Künstler muß malen, ein Schriftsteller muß schreiben, wenn er in Frieden mit sich selbst leben will. Was der Mensch sein kann, das muß er sein. Dieses Bedürfnis nennen wir Selbstverwirklichung."

Auf der höchsten Ebene kommt schließlich der Sinn. Auf dieser Ebene wachsen wir, nutzen unsere höchsten Gaben und Talente, schöpfen unser Potential voll aus. Wir haben eine klare Antwort auf die Frage: „Warum stehe ich Montag morgens auf?"

Halten Sie kurz inne und fragen Sie sich: „Warum stehe ich Montag morgens auf?" Wiederholen Sie die Frage mehrmals laut.

Die Sinnspirale

*Wir alle befinden uns auf einem spiralförmigen Pfad.
Kein Wachstum findet geradlinig statt.
Immer gibt es Rückschläge...., Schatten, die durch lichte
Abschnitte ausgeglichen werden. ...
Sich dieses Schemas bewußt zu sein – mehr braucht man
nicht als Rüstzeug für die Reise.*

Kristin Zambucka

Das Leben ist eine Spirale des Wandels, eine unendlich geschwungene Kurve, die auf unseren Sinn zusteuert. Und allem liegt ein bestimmtes Schema zugrunde, nach dem wir unser Leben lang suchen, indem wir je nach Alter und Abschnitt unterschiedliche Fragen stellen.

Die Suche nach dem zugrundeliegenden Muster ist das menschliche Grundprinzip. Wenn wir uns des Musters bewußt sind, unseren Standort darin gefunden haben, können wir Wahlmöglichkeiten identifizieren, die uns bei der weiteren Reise behilflich sein werden.

Die meisten Menschen stellen fest, daß sie ihrem Sinn um so näher kommen, je mehr Lebenserfahrung sie haben. Das Älterwerden, persönliche Krisen, wachsende Selbstkenntnis – all das sind Anstöße für eine neue Entwicklung. Es gehört zur Sinnsuche dazu, daß man mit zunehmendem Alter neue Fragen stellt.

Wenn die Forderung nach einem Leben mit Sinn zu abstrakt in Ihren Ohren klingt, stellen Sie sich eine Spirale vor. Das Deutsche Wörterbuch *Wahrig* definiert eine Spirale als „ebene, sich unendlich um einen Punkt windende Kurve" und nennt als Synonym die „Schneckenlinie". Ein Charakteristikum der Spirale ist, daß sie sich ihrem Zentrum immer weiter annähert oder von ihm entfernt.

Es gibt eine Analogie zwischen der Evolution des Sinns und der natürlichen Evolution einer Nautilus-Schnecke mit ihrer vielkammerigen Spiralschale. Beide haben einen zentralen Orientierungspunkt, der als Ausgangsbasis für ein kohärentes Wachstum fungiert.

Anfangs bewohnt die Nautilus-Schnecke nur die kleinste Kammer im Zentrum der Spirale. Von diesem Punkt aus fügt sie im Verlauf ihres Lebens immer neue Kammern hinzu, denn sie braucht Platz zum Wachsen.

Stellen Sie sich Ihr Leben als eine Spiralschale vor: Viele Kammern liegen bereits hinter ihnen, andere müssen Sie erst noch ergänzen. Jede Kammer ist mit der angrenzenden durch ein Rohr verbunden.

Die Nautilus-Schnecke ist ein natürliches Symbol für die Sinnsuche in unserer heutigen Welt. Je mehr Lebensphasen – oder Kammern – wir hinter uns lassen, um so umfassender wird unser Sinn. Die alten Kammern erscheinen uns mit einem Mal zu eng, in ihnen können wir nicht mehr atmen noch uns bewegen. Menschen, Orten und früheren Sinndefinitionen entwachsen, treten wir in frische Kammern ein, in denen Neues entstehen kann.

Pat Murphy und William Neil schreiben in ihrem Buch *By Nature's Design:*

„In den seltensten Fällen zieht das Leben gerade Linien. Die Welt ist voll anmutiger Kurven – von der eleganten Spirale im Herzen der Nautilus-Schale bis hin zur gedrehten Doppel-Helix der DNA, die das Wachstum der Schnecke vorprogrammiert."

Jedes Leben folgt einem speziellen Design. Wir alle sind in ein Wachstumsschema involviert. Je nach Alter und Lebensphase blicken wir in unterschiedliche Richtungen und stellen unterschiedliche Fragen. Wir bleiben nicht ewige Kinder, sondern durchlaufen verschiedene Zyklen, die uns zu Weisheit und Reife führen.

Dieses Schema nach und nach freizulegen macht unser Menschsein aus. Das Leben gleicht einer endlosen Spirale an Lektionen, die wir lernen müssen, während wir uns zu unserer Geburtsquelle zurückentwickeln. Wir wachsen hinein in die Kammern unseres progressiven Erwachens, die physischen, mentalen, emotionalen und spirituellen Übergangszuständen entsprechen.

Das Leben ist eine Suche – eine Kette von Fragen, die nach Antworten verlangen. Wenn Sie im Rückblick vergangene Kammern Ihres Lebens betrachten, entdecken Sie, daß jede eine natürliche, aber schwierige Frage beherbergte. Und während Sie im Bewußtsein der schwierigen Fragen lebten, lehrten diese Sie einige fundamentale Wahrheiten des Lebens und warfen neue Fragen auf.

Jeder Übergang in eine neue Sinnkammer wird von einer Krise, einer chaotischen Phase der Unsicherheit begleitet, in der wir unser Leben nach einer neuen Kernfrage ausrichten. Das Geheimnis eines radikal lebendigen Lebens besteht darin, Lebensfragen immer wieder neu zu formulieren, Irrelevantes loszulassen und neue Sinninhalte in Angriff zu nehmen. Jede einzelne Kammer ist ein wichtiger Grundstock für weiteres Wachstum.

Kernfragen

Mittlerer Lebensabschnitt:
Wie sieht meine Entwicklung als Mensch aus?

Älteres Erwachsenenalter:
Wie ist mein Beitrag als Mensch zu werten?

Junges Erwachsenenalter:
Welches ist meine Berufung?

Lebensabend:
Wie habe ich das Leben anderer bereichert?
Mein Vermächtnis

Geburt

Pubertät:
Wie werde ich von anderen akzeptiert?

Kindheit:
Was soll ich einmal werden, wenn ich groß bin?

Eine wachsende Zahl von Menschen erwartet von ihrer Arbeit tägliches Brot und tägliche Bedeutung. Sie wollen einen Job, der ihre besonderen Talente und Begabungen mit der praktischen Notwendigkeit des Broterwerbs und materiellen Überlebens verbindet.

Mit 26 wünschte sich Andrew Leider, wie viele in seinem Alter, sowohl Bedeutung als auch materielle Sicherheit im Job. „Worin siehst du deinen Sinn?" fragte ich Andrew eines Morgens bei einer Tasse Kaffee. „Erfolgreich meinen Weg zu gehen, ohne meine Identität zu verlieren!" kam die prompte Antwort.

Nach dem College schwebte Andrew alles andere vor als eine, wie er es nannte, „fertige Schiene". Er suchte keinen Job, den er die nächsten 40 Jahre ausüben würde. Während viele seiner Freunde sich auf eine Karriere als Rechtsanwalt, Arzt oder Geschäftsmann vorbereiteten, widmete er sich voll Elan einer anderen Suche und anderen Fragen. Seine Kernfrage: „Wofür bin ich bereit, meine Zeit zu geben, ohne meine Werte zu verraten?"

Outward Bound – dieses Konzept trifft seine Werte und Leidenschaften ziemlich exakt. Outward Bound führt sichere, auf Wildnisabenteuern aufbauende Trainingsprogramme durch, die den Teilnehmern helfen sollen, mehr Selbstbewußtsein, Vertrauen in die eigenen Kräfte, Verantwortlichkeit für andere und Respekt für die Umwelt zu entwickeln. Als Kursleiter für Outward Bound ist Andrew ein echtes Naturtalent. Er sagt: „Mein Job füllt mich aus. Ich verdiene zwar keine Reichtümer, komme aber gut über die Runden und genieße es, eine Aufgabe zu haben, die meiner Persönlichkeit entspricht."

Für Andrew besteht der Zauber von Outward Bound darin, daß dieses Konzept die Integration von Arbeit und Leben unterstützt. Für ihn ist das ein Segen, weil es ihm früh im Leben die Erfahrung von Integrität vermittelt – Geld zu verdienen, ohne seine Werte verraten zu müssen.

Der Managementberater Peter Drucker zum Thema Berufswahl: „Die Wahrscheinlichkeit, daß die zuerst getroffene Wahl die richtige ist, beträgt ungefähr eins zu einer Million. Wer entscheidet, daß die erste Wahl die richtige war, ist vermutlich einfach nur faul." Alles, was wir tun, zielt auf die nächste Lebenskammer hin, die Evolution unseres Sinns. Wir tun kaum etwas im Leben umsonst, auch wenn es so scheinen mag. In ständigem Wachstum begriffen, meistern wir die Lektionen des Lebens – auch versteckte –, die uns unserem Sinn näherbringen.

Die Integration von dem, was wir tun, und dem, was wir sind, gehört zu den wahren Freuden im Leben. Wir sind aufgerufen, einen Weg zu gestalten, der uns erlaubt zu tun, wozu wir berufen sind. Unsere Berufung zu entdecken heißt, unsere Werte zu leben.

Es bedeutet, unsere Werte in die Welt zu bringen, wenn wir eine Arbeit wählen, die unsere wahre Persönlichkeit widerspiegelt.

Von Kindesbeinen an wird uns beigebracht, uns so zu verhalten, wie andere es von uns erwarten. Kinder besitzen eine natürliche Offenheit, brauchen aber eine führende Hand. Wenn wir unser Verhalten an die Vorgaben unserer Eltern, Kameraden, Lehrern etc. anpassen, ernten wir Lob und Anerkennung. Früher oder später merken wir, daß es einfacher ist zu tun, „was von uns erwartet wird", als das, was Bedeutung für uns hat. Und manchmal gerät unsere Abhängigkeit von externen Standards so übermächtig, daß wir gar nicht mehr wissen, was wir in unserem Innersten wirklich brauchen oder wünschen.

Viele von uns verbringen den Großteil ihres Lebens mit Warten. Warten, daß etwas passiert. Warten auf ein Zeichen. Warten auf einen Ruf. Warten, bis alles stimmt, bevor man eine Verpflichtung eingeht. Warten auf die goldene Gelegenheit, wenn wir unsere Talente und Begabungen endlich einsetzen können. Welch merkwürdige Macht dieses Warten doch über uns hat! Dieses Warten bedingt, daß wir in einem Leben gefangen sind, das oberflächlich ist und uns letztlich enttäuscht. Wir wissen nicht, wohin wir uns wenden sollen, um Erfüllung zu finden. Und weil wir so wenig Erfüllung in uns selbst finden, suchen wir Glück und Selbstbestätigung in materiellem Besitz und gesellschaftlichem Erfolg.

In *The Overworked American* beschreibt die Ökonomin Juliet Schor Arbeiten und Geldausgeben als „Tretmühle", die viele gefangen hält. Ihrer Ansicht nach hat das wirtschaftliche Wachstum uns einen bösen Streich gespielt. Wieviel wir auch verdienen – es ist nie genug. Wir jagen dem Irrglauben hinterher, daß „das nächste Kauferlebnis uns endlich glücklich macht – und dann wieder das nächste."

Wenn wir keine Freude in unserer Arbeit finden, geraten wir zwangsläufig in die „Tretmühlen-Mentalität": arbeiten und Geld ausgeben, arbeiten und mehr Geld ausgeben.

Wir alle wünschen uns ein gutes, schönes Leben. Wir wollen glücklich sein und Dinge besitzen, die uns bereichern. So strengen wir uns an, uns diese Dinge zu verschaffen, und bleiben doch unzufrieden. Schon möglich, daß unser Leben gut ist. Aber wenn wir unseren Sinn nicht finden, verbringen wir die meisten Stunden des Tages mit einer Tätigkeit, die uns nicht am Herzen liegt und die wir lieber bleiben ließen. Wir vergeuden so viel Zeit mit Warten, daß wir nie die Freude eines Lebens mit Sinn erfahren. Irgendwann endet dann die Spirale. Der Tod holt uns ein, und das Gefühl von Befriedigung war uns nur den flüchtigen Bruchteil eines Moments vergönnt.

Um unsere Berufung zu entdecken, müssen wir in eine geheiligte, mysteriöse Sphäre in uns selbst vordringen. Und dazu müssen wir uns mit dem Tod anfreunden.

Mit Sinn leben und arbeiten heißt, sich den Fragen, die mit unserer Sterblichkeit zusammenhängen, zu stellen: „Woher komme ich?", „Wohin gehe ich?", „Was soll ich auf dieser Welt?", „Was ist meine Berufung?", „Wer oder was ruft mich?"

Bailey Allard arbeitet als Beraterin für Führungskräfte. In ihren Vorträgen bezieht sie sich oft auf ihre Großmutter, Berteen Bailey, die ihr beibrachte: „Solange wir lachen und Witze machen können, ist das Leben lebenswert." Bailey sagt: „Ich bin Optimistin, für mich ist das Glas ganz voll! Ich bin geboren. Ich atme. Ich bewege mich. Klar jammere ich auch ab und zu, aber ich habe die Gabe, die Dinge von ihrer positiven Seite zu sehen. Meine Großmutter hat mich gelehrt, an jedem Tag Spaß zu haben!"

Ihre Augen funkeln intensiv, als sie diese Anekdote erzählt: „Es war ein Ring, wie ihn Mütter tragen, der für jedes Kind, das sie zur Welt gebracht haben, mit einem Glücksstein besetzt ist. Der Ring meiner Großmutter hatte vier Steine, drei Kinder leben noch. Sie hatte ihn viele Jahre lang getragen, als sie ihn eines Tages unverhofft verlor. Offenbar war er, ohne daß sie es merkte, von ihren knorrigen, arthritischen Fingern gerutscht. Sie suchte ihn überall und wußte sofort, daß sie ihn irgendwo vor dem Haus verloren hatte. Das war vor zwei Jahren. Zwei Jahre Suche – nichts, von dem Ring keine Spur. Sie starb letzte Woche. Am Morgen ihrer Beerdigung fand einer ihrer Enkel den Ring zufällig in der Auffahrt – plötzlich lag er vor seinen Füßen. Ich kann sie beinahe lachen hören: Da wäre nur noch eins, bevor ich gehe ..."

Bailey kombiniert die Philosophie ihrer Großmutter („Solange wir lachen und Witze machen können, ist das Leben lebenswert") mit ihrem eigenem Sinn: „Anderen helfen, ihre speziellen Begabungen zu entdecken und Kapital daraus zu schlagen." Sie glaubt, daß wir alle von einer spirituellen Kraft gelenkt werden und Heiterkeit – jeden Tag einen Grund zum Lachen zu finden – zur Erleuchtung dazugehört. Wie ihre Großmutter sieht sie Lachen als Kraftquelle: „Mit 48 kann ich es mir nicht mehr leisten, mit angezogener Bremse zu leben. Für eine Arbeit, der ich kein Leben einhauchen kann oder die mir keinen Spaß bringt, fehlt mir die Geduld!"

Die Konfrontation mit dem Tod kann sich als wichtiges Instrument der Sinnfindung zeigen. Unserer Sterblichkeit ohne Umschweife ins Auge zu sehen kreiert oft völlig neue Perspektiven und bringt uns die großen Fragen zu Bewußtsein. Alte Annahmen werden über den Haufen geworfen und durch neue Fragen abgelöst.

Ernest Becker behauptet in *The Denial of Death:*

„Die Angst vor dem Tod ist die Grundangst des Menschen. Sie beeinflußt alle anderen Ängste, gegen sie ist niemand immun – egal, wie gut man sie versteckt." Rollo May ergänzt: „Durch die Konfrontation mit dem Tod gewinnt das Leben ein Höchstmaß an positiver Realität. Die individuelle Existenz bekommt eine reale, absolute und konkrete Qualität. Der Tod ist der einzige absolute – nicht relative – Fakt meines Lebens, und weil ich mir dessen bewußt bin, hat mein Leben und Handeln in jeder Sekunde Absolutheitscharakter."

Die wenigsten behaupten, keine Angst vor dem Tod zu haben. Robert F. Neale unterscheidet in seinem Buch *The Art of Dying* verschiedene Kategorien:

Angst vor dem, was nach dem Tod geschieht

- Das Schicksal meines Körpers – der Gedanke an meinen physischen Verfall.
- Das große Loch, das Unbekannte – die Unendlichkeit der Ewigkeit.

Angst vor dem Prozeß des Sterbens

- Die Schmerzen – das letzte Aufbäumen.
- Der Würdeverlust – die Kontrolle über körperliche Funktionen zu verlieren.
- Eine Last zu sein – die wenigsten sterben durch Unfall; sie werden zu einer physischen, emotionalen oder finanziellen Last.

Angst vor dem Verlust des Lebens

- Der Verlust der Herrschaft – das Ende der Kontrolle über unser Leben.
- Unerfüllte Hoffnungen und Versagen – nicht alles geschmeckt, erlebt, gelernt oder erreicht zu haben ...
- Trennung – unseren Lieben entrissen zu werden, für ihre Trauer und ihr Leid verantwortlich zu sein.

Sinn ist unsterblich. Konfrontation mit dem Tod bedeutet Konfrontation mit dem Sinn. Der Geist des Universums fordert uns zu verschiedenen Zeiten und auf unterschiedliche

Arten auf, unseren speziellen Beitrag zur Welt zu leisten – unserem inneren Ruf zu folgen.

Blicken Sie auf die Kammern Ihrer Lebensspirale zurück. Welches waren Ihre Kernfragen in den verschiedenen Lebensphasen? Und wie lautet Ihre Kernfrage heute?

Wie lebendig bin ich? – Ein Fragebogen

Was wir suchen, ist die Erfahrung des Lebendigseins, damit wir den Rausch der Lebendigkeit spüren können.

Joseph Campbell

Jedes Leben ist ein einmaliges Experiment. Jeder einzelne von uns muß sich auf die Suche begeben, um seinen einzigartigen Sinn zu finden. Indem wir unsere Lebensqualität oder „Erfahrung des Lebendigseins" erforschen, werden wir uns der Suche bewußter.

Jim Channon ist der Inbegriff von Lebendigkeit. Er lebt nach einem höchst eigenwilligen Zeitplan, und es gelingt ihm, eine erstaunliche Vielfalt an Dingen in seinen Alltag zu integrieren. Die Philosophie, die seiner Sinnsuche zugrunde liegt, stammt aus seiner Militärzeit, sie ruft jedes Individuum zur vollen Ausschöpfung seines Potentials auf. Der moderne Schamane beschäftigt sich mit visueller Sprache, strategischem Design, militärischer Taktik, Unternehmensstrategie, primitiven Kulturen, Mythologie ... und mit dem menschlichen Geist.

Jim fragt: „Wann haben wir im Leben wirklich die Chance, uns selbst kennenzulernen?" Bei der Beantwortung dieser Frage für sich und andere hilft ihm sein Sinn: „Menschen zu helfen, sich selbst kennenzulernen, denn das Leben hat sie mit einer Berufung beschenkt, die sie im entscheidenden Moment voll ausspielen sollen."

Jims Berufung ließ ihn nach einer Militärkarriere als Befehlshaber einer Fallschirmjägereinheit und Kommandeur des First Earth Batallion, dem Prototyp eines Heers der

Zukunft, in diverse Tätigkeiten hineinriechen. Als Unternehmensberater war er besonders erfolgreich. Er beriet zehn der weltgrößten Konzerne in puncto Strategie und Unternehmenskultur.

Jim konzipierte einen einzigartigen Prozeß, der ihn befähigt, Menschen sowie Unternehmen ihr tiefstes Potential zu entlocken und diese Essenz dann in Bildern und Geschichten zu thematisieren. Die Teilnehmer seiner Programme werden ermuntert, den vielen Quellen ihrer natürlichen Begabungen aktiv nachzuspüren.

Jim kommentiert: „Im Leben sind wir zunächst Fragmente unserer Eltern, später Modelle des herrschenden Sozialsystems, bevor wir – wenn wir Glück haben – einen Beruf finden, der uns in manchen Augenblicken auf unseren inneren Reichtum zurückgreifen läßt. Nur in den allerseltensten Momenten kommt unser natürliches Genie an die Oberfläche und kann genutzt werden."

Woran erkennen Sie, daß Sie „den Rausch der Lebendigkeit" spüren? Oder Ihr Leben längst nicht so erfüllt und lebendig ist, wie Sie es sich wünschen? Füllen Sie den Lebendigkeits-Fragebogen aus wie ein Datenblatt bei einem ärztlichen Routine-Check. Kreuzen Sie Ja oder Nein an, wie es Ihnen spontan einfällt.

Die Gesamtzahl Ihrer „Ja"-Antworten läßt Rückschlüsse auf Ihre Lebendigkeit zu. Viele „Ja"-Antworten indizieren, daß Sie eine intensive Lebensenergie in sich wahrnehmen. Vielleicht spüren Sie sogar „den Rausch der Lebendigkeit?"

Konzentrieren Sie sich bei der Beurteilung Ihrer Lebendigkeit auf die Fragen, die Sie mit Nein beantwortet haben. Wenn Sie die Erläuterungen lesen, überlegen Sie, ob Sie sich um eine Änderung der fragwürdigen Einstellungen bemühen wollen. Wir sind alle nur Menschen – mit Hochs und Tiefs und gelegentlichen Selbstzweifeln. Lebendigkeit hat nichts mit Perfektion zu tun. Sie bedeutet, das Leben offen und intensiv zu leben, ohne sich selbst zu überfordern. Vergessen Sie nicht, sich hin und wieder zu loben, wenn Sie es verdienen.

Der Fragebogen ist eine Einladung zur Selbstreflexion. Sobald Sie ihn ausgefüllt haben, nehmen Sie sich etwas Zeit für eine eingehende Auseinandersetzung mit jeder der zehn Fragen.

Wie lebendig bin ich? *Ja   Nein*

1. Empfinde ich mein Leben als ausgeglichen? ___ ___
2. Lache ich regelmäßig laut und herzhaft? ___ ___
3. Lebe ich meine Träume? ___ ___
4. Nehme ich mir Zeit zum Alleinsein? ___ ___
5. Gibt es in meinem Leben mindestens zwei „nährende" Personen? ___ ___
6. Fühle ich mich gesund und voll Energie? ___ ___
7. Meditiere oder bete ich regelmäßig? ___ ___
8. Glaube ich, daß mein Leben wichtig ist? ___ ___
9. Schöpfe ich Freude und Kraft aus meiner Freizeit? ___ ___
10. Habe ich den Mut, Nein zu sagen? ___ ___

Gesamtanzahl „Ja"-Antworten = ___

**Frage 1:
Empfinde ich mein Leben als ausgeglichen?**

In meiner Arbeit als Karriere-Coach muß ich mich oft mit den negativen Folgen einer fehlenden Balance zwischen Beruf und Privatleben befassen: Probleme mit den Kindern, Ehekonflikte, streßbedingte Krankheiten. Dieses Mißverhältnis bildet oft den Hauptgesprächsstoff in den privaten Unterhaltungen mit meinen Klienten. Offenbar herrscht in der Arbeitswelt ein heftiges Verlangen nach Ausgeglichenheit zwischen Beruf und Privatleben.

Wie sich der Spagat zwischen Berufs- und Privatsphäre im eigenen Leben meistern läßt, muß jeder für sich herausfinden. Dazu sollte man wissen, daß unsere Gesellschaft die Tendenz hat, Menschen über ihren Beruf zu definieren. So lautet eine der ersten Fragen, die Leute stellen, oft: „Was machen Sie beruflich?" Die Antwort dient ihnen als Vergleichsgrundlage mit sich selbst und als Referenzrahmen für die Fortsetzung (oder Beendigung) des Gesprächs. Gewiß ist unsere Arbeit ein Teil unserer Identität, trotzdem ist es gefährlich, alles Selbstwertgefühl über Beruf oder Titel zu beziehen.

Wir haben drei Währungen, mit denen wir unser Leben bestreiten: Zeit, Talent und Geld.

Geld kann ausgegeben und wieder verdient werden. Selbst wenn wir sämtliche Ersparnisse oder unsere Arbeit verlieren, haben wir die Chance auf einen Neuanfang. Bei weitem unsere kostbarste Währung ist die Zeit; wie und wofür wir sie investieren, verrät unsere wahren Werte. Zeit ist unwiederbringlich, nicht mal der Bruchteil einer Sekunde läßt sich zurückholen. Wie gehen Sie mit dem Zeitfaktor in Ihrem Leben um?

Frage 2:
Lache ich regelmäßig laut und herzhaft?

Unsere Kultur ist schrecklich ernst geworden! Wir haben vergessen, wie man lacht und fröhlich ist. Schätzungen zufolge nimmt zirka jeder Dritte einmal im Leben professionelle Hilfe zur Bewältigung einer Depression in Anspruch. Zwar ist in der Frage von lautem, herzhaftem Lachen die Rede, doch im Grunde geht es eher um eine heitere Verspieltheit, die unsere Lebenseinstellung charakterisieren sollte.

Zwischen der Psyche und der körperlichen Gesundheit besteht ein direkter Zusammenhang. Wenn eine negative Einstellung den Körper krank machen kann, was fördert dann sein Wohlbefinden? Positive Gedanken, Verspieltheit, Humor – richtig. Jeder Mensch braucht spielerische Momente im Leben. Nehmen Sie sich vor, einmal am Tag – oder öfter! – herzhaft zu lachen. Je höher der Streßpegel klettert, um so wichtiger ist die spielerische Perspektive. Betrachten Sie Ihr Lachen als Seelen-Jogging, denn nicht umsonst heißt es: „Wer lacht, hat mehr vom Leben!" Lachen Sie häufig in Ihrem Alltag?

Frage 3:
Lebe ich meine Träume?

Wie viele Menschen kennen Sie, die ehrlich von sich sagen können, ihr Leben ziemlich genauso zu leben, wie sie es sich vorgestellt hatten? Können Sie das von sich behaupten?

Jeder spricht über die Zukunft, das 21. Jahrhundert, das nächste Jahrtausend. Dabei haben vermutlich weniger als zehn von 100 Leuten schriftlich Pläne für ihre Zukunft geschmiedet.

Würden wir 200 Jahre alt, wäre das nicht weiter problematisch. Doch wir müssen uns darüber klar sein, daß uns nur eine sehr begrenzte Anzahl an Jahren zur Verfügung steht. Entsprechend müssen wir Prioritäten setzen. Der kniffligste Teil, vom Leben das zu bekommen, was wir uns wünschen, besteht oft im Herausfinden dessen, „was wir wirklich wollen". Fragt man Leute nach den Wünschen für ihr Leben, läuft es meist auf zwei Dinge hinaus: Arbeit und Liebe.

Henry David Thoreau sagte: „Der Mann, der voller Zuversicht auf seine Träume zusteuert, um das Leben zu leben, das ihm immer vorschwebte, wird ungewöhnlichen Erfolg haben."

Hand aufs Herz: Leben Sie Ihre Träume?

Frage 4:
Nehme ich mir Zeit zum Alleinsein?

Diese Frage wurde von verschiedenen Seiten angeregt. Bei Outward Bound bildet das „Solo", bei dem die Teilnehmer 24 Stunden oder mehr allein in der Wildnis verbringen, einen festen Programmpunkt. Vorher haben viele Angst davor, aber hinterher bezeichnen sie es oft als Höhepunkt der Exkursion. Es geht auch ohne Wildnis: Ein 10- bis 15minütiges Mini-Solo jeden Tag erfüllt ebenfalls seinen Zweck.

In einer Gesellschaft, die es als eine Art Statussymbol ansieht, permanent viel um die Ohren zu haben, ist auch die Freizeit stark verplant. Diese hektische Betriebsamkeit schüttet uns mit allerhand Lärm zu, der unsere Gefühle so lange übertönt, bis wir unser wahres Selbst nicht mehr finden. Deshalb müssen wir uns regelmäßig mit ihm verabreden – zu einem Solo –, um sicherzugehen, daß wir nicht den Bezug verlieren zu dem, was uns wirklich wichtig ist im Leben. Wann haben Sie sich zuletzt Zeit für eine Verschnaufpause genommen und den großen Kontext Ihres Lebens betrachtet?

Frage 5:
Gibt es in meinem Leben mindestens zwei „nährende" Personen?

Wir müssen uns häufig mit negativen Menschen auseinandersetzen, die unser Leben vergiften und die wir am liebsten meiden würden, weil wir uns nach dem Kontakt mit ihnen schlechter fühlen als vorher. Zum Ausgleich brauchen wir „nährende" Personen in unserem Umfeld, die Sie an drei Hauptmerkmalen erkennen: Ein Leuchten erhellt ihr Gesicht, wenn Sie den Raum betreten, sie hören aufmerksam zu, und sie haben kaum etwas (oder nichts) an Ihnen zu verbessern!

In der heutigen Welt ist ein Support-Netz, das uns trägt und auffängt, extrem wichtig, und in diesem Netz sind nährende Menschen unverzichtbar. Wer sind die zwei wichtigsten nährenden Personen in Ihrem Leben?

Frage 6:
Fühle ich mich gesund und voller Energie?

Der Gedanke hinter dem Lebendigkeits-Fragebogen ist, daß man nicht „erst krank sein muß, um sich besser zu fühlen". Bezogen auf die körperliche Gesundheit stimmt das allemal. Wir müssen lernen, stärker auf die Signale unseres Körpers zu achten, wie gut oder schlecht es ihm geht. Andernfalls wird uns früher oder später die Quittung für unser Versäumnis präsentiert.

Aristoteles hatte recht, wenn er sagte: „In erster Linie sind wir Tiere." Wir müssen auf Ausdauer, Beweglichkeit, Kraft, Entspannung, gesunde Ernährung und erholsamen Schlaf Wert legen und uns darüber hinaus um Lebensphilosophien und Sinnfragen kümmern. Besitzen Sie genügend Energie, die Dinge zu tun, die Sie gern tun?

Frage 7:
Meditiere oder bete ich regelmäßig?

Wir sollten uns aktiv um die „Imponderabilien" in unserem Leben – unseren spirituellen Kern – bemühen. Selbst Einstein, der Prototyp des Wissenschaftlers, kam zu der Auffassung: „Ich kann nicht glauben, daß Gott Würfel mit dem Kosmos spielt."

Unser ganzes Leben wird von drei „Sehnsüchten" bestimmt:

1. die Sehnsucht nach Bedeutung, einen bleibenden Eindruck zu hinterlassen, unser Leben als wertvoll gewürdigt zu sehen

2. die Sehnsucht nach Intimität, Nähe und Gemeinschaft, Liebe zu geben und zu empfangen; und
3. die Sehnsucht nach einer eigenen Identität – nach Wachstum, unsere Einzigartigkeit zu begreifen und herauszufinden, wie wir unsere Begabungen in der kurzen Lebenszeit, die uns vergönnt ist, am effektivsten nutzen können

Um diese spirituellen Sehnsüchte zu befriedigen, müssen wir regelmäßig üben. Geeignete Übungsinstrumente sind Meditation, Gebet oder Kontemplation. Wie oft beten oder meditieren Sie?

Frage 8:
Glaube ich, daß mein Leben wichtig ist?

Seinen Sinn gefunden zu haben hat nichts mit Nobelpreisen, grandiosen Erfindungen, lebensrettenden Heldentaten oder künstlerischen Triumphen zu tun. Man muß nicht einmal – wie Terry Fox – Millionen für die Krebshilfe sammeln. Was zählt, ist unser Gefühl, wichtig zu sein.

Gandhi ist ein gutes Beispiel: Dieser bemerkenswerte kleine Mann veränderte die Welt. Als er sich aufmachte, das indische Volk vom Joch britischer Oberherrschaft zu befreien, erntete er Gelächter – und doch gelang ihm genau das! Und ist es nicht interessant, daß die wahren Weltveränderer ohne Waffen auskommen?

Glauben Sie, daß Sie einen kreativen Beitrag zur Welt leisten und ein Vermächtnis hinterlassen werden?

Frage 9:
Schöpfe ich Freude und Kraft aus meiner Freizeit?

Wir behandeln uns selbst oft wie seelenlose Motoren, die neuen Treibstoff brauchen, statt wie menschliche Wesen mit ureigenem Rhythmus. Freizeit sollte wörtlich eine Zeit der „Re-Kreation" sein, in der wir Dinge um ihrer selbst willen tun und nicht als Mittel zum Zweck! Wenn Kinder spielen, fördern sie damit unbewußt ihre mentale Gesundheit. Wir müssen lernen, uns immer wieder zu „re-kreieren". Welche Dinge machen Ihnen wirklich Spaß?

Wann haben Sie sich zum letzten Mal mit diesen Dingen beschäftigt?

Frage 10:
Habe ich den Mut, nein zu sagen?

Viele von uns haben Systeme, mit denen wir im Job Aufgaben und Prioritäten regeln. Aber wie gut regeln Sie Ihre Prioritäten im Alltag?

In unserer von Hektik geprägten Welt ist es wichtig, bei der Währung Zeit klare Grenzen zu ziehen. Das Abwägen beruflicher und privater Verpflichtungen zählt zu den dominanten Streßfaktoren und gibt häufig Anlaß zu Disbalancen und Problemen. Entgegen einer verbreiteten Auffassung muß man sich, um den Alltag gut zu organisieren, zeitliche Freiräume schaffen, statt den Terminkalender immer voller zu packen.

Vor Start und Landung gehen Flugzeugpiloten eine Checkliste durch. Ein ähnliches System benötigen wir für unseren Alltag – eine Art Checkliste, die uns an unsere Prioritäten erinnert. Wie entscheiden Sie, wann Sie eine Bitte mit Ja oder Nein beantworten?

Wer bei den meisten Fragen des Fragebogens „Ja" angekreuzt hat, ist anderen nicht etwa überlegen. Was diese Leute auszeichnet, ist, daß sie sich um ihr Innenleben genauso kümmern wie um die Außenwelt. Sie haben sich mit den Themen Balance, Gesundheit, Zeit, mit ihren Träumen und Beziehungen auseinandergesetzt und entsprechende Konsequenzen gezogen. Sie lassen ihr Inneres bestimmen, wo ihre Grenzen liegen. Den Grad unserer Lebendigkeit können nur wir selbst einstufen – für andere ist er oft nicht erkennbar. Denn es handelt sich nicht um einen Zustand, sondern um ein Gefühl.

8 Das Rustout-Syndrom

*Verglichen damit, wie wir sein sollten,
sind wir nur halb wach.*

William James1

Der Mensch braucht Streß, aber zuviel Streß schadet ihm. Laut Statistik kosten streßbedingte Krankheiten die amerikanische Wirtschaft alljährlich 200 Milliarden Dollar für Fehlzeiten und medizinischen Aufwand. Die Vereinten Nationen bezeichnen beruflichen Streß als „ein globales Phänomen – eines der kritischsten Gesundheitsthemen des 20. Jahrhunderts". Zuviel Streß kann tödlich sein.

Was wir brauchen, ist der richtige Streß in der richtigen Menge. Krank wird man nicht nur durch zu hohe Anforderungen, sondern auch durch das Gegenteil – den Mangel an Herausforderungen.

Wir brauchen positiven Streß, eine kreative Spannung, die wir angesichts von Aufgaben spüren, deren Erfüllung Sinn stiftet, unserem Leben Bedeutung verleiht. Die meisten von uns vermissen heute eine tiefere Bedeutung in ihrem Leben. Psychiater und Therapeuten berichten, daß fast alle ihre Klienten über ein Gefühl der Nutzlosigkeit und Leere klagen. Hauptsymptom ist dabei das Fehlen von Sinn, vor allem von spirituellem Sinn in der Arbeit.

Viele kultivieren heute einen ätzenden Zynismus, eine Attitüde der Langeweile. Ich denke an einen Klienten, Vizepräsident eines High-Tech-Unternehmens, der mir anvertraute: „Ich komme nicht mehr in Schwung. Früher war ich ein vielversprechender Verkäufer in dieser Firma, heute packe ich es beim besten Willen nicht, Interesse für meinen Job zu entwickeln. Ich weiß, ich müßte Gas geben!

Statt dessen gehe ich als Schlafwandler durch den Tag – und kann nachts nicht schlafen! Inzwischen stocke ich zweimal pro Woche meinen Alkoholvorrat auf – früher reichte einmal. Ich sitze in der Falle!"

Er litt unter dem Rustout-Syndrom – dem Gegenteil des Burnout-Syndroms. Er hatte das Gefühl, „einzurosten", geistig zu verkümmern. Er fühlte sich unterfordert, gefangen in einer beruflichen Tretmühle, aus der er keinen Ausweg sah.

„Ich weiß nicht, wie lange ich es in dem Job noch aushalte. Ich bin seit 15 Jahren in der Firma, habe alle zwei bis drei Jahre die Position gewechselt. Die Hierarchieebenen ändern sich, aber nicht die interne Politik! Man schreibt uns weiter vor, wann wir was zu tun haben. Die alten Tugenden Initiative und Risikobereitschaft werden nicht honoriert. Belohnt wird, wer das politische Spiel am besten beherrscht. Ich bin demoralisiert."

Welches war sein Problem? Er hatte den Eindruck, daß seine Leistung niemanden interessierte. Das provozierte ihn zu der Frage: „Wozu das alles?" Er hatte den Sinn, warum er morgens aufstand, aus den Augen verloren.

Die meisten von uns werden irgendwann im Leben einmal von dem Rustout-Syndrom eingeholt. Es droht immer dann, wenn uns bedeutende Aufgaben und positiver Streß fehlen, wir unsere Begabungen nicht für etwas einsetzen, das uns bewegt. Der Schlüssel ist, ein Bedürfnis in der Welt aufzudecken, das der Zuwendung bedarf, und sich dann darum zu kümmern. Auf diese Weise entdecken wir unsere Berufung, mit der wir zum Wohlergehen des Planeten beisteuern.

Doug Donovan hatte das Bedürfnis nach Veränderung. Als er aus seiner Firma ausschied, schenkte man ihm zum Abschied eine Adlerskulptur. Ein Jahr später wurde er in einem Safari-Camp in Tansania aufgefordert, eine Metapher für sein Leben zu wählen, und ihm fiel spontan der Adler ein. In sein Tagebuch schrieb er: „Ich brauche eine höhere, globalere Perspektive. Ich glaube, ein visionäres Auge für

Möglichkeiten zu besitzen. Ich bin frei, abgehoben, eins mit dem Wind. Wenn ich eine Gelegenheit erspähe, verfolge ich sie."

Nach seiner Rückkehr nach Hause schlug er das Adlersymbol in einem Buch über indianische Symbolik nach. Dort stand: „Wenn man die Kraft eines bestimmten Tiers beschwört, bittet man, in eine absolute Harmonie mit der Kraft seiner Essenz eingebunden zu werden. Adler-Medizin ist die Kraft des Großes Geistes, die Fähigkeit, sich mit dem Geist zu verbinden und trotzdem solide in der Erde verankert zu bleiben. ... Ein schwebender Adler soll auf das Bedürfnis aufmerksam machen, in eine höhere Bewußtseinssphäre zu gelangen."

Nachdem Doug sich näher mit der Metapher beschäftigt hatte, fiel ihm ein Kirchenlied ein, das in der Messe häufig gesungen wurde und den Titel „Lobet? den Herren" trug. Eine Zeile darin lautet: „... der dich auf Adlers Fittichen sicher geführt ..."

In einem Seminar schrieb Doug: „Mein Sinn im Leben ist, mein Potential voll auszuschöpfen, um anderen Menschen zu helfen, das ihre voll auszuschöpfen ..., ihnen die Hand zu reichen und sie in ihrem Innersten zu berühren ..., wie ein Adler aufzusteigen, im Streben nach einer höheren Vision, und dem menschlichen Geist zu helfen, sich zu seinem absoluten Potential ... seinem Sinn ... seinem Schöpfer ... emporzuschwingen."

Das Leben in einer Metapher auszudrücken ist eine effektive Methode, sich seiner Lebendigkeit wieder stärker bewußt zu werden. Wie ein Knoten im Taschentuch, der uns tagtäglich an unseren Sinn erinnert. Fällt Ihnen ein Symbol oder eine Metapher für Ihr Leben ein?

Rustout kann mit einem Garten verglichen werden, in dem nichts wächst – der leer ist. Es gibt nichts zu erkunden, das uns für unsere Lebendigkeit öffnen könnte. Unsere Arbeit enthält kein Versprechen, unser Leben plätschert eintönig dahin. Helen Keller sagte: „Das Leben ist entweder ein Abenteuer oder gar nichts." Das Rustout-Syndrom tritt auf, wenn letzteres der Fall ist.

Alle Alters- und Bildungsstufen können, ähnlich wie unter allgemeinem Streß, unter Rustout leiden. Chronische Müdigkeit, Wut, Selbstkritik und Gleichgültigkeit sind die gängigen Symptome. Die Betroffenen sind unfähig, sich für andere oder für ihre Arbeit einzusetzen. Jeder kennt das Gefühl, an manchen Tagen wacher zu sein als an anderen. Rustout katapultiert unsere Begabungen in einen Schlafzustand.

Wir müssen aufwachen und uns unseres Potentials für höhere Sinnformen wieder bewußt werden. Aber wie gelingt uns das? Wie können wir dem lähmenden Schlummer entkommen? Brauchen wir hin und wieder einen Weckruf? Wir wachen selten von allein auf. Oft brauchen wir eine andere Person, die wacher ist als wir selbst und uns aufweckt. Fehlt diese Person, bedarf es meist einer Krise, die uns aufrüttelt.

Wer hilft Ihnen beim Aufwachen? Wer rüttelt Sie gelegentlich auf und öffnet Ihre Augen für die Möglichkeiten des Lebens?

Obwohl fast niemand diese Ansicht teilt, ist das Streben nach Glück, wie es heute interpretiert wird, ein Mythos. Den meisten Menschen bringen Sicherheit, Komfort, das Gefühl, es geschafft zu haben, nämlich kein Glück.

Tatsache ist, daß Zufriedenheit letztlich immer zu Unzufriedenheit führt! Ein übersättigtes Leben ohne Herausforderungen mündet früher oder später in eine karge, seichte Existenz. Komfort und Freizeit sind eine schöne Sache, aber nicht genug. Wäre das der Fall, wäre die große Zahl derer, die heute relativen Wohlstand genießen, euphorisch vor lauter Glück! Wahres Glück hat mit sinnerfülltem Leben und Arbeiten zu tun. Unser Sinn lenkt unsere Aufmerksamkeit auf die tiefen Fragen in uns selbst.

Wenn die Gesellschaft uns zuwenig von dem richtigen Streß bietet, bleibt uns nichts anderes übrig, als diesen selbst zu kreieren. Wir setzen uns freiwillig Streßsituationen aus, wenn auch nur temporär. Manche wenden sich Extremsportarten wie Freeclimbing oder Bungee-Jumping zu, um sich vorübergehend den Kitzel von Lebendigkeit zu verschaffen, den sie in Alltag und Arbeit vermissen.

Viele Experten stimmen überein, daß anderen zu helfen oder mit gutem Willen zu begegnen ein Gefühl von positivem Streß erzeugt. Der bekannte Streßforscher Hans Seyle schlug „altruistischen Egoismus" als Instrument für ein erfülltes Leben ohne negativen Streß vor. Darin impliziert ist eine Arbeit mit Sinn, die anderen Menschen hilft.

Wie Seyle sagt, ist der Selbsterhaltungstrieb, der sich praktisch als Egoismus ausdrückt, in unserer biologischen Natur angelegt. Laut seiner Theorie ist ein glückliches, bedeutungsvolles Leben nur dann möglich, wenn wir unser von Natur aus selbstsüchtiges Wesen mit einer altruistischen Einstellung verknüpfen, die uns den guten Willen und Respekt anderer einbringt.

Wir werden weder unsere altruistische Neigung noch unser menschliches Naturell je voll begreifen, aber unser Sinn wurzelt in dem schlichten Konzept, uns um das Wohl von anderen (und damit von uns selbst) zu kümmern.

Diese Anteilnahme und Fürsorge können wir zu unserer zentralen Lebensaufgabe erheben. Wir müssen nur herausfinden, welche konkrete Form unser altruistisches Engagement haben muß, um das ersehnte Gefühl von Lebendigkeit zu vermitteln. Sinn ist das Herzstück unserer Suche.

Teil 3

Arbeiten mit Sinn

Hören Sie Ihre Berufung?

*Tief in unserem Innern fürchten wir uns nicht
vor unserer Unzulänglichkeit. Wir fürchten uns davor,
daß unser Potential alle Grenzen sprengt.*

Marianne Williamson

Was erwarten Sie von Ihrer Arbeit? Ist Arbeit für Sie etwas Unangenehmes, worunter Sie leiden? Oder steht sie synonym für Ihre Berufung?

Eine Berufung ist eine Arbeit, die ein Gefühl von Bedeutung und Freude vermittelt, den Eindruck, zum Wohl der größeren Gemeinschaft beizutragen. Eine Berufung läßt uns unsere Lebendigkeit neu spüren. Eine Berufung stellt die tiefen Fragen, die unsere Arbeit betreffen: wie, warum und für wen wir arbeiten.

Unsere Urahnen schenkten ihr Tagewerk Gott zum Dank, denn alles Tun war ihrem Glauben nach letztlich für Gott bestimmt. Dieser Glaube bildete das Fundament ihrer Arbeitsethik. Der Gedanke, daß wir Verwalter Gottes sind und ihm die Früchte unserer Anstrengungen offerieren, erhob die Arbeit unserer Väter in den Status einer Berufung.

In seiner Eigenschaft als Verantwortungsträger wurde jeder Mensch von der Natur mit bestimmten einzigartigen Begabungen ausgestattet. Wir sind Gott Rechenschaft schuldig, was wir mit diesen Begabungen anfangen, ob wir sie gut, schlecht oder gar nicht einsetzen.

Nelson Mandelas Amtsantrittsrede als Präsident von Südafrika übte einen wichtigen Einfluß auf Phil Styrlunds Idee des verantwortlichen Verwaltens aus. Die Passage, die bei ihm hängenblieb, war ein Zitat aus Marianne Williamsons Buch *A Return to Love:*

In unserem Innern fürchten wir uns nicht vor unserer Unzulänglichkeit. Wir fürchten uns davor, daß unser Potential alle Grenzen sprengt. Unser Licht, nicht unsere Dunkelheit, ist, was uns am meisten Angst macht. Wir fragen uns: Wer bin ich, daß ich mir einbilde, brillant, großartig, talentiert, wunderbar zu sein? Die richtige Frage müßte lauten, warum wir all das nicht sein sollten! Wir sind Kinder Gottes. Uns klein zu machen bringt die Welt nicht voran. Unser Licht unter den Scheffel zu stellen, um andere nicht zu verunsichern, hat nichts mit Erleuchtung zu tun. Es ist unser aller Aufgabe zu leuchten – wie Kinder es tun. Wir wurden geboren, der Herrlichkeit Gottes, die in uns wohnt, eine Gestalt zu geben. Sie wohnt nicht nur in wenigen, sondern in jedem von uns. Und wenn wir unser Licht leuchten lassen, geben wir anderen unbewußt die Erlaubnis, es genauso zu tun. Indem wir uns von unserer Furcht befreien, wirkt unsere Präsenz automatisch befreiend auf andere.

Phil war seit langem der Auffassung, daß etwas Großes vor sich geht in der Welt – ein Mysterium, das großartiger ist, als wir Menschen es begreifen können. Und er spürte eine Sehnsucht – eine Berufung –, aktiv an diesem Größeren teilzuhaben.

Phil hat einen Bewußtseinsstrom-Arbeitsstil. Er sagt: „Ich bin mir nie sicher, ob ich arbeite oder nicht. Ich betrachte meine Arbeit nicht als Arbeit – ich bin immer derselbe, nur die Kulisse ändert sich. Deshalb habe ich auch Probleme mit den Wochenenden. Sonntag abends kann ich es kaum erwarten, zurück an den Schreibtisch zu kommen."

Als Vizepräsident einer großen Telekommunikationsfirma genießt Phil das Privileg, für etwas bezahlt zu werden, das ihm auch ohne Geld Spaß machen würde. Er behauptet: „Man kann Bedeutendes oder Bleibendes nur über die Beziehungsebene erreichen. Als Führungskraft beziehe ich ungeheure Freude daraus, einen kleinen Beitrag zu leisten, damit das Leben anderer Leute eine größere Qualität bekommt. Mein Sinn ist, dem Leben anderer mehr Wertigkeit und Würde zu verleihen." Er sieht es als seine Berufung an, ein Klima des Vertrauens zu schaffen, in dem die Mitarbeiter sich sicher genug fühlen, um Wahrheiten auszusprechen und ihre Begabungen auszudrücken. Produktivität ist für ihn „ein natürliches Ergebnis des Ausdrückens von Begabungen in einem gesunden Umfeld".

Phil findet, daß Führungskräfte Fragen stellen und sich mit ihnen auseinandersetzen sollen. „Als Führungskraft", sagt er, „bin ich mit dem Sammeln von Fragen beschäftigt." Die zwei wichtigsten für seine Führungsaufgabe: „Warum sind wir hier?" und „Wohin gehen wir?" Diese und andere Fragen haben Phil zur Formulierung seiner erfolgreichen Führungsphilosophie verholfen, die er „sinnerfüllte Selbstsüchtigkeit" nennt. Zur Klärung nimmt er erneut auf Mandelas Rede Bezug: „Indem wir uns von unserer Furcht befreien, wirkt unsere Gegenwart automatisch befreiend auf andere." Als Führungskraft, so glaubt er, muß er versuchen, sich von seinen Ängsten freizumachen, um seine Berufung hören zu können.

Nach vielen Jahren als Karriere-Coach bin ich zu dem Schluß gelangt, daß es hauptsächlich zwei Einstellungen gibt, die Berufstätige zu ihrer Arbeit haben: Entweder sie arbeiten nur des Geldes wegen, oder der Sinn, den sie in ihrer Arbeit sehen, deckt sich nicht mit dem Sinn des Unternehmens. Mit anderen Worten: Viele Menschen haben keine tiefe Verbindung zu ihrer Arbeit. Der eklatante Anstieg streßbedingter Krankheiten bei Berufstätigen aller Ebenen läßt den Schluß zu, daß viele ihre Arbeit für bedeutungslos und sinnentleert halten.

Aber welches Ziel verfolgen die meisten? Offenbar ist die Arbeitsethik weder tot noch am Sterben. Einigen geht es um das Ankurbeln der eigenen Karriere. Für die Karriere scheuen wir kein noch so großes Opfer, verbiegen uns, um ja keine *Wellen zu schlagen,* werden wandelnde Lebensläufe, *verpackt* und *vermarktet* zur Karriereförderung. Wir fangen allmählich an, unsere Arbeit aus den Augen des Konsumenten zu betrachten, uns primär durch die Aussicht auf persönlichen Gewinn motivieren zu lassen. Die Gier nach Profit wird immer stärker. Als Konsequenz entwickeln wir uns zu fachlich hochqualifizierten, aber emotional unterbelichteten Arbeitskräften.

James Aury hatte recht, als er schrieb: „Unsere Arbeit kann uns spirituelle und persönliche sowie finanzielle Gewinne bringen. Tut sie das nicht, verschwenden wir einen viel zu großen Teil unseres Lebens auf sie.

Wir haben die Nase voll davon, uns für Unternehmen aufzureiben, die uns verschleißen und Geld als Gegenleistung für streßintensive, aber unerfüllende Jobs anbieten."

Unsere neue High-Tech-Arbeitswelt zwingt viele, die gewohnten Erfolgsbarometer – Sicherheit, beruflicher Aufstieg, stabile Rente – zu überdenken und mehr Wert auf die Aspekte unserer Verantwortung wie die Nähe zu Gott, Familie, Gemeinschaft und Natur zu legen.

Ein Teil meiner Aufgabe als Karriere-Coach besteht darin, meinen Klienten zu helfen, sich über Sinn und Unsinn ihrer Tätigkeit klarzuwerden. Seitdem ich die Wichtigkeit und enormen Vorteile sinnerfüllter Arbeit erkannt habe, habe ich es mir angewöhnt, Menschen, die für ihre Tätigkeit „berufen" scheinen, zu interviewen. Das hilft mir beim Untermauern meiner These, daß wahre Freude ihre Wurzeln in der Verbindung mit einem höheren Sinn oder einer Berufung hat.

Natürlich konnte ich auch viele offensichtlich vom Rustout-Syndrom Betroffene beobachten, die ihre Arbeit zynisch und resigniert herunterspulen und froh sind, wenn endlich Feierabend ist. Viele Berufstätige fühlen sich ausgelaugt und überarbeitet. Sie werden, wie es der deutsche Mystiker Meister Eckhart ausdrückte, „bearbeitet" statt zu arbeiten. Viele finden es zwar ethisch immer noch wichtig, ihre Arbeit nach bestem Gewissen zu verrichten, aber sie haben nicht den Eindruck, daß diese ihnen soziale oder persönliche Gewinne bringt.

Die größte Energie, Kreativität und Leidenschaft investieren diejenigen in ihre Arbeit, die daran glauben, einem übergreifenden Sinn, der größer ist als sie selbst, zu dienen. Sie fühlen eine Berufung. Das Versagen vieler Unternehmen, ihre Mitarbeiter in einen selbstlosen, nichtquantitativen Sinn einzubinden, ist Ursache für viele Produktivitätsprobleme, mit denen wir heute kämpfen. Wenn wir den Sinn ignorieren, vernachlässigen wir den wichtigsten Motivationsfaktor, den es gibt.

Einer Berufung oder höheren Mission zu folgen hat viele positive Konsequenzen. Es gibt uns Energie, zeigt uns, inwiefern andere von unserer Mühe profitieren. Es gibt uns Regeln für unser Verhalten an die Hand. Es schenkt uns Konzentration auf ein Ziel, damit wir unsere kostbare Zeit nicht sinnlos vergeuden.

Den meisten Ausbildungs- und Trainingsprogrammen fehlt eine Komponente, die es den Kandidaten erleichtert, ihre Berufung zu hören, ein Lernprozeß, der ihnen hilft:

- die Begabungen und Talente zu identifizieren, die ihnen am meisten Spaß machen;
- ihre Begabungen in den Dienst von Projekten, Produkten oder Serviceleistungen zu stellen, die ihnen wirklich am Herzen liegen;
- die Arbeitsumgebungen zu identifizieren, die ihrer Persönlichkeit – ihren Werten – am besten entsprechen.

Eine Berufung zu hören und ihr zu folgen – das klappt nicht von heute auf morgen. Dazu sind Offenheit im Herzen und vor allem Geduld erforderlich. Die Entdeckung unserer Berufung erfordert oft eine Inkubationszeit. Der berühmte Architekt Le Corbusier verglich die Geburt eines Projekts mit einer Kindsgeburt: „Es gibt eine lange Periode, in der ich mit dem Projekt schwanger gehe ..., viel Arbeit leiste ich im Unterbewußtsein, bevor ich den ersten Zeichenstrich mache. Das dauert Monate. Eines schönen Morgens hat das Projekt Gestalt angenommen, ohne daß ich es gemerkt habe."

Die meisten von uns möchten spüren, daß unser Leben Bedeutung und unsere Arbeit dauerhaften Wert hat. Eine gute Arbeit gestattet uns – mehr als alles andere –, unsere kostbare Zeit auf eine Weise zu nutzen, die im Einklang mit unserem Lebenssinn steht.

10 Tägliche Bedeutung und tägliches Brot

*Dieses Buch handelt auch von einer Suche – nach
täglicher Bedeutung und täglichem Brot;
nach Anerkennung ebenso wie nach barer Münze;
nach Erstaunen, nicht Erstarrung;
kurz: nach Lebendigkeit statt nach einem langem Sterben
von Montag bis Freitag.*

Studs Terkel

Zu den ersten Erfahrungen meiner beruflichen Laufbahn zählte eine Konferenz, die ich kurz nach Antritt meiner ersten Vollzeit-Stellung besuchte. Ich brannte darauf, neue Kollegen zu treffen und die Vorträge einiger herausragender Vordenker auf meinem Gebiet, die ich bisher nur aus Büchern kannte, zu hören. Viele von uns Greenhorns hingen an den Lippen einer führenden Kapazität, die ein ernüchterndes Szenario entwarf. Wir sollten uns unter anderem auf immer mehr Arbeit und lästigen Bürokratismus gefaßt machen. Auch die anderen Referenten stimmten in den Tenor ein – daß wir mit dem Schlimmsten rechnen müßten. Mich beschlich ein mulmiges Gefühl, ob mein gewählter Weg der richtige war.
Ich mußte später mehrmals an diese Erfahrung denken. Weil sie von äußerst kompetenten Fachleuten kam, verstörte mich die düstere Prognose um so mehr. Am meisten Probleme hatte ich mit der implizierten Botschaft, daß der Weg zum beruflichen Erfolg nicht nur steinig, sondern ausgesprochen freudlos zu werden versprach.

Wir alle haben das starke Bedürfnis nach Freude in unserer Arbeit. Indem wir die Begabungen, an denen wir den meisten Spaß haben, auf Situationen anwenden, denen unser besonderes Interesse gilt, kreieren wir Freude in unserer Arbeit. Und indem wir uns lohnenden Herausforderungen stellen, für die wir eine natürliche Leidenschaft empfinden, wird unser innerer Sinn aktiviert. Um effektiv zu sein und dabei Freude und Bedeutung in unserer Arbeit zu finden, müssen wir erkunden, was gebraucht und gewollt wird, und es an Ort und Stelle produzieren! Wenn wir diesem Prinzip auf die Spur kommen, entdecken wir auch, daß unser Leben Bedeutung hat. Und ob wir wichtig sind! Die Arbeit, die wir leisten, ist sehr wohl etwas ganz Besonderes. Wir können unsere Arbeit so planen, daß wir mit Spaß auf den gewünschten Erfolg zusteuern. Das Genießen unserer Arbeit ist mehr als legitim!

Das Heartland Institute hat sich folgender Mission verschrieben: „Die Integration von persönlichem Wachstum und sozialer Transformation, um gesündere Individuen, Familien, Arbeitsplätze und Kommunen zu schaffen." Dieses Ziel verfolgt Craig Neal, Mitbegründer von Heartland, als Organisator von Lehrveranstaltungen sowie als Berater und Publizist. Craig erklärt: „Die großen Fragen, die sich mit Sinn, Werten und Bewußtsein beschäftigen, haben mich seit jeher fasziniert. Ich erinnere mich genau an den Tag, als ich zum ersten Mal über meinen Sinn nachdachte, 1963 beim Marsch auf Washington. Da stand ich, direkt vor dem Lincoln Memorial, als Martin Luther King von seinem Traum sprach: „I Have A Dream". Diese Rede hat mein Leben für immer verändert. Aus dem naiven 16jährigen Vorstadtjungen aus New Jersey wurde ein spiritueller Mensch auf der Suche nach seinem Sinn."

In seiner folgenden 20jährigen Berufslaufbahn war Craig stets bemüht, nur für Organisationen und Menschen zu arbeiten, deren Werte er schätzte. Schließlich stieß er zu Garden Way, einer Organisation, die die Welt durch die bewußte Beschäftigung mit Gärten retten will. Außerdem arbeitete er an der Gründung der Publikationen *Harrowsmith* und *Organic Gardening* mit.

Während seiner fünf Jahre als Herausgeber des *Utne Reader* wuchs in ihm die Überzeugung, daß die Arbeitswelt der stärkste Motor für Veränderungen auf diesem Planeten ist. „Ich realisierte", sagte Craig, „daß jeder von uns arbeitet und der Sinn unserer Arbeit im Bereitstellen eines Dienstes besteht. Ich war immer dann am glücklichsten, wenn ich anderen einen Dienst erweisen oder in Firmen arbeiten konnte, die mit ihrem Dienst die natürliche Evolution unseres Planeten vorantrieben."

Nachdem er seine Faszination für „die großen Fragen" erkannt hatte, wendete Craig sich entsprechenden Organisationen wie dem Business for Social Responsibility oder dem Social Venture Network zu. Ihm wurde klar, warum viele Leute nicht wußten, wie sie „dienen und Geld verdienen" sollten, daß sie viel weniger Engagement für ihre Arbeit zeigten, als tatsächlich in ihnen steckte.

Craigs missionarischer Eifer schürte eine große Unruhe in ihm. Er wollte alle seine Vorstellungen jetzt und in dieser Welt verwirklichen – sofort. Er erinnerte sich, wie ein Freund aus früheren Jahren ihn fragte: „Warum bist du immer so ernst?" Seine Antwort: „Ich bin eine Kreuzung aus Sol Alinsky (ein mit beiden Füßen fest auf dem Boden stehender Organisator) und Meher Baba (ein das Unergründliche ergründen wollender Mystiker)."

Heute bezeichnet sich Craig Neil als „mystischer Organisator". Anderen einen Dienst erweisen, nützlich sein – so definiert er seinen Sinn. Craig enthusiastisch: „Meinen Sinn sehe ich darin, Wege zu entwickeln, wie Mitarbeiter ihre Begabungen in ihre Organisationen einbringen und die Organisationen sich dafür erkenntlich zeigen können." Craig kommentiert sein Engagement: „Worauf es letztlich ankommt, ist Mut. Das ist nicht mystisch, sondern praktisch. Wenn der menschliche Geist bereits alles beinhaltet – was ich glaube –, dann geht es um eine Frage des Muts. Was bin ich in diesem Moment bereit zu tun?"

Das Heartland Institute macht sich für mehr Mut am Arbeitsplatz stark. Durch Lehrveranstaltungen wie „The Inner Life of Business" und Partnerorganisationen wie „The Conscious Business Alliance" bereiten Craig und seine Frau Patricia ihr Institut auf eine wichtige Rolle im 21. Jahrhundert vor. Teils Mystiker, teils Organisatoren, ermuntern sie sich selbst und andere, ihre Berufung zu suchen und ihr zu folgen.

Andrew Stirrat wünschte sich nichts sehnlicher im Leben, als zu reisen und fremde Länder zu erkunden. Dem Rat seines Vaters: „Wenn du nicht beizeiten tust, was dir am Herzen liegt, erfährst du vielleicht nie, was du wirklich willst" folgend, zog er in die Welt hinaus.

Er wanderte auf dem Pacific Crest Trail, durchquerte Afrika, lebte in einem Kibbuz in Israel, machte eine Trekking-Tour durch Asien, paddelte im Kajak durch die Arktis und radelte mit dem Rucksack durch Amerika. Zwischendurch verdiente er sich als Bauunternehmer/Bauarbeiter das Geld für seinen nächsten Abenteuertrip.

Nachdem er 15 Jahre durch die Welt gegondelt war, fand er die Zeit reif, sich einen Job zu suchen, in dem er das, was er auf seinen Reisen gelernt hatte, nutzen konnte. So wurde er Kursleiter bei Outward Bound und stellte fest, daß viele Menschen von der gleichen Abenteuerlust getrieben wurden wie er selbst.

Andrew begann, Abenteuerexkursionen als Metapher für die Lektionen des Lebens zu verwenden, um Menschen zu helfen, sich selbst neu zu entdecken. Heute entwickelt er Programme, die den Prickel des Risikos vermitteln sollen. Als Mitbegründer der Headwaters Leadership Group inspiriert er seine Kunden zu neuen Wegen, wie sie sich selbst und ihre Firmen ins 21. Jahrhundert manövrieren können. Heute lautet sein Sinn: „Menschen bei ihrem Wachstum und der Wiederentdeckung ihrer Essenz zu helfen."

Indem er seine speziellen Talente einsetzt, Leuten zuhört, sie motiviert und ihr Selbstbewußtsein stärkt, verhilft er ihnen zu mehr Freude in ihrer Arbeit. Als „Sinn-Coach" hilft er Ratsuchenden, Erfolg *und* Erfüllung im Beruf zu finden.

Erfolg und Erfüllung lassen sich gleichzeitig erreichen, sofern unsere Arbeit sinnerfüllt ist. Norman Vincent Peale empfahl: „Arbeiten Sie, weil Sie Ihre Arbeit mögen, und der Erfolg kommt von allein."

Unsere Arbeit beansprucht Woche für Woche den Großteil unserer Wachstunden. Unsere Arbeitsumgebung und unser Verdienst bestimmen wesentlich über unsere Lebensqualität. Wo wir wohnen, welche sozialen Kontakte wir pflegen und welche Möglichkeiten sich uns bieten – all das wird durch unsere Arbeit beeinflußt.

Wenn unsere Arbeit in Disharmonie zu dem steht, was wir im Grunde brauchen und woran wir Freude haben, zahlen wir möglicherweise einen hohen – mentalen und physischen – Preis. Es kommt zu Leistungsproblemen, der berufliche Aufstieg rückt in weite Ferne, Frustration und Streß laugen uns aus.

Unsere Arbeit kann viel mehr sein: eine Quelle für „tägliche Bedeutung *und* tägliches Brot". Die Zeit, die Sie sich nehmen, um die Kriterien sinnerfüllter Arbeit zu identifizieren, ist klug investiert.

11
Finde ich Sinn in meiner Arbeit? – Ein Fragebogen

*Sinn und Lachen sind Zwillinge,
die man nicht trennen darf.
Eins ohne das andere ist leer und hohl.*

Robert K. Greenleaf

Eine entscheidende Frage lautet: „Wie kann ich Sinn in der ‚realen Arbeitswelt' finden?" Viele behaupten, Sinn in der Arbeit zu finden sei nicht praktikabel. Der Idee an sich widerspricht selten jemand.

Manche Menschen entdecken ihren Sinn sehr früh, einige spät. Manche finden ihn in der Arbeit, andere in der Spiritualität, Familie, Gemeinde. Aber seine Macht scheint sich immer aus der Verbindung mit etwas Höherem zu ergeben.

Offenbar klaffen Angebot und Nachfrage bei der zentralen Forderung nach sinnvoller Arbeit – eine Arbeit, bei der wir alle unsere Talente in die Waagschale werfen für etwas, woran wir glauben – stark auseinander. Ein Grund dafür ist, daß wir nicht viel Freude von unserer Arbeit erwarten. Ich habe mindestens vier Ebenen beobachtet, was die an unsere Arbeit geknüpften Erwartungen betrifft:

- Die erste Ebene: „Das ist nur ein Job; jeder Job ist okay, solange wir hinterher tun und lassen können, was wir wollen."
- Auf der zweiten Ebene kommt der Faktor der Kontinuität ins Spiel. „Unsere Arbeit muß regelmäßig sein; wir brauchen bezahlten Urlaub, Sozialleistungen ... und Sicherheit."

- Die dritte Ebene betont berufliche Inhalte. Statt Geld und Sicherheit allein wollen wir „Substanz in unserer Arbeit. Wir wollen herausgefordert werden und unsere Fähigkeiten weiterentwickeln." Auf dieser Ebene ist Geld zwar immer noch wichtig, aber wir hängen auch an dem Beruf selbst, an der Arbeit und ihren Inhalten.
- Die vierte Ebene ist die der Berufung. Hier realisieren wir, daß Arbeit zwar Geldverdienen heißt, aber auch, unsere Begabungen einzusetzen und mit Begeisterung etwas zu tun, von dessen Notwendigkeit wir überzeugt sind. Wir schätzen die Bedeutung, die Arbeit spenden kann, und die Möglichkeit, die sie uns gibt, unserer Berufung zu folgen und trotzdem eine vermarktbare, einkommenproduzierende Funktion in der Welt zu erfüllen.

Bedeutung in der Arbeit zu finden beginnt mit Alleinsein und Kontemplation – der Prozeß geht von innen nach außen. Wir spüren, daß wir etwas Spezielles und Einmaliges zu dieser Welt beitragen können und unsere Arbeit mit diesem Beitrag zu tun haben sollte.

Nehmen Sie sich einen Moment Zeit zum Nachdenken. Woran erkennen Sie, daß Sie Sinn in Ihrer Arbeit finden? Oder Ihre Arbeit Ihnen im Gegenteil weniger Freude und Erfüllung bringt, als Sie sich wünschen? Füllen Sie den Fragebogen aus wie ein Datenblatt beim Arzt.

Fragebogen:
Finde ich Sinn in meiner Arbeit?   *Ja   Nein*

1. Wache ich Montag morgens voll Energie für die Arbeit auf?   ___   ___
2. Fühle ich eine persönliche Berufung für meine Arbeit?   ___   ___
3. Habe ich einen klaren Maßstab, wie ich meinen Erfolg als Mensch bewerte?   ___   ___

4. Benutze ich meine Talente, um das Leben anderer Menschen wertvoller zu machen? ___ ___
5. Arbeite ich mit Personen zusammen, deren Werte meinen ähneln? ___ ___
6. Kann ich in meiner Arbeit die Wahrheit sagen? ___ ___
7. Erfahre ich echte Freude in meiner Arbeit? ___ ___
8. Verdiene ich meinen Lebensunterhalt mit dem, was ich am liebsten tue? ___ ___
9. Kann ich meinen Sinn in einem Satz zusammenfassen? ___ ___
10. Gehe ich an den meisten Abenden mit dem Gefühl ins Bett: „Das war ein gut gelebter Tag?" ___ ___

Gesamtanzahl „Ja"-Antworten = ___

Kreuzen Sie Ja oder Nein an, so wie es Ihnen spontan einfällt.

Die Gesamtzahl Ihrer „Ja"-Antworten läßt darauf schließen, wieviel Sinn Sie in Ihrer Arbeit finden. Viele „Ja"-Antworten indizieren, daß Sie entschlossen sind, mit Ihrer Arbeit etwas ganz Besonderes zu bewirken. Vermutlich ahnen Sie bereits Ihren Sinn oder seine grobe Richtung. Doch Sie sollten versuchen, Ihre Begabungen, Passionen und Werte näher zu klären.

Eric Utne spricht mit dem Selbstvertrauen eines Menschen, der viele Erfahrungen im Leben gesammelt hat. Gleichzeitig klingt Vorsicht bei ihm durch. Der Gründer des *New Age Journal* und *Utne Reader* formuliert den Sinn der letztgenannten Publikation so: „Der Welt zu helfen, ein bißchen grüner und ein bißchen freundlicher zu werden."

Das ist auch heute noch seine Mission. Außerdem bemüht er sich, selbst ein bißchen grüner und ein bißchen freundlicher zu werden. „Mein Herz zu finden und ihm zu folgen" – darin besteht, wie er sagt, sein Sinn. Eric begab sich vor einigen Jahren auf eine Reise, die ihm helfen sollte, sein Leben mit mehr Seele zu leben. Nachdem er mit vielen bekannten Schamanen, Mystikern und Gurus gesprochen hatte, fand er es an der Zeit, seinen eigenen Weg zu finden. Dieser Weg hat heute weniger mit Verstehen und angehäuftem Wissen zu tun als mit Vertrauen, das von seinem Herzen und seiner instinktiven Weisheit genährt wird.

Eric findet sein Herz, indem er seine Schmerzen spürt. Er strahlt, wenn er sagt: „Endlich fühle ich!" Seine Arbeit ist in vielerlei Hinsicht die Suche nach einem Weg oder einer Methode, die ihm hilft, mit Sinn zu leben und zu arbeiten. Sein Wissensdurst, seine Abstraktionsfähigkeit und sein Engagement für soziale Verbesserungen haben ihn oft verleitet, sich selbst zu ernst zu nehmen.

Und so gönnte sich Eric ein Jahr Pause vom *Utne Reader*. Als er 50 wurde, spürte er das dringende Bedürfnis, mehr Zeit zu Hause mit seiner Frau Nina zu verbringen. Er hatte das Gefühl, daß genau jene Charaktermerkmale, die ihm halfen, sein Geschäft aufzubauen, nun seiner Weiterentwicklung in Geschäftsleben und Ehe im Weg standen. „Was mich heute innerlich zerreißt", sagt er, „ist der Wechsel von Besitzer auf Präsident, von Wissen auf Fühlen, von Tun auf Sein."

Bei einem zwölftägigen „Visionsfasten" in der Wüste von Death Valley verbrachte Eric vier Tage und vier Nächte mit Alleinsein, Reflektieren und Schlafen. Er erinnert sich: „In mir rührte sich eine neue Energie. Mir wurde klar, daß sich mein Leben heute stärker um Beziehungen und Energie und weniger um Arbeit dreht." Er strahlt Wärme aus, wenn er von den Details dieser Erfahrung berichtet.

Der Tiger ist Erics Symbol für Wandel geworden. Im tibetanischen Tantra steht der Tiger für die Möglichkeit, „eins mit ihm und durch ihn transformiert zu werden". Eric, der heute an einem kleinen Vertrieb für tibetanische Tigerteppiche beteiligt ist, sagt, daß ihn der Tiger mahnt, „eins zu werden mit meiner wilden Natur". Wie er behauptet, erscheint ihm der Tiger sowohl in seinen Träumen als auch im Alltag, um ihn zu mahnen, weder seine Wildheit noch den Sinn in seiner Arbeit zu kurz kommen zu lassen.

Nicht jeder hat eine Arbeit mit Sinn. Viele haben sich noch nie Gedanken über ihren Sinn gemacht, andere gleich mehrere Sinne für sich entdeckt. Einige glauben, durch ein spirituelles Erlebnis zu ihrem Sinn geführt zu werden. Andere stecken in einer Sinnkrise. Manche haben ihren Sinn verloren und sind auf der Suche nach einem neuen. Viele von uns haben ihren Sinn unverhofft entdeckt, wurden durch eine Person oder einen Zufall, ein unerwartetes Ereignis darauf gestoßen. Egal, was auf Sie zutrifft – der Arbeiten-mit-Sinn-Fragebogen regt Sie an, über diese Fragen nachzudenken, denn nur wenn unsere Arbeit „sinnvoll" ist, finden wir eine tiefere Energie und wahre Freude in unserem Leben.

12 Esprit de Core™[1]

Spiritualität ist wie die Grippe. Einige kriegen sie, andere nicht.

Marilyn Mason

Viele Führungspersönlichkeiten können sich heutzutage kaum retten vor Veränderungen – in jeder Ecke lauern neue Herausforderungen. Woran liegt es, daß manche an diesen Herausforderungen wachsen, während andere zerbrechen?

Wir können über mögliche Versagensgründe spekulieren: Unfähigkeit zur Innovation, zum Antizipieren neuer Marktbedürfnisse, zu Wachstum. In Wirklichkeit hängt der Unterschied zwischen Erfolg und Scheitern ganz direkt damit zusammen, wie gut Führungspersönlichkeiten ihre Untergebenen inspirieren – ihr Herz und ihren Handlungswillen. Erfolgreiche Führer erkennt man an ihrem Gefolge.

Welche Qualitäten braucht man heute, um eine Gefolgschaft zu inspirieren? Ihr Engagement für eine gemeinsame Sache zu gewinnen? Der Unterschied zwischen Erfolg und Mißerfolg sowohl von Führungskräften als auch von Untergebenen besteht heute darin, wie gut oder schlecht sie sich selbst führen.

Doug Lennick ist geschäftsführender Vize-Präsident eines großen Finanzdienstleistungsunternehmens. Für ihn ist seine Arbeit ein natürlicher Ausdruck seiner Persönlichkeit, und sie bereitet ihm echte Freude. Er sagt: „Für mich steht fest,

---
[1] Esprit de Core ist ein Warenzeichen der von Richard Leider gegründeten Beratungsfirma Inventure Group.

daß meine Arbeit mein Herz und meine Seele spiegeln muß."
Er führt sich und andere, indem er seiner inneren Stimme vertraut.

Viele Mitarbeiter in Dougs Firma stimmen überein, er sei die Seele des Unternehmens und einer der Hauptgründe, warum sie gern dort arbeiten. Ein Vize-Präsident meint: „Doug ist authentisch – wie er in der Arbeit ist und wie er sich sieht –, bei ihm gibt es da keine Diskrepanz."

Doug kommentiert: „Ich liebe diese Firma, weil sie mir Gelegenheit gibt, anderen bei ihrer Weiterentwicklung zu helfen, denn das ist meine Passion. Das Hauptmotiv, weshalb ich weiter hier arbeite, ist, weil ich dazu beitragen will, daß wir bei verschiedenen Aspekten menschlicher Entwicklung Fortschritte machen. Ich habe das Herz eines Sozialarbeiters und das Hirn eines Kapitalisten."

„Dieser Job erlaubt mir, den großen amerikanischen Traum – anderen zu helfen, reicher zu werden und dadurch selbst reicher zu werden – zu leben und letztlich unseren Kunden zu helfen." Dougs Sinn lautet: „Mir selbst und anderen zu helfen, das Gute in uns voll auszuleben."

Sinn prägt den Charakter von Führungskräften – ihre Motivationen, Grenzen, ihre Integrität. Er ist die Triebfeder für großartige Leistungen, egal in welchem Bereich, und primär verantwortlich für die Merkmale Zusammenhalt und Mut, die alle leistungsstarken Teams gemeinsam haben.

Meine eigene Organisation Inventure Group nimmt ihren Sinn sehr ernst. Was uns als Team bewegt, ist unsere Aufgabe: „Die Flamme von Wachstum und Entdeckungsfreude in Einzelpersonen, Teams und Unternehmen zu entzünden." Dieses einfache Statement beschreibt den Grund für unser Dasein.

Unser Sinn ist so natürlich und zeitlos, so grundlegend und überspannend, so individuell und universell zugleich, daß wir ihn mit dem Begriff *Esprit de Core* umschreiben. *Esprit de Core* meint das Herz des Sinns – den Geist des Sinns. *Esprit de Core* bedeutet, daß Geist und Energie aus unserem Innern kommen.

Jeder Mitarbeiter der Inventure Group hat das Ziel, den Geist von Wachstum und Entdeckung sowohl in sich selbst als auch in seinen Klienten zu entfachen. Alle Teammitglieder versuchen, ihre individuellen Begabungen für Dinge einzusetzen, die sie bewegen. Seniorpartner Steve Buchholz kam über eine große Trainingsorganisation zu uns, bei der er Leiter der Programmgestaltung war. „In dieser Organisation", so Steve im Rückblick, „hatten wir unsere Energie und Bedeutung verloren. Ich konnte keine Bedeutung mehr in meiner Arbeit finden. Die Form hatte Vorrang vor der Essenz gewonnen."

Steve kündigte – er wollte eine Aufgabe finden, in der er den menschlichen Aspekt von Veränderungen betonen konnte. Durch seine eigenen beruflichen Erfahrungen geprägt, war es sein Bestreben, Unternehmen stärker in die menschliche Seite von Veränderungen einzubinden. Heute ist Steve ein international bekannter Berater für Veränderungen. „Menschen zu helfen, die richtigen Entscheidungen für ihre Arbeit und ihr Leben zu treffen" – dieser Sinn erfüllt ihn mit Leidenschaft für seine Arbeit. Gern nutzt er seine Begabungen als Programmgestalter und Coach zur Unterstützung unserer Workshop-Beauftragten wie Mike Mayberry.

Bevor er zur Inventure Group stieß, war Mike ein für seine erfolgreiche Arbeit bekannter Basketball-Coach von High-School- und College-Mannschaften, seine Laufbahn hatte in Muleshoe, Texas, begonnen. Seine Teams waren bekannt für ihre Charakterstärke – immer wieder überwanden sie Hindernisse und Barrieren. Sie heimsten Fairnesspreise ein, obwohl ihre Punktebilanz mager blieb.

Irgendwann schaffte sein Basketball-Team vom Junior-College dann den zweiten Platz der nationalen Rangliste, aber auf dem Weg dorthin war die Fairness auf der Strecke geblieben. Wie Steves frühere Organisation war Mikes Team nur noch Form statt Essenz. Damit war das Spiel für Mike leer geworden: „Die Seele, auf die es mir ankam, war futsch. Wir spielten in ausverkauften Stadien, aber es war nichts Einzigartiges mehr. Die Jungs kannten nur ein Ziel: in der National Basketball Association zu spielen, und ich war derjenige, der sie da hinbringen konnte. Der Geist, nach dem ich suchte, war verlorengegangen."

Mike hängte seine Coach-Tätigkeit an den Nagel und probierte verschiedene Dinge aus, war unter anderem als Betreiber eines College-Buchladens erfolgreich. Doch er sehnte sich nach einem neuen Spiel, einer neuen Arena für sein Coaching-Talent. Nach Besuch eines Seminars der Inventure Group stand seine neue Mission fest: Er wollte Lebensplanungs-Coach werden. Heute coacht Mike Firmenchefs und Mitarbeiterteams, und sein Sinn lautet: „Voll im Jetzt zu leben, zu lernen und zu wachsen. Ich will mich selbst und andere trainieren, ein Leben ohne Reue zu leben."

Seine Lernkurve war ungefähr so steil wie die von John Busacker, einem der Direktoren der Inventure Group. Nach 13 Jahren als Manager und Verkäufer in der Finanzdienstleistungsbranche beschloß John eine radikale Neuorientierung.

Viele seiner Freunde, Verwandten und ehemaligen Kollegen wundern sich, wie entspannt und locker John heute wirkt. Obwohl er mehr Stunden denn je mit Arbeiten verbringt, spürt John einen natürlichen Fluß, der ihm seine Arbeit – die zugleich seine Passion ist – leicht von der Hand gehen läßt. Er sagt: „Ich stehe morgens mit einer Energie auf, die ich nie für möglich gehalten hätte. Ich habe die wundervolle Chance, anderen auf einer tieferen Ebene zu helfen." Seinen Sinn präzisiert John so: „Das Großartige aus Menschen herauszulocken."

Beide, John und Mike, besitzen die Begabung, in ihren Klienten „die Begeisterung für Wachstum und Entdeckung zu entzünden". Um mit Noel Coward zu sprechen: Sie haben erkannt, daß „Arbeit mehr Spaß als Spaß ist". Sie sind selbstgelenkte „Inventurers", die mit ihrem Leben andere inspirieren.

Dieser Satz trifft auch auf Barb Hoese zu, die sich als eine Person beschreibt, die „alt geboren wurde und immer jünger wird". Ihrem sehr ernsthaften Wesen als junges Mädchen verdankt sie ihre herausragenden schulischen Leistungen. Sie durfte die High-School-Abschiedsrede halten, in der sie die altersunübliche Erkenntnis vom Stapel ließ: „Manche Menschen sorgen dafür, daß Dinge passieren, manche sehen zu, wie sie passieren, und manche haben keine Ahnung, daß etwas passiert ist!"

Die ernsthafte Reise zu ihrem Sinn setzte sich im College fort, als es ihr ein immer größeres Anliegen wurde, anderen begreiflich zu machen, sich selbst darum zu kümmern, daß „Dinge passieren". Außerdem wurde sie durch den Kontakt mit einer Vielzahl neuer Leute und Ideen kontinuierlich „jünger", indem sie ihre Arbeit ernst nahm, weniger sich selbst.

Heute ist Barb eine Vize-Präsidentin der Inventure Group – und ihre Reise dauert an. Sie lebt ihren Sinn: „Menschen helfen zu verstehen, wie wichtig Entscheidungen in ihrem Leben sind." Im Verlauf ihres „Jüngerwerdens" sieht Barb ihre Arbeit mehr als Spiel – ein Spiel wie aus dem Bilderbuch: mit klaren Regeln, kompetenten Mitspielern, voller Sinn und Lachen. Und das beste ist die Freude, die sie erfährt, wenn sie „dafür sorgt, daß Dinge passieren".

Auch Lisa Capistrant lebt seit ihrer College-Zeit mit der Sinnfrage. Sie wuchs in einer Familie auf, die sie ermunterte, Spaß zu haben, alles auszuprobieren, aber ja nicht zu schnell erwachsen zu werden! Als Theater- und Kinofan erklärt sie das Zitat von Rosalind Russell in *Auntie Mame* zu ihrem Lebensmotto: „Das Leben ist ein Festessen, und die meisten von euch armen Teufeln sind am Verhungern!"

Wie Lisa sagt, bildet ihr Arbeitsumfeld den legitimen Rahmen, der es ihr erlaubt, anderen zu helfen, das Leben als Festessen willkommen zu heißen. Als Informationskoordinatorin der Inventure Group ist sie erste Anlaufstelle für viele, der nährende Faktor, der sie von Anfang an begleitet und ihnen hilft, die Begeisterung für Wachstum und Entdeckung zu entzünden.

Lisas Sinn, „eine Meister-Gärtnerin zu sein, die alles hegt und nährt, was sie in die Finger bekommt", harmonisiert mit ihrem Leben und ihrer Arbeit. Sie erforscht und genießt Gottes Schöpfung in vollen Zügen, spricht mit Katzen, Pflanzen, allen fühlenden Kreaturen. Ihr Ziel ist, Spaß zu haben am Festessen des Lebens und den Klienten der Inventure Group nährende Kraft zu spenden.

Auch Cara Connelys Sinn hat mit dem Aspekt des Nährens zu tun. Ihr Sinn als Managerin für Kundenbetreuung besteht darin, „Menschen zu helfen, sich selbst und ihre nährenden Qualitäten weiterzuentwickeln, positive Beziehungen aufzubauen". Sie sagt: „Positive Beziehungen sind meine Passion, wenn sie fehlen, macht mich das nervös."

Als Kind sehnte Cara sich danach, daß alle Menschen gut miteinander klarkämen – wenn irgendwo die Chemie nicht stimmte, spürte sie das sofort. Heute will sie von neuen Menschen, die sie kennenlernt, wissen, wie sie gesunde Beziehungen definieren. Beziehungen bewegen Cara mehr als alles andere. Ihrer Meinung nach müssen Menschen ihre Beziehungen selbst formen, statt von ihnen geformt zu werden.

Die Inventure Group wurde zum Katalysator für Cara, ihren Sinn zu klären und zu leben. Sie sagt: „Wir als Firma sind der Ansicht, daß jeder Mensch eine sinnvolle Arbeit und sinnvolle Beziehungen anstreben sollte." Cara selbst ist ein Katalysator für intensive, positive und „couragierte Gespräche" mit Kollegen und Klienten. Sie verkörpert das alte Sprichwort: „Wenn die Blume sich öffnet, kommen die Bienen ungeladen." Ihrer offenen, mitfühlenden Art kann sich niemand entziehen.

Meine Mitarbeit in der Inventure Group hat mich in meiner Überzeugung bestärkt, daß wir als Individuen kein wichtigeres Kriterium als den Sinn haben bei der Entscheidung, was wir im Leben tun wollen. Sinn ist die bewußte Entscheidung, unsere Begabungen in den Dienst von Teams und Organisationen zu stellen, die uns bewegen – an die wir glauben. Trotz Unterschieden bei Alter und individuellen Sinndefinitionen glaubt unser Team fest daran, die Flamme von Wachstum und Entdeckungsfreude in unseren Kunden entzünden zu können. Wir fühlen eine starke Verbindung zwischen Geist und Arbeit.

Viele Teams, Unternehmen und Führungskräfte sind im Begriff, die Verbindung zwischen Geist und Arbeit neu zu entdecken. Warren Malkerson, Vize-Präsident und Geschäftsführer eines großen Sportartikelversands, spürte diese Verbindung sein Leben lang, begriff sie aber erst, als er Ende 30 war. Man warf ihm stets vor, erzählt er, als Führungskraft „zu sehr um das Wohl meiner Leute besorgt zu sein. Ich tendierte immer zu der ‚weichen' Seite, wie das häßliche Entlein."

Eines Tages realisierte er, daß er nicht das häßliche Entlein, sondern ein Schwan war, und daß es sich durchaus lohnte, wenn er sich um seine Mitarbeiter sorgte. Egal in welchem Unternehmen – seine Truppe schien „immer glücklicher und kreativer als die übrige Belegschaft".

Warren ist der Ansicht, daß in jedem von uns ein Schwan schlummert. Dementsprechend lautet sein Sinn: „Anderen zu helfen, ihr Potential – den Schwan in sich – zu entdecken." Seiner Meinung nach kämpfen wir alle um die Entfesselung unseres Potentials. Er hilft Menschen, sich vorzutasten in eine Welt, vor der sie keine Furcht zu haben brauchen.

Fehler betrachtet Warren als Lernstücke, und als Chef hält er sich dann für einen Erfolg, wenn seine Untergebenen sagen: „Ich habe nie zuvor so hart gearbeitet und so viel gelernt. Er sorgt dafür, daß ich lerne!" Bei der Einstellung verspricht er seinen künftigen Mitarbeitern, daß sie die Frage: „War das eine Ihrer besten Lernerfahrungen?" stets mit einem beherzten „Ja!" beantworten werden können.

Wie einer seiner Helden, der verstorbene Qualitäts-Guru Edward Deming, meint Warren: „Ich muß nicht jeden bekehren! Ich bin kein Missionar. Ich bin nicht dazu da, denen zu helfen, die nicht wollen, daß man ihnen hilft. Mein Sinn ist, jenen zu helfen, die mit Sinn lernen wollen!"

Führungskräfte wie Warren, die Sinnfragen stellen und sich um Antworten bemühen, stellen fest, daß daraus oft innovative Produkte, Dienstleistungen und Geschäftsabläufe entstehen und das Bedürfnis der Menschen nach Bedeutung in ihrer Arbeit befriedigt wird.

Eine Hauptaufgabe von Führungspersönlichkeiten im 21. Jahrhundert besteht in der Beantwortung der Frage, die viele Gefolgsleute heute stellen: „Warum sollte ich dir folgen?" Sinngesteuerte Führer begreifen heute, daß jeder Wandel ein Selbstwandel ist – wir können niemanden zu etwas zwingen. Wir können die Menschen nur ermuntern, etwas tun zu wollen. Engagement und Handlungswille werden durch *Esprit de Core* erzeugt.

In meinen über 20 Jahren als Karriere-Coach für viele Führungskräfte hat mich immer wieder der Hunger nach einem höheren Sinn jenseits von persönlicher Karriere und lukrativem Verdienst beeindruckt. Diese Leute wollen klar wissen, wozu ihre Führungsrolle gut ist.

Wir sehnen uns in der heutigen Zeit nach Führungskräften, die authentische Quellen von *Esprit de Core* sind. Wir sehnen uns nach Führungskräften, die von innen nach außen führen und deren Handeln durch Integrität gekennzeichnet ist. Integrität spiegelt sich in allen Handlungen, die unseren Sinn manifestieren. Sinn ist etwas, das Führungskräfte und Unternehmen tagtäglich leben. Er wird durch ihr Handeln, nicht durch Erklärungen reflektiert.

Sinn läßt sich nicht schöpfen, indem man Worte auf ein Stück Papier kritzelt. Er offenbart sich im Terminkalender und im Geldbeutel von Führungskräften – wofür sie ihre Zeit und ihre finanziellen Mittel aufwenden. Er erwächst aus ihren tiefsten Wesenszügen und Überzeugungen.

Mit Sinn führen heißt, die kleinen Versprechen, die wir uns selbst und anderen gegenüber machen, zu erfüllen. Das abstrakte Konzept der Integrität wird deutlicher, wenn wir an Freunde denken, die ihre kleinen Versprechen halten, und mit jenen vergleichen, die dies nicht tun. Freunden, die zu ihrem Wort stehen, bringen wir ein hohes Maß an Vertrauen entgegen. Die Versprechungen weniger integrer Freunde bleiben vage, verschwommen oder unerfüllt. Sie mögen die besten Absichten haben, doch ihre Taten halten ihren Worten nicht stand. Genauso vergleichen wir das, was Führungskräfte als ihren Sinn definieren, mit dem, wie sie handeln. Wir vergleichen ihre verbalen Statements mit ihren Taten.

Moderne Führungskräfte müssen sich der Spiritualität in der Arbeitswelt stellen. Spiritualität ist ein Aspekt von Arbeit, der in vielen Unternehmen nicht thematisiert wird. Aber warum gehen so viele Führungspersönlichkeiten in Kirchen, Moscheen, Tempel oder suchen anderswo nach Erklärungen? Was spielt sich ab in ihren Köpfen, wenn sie die großen Fragen „Wer bin ich?", „Wozu bin ich auf dieser Welt?", „Was stelle ich mit meinem Leben an?" reflektieren?

Mit Sinn agierende Führungskräfte reagieren enthusiastisch auf die Möglichkeit, in ihrer Rolle *Esprit de Core* in die Arbeitswelt zu bringen. Das griechische Wort für Enthusiasmus heißt übersetzt „von Gott erfüllt sein". Wenn wir „von Gott erfüllt" sind, führen wir mit Sinn. In unserer heutigen Zeit sind Menschen, die mit Sinn und Spiritualität führen, ein kostbares Gut.

Teil 4

Wege zur Sinnfindung

13 Leben Sie von innen nach außen?

*Bedeutung im Leben entdecken wir
auf drei verschiedene Weisen:
1. durch Taten,
2. durch Erfahren von Werten und
3. durch Leiden.*

Victor Frankl

Wo fangen Sie an? Wie finden Sie heraus, wofür Sie sich engagieren wollen? Wie bringen Sie Sinn in Ihr Dasein?

Unsere Arbeit ist unser in konkrete Aktion übersetzter Sinn. Wenn wir die Augen für die Welt um uns herum öffnen, finden wir unendlich viel „Arbeit", die unsere Energien und Talente fordert.

- Welche Artikel Ihrer Tageszeitung lesen Sie regelmäßig?
- Von welchen TV-Reportagen fühlen Sie sich angezogen?
- Welche Teile des Geschäftsplans Ihrer Firma interessieren Sie?
- Welche Reden oder Präsentationen haben Sie bewegt?
- Welche „sinnerfüllten" Führungspersönlichkeiten inspirieren Sie?
- Welche Fachzeitschriften, Journale etc. abonnieren Sie?
- Welche Aspekte Ihrer Kirche, Synagoge oder spirituellen Vereinigung interessieren Sie?
- Welcher Programmpunkt Ihrer politischen Partei bewegt Sie?

Die Gemeinschaft, in der wir leben, hält eine Vielzahl an Möglichkeiten bereit, mehr Sinn und Bedeutung in unser Leben zu bringen. Um unsere Berufung zu entdecken, müssen wir von innen nach außen leben – die Themen auskundschaften, die uns bewegen.

Victor Frankl zeigt drei Methoden der Sinnfindung auf: „Bedeutung im Leben entdecken wir auf drei verschiedene Weisen:

- durch Taten,
- durch Erfahren von Werten und
- durch Leiden."

„Taten"

Eine Methode der Sinnfindung besteht darin, „zu entdecken", was gewollt und gebraucht wird, und es an Ort und Stelle zu produzieren: im Job, in Familie, spiritueller Vereinigung oder Gemeinschaft.

John Horan-Kates fühlt heute ein dringendes Bedürfnis nach einem „balancierten Lebensstil". Als ein Gründer und Geschäftsführer des White River Institute in Vail, Colorado, definiert John seinen Sinn so: „Einen ausgeglichenen Lebensstil zu fördern, indem ich ihn selbst praktiziere und Leute für Lern- und Rekreationsprogramme in die Berge bringe." Das White River Institute erforscht, entwickelt und präsentiert Programme, die zu mehr Ausgewogenheit im Leben beitragen sollen. John möchte Leuten über das Institut zur „Heilung" in den Bergen verhelfen, wo sie entspannen, sich selbst neu kennenlernen, im wörtlichen Sinne „re-kreieren" können. Entspannung mit Sinn – diese Devise hat er sich auf die Fahnen geschrieben.

Johns Leidenschaft für die Themen Familie, Berge und Lernen führte zusammen mit seinem Talent als Konzeptentwickler zur Gründung des White River Institute. Das Institut erlaubt ihm eine Schlüsselrolle in der Schaffung einer „balancierten" Welt, wie sie ihm vorschwebt.

Sichtbare Ergebnisse und Taten – speziell solche, die von uns mit initiiert wurden – sind wichtig. Von außen betrachtet mögen sie trivial erscheinen, doch aus persönlicher Warte sind sie bedeutungsvoll. Damit Taten uns persönliche Genugtuung spenden, müssen sie auf unser persönliches Konto gehen. Anspruch auf fremde Leistungen oder nicht vollendete Taten zu erheben ist weit weniger befriedigend. Das heißt jedoch nicht, daß die gewählte Tat imposant oder zwingend sichtbar für andere sein muß. Nur „Weltverbesserer" haben es nötig, über ihre Glanztaten Buch zu führen. Vermutlich schmälert solches „Buchführen" sogar unser Gefühl von Befriedigung, weil es eindeutig dokumentiert, daß unser Engagement von äußeren Einflüssen – oder unserem Ego – gesteuert ist.

„Werte erfahren"

Unsere Kernwerte lenken unser Verhalten. Sofern wir ihn identifiziert und geklärt haben, kann ein übergeordneter Wert eine Sinnquelle für uns darstellen. Wenn Umstände oder persönliche Schwächen uns verleiten, gegen unsere Kernwerte zu verstoßen, fühlen wir uns schlecht und deprimiert.

Sinn fordert uns auf, unsere Einmaligkeit als Individuum in die Welt zu bringen. Auch Bernie Saunders ist – wie jeder von uns – einmalig. Getrieben von seiner Freude am Lernen verdient er seinen Lebensunterhalt als Autor, Trainer und Lernberater. Der erste Schritt auf dem Weg zu seiner Berufung war, „unter dem Pult hervorzukommen".

In der ersten Klasse im ersten Monat versteckte Bernie sich regelmäßig unter dem Lehrerpult und wollte partout nicht herauskommen. Er schildert seine Ängste: „In diesem Raum war ich machtlos, ohne jede Kontrolle. Ich fühlte mich übermannt von dem Gefühl, was im Innern des Klassenzimmers passierte, habe absolut nichts mit dem zu tun, was draußen vor sich ging, wo ich die Dinge einigermaßen kontrollieren konnte. Ich fühlte mich dumm, unzulänglich und blieb bei den Kameraden im Spiel wie im Sport ein Außenseiter."

Dieses „Unter-dem-Pult"-Gefühl schleppte Bernie seine gesamte Schulzeit mit sich herum. Seine Freude am Lernen, die Leidenschaft für neue Entdeckungen erschloß sich ihm erst später. Er stellte fest, daß es „für Klein Bernie besser war, unter dem Pult hervorzukommen".

Die Leidenschaft für neue Entdeckungen spiegelt sich auch in seinem heutigen Sinn: „Umgebungen und Räume zu schaffen, die Menschen offen machen für die Freude am natürlichen Lernen." Als Autor, Berater und Workshop-Leiter will er, daß wir unser einmaliges Ich ausleben, wenn er sagt: „Leben ist Kunst! Eure Aufgabe ist, eure persönliche Kunstform zu entdecken."

Das Wagnis, wir selbst zu sein, ist zutiefst persönlich und schwierig, denn es setzt Alleinsein und Kontemplation voraus – beides wird von vielen Menschen heute als unnatürlich empfunden. Und da es sich bei der Reflexion um eine sehr private Entdeckungsreise handelt, kann sie uns niemand abnehmen.

„Leiden"

Es gibt Krisen, die unsere Lebensqualität auf dramatische Weise beeinträchtigen, die so verheerend sind, daß wir erschüttert oder voller Wut eher an die völlige Sinnlosigkeit als an den Sinn unserer Existenz glauben. Gefühle von Schock oder „In-der-Luft-Hängen" stellen sich ein. Doch wenn wir solche Krisen meistern, bieten sie uns eine Chance zur Findung, Klärung oder Bestärkung unseres Sinns. Unter „Leidensdruck" lernen wir uns selbst besser kennen. Beispiele für Auslöser, die uns drängen, der Sinnfrage auf den Grund zu gehen, sind: Tod eines geliebten Menschen, Scheidung, Trennung vom Partner, schwere Krankheiten oder gesundheitliche Einschränkungen, Verlust der Arbeit, Umzug, Pensionierung, große finanzielle Gewinne oder Verluste.

Ereignisse dieser Art konfrontieren die meisten von uns – zumindest vorübergehend – mit den großen Fragen: „Wer bin ich?", „Wozu bin ich auf dieser Welt?", „Was stelle ich mit meinem Leben an?" Unsere Lebensbahn und unser Selbstverständnis werden jäh unterbrochen oder in Zweifel gezogen. Wir werden „wiedererweckt" für den Sinn und die Bedeutung, die wir so sehr brauchen.

Unweit von Osceola, Wisconsin, liegt etwas versteckt eine Wellness-Farm der besonderen Art. „Von innen nach außen leben" – der Aveda Spa ist ein Symbol für diese Philosophie. Nasreen Koaser verkörpert die Mission der Aveda Corporation: „Die Förderung von kontinuierlichem Lernen als Fundament für Erfolg und Wohlbefinden." In Einklang mit der Aveda-Philosophie ist es Nasreens Ziel, die „pure Essenz" ihrer Kunden an die Oberfläche zu holen. Die Hair-Stylistin oder „Image-Modelliererin", wie es auf ihrer Karte heißt, läßt so viel Liebe und heilende Berührung in ihre Behandlungen einfließen, daß ihre Kunden von überallher kommen und sie meist Monate im voraus ausgebucht ist. In unserer geschäftigen, schnellebigen, terminüberfrachteten Zeit erwartet Nasreen ihre Kunden mit heißem Tee, freundlichen Worten, heilenden Berührungen und einem offenen Herzen.

Sie wurde vom Gründer des Aveda Spa persönlich eingeladen, dort zu arbeiten. Horst Rechelbacher ahnte, welch großartigen spirituellen Beitrag sie leisten konnte. Als Nasreen vor fünf Jahren ihr Geburtsland Indien verließ, um nach Amerika zu gehen, gab sie mit einem Schlag alles auf: Familie, Freunde, das typische Essen, spirituelle Sitten. Die Veränderung warf sie auf ihr Innerstes zurück, um ihr wahres Ich und die Bedeutung ihrer Arbeit zu erforschen. Sie möchte Menschen glücklich machen, indem sie ihnen hilft, sich so wohl und gut in ihrer Haut zu fühlen wie nur möglich. Sie erklärt: „Ich liebe meine Arbeit, weil ich meine Kunden liebe. Gott schenkt mir jeden Tag Gelegenheit, die pure Essenz meiner Kunden an die Oberfläche zu holen. Das ist mein Sinn, und ich bin dankbar für eine Arbeit, die mich meine Begabung nutzen läßt."

Indem wir von innen nach außen leben, beginnen wir, die Möglichkeiten neuer Rollen und Aufgaben zu erwägen. Im frühen Stadium gleicht dieser Prozeß einer gierigen Suche nach neuen externen Vergnügungsangeboten, die die durch den Verlust entstandene Lücke füllen sollen. Aber mit der Zeit läßt der Schmerz nach und macht langsam Platz für eine in die Zukunft gerichtete Hoffnung – eine neue Vision von uns selbst. Unsere Prioritäten verschieben sich zugunsten eines Wachstums in neue Richtungen. Je besser wir uns mit der Veränderung abfinden und je normaler unser Leben wird, um so stärker werden wir von einem Gefühl neuer Kraft und Zuversicht dominiert. Und desto gewaltiger spüren wir die tiefe Freude, die uns erfüllt, wenn wir von innen nach außen leben.

14 Entdecken Sie Ihre Begabungen

*Die meisten von uns gehen ins Grab,
während unsere Musik noch in uns klingt.*

Oliver Wendell Holmes

Wo liegen Ihre Begabungen? Wie können Sie sie für etwas einsetzen, woran Sie glauben – Werte, Produkte, Personen, Dienstleistungen, Ideale, Probleme oder Organisationen? Die Macht des Sinns bedeutet, unsere Begabungen zu entdecken – jene, derer wir uns bereits bewußt sind und die wir perfektionieren wollen, und jene, die sich zaghaft zu Wort melden und die wir gern testen oder erkunden würden. Obwohl im Alltag ständig über Fähigkeiten und Talente gesprochen wird, versuchen nur wenige, genau festzustellen, wo ihre natürlichen Begabungen liegen. Dabei kann unser Sinn seine Kraft nur entfalten, wenn wir unsere natürlichen Begabungen kennen und einsetzen.

Wir alle besitzen kostbare Begabungen und Talente. Diese Annahme hat sich bei jedem meiner Klienten der letzten 20 Jahre bewahrheitet. Jeder ist in irgendeiner Richtung begabt. Viele mögen das bestreiten, weil sie sich niemals auf ihre Stärken, sondern statt dessen auf ihre Schwächen konzentriert haben.

Wir alle besitzen natürliche Fähigkeiten und Neigungen, registrieren mit Erstaunen, wie leicht uns einige Dinge fallen. Manches geht uns so spielerisch von der Hand, daß wir uns keines speziellen Talents bewußt sind. Das ist dann eine echte Begabung oder Gabe! Wir mußten uns nicht anstrengen, um diese Gabe zu erwerben, sie wurde uns in die Wiege gelegt. Wir mußten sie nicht einmal ausgiebig üben!

Puritanische Denkmuster haben viele überzeugt, daß nur das einen Wert hat, was man hart erarbeiten muß, alles andere wertlos ist. Unsere Begabungen beurteilen wir oft so: „Das fällt mir leicht, also muß es wohl jedem leichtfallen." Wir unterschätzen ihren Wert. Dabei sind unsere Begabungen unser größtes Kapital. Und um Erfüllung in unserer Arbeit zu finden, müssen wir sie entdecken und ausdrücken.

Caroline Otis' Beruf ist seit über 20 Jahren das Schreiben. Diese Tätigkeit ermöglichte es ihr, wichtige Begabungen zu nutzen und auszubauen, und gab ihr die Freiheit, in ihrem geliebten Zuhause zu arbeiten und ihren Tagesablauf nach den Bedürfnissen ihrer geliebten Familie auszurichten. Im Laufe der Jahre wurde sie öfter von Freunden gefragt: „Warum bist du immer so glücklich?" Carolines Antwort: „Weil mein Leben eine Mischung ist aus Arbeit, Mutterrolle, Gemeindeaktivitäten, körperlichem Ausgleich und Chorsingen."

Als ihre Kinder dann aufs College gingen, kristallisierte sich jedoch heraus, daß sie am meisten Sinn in der Rolle der Erzieherin fand. Die Erkenntnis, wieviel Freude es bringt, junge Menschen für ihre Zukunft vorzubereiten, ließ in ihr die Idee keimen, anderen Heranwachsenden zu einem gelungenen Start ins Leben zu verhelfen.

„Jungen Menschen helfen, ihren Sinn zu entdecken, ihre Stärken und Passionen zu identifizieren und zu entwickeln und voll Energie und Freude in die Zukunft aufzubrechen" – so beschreibt Caroline heute ihren Sinn.

Sie wuchs in dem Glauben auf: Wenn man weiß, daß man etwas nicht perfekt beherrschen kann, warum sich dann die Mühe machen und es überhaupt probieren? Mit 40 Jahren wurde ihr klar, daß „alles, was es wert ist, getan zu werden, wert ist, getan zu werden – zur Not auch schlecht." Sie lernte viel mehr, wenn sie Neues ausprobierte – egal, wie dumm sie sich anstellte –, als wenn sie nur das tat, was sie ohnehin gut konnte.

Caroline meldete sich in einem Gospel-Chor an – nicht weil sie eine tolle Sängerin war, sondern weil dem Singen, vor allem von Gospels, ihre Leidenschaft gehörte. Der Chor war eine großartige Erfahrung für sie, weil es beim Gospelsingen darum geht, völlig leer zu werden, damit der „Spirit" ein- und ausströmen kann. Die Leistung ist weniger wichtig als die Gabe, sein Innerstes nach außen zu kehren.

In diesem „Gospel-Spirit" – und weil sie eine leidenschaftliche Kinogängerin ist – legte sie, nachdem die Kinder aus dem Haus waren, eine berufliche Pause ein und arbeitete im Team des Kinofilms *Lone Star* von Drehbuchautor, Regisseur und Romanschriftsteller John Sayles mit. Sie erinnert sich: „Ich war Kabelträgerin im Sound-Bereich – und eine ziemlich lausige dazu!" Aber sie lernte eine Menge über das Filmemachen und über sich selbst.

Bei der Filmvorstellung beim South by South-Film-Festival machte eine Frage aus dem Publikum Caroline hellhörig. Ein Mann wollte von John Sayles wissen, ob er jemals den Mut verlöre und versucht sei, seinen Job als Autor und Filmemacher an den Nagel zu hängen. John antwortete, er sähe sich nicht als Autor und definiere sich auch nicht als Filmemacher. Er ließe sich nur von Geschichten faszinieren und, fügte er hinzu, liebe es, die beste Möglichkeit zu finden, diese Geschichten zu erzählen – sei es über das geschriebene Wort oder auf der Kinoleinwand. Johns Sinn ist, Geschichten aufzustöbern, die ihn bewegen, und diese zu erzählen.

Für Caroline besteht der Quantensprung heute darin, eine Beschäftigung zu finden, die sie liebt, und sich ihr voll und ganz zu widmen – „ihr Ruder in den Fluß zu tauchen und feste zu paddeln". Und sollte eine Sache scheitern, wartet hinter der nächsten Flußbiegung bestimmt eine neue reizvolle Aufgabe – sie darf nur nicht zu rudern aufhören! Ihr Sinn besteht darin, jungen Menschen zu einem „gelungenen Start ins Leben" zu verhelfen, so wie sie es bei ihren eigenen Kindern getan hatte.

Einige Forscher behaupten, wir Menschen hätten zahlreiche Talente und Möglichkeiten, unsere angeborene Intelligenz zu erfahren. Unsere einzigartigen Talente zu entdecken ist der Motor für unsere Sinnfindung. Basierend auf den Forschungen von Howard Gardner, Dozent an der Harvard University, unterscheidet man acht Schlüsselkategorien von Begabungen. Gardner gilt seit 1983 als Urheber der Theorie „multipler Intelligenzen". In seinem Buch *Frames of Mind* berichtete er über seine Originalstudien, die ihn zu der Schlußfolgerung brachten, jeder Mensch habe mindestens sieben Intelligenzen. Kürzlich ergänzte er eine achte. Wie schneiden Sie in den acht Kategorien ab? Wo liegen Ihre Stärken? Ihre Schwächen?

1. *Linguistisch:* Mögen Sie Sprachwitz, Wortspiele, Reime oder Zungenbrecher? Drücken Sie sich korrekt und überzeugend aus? Wenn Sie zu dieser Kategorie gehören, dann ist Sprache und alles, was dazu gehört – Lesen, Schreiben, Formulieren –, Ihre natürliche Begabung. Sie können sich in Wort und Schrift klar ausdrücken, Instruktionen erteilen und effektiv kommunizieren.
2. *Logisch:* Beherrschen Sie den Umgang mit Zahlen? Mögen Sie Fakten, Daten, den Ausgleich von Soll und Haben? Wenn Sie zu dieser Kategorie gehören, dann sind Zahlen und Logik – Vernunft, kritisches Denken, mathematische Problemlösungen – Ihre natürliche Begabung. Sie können Reaktionen vorhersehen, weil Sie das Leben rationell und logisch anpacken.
3. *Räumlich:* Denken Sie visuell? Haben Sie ein ausgeprägtes Vorstellungsvermögen, sind Sie in der Lage, Farben, Texturen und Formen präzise wahrzunehmen? Wenn Sie zu dieser Kategorie gehören, dann ist das Denken in Bildern, Formen und Farben Ihre natürliche Begabung. Sie sind dreidimensional orientiert und fähig, Ihre Ideen zu visualisieren, zu skizzieren, zu zeichnen oder zu malen.
4. *Musisch:* Summen Sie gern vor sich hin, erfinden Melodien oder singen Lieder im Radio mit? Haben Sie ein Gefühl und eine Affinität für Rhythmik? Wenn Sie zu dieser Kategorie tendieren, dann sind Rhythmen und Melodien – Singen in einer Tonlage, Rhythmusgefühl, ein Ohr für Musik – Ihre natürliche Begabung. Sie können verschiedene Musikstile unterscheiden und wissen die Kunst der Komposition zu schätzen.

5. *Kinetisch:* Mögen Sie Sport, Gymnastik, Tanz oder manuelles Arbeiten? Beherrschen Sie Ihren Körper effektiv? Wenn Sie zu dieser Kategorie gehören, dann sind athletisches Können und „Hands-on"-Problemlösungen Ihre natürliche Begabung. Sie können Dinge montieren, Modelle bauen, bildhauern, tanzen. Sie haben Spaß an körperlichen Aktivitäten jeder Art.
6. *Interpersonell:* Interessieren Sie sich für die Gefühle anderer Menschen? Kommunizieren und kooperieren Sie erfolgreich? Wenn Sie zu dieser Kategorie gehören, dann sind Verständnis und Eingehen auf die Bedürfnisse, Gefühle und Wünsche anderer sowie die Zusammenarbeit mit ihnen Ihre natürliche Begabung. Sie sind fähig, die Welt aus fremder Perspektive zu betrachten, und kommen gut mit Ihren Mitmenschen aus.
7. *Intrapersonell:* Mögen Sie es, Ihren Gedanken nachzuhängen oder zu meditieren? Haben Sie Freude am Alleinsein und an der Reflexion? Wenn Sie zu dieser Kategorie gehören, dann sind der Einklang mit Ihrem Ich und das Bewußtsein um Ihre innersten Gefühle Ihre natürliche Begabung. Sie können gut allein sein und auf unabhängige, disziplinierte und selbstmotivierte Weise über Ihre Umgebung nachdenken.
8. *Naturalistisch:* Macht es Ihnen Spaß, zu klassifizieren und analysieren, wie die Dinge zusammenhängen? Wenn Sie zu dieser Kategorie gehören, dann sind das Begreifen und Systematisieren der natürlichen Welt – unserer Umwelt – Ihre natürliche Begabung. Sie haben ein intuitives Verständnis für große und kleine Zusammenhänge.

Betrachtet man das Thema Begabungen unter Gardners Perspektive, so erschließen sich uns neue Möglichkeiten. Wir können der Vielfalt unserer Begabungen mehr Wert beimessen und individuelle Unterschiede als Stärken begreifen. Indem wir fähig sind, unsere einzigartigen Begabungen zu erkennen und zu würdigen, bekommt unsere Sinnsuche die nötige Schubkraft.

Wenn Sie mehr Zeit und Energie auf eine eingehende Erkundung oder Bestätigung Ihrer Talente verwenden wollen, sollten Sie eines der Bücher in der Bibliographie lesen, die sich detailliert mit dem Thema befassen. Wenn Sie verwirrt sind, wo denn nun Ihre Begabungen liegen, bitten Sie Ihren Ehepartner, Freunde, Kollegen, Vorgesetzte oder eine andere Person, die Sie sehr gut kennt, um Hilfestellung, Ihre Stärken zu klären und sich auf sie zu konzentrieren.

Der Gedanke, Spaß an der Arbeit zu finden, wird von vielen akzeptiert und zugleich in Frage gestellt, obwohl jeder einsehen müßte, daß unsere Leistung besser ist, je mehr Spaß wir an etwas haben. Leider herrscht noch immer die Meinung vor, daß Arbeit toleriert und der Spaß für die Freizeit aufgehoben wird. Dabei frißt unsere Arbeit den Großteil unserer Wachstunden. Wenn man bedenkt, daß wir 60 Prozent unseres Lebens mit Arbeit verbringen, gebietet der gesunde Menschenverstand, die Begabungen, die uns am meisten Spaß machen, zu finden und einzusetzen. Niemand zwingt uns, wie Oliver Wendell Holmes es ausdrückt, ins Grab zu gehen, „während unsere Musik noch in uns klingt".

Schon früh im Leben lernen wir, daß bestimmte Talente in unserer Gesellschaft mehr wert sind als andere. Und daher halten wir sie für unnütz, fragen skeptisch: „Wie soll ich damit meinen Lebensunterhalt verdienen?" oder „Welchen ökonomischen Nutzen könnte dieses Talent wohl haben?"

Selbstkenntnis – zu wissen, wo unsere Stärken liegen und was wir gern tun – ist nicht nur wichtig für die richtige Berufswahl, sondern auch, um unserer Sinnfindung Kraft zu verleihen. Allen beruflichen Entscheidungen sollte die Frage vorausgehen: „Entspricht diese Arbeit den Begabungen, an denen ich am meisten Spaß habe?"

15 Entdecken, was Sie bewegt

Ich habe einen Traum ...

Martin Luther King

Wie setzen Sie Ihre Begabungen am besten ein, wenn Sie sie kennen? Für welches Ziel? Der nächste wichtige Schritt besteht darin herauszufinden, was Sie bewegt. Für viele ist das der schwierigste Teil, weil wir glauben, daß „alles, was es wert ist, getan zu werden, ist wert, gut getan zu werden". Leider wurde die Betonung fälschlicherweise auf „gut getan zu werden" gelegt, und die entscheidende Frage „Was ist es wert, getan zu werden?" geriet ins Hintertreffen.

Wenn Sie eine Ahnung haben, welches Ihre Begabungen sind und was Sie bewegt, dann verfügen Sie über die Macht der Sinnerfüllung. Lebens- und Arbeitsentscheidungen, die von Begabungen und Passionen inspiriert sind, sorgen für Lebendigkeit und einen freien Energiefluß.

Als ich eine frühere Version dieses Buchs schrieb, arbeitete ich an einem kleinen antiken Schreibtisch in meiner 100 Jahre alten Holzhütte in den Wäldern von Wisconsin. Ringsum von Büchern eingekreist, ging ich so in meiner Aufgabe auf, daß ich mir manchmal vorkam wie in einem anderen Bewußtseinszustand. Mitunter verlor ich das Gefühl für Zeit und Raum, während aus einem tiefen Brunnen in mir tausende Ideen sprudelten. Diesen Zustand bezeichnet der Chicagoer Psychologe Mihalyi Csikszentmihalyi als „Flow" – eine Leidenschaft, die über Zeit und Raum erhebt.

In seinem Buch *Flow: The Psychology of Optimal Experience* vertritt Csikszentmihalyi die These, daß wir in einem

Zustand des „Fließens" der totalen Erfüllung am nächsten kommen. Seine Forschungen brachten ihn zu der Auffassung, der passionierte Eifer, Probleme zu lösen und Herausforderungen zu meistern, ließe uns Genuß an Spitzenleistungen empfinden. Indem wir uns selbst, unsere Leidenschaften finden, verlieren wir uns in der Zeit.

Um Möglichkeiten zur Ausschöpfung unserer Talente zu erwägen, müssen wir unseren Flow-Zustand „anzapfen", damit wir die Bedürfnisse unserer Organisation, Familie, Gemeinschaft oder der Gesellschaft allgemein, die uns bewegen, erkennen und uns ihrer annehmen. Welche Nöte fallen Ihnen bezogen auf Ihre Familie, Nachbarschaft, Gemeinde, Firma, spirituelle Vereinigung, die Welt ein? Was muß getan werden? Bei welchen Themen haben Sie das echte Gefühl, daß sich „da jemand drum kümmern muß"?

Stellen Sie sich folgende Fragen, um Ihren Gedankenfluß anzuregen:

- Wenn man Sie bitten würde, eine TV-Reportage zu machen über etwas, das Sie bewegt, welches Thema würden Sie wählen?
- Welche Zeitschriften sprechen Sie besonders an? Welche Ressorts oder Artikel wecken Ihr Interesse?
- Wenn Sie eine Organisation zur Lösung eines Problems ins Leben rufen könnten, welches Problem würden Sie wählen?
- Welches Problem sähen Sie gern in einem Bestseller thematisiert?
- Zu welchem Thema würden Sie gern mehr lernen? Seminare besuchen? Ein Studium absolvieren?
- Welche Themen haben Sie in den letzten Jahren am stärksten bewegt? Welches Interesse verraten sie?
- Mit welchen Menschen finden Sie sich freiwillig immer wieder zu tiefgehenden Gesprächen zusammen? Worum geht es in Ihren intensivsten Diskussionen?
- Wenn Sie eine Million Dollar hätten und sie für eine gute Sache oder eine Problematik spenden oder einsetzen müßten, welches Thema würden Sie wählen?

- Gibt es ein Thema, an das Sie so sehr glauben, daß Sie bereit wären, sich ihm bei entsprechender Bezahlung hauptberuflich zu widmen?

Matthew Fox schreibt: „Spiritualität der Arbeit dreht sich um die Wiedervereinigung von Leben und Lebendigkeit. Daraus erwächst der richtige Geist." Er behauptet: „Spiritualität bedeutet Leben, und Leben und Lebendigkeit bedeuten mit Tiefe leben, mit Bedeutung, Sinn, Freude und dem Wissen, zum Wohl einer größeren Gemeinschaft beizutragen." Ist das auch Ihre Erfahrung von Arbeit?

Sally Humphries Leider sagt: „Mein Beruf erschien mir immer vollkommen natürlich. Ich liebe es, Kinder zu unterrichten, ihre Begabungen, ihren Geist zu wecken." Ihr Leben lang spürte Sally diesen direkten Draht zu Kindern als natürlichen Lernpartnern. Schon in der dritten Klasse bewunderte Sally ihre Lehrer. Sie sagt: „Ich träumte davon, mit meiner Lehrerin draußen auf dem Rasen zu sitzen und einfach nur zu reden."

Als Sally ihre Lehrerlaufbahn in der Stadt begann, vermißte sie die Natur mehr als alles andere. Sie war in Flußnähe aufgewachsen und meint: „Es war ein Geschenk, an einem Ort aufwachsen zu dürfen, dessen Luft von den Klängen und Gerüchen der Natur vibrierte. Wohin das Auge blickte – überall unverfälschte Natur. Diese Umgebung nahm ich für selbstverständlich, bis meine Eltern starben und ich nicht mehr an den Fluß zurück konnte." Sie strengte sich an, das „Geschenk" anderswo wiederzufinden – vergeblich.

Sallys Eltern hatten sich im Umweltschutz engagiert, für den Erhalt des Flußtals, in dem sie lebten, gekämpft und andere von der Wichtigkeit ihrer Sache überzeugt. Heute führt Sally ihren Kampf weiter. Als Umwelterzieherin besteht ihr Sinn darin, „in Kindern die Liebe zur Natur zu wecken". Sally setzt das Vermächtnis ihrer Eltern, ihr Engagement, fort, indem sie Kindern beibringt, die Intaktheit der Natur bewahren oder wiederherstellen zu helfen. Ihren Eltern verdankte sie, an einem Ort aufzuwachsen, der sie lehrte, die Natur zu lieben und bewußt wahrzunehmen. Sie brachten ihr bei, welche Dinge es wert sind, bewahrt, verteidigt oder gerettet zu werden.

Sallys Leidenschaft ist die Ökologie – in Harmonie mit der Natur zu leben, statt sie zu beherrschen. Sie glaubt an den Wert der Natur um ihrer selbst willen, nicht als „Selbstbedienungsladen" für die Ausbeutung durch den Menschen. Sie warnt: „Die Vielfalt an Lebensformen auf der Erde steht kurz vor dem Kollaps. Überall auf dem Planeten findet eine Ausrottung von Pflanzen- und Tierarten statt."

Um dieser fatalen Entwicklung entgegenzuwirken, hält Sally es für unerläßlich, Kinder die Natur auf direkte Weise erleben zu lassen. Sie hofft: „Wenn Kinder eine spezielle Verbindung zur Natur für sich entdecken, motiviert sie das, sich für den Erhalt von Tierarten und Ökosystemen einzusetzen. Ihnen dieses direkte Erlebnis nahezubringen – das ist meine Mission."

Am Ende von *Flow* geht Csikszentmihalyi auf die Macht des Sinns ein. Seiner Meinung nach können wir unser ganzes Leben in ein kontinuierliches Flow-Erlebnis transformieren, indem wir uns, wie er sagt, einem „Lebensthema" verschreiben. Was immer uns bewegt – Kinder unterrichten, glückliche Kinder großziehen oder ein Heilmittel gegen AIDS finden: „Solange sie uns klare Ziele und klare Verhaltensregeln vorgibt, unsere Konzentration und unser Engagement bündelt, kann jede Aufgabe unser Leben bedeutungsvoll machen."

Studieren Sie diese Auswahl aktueller „Lebensthemen" und finden Sie heraus, was Sie bewegt.

Benachteiligte Bevölkerungsgruppen

- Blinde und Sehgeschädigte
- Kriegsveteranen
- Gehörlose und Hörgeschädigte
- Senioren / Hochbetagte
- Sonderschüler / Lernbehinderte
- Rollstuhlgerechte Räumlichkeiten
- Behindertenolympiade

- Sprachbehinderte
- Einkommensschwache
- Rechtsbeistandsuchende
- Sozialhilfeempfänger
- Mit dem Strafrecht in Konflikt Geratene
- Sonstige?

Gesundheitswesen

- Hospize / Pflegeeinrichtungen
- Mobile Pflegedienste
- Alkohol- / Drogenentzug
- Raucherentwöhnung
- Mentale Gesundheit
- Erste Hilfe / Sicherheitsprogramme
- Medikamentensucht
- Fitness / Wellness
- Heilverfahren
- Ernährung
- Nahrung und Kleidung für Notleidende
- Eßstörungen
- Medizinische Forschung
- Krankheiten (Krebs, Herz, Blut etc.)
- AIDS
- Sonstige?

Gemeinde

- Katastrophenhilfe
- Ausbildungsqualität
- Tierschutz
- Gebäudesanierung
- Nachbarschaftshilfe
- Kundeninformation/Beschwerden
- Kunst und Kultur
- Politische Aktivitäten

- Bürgerrechte / Fremdenfreundlichkeit
- Eingliederung von Ausländern und Flüchtlingen
- Suppenküchen für Bedürftige etc.
- Sonstige?

Frauen/Kinder/Familie

- Dienstleistungen für Hausfrauen
- Familienplanung
- Kindertagesstätten
- Arbeitsbeschaffung für Jugendliche
- Kinderpflegeheime
- Finanzielle Beratung
- Mißbrauchsopfer (körperlich, sexuell etc.)
- Begabtenförderung
- Adoption
- Elternfortbildung
- Alleinerziehende
- Männerorganisationen
- Frauenorganisationen
- Sonstige?

Spiritualität

- Religiöse Gemeinschaften
- Missionshilfe
- Vorbereitung auf das Familienleben
- Ökumenische Bewegung, Kirchentage etc.
- Soziale Aktionszirkel
- Spirituelle Wegweisung
- Spirituelle Studien, Erneuerung, Praktiken
- Übergreifende Jugendarbeit
- Religiöse Bildung
- Krisenintervention
- Sonstige?

Arbeit

- Arbeitsplatzvergabe (Ältere/Jugendliche etc.)
- Produktivität
- Qualität des Arbeitslebens
- Finanzielle Beratung
- Berufstätige Frauen / Mütter
- Balance von Arbeit und Alltag
- Geschlechtergleichstellung
- Pensionierung / Ruhestand
- Human Relations
- Sonstige?

Umwelt

- Alternative Energien
- Verschmutzung
- Urbanisierung / Erneuerung
- Recycling
- Landwirtschaft
- Freizeitmöglichkeiten (Naturparks etc.)
- Naturschutz
- Tier- und Artenschutz
- Massenbeförderung
- Bevölkerung
- Atommüll
- Wasserqualität
- Sonstige?

Alle Personen in diesem Buch, die entdeckt haben, was sie bewegt, mußten zuerst ihre selbstkreierten Zweifel und Hindernisse überwinden. Nachfolgend werden drei häufige Hindernisse auf dem Weg zu unserer Sinnfindung erläutert. Fragen Sie sich jedesmal kritisch: „Ist das auch meine Meinung?"

Hindernis 1:
Um Sinn zu finden, muß ich etwas nie Dagewesenes schaffen

Mal ehrlich: Fällt Ihnen irgend etwas ein, das vollkommen neu wäre? Fast alle Ideen oder Dinge sind eine Erweiterung oder Synthese früherer Ideen. Neue wissenschaftliche Erkenntnisse bauen auf alten fundamentalen Wahrheiten auf. Revolutionäre Durchbrüche sind oft das Resultat einer Neustrukturierung oder -anwendung angestammter Konzepte. Wie Staffelläufer laufen wir einfach mit dem Holz zur nächsten Markierung. Während wir uns unserem Sinn annähern, finden wir uns oftmals mit der Tatsache ab, daß die meisten neuen Ideen auf Anleihen, Kombinationen oder Modifizierungen alter Ideen basieren.

Das Paradoxon unserer Sinnsuche besteht darin, daß wir uns zunächst mit den Ideen anderer vertraut machen müssen, um neue Lösungen zu finden. Diese fremden Ideen sind der Ausgangspunkt für unsere eigenen Lösungen. Sammeln Sie so viele Informationen wie möglich (wissend, daß es nie genug sind). Treffen Sie eine Entscheidung. Und setzen Sie Ihre Sinnsuche systematisch fort.

Hindernis 2:
Nur wenige Auserwählte finden wahren Sinn im Leben

Der wohl meistverbreitete Mythos von allen. Wir sind es gewohnt, uns zur Lösung vieler Probleme auf Heilige, Weise und Experten zu verlassen. Dabei strotzt die Geschichte vor großartigen Leistungen von Leuten, die fast keine Erfahrung auf dem Gebiet hatten, auf dem sie glänzten. Ein Novize zu sein ist oft von Vorteil, weil traditionelle Sichtweisen nicht den Horizont einengen.

Sinn verhält sich proportional zu der Leidenschaft, die wir aufbringen, nicht zum Grad unserer Expertise. Die Leidenschaft, etwas Einzigartiges zu leisten, ist die stärkste Triebfeder.

Die „Blitz"-Theorie will uns weismachen, kreative Einfälle oder Neuorientierungen seien brillante Eingebungen, die auf ein paar Glückliche „niederfahren". Nur wenige Auserwählte würden von der Erleuchtung getroffen. Wenn wir das glauben, passiert garantiert nichts! Bedeutung erschließt sich jenen, die sie suchen. Jeder, der Erfolg hat, wird bestätigen, wie absurd es ist, auf eine „Erleuchtung" zu warten. Erst legen wir los – dann stellen sich nach und nach die Einsichten ein.

Hindernis 3:
Sinnsuche ist schön und gut, aber mir fehlt die Zeit!

Oft nimmt uns der Kampf ums tägliche Leben so sehr in Anspruch, daß unser Blickwinkel verzerrt wird und unsere Tätigkeit, statt ein Mittel zum Zweck zu sein, zum Selbstzweck mutiert. Henry David Thoreau drückte es so aus: „Es reicht nicht, vielbeschäftigt zu sein. Ameisen sind auch vielbeschäftigt." Was wir uns fragen sollten, ist: „Womit sind wir so beschäftigt?"

„Herrje, ich würde mich so gern engagieren, aber mir fehlt einfach die Zeit! Ich habe eine Frau, Kinder, finanzielle Verpflichtungen. Woher um Himmels willen soll ich die Zeit nehmen?" Klingt bekannt? Für die meisten ist Zeit in der Tat ein rares Gut.

Zu warten, bis wir Zeit haben, ist so aussichtslos, wie Geld sparen zu wollen, indem man beiseite legt, was man zufällig nicht ausgibt. Der einzige Weg, die Zeit zu finden, um unseren Sinn zu entdecken und zu leben, besteht darin, sie von anderen Aktivitäten zu stehlen. Darum dreht sich die Macht des Sinns: unsere Energien in den Dienst unserer wahren Prioriäten zu stellen.

Die meisten von uns hatten bereits ein „Flow"-Erlebnis – waren von einer Aufgabe so gefangen, daß sie die Welt um sich herum vergaßen. In seinem Buch *Flow* behauptet Mihaly Csikszentmihalyi, fast jeder könne sich in den Flow-Zustand versetzen, wenn er folgende Hinweise beachtet:

- Wählen Sie eine Aktivität, die Sie bewegt.
- Nehmen Sie sich vor, Ihre Begabungen so effektiv wie möglich einzusetzen.
- Vergewissern Sie sich, daß klare Ziele und direktes Feedback Ihre Aktivität begleiten, damit Sie Fortschritte erkennen und mangels sichtbarer Resultate nicht vorzeitig ausbrennen.
- Blenden Sie innere und äußere Ablenkungen aus, um die absolute Konzentration zu erreichen, die den Flow-Zustand einleitet.
- Konzentrieren Sie sich voll und ganz auf das, was Sie tun, damit Ihre tiefsten Energien auf den Plan gerufen werden.

16 Das Alleinsein entdecken

*Geht man dem Ursprung des Wortes „Geist" nach,
erfährt man, daß es vom Lateinischen spirare
– „atmen" – abstammt ...
In der tiefsten Bedeutung ist der Atem selbst
das ultimative Geschenk des Geistes.*

Jon Kabat-Zinn

Oft erkennen wir unsere Berufung, wenn wir uns dem Alleinsein stellen. Hin und wieder müssen wir uns die Zeit nehmen, uns still hinzusetzen, Seele und Körper zu harmonisieren, die kleine, leise Stimme in unserem Innern zu hören. Wie können wir unsere innere Stimme wahrnehmen, wenn wir uns nicht die Zeit zum Zuhören nehmen? Schaffen Sie in Ihrem Alltag Zeit für das Alleinsein?

Um unter die Oberfläche der Dinge zu dringen, müssen wir allen Details Aufmerksamkeit schenken. Eingespannt zwischen Arbeit und Privatleben, fällt es nicht leicht, unseren Sinn zu finden. Die Frage nach dem „Warum?" bleibt im Alltagstrott meist offen. Das Leben scheint oftmals sinnleer, ohne erkennbares Ziel.

Um so größer ist unser Bedarf, uns regelmäßig auf das „Warum" zu besinnen. Doch wir gönnen uns zuwenig Muße für die regelmäßige Reflexion. Alleinsein und Kontemplation erlauben uns, hinter die Fassade zu blicken. Wir wissen nicht mit dem Kopf, sondern mit dem Herzen. Unsere Intuition erkennt eine Macht, die über das Natürliche und Rationale hinausgeht, und akzeptiert sie kraft ihres Glaubens.

Wir können Maßnahmen ergreifen, um die Fähigkeit, unserer inneren Stimme zuzuhören, zu verbessern. Alleinsein schärft oft unser Bewußtsein für den „großen Plan" und mobilisiert unsere innersten Reserven. Wenn wir uns zu weit von unserem Kern entfernen, verlieren wir unsere Lebensenergie. Zurückerlangen können wir unsere Energie und Vitalität, indem wir das Alleinsein suchen – und uns bei unseren täglichen Entscheidungen von den Einsichten leiten lassen, die wir durch sie gewinnen.

Manchmal verkraften wir das Alleinsein gut, manchmal schlecht. Manchmal brechen Krisen über uns herein und zwingen uns, den Fragen „Wer bin ich?", „Was soll ich auf dieser Welt?" und „Was fange ich mit meinem Leben an?" ins Gesicht zu sehen. Andere Male spüren wir dieses Bedürfnis überhaupt nicht. Unsere Intuition rostet mangels Gebrauch langsam, aber sicher vor sich hin.

Wichtig für das Reflektieren ist die Planung regelmäßiger „Solos": Ruheinseln im prallen Terminkalender, wenn wir uns, statt uns durch Geschäftigkeit und Hektik ablenken zu lassen, ganz auf uns selbst besinnen. Je regelmäßiger wir diese Solos praktizieren, um so mehr fangen wir an, unsere Illusionen zu demaskieren. Allmählich lernen wir, welche Teile unserer Geschäftigkeit unseren wahren Sinn ausdrücken und welche nicht. Um unsere Berufung zu hören, müssen wir uns Stille gönnen. Für viele ist das Alleinsein ebenso schwierig wie unvermeidlich. Solos helfen uns, auf unser Inneres zu hören und unser Lebensmuster zu erkennen und zu schätzen.

„Wie führe ich mein Solo durch?"

Zunächst einmal müssen Sie „Zeit für Ruhe" reservieren. Morgens können Sie etwas früher aufstehen und, bevor Sie etwas anderes tun, sich still hinsetzen und mehrmals tief ein- und ausatmen. Dann konzentrieren Sie sich auf Ihre Sinnsuche. Stellen Sie sich vor, wie Ihre Sinnerfüllung Sie durch den bevorstehenden Tag trägt. Ein Architekt hat eine grobe Vorstellung oder Skizze, bevor er ein Gebäude entwirft. Beim Künstler verhält es sich ähnlich. Sehen Sie Ihr Solo als Gelegenheit, einen Rohentwurf von Ihrem Tag zu zeichnen.

Manche Leute haben täglich Lust auf ein Solo, andere dagegen nur einmal pro Woche oder alle vier Wochen. Andere verschaffen sich Solo-Momente während langer Autofahrten, beim Spazierengehen, Joggen, Musikhören, Beten oder Meditieren.

Im Idealfall vergeht kein Tag ohne Solo, denn mit dieser Technik kommen wir unserem tiefen, fundamentalen Sinn auf die Spur.

Versuchen Sie es mit dieser 10-Minuten-Soloübung. Alleinsein und Entspannung spielen eine wichtige Rolle bei der Reflexion. In einem ruhigen, entspannten Zustand fällt es uns leichter, unsere Aufmerksamkeit in eine bestimmte Richtung zu lenken und unser Leben klarer zu sehen.

- Nehmen Sie eine bequeme Sitzposition ein. Horchen Sie bewußt in Ihren Körper hinein, um Spannungszustände zu identifizieren und diese detailliert zu beschreiben. Werden Sie sich der Intensität der Spannungen und des unangenehmen Gefühls so bewußt wie möglich. Spannen Sie die betreffende Region an und lösen Sie die Spannung wieder. Wenn Sie die Spannungsregion mit der Hand berühren, spüren Sie ein unangenehmes Gefühl. Versuchen Sie das mit Kiefer-, Rücken-, Nacken- und Augenmuskeln. Viele Menschen halten hier Spannungen fest, ohne es zu wissen.
- Schließen Sie Ihre Augen. Machen Sie einige langsame Atemzüge; holen Sie die Luft tief aus Ihrem Bauch. Durch die Nase ein- und ausatmen. Achten Sie auf tiefe, langsame Atemzüge. Zählen Sie stumm „eins" beim Einatmen und „zwei" beim Ausatmen. Diesen Vorgang einige Minuten lang wiederholen. Konzentrieren Sie sich auf die Zahlen 1 und 2, die Sie bei jedem Atemzyklus laut aufsagen. Es geht darum, Ihren Kopf frei zu machen. Fast immer fühlen wir uns von einem Gedankenwirrwarr beherrscht, das in unserem Kopf für Unruhe sorgt. Visualisieren Sie Ihre Gedanken als Wolken, die auf Sie zufliegen, sanft in Ihren Kopf gleiten und ihn wieder verlassen. Danach zählen Sie wieder Ihre Atemzüge. Je mehr Sie üben, um so besser funktioniert das.

- Nachdem Sie sich ein paar Minuten auf Ihren ruhigen Atem konzentriert haben, malen Sie sich in den nächsten drei bis vier Minuten Ihren Tag so aus, wie Sie ihn sich idealerweise vorstellen. Warum stehen Sie heute morgen auf? Welche Arbeit wird Ihre Begabungen ausdrücken? Was bewegt Sie? Wo sehen Sie sich während Ihrer Arbeit – in welcher Umgebung? Keine Sorge, wenn Sie keine konkrete Umgebung sehen: Manche Menschen haben an dieser Stelle keine visuellen, sondern nurmehr emotionale Eindrücke.
- Halten Sie das Bild in Gedanken fest und affirmieren Sie leise: „Meine Arbeit fließt zusammen, schließt meine Begabungen und Leidenschaften ein." Die Affirmation bestätigt und verankert Ihr Bild. Falls Zweifel oder Widersprüche auftauchen, wehren Sie sich nicht: Lassen Sie sie einfach durch Ihren Kopf fließen und kehren Sie dann zu Ihren Bildern zurück.
- Beeilen Sie sich nicht, Ihre Augen wieder zu öffnen. Bevor Sie das tun, stellen Sie sich vor, wie Sie immer wacher werden – daß Ihr Kopf nach Ende der Übung vollkommen frei und klar sein wird.

Wie Sie sehen, ist die Solo-Technik grundsätzlich simpel. Um sie wirklich effektiv zu beherrschen, müssen Sie allerdings regelmäßig üben.

Al Fahden, Autor, Erfinder und Kreativitätsberater, ist auf der Suche nach einer Berufung, in die er sein enormes kreatives Talent einfließen lassen kann. Er spürt, daß sein Ziel darin besteht, „ein Tor zu einer sich verändernden Welt zu sein", aber was das genau heißen soll, ist ihm unklar.

Um seiner Berufung auf die Spur zu kommen, arbeitet Al mit Solos und Befragungen, für die er eine Alphabettafel zu Hilfe nimmt. Kürzlich stellte er seinem „Alphabet-Coach" folgende Fragen:

F: „Lebe ich meinem innersten Wesen entsprechend?"
    A: „Nein!"
F: „Geht es um mein Kernziel?" A: „Nein!"

F: „Geht es um meine Kreativität?" A: „Nein!"
F: „Geht es um das Bühnenstück, das ich immer schreiben wollte?" A: „Nein!"
F: „Sollte ich alles, was ich momentan tue, an den Nagel hängen?" A: „Nein!"
F: „Sollte ich einer meiner Aktivitäten eine neue Richtung geben?" A: „Ja!"
F: „Was soll ich tun?" A: „Ein Buch schreiben!"

Danach grübelte er in mehreren Solos über die Buch-Berufung nach, bis ihm eines Tages das Offensichtliche wie Schuppen von den Augen fiel. Er erkannte seinen Sinn, „ein Karriere-Tor ins neue Millenium" zu sein. Rasch notierte er ein paar Stichworte zu einem Buchprojekt, und sofort fing das Telefon zu klingeln an. In sieben Tagen meldeten sich acht Anrufer, die sich für das Projekt interessierten.

Wenn es uns ernst ist und wir offen für Wandel sind, merken wir schnell, daß das Solo-Erlebnis leichter und fließender wird und uns mit Vorfreude erfüllt. Wir ziehen im Leben an, woran wir am meisten denken oder glauben oder womit wir tief in unserem Innern rechnen. Führen Sie eine Woche lang täglich ein Solo durch und beurteilen Sie seinen Nutzen.

Je mehr wir die Solo-Technik üben und optimieren, um so mehr gehört unsere Sinnfindung zum Tagesablauf – ein kontinuierliches Bewußtsein, eine „sinnerfüllte Präsenz". Das Solo ist eines der effektivsten Instrumentarien, die uns zur Verfügung stehen. Unser Denken und die Bilder in unserem Kopf bestimmen die Macht unserer Sinnsuche und Sinnfindung.

Epilog

Das Sinnzeitalter

*Angenommen, dein Flugzeug stürzt in diesem Moment ab:
Wem gilt dein letzter Ruf?*

Bradford Keeney

Wir befinden uns am Ende des Industriezeitalters und an der Schwelle zum Sinnzeitalter. Diese neue Ära fordert uns auf, unsere Arbeit und alles, was damit zusammenhängt, neu zu überdenken. Sie ist das Zeitalter der Entdeckung und der mutigen Diskussion. Auf dem Weg ins 21. Jahrhundert, in eine neue globale Wirtschaft und technologisierte Welt, müssen wir fragen: Ist Sinn relevant? Wie unverzichtbar ist er für unser Leben?

Stellenwert und Bedeutung unserer Arbeit werden heute intensiv diskutiert. Wir leben in einem Zeitalter, in dem Menschen überall in der Welt den Platz, den die Arbeit in ihrem Leben einnimmt, neu definieren wollen. Das 21. Jahrhundert erhebt die Sinnsuche zur Bewegung – zu einer Revolution, die aus dem Innern kommt.

Deshalb nenne ich es das Zeitalter des Sinns – eine Ära der Innen-Außen-Suche, die uns unsere Begabungen, Passionen und unsere Berufung entdecken läßt.

Die Suche nach dem persönlichen Sinn ist eine Reise, die unser ganzes Leben – von der Wiege bis zur Bahre – umspannt. Wir orientieren uns an Menschen, die diese Reise bereits hinter sich haben. Bill Goodwin ist seit zehn Jahren Vielflieger. Wie die meisten, die regelmäßig im Flugzeug sitzen, dachte er selten daran, daß er einmal *nicht* ans Ziel kommen könnte. Das Risiko eines Flugzeugabsturzes hielt er für minimal. Wie minimal ist dann erst die Chance, daß man spontan nicht in eine gebuchte Maschine einsteigt, die wenig später abstürzt? Genau das passierte Bill – und rettete ihm das Leben.

Flug 427 sollte um 16.50 Uhr an einem hektischen Freitag nachmittag vom Chicagoer Flughafen O'Hare starten. Bill war auf dem Weg nach Pittsburgh zu einem wichtigen Geschäftstreffen. Kurz vor dem Abflug hörte er trotz des Lärms im Flughafengebäude einen Lautsprecheraufruf, er solle sich am nächsten Informationsschalter melden. Dort erhielt er die Aufforderung, sofort in seinem Büro anzurufen, wo man ihm mitteilte, sein Meeting sei abgesagt worden – zum ersten Mal in elf Jahren!

Kurz vor Beginn des Boarding gab Bill seine Bordkarte zurück und begab sich in eine andere Abflughalle. Seine Assistentin hatte ihm einen Heimflug nach Atlanta gebucht. Als er seine Frau Valerie auf dem Nachhauseweg vom Autotelefon aus anrief, brach ihm ein Tränenschwall entgegen. „Bill", heulte sie, „das weißt du nicht: Die Maschine nach Pittsburgh, auf die du gebucht warst, ist kurz nach dem Start abgestürzt. Es gab keine Überlebenden."

Bill war sprachlos. Damals auf der Autobahn, erinnert er sich, „war da plötzlich diese erstaunliche Ruhe, ein Gefühl des Friedens, das mich überkam und mir versicherte, daß Gott seine schützende Hand über mich hielt. ... Ich weiß, Gott hat verhindert, daß ich diese Maschine besteige." Von seiner Familie mit nicht endenden Freudentränen und Umarmungen begrüßt, erfuhr er im Fernsehen die Details über das schreckliche Ende von Flug 427. Bill reflektiert: „Ich weiß, daß meine Erlösung temporär ist. Mein Leben wurde für den Moment verlängert."

Bill glaubt, daß Gott noch mehr mit ihm vorhat. Als er am Montag nach dem Vorfall ins Büro kam, ahnte er, was dieser Sinn sein könnte. Er wurde von Freunden und den Mitarbeitern seiner Versicherungsagentur belagert, die ihm alle dankten für die Rolle, die er in ihrem Leben gespielt hatte. Als Geschäftsführer einer der größten und erfolgreichsten Versicherungsagenturen im Land wurde Bill in diesem Moment klar, daß sein wahrer Sinn von nun an darin bestand, „von Werten gesteuerte Menschen zu prägen". Das ist die Mission seines Lebens und seiner Firma. Seine neuerdings noch kostbarere Zeit verbringt Bill damit, Leute zu coachen, in Übereinstimmung mit ihrem Sinn zu leben. Er selbst lebt sein Leben in Ehrlichkeit und gemäß seiner Berufung.

Menschen wie Bill Goodwin sehen ihren Sinn um so mehr in der Fürsorge für andere, je reifer sie werden. Am Anfang steht der aufrichtige Wunsch, sich mit dem Guten in ihrem Charakter und ihrer Arbeit zu verbinden. Charles Handy schreibt in *The Age of Paradise:*

Wahre Erfüllung kommt, glaube ich, aus zweiter Hand. Unsere tiefste Befriedigung beziehen wir aus der Erfüllung und dem Glück anderer. Das zu begreifen dauert oft ein Leben lang. Eltern wissen es, Lehrer, große Manager und alle, die sich um die Unglücklichen und Geschundenen sorgen.

Mitgefühl markiert das Herzstück des Sinnzeitalters. Wenn unsere Welt im 21. Jahrhundert erträglich und lebenswert sein soll, muß Sinn – die Sorge um unser eigenes und das Wohl anderer – unsere ethische Richtschnur sein. Wir alle müssen unsere Berufung erkennen, um unsere Fähigkeit zur Sorge und zum Mitgefühl zu stärken.

Auf unserer Sinnreise werden wir uns zunehmend des „größeren Plans" bewußt. Je aufrichtiger wir unseren Sinn leben, um so eher erkennen wir den großen Plan, für den wir bisher blind waren. Wir sehen die Querverbindungen zwischen unserer Arbeit und der Arbeit anderer Menschen auf dieser Welt.

Wir sehen, daß der Meisterplan alle Menschen, Kulturen und Religionen unseres Planeten berücksichtigt.

Zu wissen, wer wir sind, warum wir hier sind und was wir mit unserem Leben anfangen wollen, bereichert unsere Reise. Egal, ob der Sinn darin besteht, Gott zu dienen, gesunde Kinder großzuziehen, eine gesündere Umwelt zu schaffen oder schöne Musik zu spielen – der innere Sinn unseres Tuns verleiht uns Kraft.

Vielleicht sehen wir nicht immer den Nutzen, den unsere Arbeit für andere hat, doch tief in unserem Innern wissen wir, daß wir einen Beitrag – klein oder groß – zum Meisterplan leisten. Wir wissen, daß wir etwas ganz Besonderes sind, unser Leben Bedeutung hat.

Unsere Sinnerfüllung entwickelt sich im Laufe unseres Lebens. Indem wir sie immer wieder neu entdecken, wird sie zu einer Quelle der Freude für uns. Wir sehen sie nicht als Pflicht oder moralische Bürde, die uns belastet. Wir empfinden Mitgefühl, weil es sich um eine natürliche, gesunde Eigenschaft handelt.

Die Macht des Sinns ist die Macht des Mitgefühls, die größte aller Begabungen im 21. Jahrhundert – dem Sinnzeitalter.

Anhang

Leitfaden für Sinnfindungsgruppen

Rufen Sie eine Sinnfindungsgruppe ins Leben

Eine kreative Methode, Ihren Sinn zu erforschen, besteht in der Gründung einer Sinnfindungsgruppe, deren Sinn es ist, in Lebe Deinen Sinn einzutauchen und Freude am gegenseitigen Austausch zu haben. Das Buch dient als Katalysator für eine intensive Auseinandersetzung und einen angeregten Dialog über das Sinnthema.

Eine Sinnfindungsgruppe sollte aus mindestens fünf Teilnehmern bestehen. Bemühen Sie sich um Personen, die eine oder mehrere der folgenden Qualifikationen erfüllen: Sie sind an einer Erforschung ihres Sinns interessiert; sie scheuen sich nicht, offen zu reden; sie sind zu regelmäßigen Treffen bereit; sie werden das Buch lesen und vor den Treffen bestimmte Fragen beantworten; der offene Dialog bereitet ihnen keine Probleme.

Die Sinnfindungsgruppe ist einem Modell nachempfunden, das Benjamin Franklin 1727 etablierte. Seine Gruppe hieß Junto und traf sich jeden Freitag abend in einem Raum über einer Kneipe in Philadelphia. Franklin behauptete, der Club sei „seinerzeit die beste Schule für Philosophie, Moral und Politik in der ganzen Region" gewesen. Den Auftakt der Treffen bildeten „Befragungen" (zu religiösen und praktischen Inhalten) mit Pausen dazwischen, in denen die Teilnehmer sich ein Glas Wein oder Bier gönnten. Die Junto-Gruppe kam 30 Jahre lang zusammen, und Franklin erwog sogar, sie international auszudehnen.

Einige grundsätzliche Hinweise

Ihre Sinnfindungsgruppe kann sich morgens, um die Mittagszeit, nach Feierabend oder zu jedem beliebigen Zeitpunkt treffen. Wichtig ist, daß die Teilnehmer mindestens zwei Stunden Zeit mitbringen. Einige grundsätzliche Hinweise zum Ablauf:

- Bitten Sie Personen, die Sie regelmäßig sehen – Freunde, Angehörige, Kollegen, Nachbarn –, sich Ihrer Gruppe anzuschließen.
- Treffen Sie sich alle zwei Wochen über zwei Monate hinweg.
- Rekrutieren Sie mindestens fünf Teilnehmer.
- Legen Sie die Länge der Treffen im vorhinein fest (zwei Stunden).
- Ernennen Sie für jedes Treffen einen Gruppenleiter, der die Diskussion im Fluß halten soll.
- Stellen Sie jede Sitzung unter ein übergreifendes Thema.

Vier Sitzungen im Fluß

1. Sitzung: Der Sinn der Sinnsuche

Lesen: Einführung und Teil I
Tun: Beantworten Sie vor der Sitzung die Fragen auf: S. 11 „Wenn Sie Ihr Leben nochmal leben könnten, was würden Sie heute anders machen?"
S. 22 „Werfen Sie einen Blick in die Zukunft. Was meinen Sie, wie alt Sie werden?"
S. 41 „Mein Sinn im Leben ist ..."
Diskutieren: Gruppenleiter ernennen / Erwartungshaltungen klären.
Vorstellung der Gruppenteilnehmer.
Zitat auf S. 21–22 laut lesen und diskutieren.
Die drei Einstiegsfragen diskutieren.

2. Sitzung: Leben mit Sinn

Lesen:	Teil II
Tun:	Beantworten Sie vor der Sitzung folgende Schlüsselfragen:
	ab S. 63 „Warum stehe ich Montag morgens auf?"
	ab S. 83 Fragebogen: Wie lebendig bin ich?
Diskutieren:	Zitat auf S. 69 laut lesen und diskutieren.
	Sinnspirale auf S. 74 diskutieren: In welcher Kammer befinden Sie sich? Wie lautet Ihre Kernfrage?
	Fragebogen auf S. 85–86 diskutieren: Spüren Sie den „Rausch der Lebendigkeit?"

3. Sitzung: Arbeiten mit Sinn

Lesen:	Teil III
Tun:	Beantworten Sie vor der Sitzung folgende Schlüsselfragen auf S. 103:
	„Was erwarten Sie von Ihrer Arbeit? Ist Arbeit für Sie etwas Unangenehmes? Oder steht sie synonym für Ihre Berufung?"
	Und den Fragebogen ab S. 117:
	Finde ich Sinn in meiner Arbeit?
Diskutieren:	Zitat auf S. 104 laut lesen und diskutieren.
	Fragebogen auf S. 119–120 diskutieren:
	Fühlen Sie die Macht des Sinns in Ihrer Arbeit?

4. Sitzung: Ein Weg zum Sinn

Lesen: Teil VI
Tun: Studieren Sie die acht „multiplen Intelligenzen" auf S. 149–151
Stufen Sie sich von 1 bis 8 ein, je nachdem, welches Sie für Ihre natürlichen Stärken halten (1 am höchsten, 8 am niedrigsten).
Überlegen Sie, welche Ihrer Begabungen in den 1. Bereich passen. Stellen Sie sich die neun „Leidenschafts-Fragen" auf S. 154–155
Diskutieren: Zitat auf S. 131 laut lesen und diskutieren.
„Multiple Intelligenzen" auf S. 149–151 diskutieren:
Vergleichen Sie die drei Top-Kategorien aller Gruppenteilnehmer. „Leidenschafts-Fragen" auf S. 154–155 diskutieren:
Vergleichen Sie die Antworten auf die Frage: „Was bewegt Sie?".
Bitten Sie alle Teilnehmer, ihre Sinnreise knapp zusammenzufassen (5 Minuten).

Feiern!

Literaturempfehlungen

Armstrong, Thomas, 7 Kinds of Smart, Plume, New York 1993.
Bateson, Mary Catherine, Composing a Life, Plume, New York 1990.
Block, Peter, Stewardship: Choosing Service over Self-Interest, Berrett-Koehler, San Francisco 1993.
Bolles, Richard, How to Find Your Mission in Life, Ten Speed Press, Berkeley, CA, 1991.
Bolles, Richard, What Color is Your Parachute?, Ten Speed Press, Berkeley, CA, 1997.
Bridges, William, Transitions, Addison-Wesley, Reading, MA, 1980.
Caple, John, Finding the Hat That Fits: How to Turn Your Heart's Desire into Your Life's Work, Dutton, New York 1993.
Csikszentmihalyi, Mihalyi, Flow: The Psychology of Optimal Experience, Harper & Row, New York 1990.
Edelman, Marion, The Measure of Our Success, Harper Perennial, New York 1993.
Elgin, Duane, Voluntary Simplicity, Wm. Morrow & Co., New York 1981.
Fox, Matthew, The Re-Invention of Work: A New Vision of Livelihood for Our Time, HarperCollins, New York 1995.
Frankl, Victor, Man's Search for Meaning, Pocket Books, New York 1977.
Frankl, Victor, The Unheard Cry for Meaning, Touchstone, New York 1978.
Fromm, Erich, Haben oder Sein, Stuttgart 1996
Gardner, Howard, Frames of Mind: The Theory of Multiple Intelligences, Basic Books, New York 1985.
Gardner, Howard, Leading Minds: An Anatomy of Leadership, Basic Books, New York 1995.

Greenleaf, Robert, Servant Leadership: A Journey into the Nature of Legitimate Power and Greatness, Paulist Press, New York 1977.

Hagberg, Janet and Leider, Richard, in The Inventurers: Excursions in Life and Renewal (Revised), Addison-Wesley, Reading, MA, 1988.

Hawley, Jack, Reawakening the Spirit in Work, Berrett-Koehler, San Francisco 1993.

Hillman, James, The Soul's Code: In Search of Character and Calling, Random House, New York 1996.

Hudson, Frederic M., The Adult Years: Mastering the Art of Self-Renewal, Jossey-Bass, San Francisco 1991.

Hudson, Frederic M. and McLean, Pamela D., Life Launch: A Passionate Guide to the Rest of Your Life, The Hudson Institute Press, Santa Barbara, CA, 1995.

Kabat-Zinn, Jon, Whereever You Go, There You Are: Mindful Meditations in Everyday Life. Hyperion, New York 1994.

Kaye, Beverly, Up is Not the Only Way, 2nd Ed. Davies-Black Publishers, Palo Alto 1997.

Keeney, Bradford, Everyday Soul: Awakening the Spirit in Daily Life, Riverhead, New York 1996.

Leider, Richard J., Life Skills. Pfeiffer and Company, San Diego 1994.

Leider, Richard J. und Shapiro, David A., Laß endlich los und lebe, mvg-Verlag, Landsberg a. L. 1998

Mason, Marilyn, Seven Mountains: The Inner Climb to Commitment and Caring, Dutton, New York 1997.

Murphy, Pat and Neill, William, By Nature's Design, Chronicle, San Francisco 1993.

Noer, David, Breaking Free, Jossey-Bass, New York 1996.

Robin, Vickie and Dominquez, Joe, Your Money or Your Life: Transforming Your Relationships with Money to Achieving Financial Independence, Viking, New York 1992.

Stephan, Naomi, Fulfill Your Soul's Purpose, Stillpoint, Walpole, NH, 1994.

Storr, Anthony, Solitude: A Return to Self. Free Press, New York 1992.

Williamson, Marianne, A Return to Love, HarperCollins, New York 1992.

Whyte, David, The Heart Aroused: Poetry and the Preservation of the Soul in Corporate America. Currency/Doubleday, New York 1994.

Zambucka, Kristin, Ano Ano: The Seed, Mana Publishing, Honolulu, HI, 1984.

Die Fortsetzung der Sinnsuche

Bücher können bei der Sinnsuche sehr hilfreich sein, und ich hoffe, daß dieses Buch Sie Ihrem Sinn ein Stück nähergebracht hat.

Es handelt sich um eine Ansammlung dessen, was ich von verschiedenen Lehrern und aus zahlreichen Lebensgeschichten gelernt habe. Setzen Sie Ihre Diskussion des Sinnthemas fort! Bitte schreiben Sie mir, wenn etwas in diesem Buch Sie berührt, verwirrt oder inspiriert hat. Ich interessiere mich für das Feedback und die Geschichten aller Menschen, die „mit Sinn" leben und arbeiten, und ich verspreche, daß ich Ihnen antworten werde.

Die Programme und Angebote der Inventure Group unterstützen die Fortsetzung Ihrer Sinnsuche. Diese von mir gegründete Beratungsfirma hat es sich zur Aufgabe gemacht, in Einzelpersonen, Teams und Unternehmen die Macht des Sinns zu entzünden. Unsere Angebotspalette im Überblick:

- Vorträge und maßgeschneiderte Präsentationen
- Kassetten- und Videomaterial
- Seminare und Workshops – Schwerpunkt: Mit Sinn arbeiten, führen und kooperieren
- eine vierteljährlich erscheinende Publikation (*On Purpose*), die sinnerfülltes Leben und Arbeiten unterstützen soll

Für weitere Auskünfte über Präsentationen, Seminare oder Informationsmaterial wenden Sie sich bitte an:

Inventure Group, 8500 Normandale Lake Blvd., Suite 1750, Minneapolis, MN 55437,
Tel. 001-612-921-8686,
Fax 001-612-921-8690,
E-mail: Invturcgrp.@aol.com

Über den Autor

Richard Leider ist Gründer und Partner der Inventure Group in Minneapolis, Minnesota. Diese Beratungsfirma hilft Einzelpersonen, Teams und Unternehmen, die Macht des Sinns zu entdecken.

Er ist ein angesehener Autor, Referent, Karriere-Coach und Vorreiter auf dem Gebiet der Lebens-/ Arbeitsplanung. Als Experte für Karriere- und Lebensstrategien des 21. Jahrhunderts kommt er in Presse, Rundfunk und Fernsehen regelmäßig zu Wort. Durch sein Schreiben erreicht er ein breites internationales Publikum, seine inspirierenden Gedanken geben oft Anlaß zu umwälzenden Lebensänderungen. Weitere Bücher von ihm: *The Inventurers, Life Skills, Laß endlich los und lebe sowie The Leader of the Future.*

Richard hat ein Diplom in Beratungspsychologie von der University of Northern Colorado und ist zertifizierter Karriereberater. Am Gustavus Adolphus College hat er ebenfalls einen Abschluß in Psychologie gemacht und eine Auszeichnung erhalten.

Zu seinen Kunden zählen viele Fortune 500-Unternehmen. Er hält Vorträge vor unterschiedlichen Zuhörergruppen in den USA und in anderen Ländern. Als langjähriger Berater von Outward Bound hat er die populären Lebens-/Karriereerneuerungskurse dieses Anbieters konzipiert und geleitet.

Seit 15 Jahren begleitet er einmal im Jahr seine eigenen Inventure-Expedition-Rucksacksafari nach Tansania. Richard ist überzeugt, daß jeder von uns mit einem natürlichen Daseinsgrund – einem Sinn – geboren wurde und unser Leben von der Geburt bis zum Tod die Suche nach diesem Sinn widerspiegelt. Über seinen eigenen Sinn – anderen zu helfen, ihren Sinn zu entdecken und ihrer Berufung Ausdruck zu verleihen – trägt er dazu bei, daß Menschen mehr Bedeutung in ihrem Leben und in ihrer Arbeit finden.